Y (Réserve)    Cartes faites    N° 1
4733.

Suivi Isaac Habert

Ye

1924

# LES TROIS LIVRES DES

METEORES AVEC-
ques autres œuures
poëtiques.

*Au Roy de France & de Pologne.*

A PARIS,
Chez Iean Richer, rue S. Iean de Latran,
à l'enseigne de l'arbre verdoyant.
1585.
AVEC PRIVILEGE DV ROY.

# LE CONTENV DE CE VOLVME.

Premiere partie.

*Les Meteores, liur. iij.*

Seconde partie,

Amours { Sonnets, Odes, Bergeries, Pescheries.

Oeuures Chrestiennes { Sonnets, Stances, Et discours.

## EXTRAICT DV PRIVILEGE.

Par lettres patentes du Roy, donnees à Paris le vij. Nouembre 1584. & de nostre regne l'onziesme: Sa Maiesté a donné priuilege, permission, & congé à Iean Richer, marchand Libraire & Imprimeur en l'Vniuersité de Paris, d'imprimer, ou faire imprimer, vendre, & exposer en vente, durant le temps & terme de dix annees prochaines & cösecutiues, certain liure intitulé, *Les trois liures des Meteores, auec autres œuures Poetiques*, composé par Isaac Habert, nostre Secretaire. Portant expresses inhibitions & defenses à tous Imprimeurs & Libraires de ce Royaume, d'imprimer ou faire imprimer lesdits liures, ny iceux exposer ou faire exposer en vente pendãt le temps desdites dix annees, sur peine de confiscation des characteres, liures, & impressions, d'amende arbitraire: & despens, dommages & interests audit Richer, ainsi qu'il est amplement contenu & declaré par lesdites lettres patentes. Signees par le Conseil.

## DE NEVFVILLE.

# AV ROY.

V'ay-ie fait? qui m'a fait ces vers mettre en lumiere?
En ce temps que la France, ô Dieus! est nourriciere
D'infames medisans, de traistres enuieus,
Trop indignes de voir la lumiere des Cieus:
Aussi le clair Phœbus, la merueille du monde,
Ne descouure pour eus l'or de sa tresse blonde
C'est pour eus les Enfers noirs d'eternelle nuit,
Pour les cueurs vertueus tant seulement il luit,
Pour ceus qui sont exents de rancueur & d'enuie,
Et sans nuire à autruy coulent leur douce vie.
Le medisant ressemble à celuy-là qui veut
Cracher contre le Ciel, & pource qu'il ne peut,
Le crachat aussi tost retourne sur sa face:
A son autheur ainsi l'iniure se rechasse.
   Tout ainsi que le fer de la rouille est rongé,
De mesme l'enuieus de l'enuie est mangé:
Comme on voit qu'vne torche en brulant diminue,
L'enuieus viuant meurt d'vne mort continue.
Pour punir les meschans tu es seul possesseur,
O iuste Iupiter, du fouldre punisseur,
Tonne Pere icy bas, lance ton rouge fouldre,
Et de ces malheureus reduis les os en pouldre,
Non, non, ne le fais pas, ils sont punis assez
Estans de l'ignorance & d'enuie oppressez.
Ils consument leurs iours à s'efforcer de nuire
A chacun, mais sur eus ils vomissent leur ire:
Tels monstres aus mastins ressemblent de tout point
Aboians à la Lune, & ne la mordent point.
   Ils ressemblent aussi ceste effroiable beste
Qui garde les Enfers, Cerbere à triple teste,
Qui par le vain effort de son grand hurlement

A ij

A des esprits sans corps donne peur seulement
Mais il n'a le pouuoir d'estonner vn Alcide,
Car de ces monstres fiers c'est le seul homicide.
 Pour esblouir les yeus de ces monstres diuers
I'ay graué ton beau nom sur le front de mes vers,
Nom clair de renommee, & d'honneur, & de gloire,
Afin d'auoir sur eus plus aisément victoire,
Et qu'en les atterrant nul dedans leur poison
Ne puisse plus noier son ame & sa raison.
Ie vien donc à tes pieds consacrer cest ouurage
O magnanime Roy, merueille de nostre aage,
Moy heureus mille fois si la posterité
Sçait que cest œuure mien plaise à ta majesté.
Reçoy le s'il te plaist, humblement ie te l'offre
En attendant qu'vn iour pour toy i'ouure mō coffre.
 Cōme lon voit la terre au retour des beaus mois
Estaler ses tresors en redonnant aus bois,
Aus riuages, aus prez, leur verte cheuelure,
Leurs odorans fleurons, & leur molle verdure
Qui tremble mollement sous l'aile des Zephirs,
Et sous l'air doucereus de leurs foibles souspirs.
De mesme mon esprit tous ses tresors estale
Et tous ces vers deuant ta Majesté Royale,
Tout ainsi qu'en vn pré lon voit diuerses fleurs
Differentes de noms ensemble de couleurs,
De differens subiects dans ceste œuure ie traicte,
Reçoy-la donc, grand Roy, pour la rendre parfaicte.

*Par vostre tres-humble & tres-obeissant*
*seruiteur & subiect*

ISAAC HABERT.

# LE PREMIER LIVRE
## DES METEORES.

IE veus icy chanter d'une hautaine
vois
Ces vers sous la faueur du grãd Roy
des François
HENRY l'honneur du Monde & 
l'appuy de la France,
Je veus chanter les corps qui preignent leur naissance
Aus regions de l'Air, la pluie & le frimas,
La manne, la rosee, & les gresleus amas
En tombant arrondis, qui de cheutes soudaines
Frappent à bonds nos toicts & le sein de nos plaines.
Les humides toisons des nuages gelez
Qu'on voit à gros floccons tomber écartelez
Couurant de leur blancheur l'estomach de la terre.
Le fouldre, les esclairs, l'effroiable tonnerre,
Et le souffre empierré dans le nuage cuit,
Les tourbillons rouants, la Comete qui luit
Aus longs raions flammeus, les estoiles courantes,
Les poutres, les dragons, & ces flammes lechantes
Les riuages des eaus que l'on appelle ardans.
Les souspirs animez enserrez au dedans

A iij

Des plaines & des monts dont la sortie & fuite
Ont par meints tremblements meinte ville destruite.
 Ie diray puis apres comme en l'air pluuieus
Sur le front de la nue apparoist l'arc des Cieus
Vis à vis du Soleil, & comme sa peinture
De diuerses couleurs émaille sa vouture.
D'où vient qu'en temps serain dedans le Ciel paroist
Vn long chemin de laict, & ce grand seu qui croist
En forme de clochers, de cheures enflammees,
De larmes, de tisons, de boules allumees.
 Ie diray comme l'Air entre aus monts cauerneus,
Et se reduit en eau, qu'aus pores areneus
De la terre lon voit clairement murmurante
Sortir en bouillonnant & doucement coulante
A plis tortus courir par des sentiers nouueaus.
 Ie parleray des lacs, des estangs, des ruisseaus,
Des fleuues vagabonds qui de course eternelle
S'eslancent dans les flots de Thetis maternelle.
Ie n'oubliray le flus & reflus de la Mer,
Ny son sel, ny les vents qui la font escumer,
Luy montagnent le dos, & irritent ses ondes.
 Puis ie descouureray les minieres profondes
Et les metaus cachez dans leurs boiaus dorez
Des hommes curieus peniblement tirez
Separez, espurez aus fournaises flammeuses,
Pour fin ie traiteray des pierres precieuses.
 Claires flammes du Ciel qui de rang reluisez
Dans l'escharpe etheree, & sans fin conduisez
Vos chariots ardants d'vne viste carriere
Portans de tous costez aus mortels la lumiere
Fille de vos raions, laschez à vos cheuaus
Les resnes à clous d'or & cessez vos trauaus.

Si les Corps que ie chante, ô lumieres luisantes,
Preignent par vous dans l'air leurs formes differentes,
Toy Soleil flamboiant de qui l'œil radieux
Pere de toute chose embellit tous les Cieus,
Et donne ame & clarté à la masse du monde
Esmouuant de ses rais l'air & la terre & l'onde.

Et toy Lune sa sœur, dont l'œil brillant reluit
Entre les autres feus de la brunette nuit,
Si les humides corps courbent sous ton Empire,
Eschaufez moy le cœur afin de pouuoir dire
Tous les corps imparfaits, & conduire du tout
Cest ouurage entrepris iusques au dernier bout.

Mais plustost à toy seul i'adresse ma parole,
O Dieu qui fais tourner sur l'vn & l'autre Pole
La grand' boule du Ciel sans peine ny tourment,
Qui commandes aus yeus du doré Firmament,
Aus Cieus, au feu, à l'air, à l'onde, & à la terre,
Dont le bras est armé d'esclairs & de tonnerre.

Qui fais quand il te plaist tarir toutes les eaus,
Et qu'on marche à pied sec où couloient les ruisseaus,
Et puis couure nos champs des humeurs retenues.
Qui fais à replis d'or ondoier dans les nues
Les dragons flamboians, les traits estincelans,
Les lances, les cheurons, & les balons brulans
Qui roulent dedans l'air, & ces feus dont la fuite
Laisse en glissant vn trac de flammes à leur suite.

Toy qui fais par saison sur terre amonceler
Les glaçons & la neige, & puis apres couler
Sur les nouuelles fleurs que le Printemps estale
En mille & mille lieus d'vne main liberale
La rousee & la manne, & les dous fruicts meurir
Au Soleil sur la branche, & le Soleil courir

A iiij

De biais au galop dedans le cercle oblique
En s'approchant de nous. Qui la grappe Bacchique
Fais grossir en Automne & fais que son beau teint
D'vn pourpre brunissant sous son pampre se peint.

Embrase moy grand Dieu de ta celeste flame,
Guide ma main, ma plume, & inspire mon ame,
Reueille vn peu mes sens & me fais conceuoir
Des vers dous & coulans, tu en as le pouuoir,
Heureus moy si ie puis sous ton nom redoutable
Chanter ces corps diuers d'vne vois agreable.

Toy grãd Prince & grãd Roy, la gloire des Valois
De ton humble subiect enten la viue vois,
D'vn œil benin & dous anime son courage
O genereus HENRY receuant cest ouurage.

Toutes choses sont composees
des Elemens.

Tous les corps differens qui s'offrent à nos yeus
Enclos du bel azur de la voute des Cieus,
Subiects au cours du temps, au change, à l'inconstance,
Tirent des Elemens leur commune naissance,
Car il faut supposer que ces quatre Elemens
De tout ce qui se voit sont les commencemens.
Ainsi comme le corps de ceste grand'machine
Prend de ces simples corps sa premiere origine
Et subsiste par eus, ainsi les corps petits
Qu'on nomme Indiuidus en sont faits & bastis.

Tout ce qui vit aus bois, sur le dos des campagnes,
Au ventre de la terre, & au chef des montagnes,
Dans les replis de l'air, dessous l'argent des eaus,
Hommes, bestes, poissons, monstres, serpens, oyseaus,
Metaus & mineraus, toute pierre luisante,
Toute herbe, toute fleur, tout arbre, & toute plante
Preignent leur estre d'eus, leur vie & leur vigueur,

*Quand les ans & la mort font que par leur rigueur
Ces corps vieus & cassez meurent & se destruisent
Derechef tout soudain en eus ils se reduisent.*

*De là les animaus ont generation,
Leur estre, leur principe, & leur corruption,
Soit que le tour des ans leur abrege la vie,
Ou soit que corrompus elle leur soit rauie
Par le droict de la Parque, ou qu'ils aient desir
De reformer leurs corps, ou qu'ils preignent plaisir
D'estre ainsi comme sont les Elemens muables
Et de n'estre iamais en leur nature stables,
Leurs principes pourtant demeurent eternels
Es premiers Elemens leurs tiges paternels:
D'eus decoule, deriue, & prouient toute chose,
Et ne sont composez, mais d'eus tout se compose.*

*De là toute semence au monde s'entretient,
Eternelle se fait d'autant qu'elle prouient
D'vne cause eternelle, or la cause premiere
De toutes choses c'est la premiere matiere
Mere des Elemens, en qui tout se reduit,
Tout ce que la nature en ce monde produit
De ces quatre Elemens mourant retourne en elle,
Tout corps perd forme & meurt, mais elle est eternelle.*

### Des principes naturels.

*Le grand Stagirien lumiere des esprits
(Dont les doctes discours ont tous mes sens espris,
Discours confits au miel des sciences immortelles)
Met trois principes vrais des choses naturelles,
La matiere, la forme, & la priuation,
Le premier pour souffrir, l'autre pour l'action,
Le tiers par accident est principe, où la forme
S'esloigne & se distrait de la matiere enorme.*

La matiere premiere est le premier subiect
De tout corps naturel au changement subiect,
Y estant comme part de toute sa substance,
La seule forme donne à tout corps son essence,
Et iointe à la matiere ensemble font vn tout.
Quand le corps deuient vieil, que le sang plus ne bout
Aux veines & au cœur, la forme fuit à l'heure,
Lors en priuation la matiere demeure.
   On sçait que la semence à la fin de sis iours
Se prend comme le laict, suiuant du temps le cours
Se tourne au bout de neuf toute en humeur sanguine,
Douze apres deuient chair, & par vertu diuine
Les quinze autres suiuans le corps organizé
En ses membres parfait est du tout disposé
A receuoir sa forme, auant qu'il l'ait receuë
Ce n'est rien que matiere en ce ventre conceue:
Mais quand Dieu tout-puissant qui de nature a soing
Par sage prouidence y a fait au besoing
Entrer l'ame diuine, vnique, & immortelle
Lors l'animal se meut sous ceste forme belle,
Puis quand l'aage l'accable & qu'il deuient trop vieus
Son corps se corrompt tout & l'ame vole aus Cieus.
   Or il nous fault sçauoir que la seule matiere
Est le premier principe & la source premiere
Des quatre simples corps que lon nomme Elemens,
Eus de tous corps meslez sont les commencemens,
Ces corps meslez apres preignent force, accroissance,
Et en bien peu de temps reçoiuent defaillance,
Car leur matiere impure est subiecte à changer
Et ne se peut iamais en vn estat ranger,
Mais leur forme est plus noble & beaucoup plus par-
    faicte

*Qui n'est ainsi comme eus au changement subiecte,*
*Elle laisse cela aus Elemens, aus corps*
*Maintenus seulement par discordans accords.*

### Des quatre Elemens.

*Les quatre Elemens sont le feu, l'air, l'eau, la terre:*
*Le feu subtil & pront pres la Lune se serre,*
*L'air beaucoup moins leger sous luy sa place prend,*
*L'eau pesante plus bas son corps liquide estend,*
*La terre encor plus lourde au centre se retire.*
*Dieu qui cest vniuers tient dessous son Empire*
*En tel rang, en tel ordre, en tel lieu les a mis:*
*Car si la flamme & l'eau coniurez ennemis*
*Eussent esté voisins, ce monde emerueillable*
*Fut retourné soudain au Cahos effroiable,*
*Et eut perdu du tout ce qui le rend si beau.*

*Pour empescher cela entre la flamme & l'eau*
*Dieu mit le corps de l'air, qui humide tempere*
*De son humeur le feu, de sa chaleur modere*
*De l'onde la froideur, entre la terre & l'air*
*Largement estendue il fit l'onde couler.*
*L'onde en feu, ny la flamme en onde ne se change,*
*Ny l'air en terre aussi ne fait aucun meslange,*
*Mais bien la terre en eau, l'air en feu violant,*
*En terre seiche l'eau, la flamme en air coulant,*
*Ainsi la flamme & l'air, ainsi la terre & l'onde*
*Par accords discordans maintiennent ce grand Mōde.*

*Le feu vif & actif qui tient le lieu plus hault*
*Est chaud ensemble sec, l'air est humide & chaud,*
*Froide & humide l'eau, la terre seiche & froide,*
*En vne qualité l'vn plus qu'en l'autre excede:*
*La chaleur mieus au feu qu'à la terre conuient,*
*Et plus qu'au feu le sec à la terre appartient.*

A vj

Mieus qu'à l'onde l'humeur est à l'air assortable,
Le froid plus qu'à la terre à l'onde est conuenable.

## Du nombre des Cieus, & du pouuoir des Astres sur les Elemens.

Sur tous ces quatre corps la grand' Sphere des Cieus
Tournoie incessamment d'vn tour laborieus,
Les cercles inegaus des flammes argentees
Font apres dessous luy leurs courses limitees,
Et biaisant le rond de ce large Vniuers
S'esclatent de raions en courant de trauers.

Le Ciel premier-mouuant d'vne visle carriere
En seize heures & huit finit sa course entiere
Du Gange vers Atlas, entrainant quant & soy
Les Cieus courbez sous luy qui reçoiuent sa loy,
Mais obstinez à part vsant de resistance
De l'Espagne à l'Aurore ils font vne autre dance.

Le mobile second tourne apres, appellé
De plusieurs crystalin, il n'est point estoilé,
Le grand corps azuré de sa Sphere roulante
N'a dans son rond egal nulle flamme luisante.

Sous son corps esbranlé d'vn leger mouuement
Par son Ange moteur le doré Firmament
Voute en rond son azur, où les flammes fichees
Dont il est esclaircy, sont de rang attachees
Sans iamais se mouuoir, elles n'ont point de cours,
Mais roulent quant & luy, qui met beaucoup de iours,
Beaucoup de mois & d'ans à tourner sa grand' boule,
En sept mille ans au bout de son tour il la roule.

Bien que son cours soit long peu cogneu des esprits,
Les estoiles pourtant qui dedans ce pourpris
Scintillent clairement, ornant sa masse ronde
Font sentir leur pouuoir sur l'air, la terre, & l'onde.
Ores nous echaufant d'vne extreme chaleur,

Ores gelant nos corps de trop aspre froideur,
Ores par cent pertuis du ventre des nuages
Faisant couler les eaus, ores dans nos boccages
Et dans nos champs herbus faisant sous le gosier
Des vens impetueus bois & moissons plier.
    Telles sont, Orion, l'ardante Canicule
Qui le sein de la terre embraze, fend, & brule,
Et tarist les ruisseaus si tost que dedans l'air
Tout bluetant, lon voit sa teste estinceler.
Telles encores sont les Trions, les Pleiades,
Et mille autres encor compagnes des Hyades.
    Dessus ce rond ardant de cent mille brandons
Le grand Cercle imagé se couche entre les gonds
Du monde, & de travers sur l'enfleure arrondie
Du Ciel tousiours tournant, de la part refroidie
Du Nord, & du costé du Midy largement
Comme vne escharpe il ceint le corps du Firmament.
Iustement au milieu de ce grand cercle oblique
Figuré d'animaus, est la ligne Ecliptique,
Que la mere des mois & le pere des iours
Auec les cinq flambeaus suiuent faisant leurs tours.
    Dessous le Ciel astré le froid Saturne place
Son Ciel qui lentement les douze maisons passe
Par son Ange tourné, de plomb son char est fait,
Dont en deus fois quinze ans son voiage il parfait.
    Iupiter, l'heur des grands, suit apres, qui tempere
De son pere & son fils la froideur, la colere,
Il trauerse du Ciel les animaus ardans
Dedans son char d'estain en deus lustres deus ans.
    Sous luy Mars furieus, dont la rage enflammee
Par vn malin aspect fait leuer meinte armee,
Errant deçà delà, dans son coche d'acier

En vn lustre & vn an fait son chemin entier.
  Phœbus, honneur du Ciel, à la tresse flammeuse
Qui de raions cornus fend la nue ombrageuse,
L'ame de ce grand tout, de flammes entouré
Ardant seme les iours, & dans son char doré
Estincelant de feu, clair de viue lumiere
Fait en trois cent soixante & cinq iours sa carriere,
Il mesure les ans de son mesuré cours,
Et mesurant son cours il mesure les iours.
  Tout contre le Soleil l'astre de la Cyprine,
Douce mere d'Amour, son beau Ciel illumine,
Tout naist sous son flambeau soit en terre ou aus eaux:
Deus pigeons blanchissans, deus petits passereaus
Des ailes tremoussans à son coche de cuiure
Sont ensemble accouplez, elle tasche à poursuiure
En son cours le Soleil, son astre clair encor'
Ouure & reclost du iour la porte de fin or.
  Plus bas tourne le Ciel du muable Mercure,
Ores chaud, ores froid, d'inconstante nature,
Prenant des feus voisins l'influence & clarté,
Son char de vif-argent en sa masse arresté
Presqu'en deus fois sis mois le Zodiaque passe,
Suiuant obliquement du clair Phœbus la trace.
  La Lune, l'ornement du Ciel & de la nuit,
Or' pleine, ore demie, or' en croissant reluit,
Sous le Ciel de Mercure, & sa coche argentee
En vn an douze fois par le Ciel est portee,
Sa course diligente elle fait en vn mois
Et en courant Neptune obeit à ses lois,
Tout esbahy de voir dans son royaume humide
Enfler, baisser le dos de son crystal liquide.

## Du Soleil & de la Lune.

Voila les sept flambeaus qui sur les Elemens
De leurs rais eslancez font mille changemens,
Mais principalement les deus grans luminaires
Font sentir icy bas leurs effects ordinaires.

Le Soleil raionneus qui nous donne le iour
Des longs siecles autheur, selon qu'il fait son tour
Dans le rond figuré du Zodiac oblique
Roulant son char le long de la ligne Ecliptique,
Aus vns couure les champs de neigeuses toisons
Retirant d'eus ses rais, & aus toicts des maisons
En forme de lingots de longs glaçons fait pendre,
Et de leurs fleuues grands par le froid les eaus prendre.

Autre part dessus l'arbre il fait meurir les fruicts
Leur donnant diuers teint par sa chaleur recuits,
Et d'espics barbelez il reiaunit la plaine
Qui sous Zephire ondoie à la molete haleine.

Il fait d'autre costé naistre les tendres fleurs
Dont l'air est perfumé de leurs douces odeurs,
Pendant ce gay Printemps on voit des lis, des roses
Sous les pleurs du matin les robes frais-ecloses.

Il fait en autre endroit les vignes vandanger,
Et dedans la bagnoire à plains paniers ranger
La grappe au teint pourpré, l'vn foule, l'autre entonne
Le vin nouueau, Bacchus escume dans la tonne.

Des diuerses saisons autheur est le Soleil
Selon le tour que fait dedans le Ciel son œil,
Grand œil source de vie & de claire lumiere,
La beauté de ce monde, & sa richesse entiere,
Qui sous le lustre d'or de son chef flamboiant
Anime ce que clost tout le Ciel tournoiant.

Mais laissons le Soleil, maintenant il fault dire

*Le pouuoir de sa sœur que l'Ocean admire*
*En ses flots escumeus, ce bel astre argenté*
*Prend du Soleil luisant sa luisante clarté*
*Dont l'azur revouté du Ciel il illumine:*
*Au defauls du Soleil sa lumiere argentine*
*Entre mille flambeaus raionnante reluit*
*Sur le front noircissant du voile de la nuit,*
*Par sa moite fraischeur la chaleur de son frere*
*Trop chaud & trop brulant s'adoucit & tempere.*
 *Ainsi comme elle croist & decroist, tout ainsi*
*La mer enfle ses flots, croist & decroist aussi,*
*Sur les humides corps domine sa puissance,*
*Sur la Mer, sur les lacs, sur toute humide essence.*
*Lors qu'elle est en son plein tout se sent animer,*
*Les moules, les omars, les langoustres de mer*
*Esprouuent de ses rais l'influence secrete,*
*L'huistre prend accroissance en son ecaille nette,*
*La seue croist aus troncs, & s'espand aus rameaus*
*Des arbres verdoians où nichent les oyseaus.*
 *Les animaus aussi tout son pouuoir ressentent,*
*Dedans leur test vouté leurs ceruelles s'augmentent,*
*Leurs mouëlles dedans leurs os qui sont creusez,*
*Leur sang bouillant qui court par rameaus diuisez*
*Aus membres de leur corps enfle leurs grosses veines,*
*De ceste rouge humeur trop abondamment pleines.*
*La Lune sous ses rais fait grossir tous les fruicts,*
*Afin que du Soleil ils soient meuris & cuits,*
*De sa tiede froideur l'ame aus fleurs elle donne,*
*Et fait qu'en diuers biens la nature foisonne.*

### Predictions par ces deus Planetes.

*Le Soleil nourricier donne par sa chaleur*
*A chasque corps qui naist la vie & la vigueur*

On le doit appeller de toute chose pere,
Et la Lune sa sœur pareillement la mere.
Par eus le laboureur le temps futur preuoit,
Et le bien & le mal qui doit venir il voit,
Lors que le Soleil monte en sa coche doree
Ou qu'il retourne au soir dedans l'onde azuree,
Le paisant cognoist ce qui doit suiure apres,
Si le beau temps aymé, ou bien l'orage est pres.

 Lors que ce Dieu flammeus sur l'Indien riuage
Attele ses destriers pour se mettre en voiage,
Et qu'il donne le iour de son œil radieus
Aus climats de la terre & au plancher des Cieus,
S'il a le front poli, la face nette & pure,
Que sans nuage soit l'or de sa cheuelure,
Quiconque dans le Ciel verra son clair flambeau
Se doit bien asseurer d'vn temps serain & beau.

 Quand le berger reuient de la verte prairie
Pour mettre son troupeau dedans la bergerie
Attendant le matin, si deuers l'Occident
Lon voit ce grand flambeau peu à peu descendant
Dans le moite giron de Thetis la chenue,
Clair, net, estincelant, pur, sans ombre, & sans nue,
Sans faute ce doit estre vn presage certain
Que le iour ensuiuant sera dous & serain.

 Si cest astre quittant la marine profonde
Paroist creus, & caué, & que sa tresse blonde
Cà & là s'esparpille & iette ses rais d'or
Vers Auster, vers la Bise & vers Zephire encor',
Et que tant seulement dedans le large espace
Se monstre le milieu de sa luisante face,
C'est signe que sur terre y aura pluie & vent,
L'vn baloira son corps, l'autre l'ira lauant.

Si le Soleil rougi le matin entremefle
De diuerfes couleurs fa face ronde & belle,
D'incarnat, iaune, & pers, imitant les couleurs
De l'emaillé fourcil qu' Iris groffe d'humeurs
Voute fur le repli d'vn humide nuage
Qui reçoit les raions de fon ardant vifage:
Ou qu'il voile fon chef d'vn nuage obfcurci,
Ou que fon teint fe tache, & fes raions auffi
Preignent plufieurs couleurs, ou bien quand fa criniere
Eft enclofe à l'entour de l'efpaiffe fumiere
D'vn nuage noirci du foir à fon reueil,
Et du matin au foir, ou bien quand fon grand œil
Droit en vn mefme lieu fes rais en pointe affemble,
Et ioints & ramaffez les darde tous enfemble,
C'eft vn figne certain de vent, d'orage, & d'eau.

Si rouge feulement apparoift ce flambeau,
Les vens ne faudront pas de fifler fur le fefte
De nos maifons, fi rouge & noir c'eft la tempefte
Qui doit bien toft venir, & doit fous fon horreur
Mefler vens, air, & pluie, & les mettre en fureur,
Les faifant affronter d'vne horrible rencontre.

Si le rond de fa face au matin grand fe monftre,
Et puis lors que fon feu gaigne le hault des Cieux
Son cercle flamboiant diminue à nos yeus,
Le beau temps doit venir: mais lors que vers l'Efpaigne
Il panche fur la mer où le foir il fe baigne,
Si fon teint eft blafard lon fe doit affeurer
Qu'vn orage cruel nous viendra martyrer.
Qui donc voudra fçauoir la muable inconftance
Des temps, que du Soleil il preigne cognoiffance,
Son front eft veritable, & aus prefages feur,
Auffi eft bien celuy de fon vnique fœur.

Le soigneus laboureur cognoist par la nuit brune
Pour tout le mois entier ce que promet la Lune,
S'il regarde attentif sur le troisiesme iour
Et sur le quart quel teint elle a faisant son tour,
Car ces deus iours sans plus nous donnent de l'orage,
De la pluie, ou beau temps veritable presage,
De ce qui se fera sous son cornu croissant,
En son plein, & aussi au decours languissant,
Tel que sera le mois, ceste flamme celeste
Au tiers iour & au quart nous le rend manifeste.
 Si le troisiesme iour son lustre est clair & beau,
Et que sans tache soit de son croissant nouueau
Le raionneus argent, la nuit sera tranquile,
Les iours suiuans serains, & le temps fort utile.
 Si le quatriesme iour vn nuage espaissi,
Noir, gros, & ombrageus a son front obscurci,
Qu'à trauers la toison d'vne nue apparoissent
Ses cornichons moussus, soudain les vens accroissent
Leurs soufflemens, & l'eau distile encontre bas
Qui grossit les ruisseaus & leur haste le pas.
 Si durant le troisiesme on voit la flamme aiguë
De sa corne iumelle egalement pointue
Droict au Ciel se dresser, ce signe nous instruit
Que les vens enragez courront toute la nuit.
 Si sa face paroist vermeille & rougissante
La tempeste sera cruelle & violente,
Si blesme elle se monstre il fault soudain iuger
Que le labeur des bœufs l'eau viendra rauager.
 Si le quatriesme iour ses cornes argentees
Droites deuers le Ciel sont vniment portees,
Que lors le paisant se garde, pour certain
C'est le presage vray d'vn orage prochain:

Mais si tout au rebours la corne qu'elle porte
Se retourne en dedans, elle ouurira la porte
Au bruiant Aquilon, s'elle la dresse en haut
Le vent d'Austre moiteus lors attendre il nous faut.

 Lon doit pour son proufit s'efforcer de cognoistre
Cest astre, & voir son teint quand il doit apparoistre,
Ce n'est peu de sçauoir ce qui doit aduenir,
Par ce moien lon peut le malheur preuenir,
Labourant, trauaillant, mettant ordre au mesnage,
Serrant son bien, s'armant contre l'ire & l'outrage
De la pluie & du vent, & des rigueurs du temps
Qui font les paresseus & lasches malcontans:
Souuent les ignorans par vile nonchalance
Voient perdre leur bien faute de preuoiance.

### Les Astres causent plusieurs mutations & commandent aus Elemens.

 Lon cognoist donc à l'œil combien ont de pouuoir
Ces deus flambeaus sous qui lon voit tout s'esmouuoir,
Les autres cinq brandons ou Estoiles errantes
Ont aussi grand' vertu, les flammes differentes
Qui luisent dans l'azur de l'astre Firmament
Aussi bien que ces sept causent meint changement
Dans le vague de l'air, en l'onde, & en la terre,
Or' des vens orageus, or' vn grondant tonnerre,
Or' la gresle, or' la pluie, or' vn feu cheuelu,
Or' vne cheure ardante au poil tout houpelu:
Or' vn grand tremblement qui renuerse les viles,
Fait trebucher les monts, ouure les champs fertiles,
Destourne bien souuent les fleuues & ruisseaus,
Et fait en autre endroit glisser leurs claires eaus.

 Selon que dans le Ciel s'opposent ces Planetes
Et selon leurs aspects les natures subiectes

Esprouuent icy bas meinte mutation,
Car sur elles ces feus dressent leur action.

## Des effects du Soleil, des exhalaisons, & vapeurs.

Mais sur tous le Soleil retient sous son empire
Les Elemens subiects, chaleureus il attire
Par la force des rais de son ardant flambeau
Des roignons de la terre, & hors du sein de l'eau
Deus diuerses vapeurs, l'vne est seiche & subtile
Qu'on nomme exhalaison, legere & fort agile,
Qui de terre s'esleue: & l'autre est chaude vn peu,
Mais humide & pesante, & qui ne peut au feu
S'enflammer comme l'autre, elle prouient de l'onde,
Toutes deus vont en l'air où la froidure abonde.

La legere vapeur gaigne soudain le haut
Lors qu'elle sent le froid, & vers l'Element chaud
S'eslance roidement, le feu subtil l'enflame,
Le Ciel qui tournoiant à tout corps donne l'ame,
Pres de sa voute voit ses vapeurs s'allumer,
Diuerses formes prendre, & puis se consumer.

L'autre humide vapeur si tost qu'elle est montee
Dans la region froide: aussi tost agitee
Du froid elle se sent, & toute s'amassant,
Dans soy se reserrant, & toute se pressant,
En humeur se resoult, lors les humides nues
Versent les eaus en bas & les gresles menues.

Tout ainsi qu'il y a quatre Elemens diuers
Dont tout est composé dans ce grand vniuers,
Quatre sortes aussi de diuers Meteores
Ou bien d'impressions il nous faut mettre encores,
Celles de flamme, & d'air, celles de terre, & d'eau:
De flamme, la comete, ou quelque autre flambeau,

D'air, les vens, les esclairs, le fouldre, & le tonnerre,
Les pierres, les metaus, les mineraus de terre,
D'eau, la neige, le glas, la pluie, & le frimas,
Et les sources dont l'eau distile encontre bas.
    Le Soleil de ces corps est la cause formele,
L'onde & la terre sont cause materiele,
Et la cause finale est pour faire en tout temps
Par humeur & chaleur croistre les fruicts des champs

## Des regions de l'air.

    Ores venons à l'air & à ses trois partages,
L'air donc est divisé en trois divers estages,
Qu'on nomme regions, vne extreme froideur
Ceint celle du milieu, pour ne sentir l'ardeur
Qu'engendre le Soleil, ses rais qui la trauersent
Ne l'eschauffent en rien, bien que son froid ils percent
En ceste-cy se font le fouldre & les esclairs
Qui glissent dans la nue estincelans & clairs,
Les gros floccons de neige, & les grains de la gresle,
Les ruisseaus de la pluie & les vens pesle-mesle.
    La haulte est au dessus, & pour le mouuement
De la Sphere du feu que le Ciel roidement
Entraine quant & soy d'vne legere course,
Aussi pour estre pres de la flammeuse source
Est chaude grandement, là ces astres se font
Aus crins ensanglantez, qui çà & là reuont
Menaçant les humains, ces estoiles brillantes
Ainsi qu'vne fusee encontre bas glissantes
Par le vague de l'air, qu'vn train de flamme suit
Esclairant à trauers les ombres de la nuit.
    La basse region est ores temperee,
Ores de la chaleur du Soleil alteree,
Or' atteinte du froid, c'est alors que l'hyuer

Tout chargé de glaçons nous sentons arriuer.
Quand le Soleil vers nous ses cheuaus rouges chasse,
Ses raions reflechis dessus la terre basse
Eschauffent tout son air, & causent la chaleur.
Cest air est chaud le iour, la nuit plein de moiteur,
Là se fait la bruine, & la fraische rosee
Dont au Printemps fleuri la terre est arrosee.

### De l'Exhalaison.

Quand donc l'exhalaison se hausse dedans l'air
Qui est seiche & legere, elle s'en va voler
S'esloignant loin de terre en la region froide,
Dés qu'elle sent le froid d'vn eslancement roide.
Aiant force & vigueur elle s'esleue à mont
Iusques à l'air plus chaud, tout de mesme que font
Les Sacres courageus, alors qu'à tire d'aisle
Ils fendent le nuage, & de vitesse isnelle
Poursuiuent les Milans qui petits à nos yeux
Montent dans l'air liquide, & voisinent les Cieus.

L'exhalaison ainsi d'vne secousse pronte
Iusqu'à l'air le plus haut fumeuse & chaude monte,
Aussi tost qu'elle est là par le grand mouuement
Du Ciel qui meut en rond le plus chaud Element,
Le hault de l'air s'embraze, & la vapeur allume:
Ainsi comme l'on voit auant que sur l'enclume
Le fer à tour de bras d'ordre soit martelé,
Sous le gosier venteus du soufflet esbranlé
Le charbon s'allumer, & prendre flamme ardante
Premier que d'eschaufer la matiere pesante
Du fer, puis le rougit apres estre allumé,
Ainsi la vapeur ard quand l'air est enflammé.

Selon que la matiere est subtile ou visqueuse,
Esparse ou resserree, & seiche & chaleureuse,

Egale ou inegale elle prend forme en l'air,
Toſt ou tard, & peu dure ou beaucoup à bruler,
Effroiant des humains les trop peureuſes ames
De leurs difformes corps tous raionneus de flames.
  Ceus-là dont la nauire à la mercy des rocs,
Des pirates, des vens fend l'eſchine des flots,
Voguant ſur l'Ocean, & dont la torte rame
Sous l'aile de la nuit ſon marbre mol entame,
Indignes que le Ciel ne monſtre ſes flambeaus
Dont le luſtre doré tremblotte ſur les eaus.
  Ceus dont le pied laſſé ſur la terre chemine,
Priuez de la clarté de la Lune argentine
Trauerſant ſous l'obſcur or' vn fleuue, or' vn bois,
Or' deſcendant d'vn val raboteus de grauois,
Or' à pas agrandis meſurant vne plaine,
Ores grimpant au chef d'vne roche hautaine,
S'ils eſleuent en haut d'aduenture leurs yeus
Ils ſont bien eſtonnez de voir proche des Cieus
La pointe d'vn clocher, la criniere flambante
D'vne Comete rouge, vne cheure ſautante,
Or' vn dragon fumeus, or' vn flambeau luiſant,
Dont à trauers la brune ils ſe vont conduiſant,
Ores deus feus iumeaus ſur le maſt du nauire,
Or' des flammes ſur terre aupres des eaus reluire.
Mais celuy-là qui ſçait d'où tout cela prouient
Reſolu ſon eſprit de raiſons entretient.
Le ſage qui cognoiſt les ſecrets de nature
Ne s'eſtonne iamais de voir ſous la vouture
Du Ciel ces corps ardans, comme le peuple fait
Qui s'effraie de tout, tant il eſt imparfait.
    Du clocher.
Si donc on voit dans l'air quelque fois apparoiſtre
          L'egui

L'eguille d'vn clocher, s'embraser & accroistre
En flamme & en clarté, lon ne doit s'estonner,
Nature prend plaisir à tels corps façonner.
C'est vne exhalaison inegale & meslee
Lourde, ensemble subtile, en longueur estalee,
Le subtil par le haut en pointe s'estressit,
Et le lourd par le bas s'eslargit & grossit.

## Des Cometes.

Aucunefois aussi sous la Sphere celeste
Vn grand feu cheuelu de nuit se manifeste,
Effroiant les humains de ses rais eslancez
A la couleur de sang dont ils sont menacez,
Car iamais ne reluit en vain ceste lumiere.
Le peuple craint de voir la tremblante criniere
Qui du chef rougissant de cest astre s'espand,
(Astre qui dessus nous mille malheurs respand)
Le cœur luy bat de peur, le poil d'effroy luy dresse,
Sa poitrine se glace, & la fraieur l'oppresse,
Il fremit en son ame, & tremble pour son Roy,
Pour son pays, sa ville, & son Royaume, & foy.
Ce que Mars a de fiel, de rage, & de furie
Et les astres malins, le Ciel le signifie
Par ce crineus flambeau, ses rais presagieus
Du costé qu'on les voit tournez dessous les Cieus
Denotent mille maus, contentions, querelles,
Reuoltes, trahisons, meurtres, haines cruelles,
Changemens de Police, & de Lois, & d'Estats,
Et de Religion, morts de grands Potentats,
De Princes, & de Rois, guerres inopinees,
Langueurs, peste, famine, & villes ruinees.
Ie ne veus m'amuser aus iugemens diuers
De beaucoup d'anciens, ny d'escrire en ces vers

B

Tout cela qu'ils ont dit de ces feus effroiables,
Pour autant qu'ils ne sont nullement receuables.
 Les vns ont asseuré que les Cometes sont
Des estoiles du Ciel, & les crins qu'elles ont
Estre faits & formez d'vne vapeur subtile
Qui de terre s'esleue, estant seiche & agile,
Elle gaigne soudain la region du feu,
Là s'amasse, s'enflamme, & brule peu à peu
Au dessous de l'estoile errante ou arrestee
Sous qui legerement au Ciel elle est montee,
Lors que leur corps reluit ou leur crin alongé,
Ils disent que leur corps en flamme s'est changé.
 D'autres furent d'aduis que ces rouges Cometes
Estoient du nombre impair des mobiles Planetes,
Et qu'elles monstroient loin du Soleil leur ardeur
Car il effaceroit estant pres leur splendeur.
 D'autres ont dit encor que c'est vne rencontre
D'estoiles dont la flamme en certain temps se monstre,
Espandant ses raions dedans le Ciel vouté.
D'autres que ces cheueus reluisans de clarté
Que les Cometes ont, se font des rais qui sortent
De nos yeus, & soudain toutes leurs pointes portent
Contre ceus du Soleil, lors brisez & meslez
Forment dans la vapeur ces longs crins estalez.
 Ils se sont tous trompez, si c'estoient des estoiles
Que ces feus flamboians sur les nocturnes voiles,
De celles là qui sont dedans le Firmament
Elles n'auroient ainsi qu'elles ont mouuement.
 S'elles estoient aussi du nombre des errantes,
On ne les verroit pas se mouuoir inconstantes
De la nuit vers le iour, & du iour vers la nuit,
Puis leur route quittant vers le Pole qui luit,

Du quartier d'Aquilon, & vers le vent d'Automne,
Quelquefois s'y former, mais souuent où raionne
L'Ourse fidele guide on les voit flamboier,
Et leurs cheueux dressez pres du Nord ondoier,
Çà puis là s'escarter des Planetes diuerses
Qui dans le Zodiac ou pres font leurs trauerses.
Lon a mesme obserué que ces flambeaus cognus,
Saturne, Iupiter, Mars, Mercure, & Venus
Ont à part vne place en leur Sphere etheree,
Et la Comete d'eux est au loing separee,
Or' dedans, or' dehors les arrests limitez.

Vne rencontre aussi de flambeaus argentez,
D'astres estincelans, & d'estoiles ensemble
L'vn sur l'autre rangez, & dont le feu s'assemble,
Ne peuuent engendrer les Cometes aus Cieux
Dont la figure enorme apparoist à nos yeux.
S'il estoit donc ainsi lors que la cheuelure
S'esuanoüit & perd dans la haulte vouture,
Au lieu mesme il faudroit plusieurs estoiles voir,
Mais ces opinions ne sont à receuoir,
Ces feus dureroient peu pour l'extreme vitesse
Du mobile premier qui se tourne sans cesse.

Leur barbe, leurs cheueux que lon voit herissez,
Dont Royaumes, Citez, & Rois sont menacez,
Viennent de la lueur que respand la Planete
Ou l'estoile sous qui se forme la Comete,
(Comete dont le peuple en la voiant a peur)
Et sur le dos poly de la chaude vapeur
S'esclatte en clairs raions, dont les confuses pointes
Toutes contrairement reflechies & iointes
Reluisent à nos yeux, & ces pointes là font
La barbe, & les cheueux que les Cometes ont.

B ij

Lon voit donc clairement que ces flammes crineuses
Ne sont des sept brandons aus clartez lumineuses,
Ni du nombre infini de ces clous d'or fichez
Au dos du Firmament, de ces ronds attachez
Au lambris estoilé, de ces belles lumieres
Qui de luire la nuit au Ciel sont coustumieres.
 On dit que Meropé, fille du grand Atlas,
De despit & regret d'auoir pris icy bas
Vn mortel pour mary, & ne s'estre accointee
Des Dieus comme ses sœurs, marrie & depitee,
Sa faute regrettant dans le Ciel azuré
S'en va descheuelee, & son œil espleuré
Nous monstre quelquefois, elle apparoist semblable
A vne grand' Comete au crin espouuantable.
 On conte encor' qu'Electre apres qu'Ilion fut
Destruite par le feu, plus hanter ne voulut
Comme ses sœurs la dance & la feste annuelle,
Aiant veu des Troiens qui descendirent d'elle
(Spectacle malheureus) sur la terre les corps
Les vns peris par feu, d'autres par le fer morts,
Et qu'elle fut au Ciel toute triste & faschee
Deuers le Pole Arctique, & là se tient cachee
Lamentant ses douleurs, par fois elle reluit
Telle qu'vne Comete, & se monstre la nuit.
 Moy ie croy que ces feus par diuine puissance
Seule cause de tout, des vapeurs ont naissance,
Et que Dieu tout-puissant pour punir nos forfaits
Les fait courir aus Cieus causans diuers effects,
Guerres, sterilitez, eaus, vens, chaleurs, famine,
Fouëts dont Dieu nous punit de sa dextre diuine.
Les astres par apres causes secondes sont
Qui la matiere propre esleuent en amont

Par vertu de leurs rais, alors ceste fumee
Fille de terre au haut de l'air est allumee,
Et suit le mouuement du mobile premier,
Ores en Occident,or' en autre quartier
Vagabonde elle va, mais plus souuent vers l'Ourse
(Peut estre du Ciel mue) on luy voit prendre course.
Deuers ce costé-là se pourroit alonger
La matiere, & le feu suiuant l'iroit ronger,
Selon que la vapeur en l'air est amassee
On luy donne le nom, s'en rond elle est pressee
Cheuelue aussi tost la Comete on dira,
S'elle espand son grand feu, barbue elle sera.

   Ainsi que le charbon, le bois sec, & la paille
Brulent touchez du feu tant que l'vn d'eus defaille,
La matiere enflammable ainsi de mesme il fault
La flamme conceuant qu'elle brule là hault.
La vapeur dont se fait la Comete est legere,
Chaude & seiche, & du sein de nostre antique mere
S'eslance droit au Ciel: ce qui la fait durer,
Et qu'en vn coup le feu ne la peut deuorer
Luy qui est pront, subtil, & actif de nature,
C'est que d'autres vapeurs luy donnent nourriture,
Et n'en receuant plus elle meurt peu à peu.

   En l'estage plus hault de l'Element du feu,
Pareillement aussi en sa region basse
Les Cometes se font dehors le large espace
Des arrests du Soleil, & quelquefois dedans
On y voit de ces feus luire les crins ardans.

   Si la Comete est noire, ou blanche, ou rougissante
La Planete on cognoist sur elle dominante,
De Saturne prouient la liuide couleur,
De Iupiter le blanc, & de Mars la rougeur.

B iij

Blanche elle apparoiſtra ſi rare eſt la matiere,
Sombre & noiraſtre auſſi ſi eſpoiſſe & groſſiere,
Iaune ou rouge ſera ſi des deus elle tient,
Le ſçauant ainſi dit, & monſtre d'où prouient
Leur barbe, leurs cheueus, & leur queüe alongee:
Lors qu'au plus hault de l'air la matiere eſt logee
Elle s'eſmeut, s'agite errant de tous coſtez
Tant que le feu ſe ioigne à ſes extremitez.
Si l'exhalaiſon eſt plus eſpoiſſe & plus denſe
En ſon centre, & plus rare en ſa circonferance,
Son feu rare & menu à l'entour ſe rengeant
S'eſpandra par longs poils à la couleur d'argent.
Soudain l'exhalaiſon aus bords rare & menue
A us yeus rapportera la Comete crinue.

 Mais ſi l'exhalaiſon eſt groſſe en vne part,
Et ſi ce qui eſt rare en longueur ſe depart,
La Comete luira ſous la voute etheree,
Vne queuë eſtalant longue & demeſuree.

 Barbue on la verra dés que l'exhalaiſon
Rare & eſparſe aus bords par viue enflammaiſon
Rougira dans le Ciel, la flamme diſperſee
Forme en l'air la Comete à la barbe trouſſee.

 Du matin vers le ſoir elles ont mouuement
Du mobile premier ſuiuant le roulement,
De la nuit vers le iour encores inconſtantes
Elles ſuiuent le train des eſtoiles errantes,
On les voit deſtourner d'vn particulier cours
Du Nord vers le Midy, leur duree eſt ſept iours,
Quelquefois quatre vingts, bien ſouuent d'auantage.

 Ces feus malencontreus de ſiniſtre preſage,
Qui font deſſus nos chefs mille maus deualer,
En Autonne pluſtoſt flambeient dedans l'air

Qu'en nulle autre saison, mesme alors que la porte
Aeole ouure à ses vens, qui d'vne haleine forte
Agitent la matiere, & la font enflammer.
　En Hyuer lon ne voit ces vapeurs s'allumer,
Nulle en ce temps ne sort, la froidure reserre
Les vapeurs au dedans des pores de la terre.
　La chaleur les consume aussi pendant l'Esté
Au sortir de la terre, aussi l'humidité
Du Printems refroidit leur chaleur naturelle
Et ne peuuent monter vers la voute eternelle.
　La rouge, ce dit-on, annonce les combats,
Les ruines, les vols, les meurtres, & debats,
Grande mortalité la noire signifie,
La blanche la famine, ainsi le peuple crie
Et dit que c'en est là les signes plus certains,
Mais Dieu seul est sur tout, qui tiët tout dans ses mains.

### De la Cheure.

De dix mille façons lon voit des feus enormes,
La nature leur fait prendre diuerses formes,
Elle fait à nos yeux des vapeurs sauteler
Enflammer & bondir çà & là dedans l'air,
Imitant en leurs saults des cheures la nature,
Representant aussi de leur corps la figure,
Dedans ce grand espace elles courent à bonds:
De gros touffeaus de flamme à leur gré vagabonds
S'espandent de leur corps, qui houppelus se frizent
En crespillons ardans, & clairement reluisent.
De terrestres vapeurs ces cheures là se font,
Dont les corps separez les vns des autres sont,
Non trop loing toutefois, quand l'vne est enflammee
La flamme à l'autre va dont elle est allumee.

　　　　　　　B iiij

## Du Dragon.

On voit pareillement dans le Ciel flamboier
Des Dragons tous fumeus, & de nuit ondoier
A longs replis dorez à trauers les nuages,
Alors le peuple dit que ce sont des presages
De famine, de guerre, & tout pensif se tient,
Mais le sage s'en rit sçachant d'où cela vient.
    Quand vne exhalaison de terre prouenue
Inegale & peu chaude est prise & retenue
Entre le dos vouté d'vn nuau chaleureus
Et le cryſtal enflé d'vn autre froidureus,
Par le nuage froid la fumee est chassee
Comme estant son contraire, alors toute amassee
Le ventre elle figure, & le nuage chaud
Qui la vapeur reçoit l'alonge & dresse en hault
Figurant col & chef, l'autre bout qui va prendre
Fin au nuage froid ne peut au long s'estendre.
Mais comme les serpens pour paroistre plus cours
Entortillent leurs corps en meints tours & retours,
De ces Dragons ventrus la queue est racourcie,
Torte, recoquillee, & par onde estressie.
    Ce qui le fait fumer c'est la frigidité
Du nuage voisin dont il est irrité,
Fumant ainsi que fait Aetna quand des nuees
Sur ses torrens de feu les eaus sont deualees.

## Du Flambeau.

Nature quelquefois forme de clairs flambeaus
En s'esbatant, pour voir s'ils seront aussi beaus
Que ces raions dorez, & que ces lampes belles
La beauté de la nuit qui luisent eternelles
Aus pauillons astrez, mais beaucoup il s'en fault,
Les siens durent vn peu, ceus cy n'ont nul default:

Si tost qu'elle apperçoit que son œuure est grossiere,
Elle fait à ces feus perdre corps & lumiere
Tout en vn mesme instant, craignant que Jupiter
Ne se fasche de voir ses astres imiter.
D'vne egale vapeur, subtile, & alongee
Vniment hault & bas de la flamme rongee
Ainsi comme vn flambeau par le bout s'allumant
Se fait l'impression qu'ainsi lon va nommant.
 Quand la vapeur n'est pas tant egale & vnie,
Et qu'elle est vers le Ciel de grosseur bien garnie,
Et graile en deualant, chacun luy donnera
D'vne torche le nom dés qu'elle flambera.

### Des feus de Castor & Pollux.

Ceus qui font sur la mer à l'aide de leurs rames
Rouler leurs grãds vaisseaus, voient souuent des flames
Voltiger autour d'eus, dans leurs nefs deualer,
Et sur leur mast dressé ainsi qu'oyseaus voler,
Ores dessus l'antenne, or'sur la voile courbe
A demy-cercle enflee, esbahissant la tourbe
Des pasles mariniers, qui craignent que la mort
Ne les vienne saisir auant que prendre port.
 Quand on voit s'esleuer la tourmente importune
Au royaume escumeus, qu'en courrous est Neptune,
Et que son front depeint d'azur de tous costez
Se ride en gros sillons, & ses reins reuoutez
Se vont leuant baissant sous l'haleine sifflante
Des vens iusques au Ciel & à l'Orque beante.
Les nochers esperdus hault pendus sur les eaus
Deçà delà portez oublient leurs vaisseaus
Battus des tourbillons par les costes poissees,
Ils errent sur les monts des vagues amassees
Le dueil dedans le cœur, la face vers les Cieus,

La priere en la bouche, & les larmes aus yeus.

 Pauures que feroient-ils? d'vn esclatant nuage
Le tonnerre ensouffré gros de pluie & d'orage
Rouge tombe sur eus, vne suite d'esclairs
Glissant à longue pointe ardans, subtils & clairs
S'elance promtement sur le cryſtal de l'onde
Esblouissant leurs yeus, vne vague profonde
Renuerse leur nauire, au dessus d'eus encor
En feu se met la nue, Apollon au poil d'or
D'vn nuage ombrageus voile sa blonde teſte,
Et leur oſte le iour, pendant que la tempeſte
Horrible sa fureur, Neptune au large dos
Rien qu'images de mort ne porte sur ses flots.

 Dés qu'apparoiſt le feu de la mauuaise Helene
Contraire aus matelots, soudain la Mer forcene
Sous la rage des vens leurs soupirs redoublans,
Et la crainte saiſit les mariniers tremblans.

 Mais quand les feus iumeaus des freres Tyndarides
Esclairent aus nochers, alors les champs humides
Abbaissent leurs hauts monts, les vens sont adoucis,
Et les nuages noirs du Soleil esclarcis.

 On dit que prés du bord eù sur le luisant sable
Eurote aus flots d'argent traine son corps muable
En replis tortueus ombragé de lauriers
Aus rameaus immortels, ces deus freres guerriers,
L'vn Pollux, Caſtor l'autre eurent Leda pour mere,
L'vn Tyndare mortel, l'autre eut vn Dieu pour pere,
Si toſt qu'ils furent grands, se sentant animer
D'vn desir genereus de se voir renommer,
Dans la nauire Argon la voile au vent donnerent,
Et sur les flots salez auec les Grecs voguerent,
Ils ont eſté depuis aimez de ceus qui sont

Dedans des pins creusez, & dessus l'onde vont,
A eus tous mariniers addressent leurs prieres
Lors qu'ils sont menacez des vagues marinieres.

 Pollux seul immortel voiant son frere mort,
Maudissant le destin, la fortune, & le sort,
Tout espleuré pria le grand Dieu du tonnerre
Son pere redouté, de regarder en terre
Castor son frere cher de son long estendu,
Dont le corps estoit mort & le sang espandu,
Et qu'il luy pleust partir pour luy redonner vie
Son immortalité, par ordre entresuiuie,
Que de naistre & mourir il estoit bien content
Pourueu qu'il vist Castor son frere en faire autant.
Iupiter pitoiable accorda sa demande
Voiant le feu diuin de son amitié grande,
Pollux à demy-mort, tant il aima Castor,
Fut subiet, & Castor à demy-vie encor,
Castor à demy-mort fut subiet, & son frere
A demy-vie aussi: ô quelle amitié chere!
Quand l'vn auoit vescu par l'espace d'vn iour,
L'autre viuoit apres le suiuant tour à tour.

 Iupiter cognoissant l'amitié fraternelle
Qu'ils se portoient tous deus, pour memoire eternelle
Les mit dedans le Ciel se tenant embrassez,
Deus astres flamboians sur leurs chefs sont placez
Et d'autres sur leurs corps, de rang ils s'entresuiuent
Luisant l'vn apres l'autre, & semble qu'ils se priuent
Quelquefois de clarté: lors que dessus la mer
Les tristes nochers sont en danger d'abismer,
Entre l'effroy, la peur, la mort, & le naufrage,
Le fouldre, les esclairs, l'eau, la gresle, & l'orage
Ces deus freres bessons, ces deus freres benins,

B vj

De tous les nautonniers appellez Dieus marins,
Pour signe de beautemps & de bonne esperance
Font luire leurs flambeaus, soudain Neptune tanse
Ses flots tumultueus qui s'apprivoisent tous,
Le Ciel se fait serain, les vens deviennent dous,
Et sous l'heureus esclair de ces feus secourables
Les nochers vont encrer aus rives desirables.

  D'vne grosse vapeur qui ne peut hault voler,
Pour la foible chaleur, dans le vague de l'air
Ces flammesches se font par les vens emportees
Cà & là sur l'azur des ondes agitees.

### Des Ardans.

  Dessus la terre encor on voit en divers lieus
Par l'obscur de la nuit estinceler des feus
Effraiant les passans d'vne esclairante suite
Les costoiant, & puis devant eus prenant fuite.
Aus Cimetieres gras, aus lieus marescageus,
Vers le pied des cotaus, vers les terroirs fangeus,
Aus bords des lacs dormans, aus mares croupissantes,
Et quelquefois aussi pres les ondes coulantes
Des rivieres lon voit ces flammes sauteler
En forme de tisons, & luire sans bruler
L'endroit où elles sont, elles vont & reviennent,
Et en vn mesme lieu bien peu souvent se tiennent.

  Pline dit qu'on a veu ces flammes se planter
Sur le bois des soldats, voltiger & sauter
Sur leurs clairs morions lors qu'ils font sentinelle,
Voler sur leur espee, or' dessus la rondelle
Du Capitaine espandre vne viue clarté,
Et sans cesse courir d'vn & d'autre costé.
Ceus là qui vont de nuit en sçavent bien que dire,
Ces flammes, ce dit-on, taschent à les seduire.

Si lon va, ces Ardans incontinent iront,
Si d'vn lieu lon ne part, point ils ne partiront.
Mais si pour ne tarder lon se met en voiage,
Ils quitteront leur place, & à course volage
Gaigneront le deuant, ores d'vn leger vol
S'iront pendre à la queüe, ores au large col
D'vn cheual, or' au crin qui flotte sur sa teste,
Comme floccons de flamme autour de ceste beste
On les voit flamboier, or' ils se vont placer
Au milieu des chemins, & là tous s'amasser
Pour seruir de flambeaus, mais ces flãbeaus là nuisent,
Et font que les passans dans les eaus se conduisent.

  Le païsant lourdaut dit que ce sont esprits,
Aussi tost qu'il en voit, craignant d'estre surpris,
Il fait signes de croix, & rebrousse carriere,
Car ces feus, ce dit-il, meinent à la riuiere,
Et, grossier, ne voit pas, priué de iugement,
Que ces feus pres des eaus croissent communément,
C'est pourquoy cheminant où ces Ardans se monstrent,
Pres de là les passans tousiours de l'eau rencontrent.

  D'vne grasse, pesante, & grossiere vapeur,
D'vne fumee espaisse, où manque la chaleur
Pour s'esleuer en hault, ces flammesches lechantes
Naissent dessus l'email des riues verdoiantes.

## Des ouuertures du Ciel.

La nuit alors qu'on voit scintiller dans les Cieux
L'vn de l'autre escartez les astres radieus,
Pendant que Phœbus dort dans la marine basse,
Lon voit par fois le Ciel d'vne grande creuasse
Ouurir le sein beant de son corps azuré
Chacun espouuantant, mais son rond etheré
Ne s'ouure pas pourtant, bien qu'aus yeux il le semble.

C'est vne exhalaison grasse & visqueuse ensemble
Fort espaisse au milieu, fort deliee aus bords
Qui s'allume dans l'air, dés que par le dehors
Le plus rare & subtil d'autour de la matiere
S'embrase, il ceint l'obscur de la masse grossiere
(Dont le corps ne peut estre aisément allumé)
Noire & sombre au milieu d'vn long tour enflammé.
La flamme enuironnant la vapeur obscurcie,
D'vne large ceinture en rondeur esclarcie
Fait sembler à nos yeus que le Ciel soit creusé,
Et c'est le noir espais dont l'œil est abusé.
  Comme vn peintre qui veut, tant sa main est subtile,
Tromper les regardans d'vne ruse gentile
En leur representant sur le plain d'vn tableau
(Tant peut sur la nature vn artiste pinceau)
D'vn antre sombre & creus l'effroiable ouuerture
Qui bâille dans le flanc de quelque roche dure,
L'œil sur la table vnie, en la main l'instrument
Vne couleur noirastre il espand dextrement,
Et peint vne ombre espais, vers le pied de la roche
Vne blanche couleur de la noire il approche
Qui l'embrasse par tout, pour voir la profondeur
De cest antre creusé que forme la noirceur:
De mesme la vapeur par les bords allumee
Creuse le Ciel, ce semble, & ce n'est que fumee.
  Quand au large dans l'air s'estend l'exhalaison,
Vne fosse on la nomme, & si l'enflammaison
Se presse, se resserre, & en long ne s'amasse,
Elle figure vn muy, non plus vne creuasse.

### Des estoiles tombantes.

L'on voit aussi tomber, quand seraine est la nuit,
Des estoiles du Ciel, dont l'esclair vif reluit
Par le vague de l'air, quand d'vne oblique fuite

Elles quittent l'Olympe, & trainent à leur suite
De clairs sillons de flamme, apres eus delaissant
Au travers de la brune vn long trait blanchissant.
Lors qu'vne exhalaison longue, mal compassee,
Chaude & gluante aussi s'est dans l'air froid haussee,
Et qu'elle est repoussee en bas de la froideur
Qui ne peut pres de soy endurer nulle ardeur,
L'exhalaison s'enflamme, & glisse sur la terre,
Ainsi qu'vn feu lancé par l'esclat du tonnerre
Qui coule encontre bas du nuage fumeus,
Marquant dans l'air espais vn long sentier flammeus,
Ou bien ainsi qu'on voit descendre vne fusee,
La vapeur tout de mesme en long emenuisee
Or'droit, or'de travers, s'eslance roidement
Vers la terre, & dans l'air se perd en vn moment.

## De plusieurs impressions.

Selon que la vapeur sera grosse ou subtile,
Large ou estroite, humide ou bien chaude & agile,
Aussi tost qu'embrasee elle se monstrera,
Le nom de sa figure aussi tost elle aura.
Si donques dedans l'air la terrestre fumiere
Est egalement mince aussi bien que grossiere,
Et que d'vn pois egal, sans hausser ny baisser,
Le subtil & grossier, sans baisser ny hausser
L'vne en hault, l'autre en bas, de son lieu ne s'absente,
Alors selon le corps de la vapeur ardante
Divers noms elle aura, car selon que dans l'air
Le feu luy donne forme, on la doit appeller.

Si la vapeur est platte, on l'appelle rondelle,
Si courte & fort estroite vne ardante chandelle,
Si graile & estrecie vn trait estincelant,
Si plus longue estendue vn iavelot branlant,

Si en bas vn peu grosse vne lance enflammee,
Si grosse hault & bas vne poutre allumee,
Si seiche, esparse & rare, on verra voleter
Des flammesches en l'air, & nous representer
Des brins de paille ardans, iettant comme en la forge
Des bluetes de feu: quand le vent se degorge
Du souflet agité sur le charbon espars
Des estinceles lors volent de toutes parts,
Ainsi quand la vapeur brule, soudain aus nues
Estalee elle espand des flammmesches menues,
Si elle s'arrondit des balons flamboians
Lon voit deçà, delà dedans l'air tournoians.
Nature nous fait voir dans la plaine aëree,
Sur le dos de la terre, & sur l'onde azuree
Mille sortes de feus, & nous en fera voir
Qui ne furent iamais, tant grand est son pouuoir.
Elle en engendre encor dans les minieres creuses,
Et dans l'obscurité des cauernes pierreuses,
Ceux qui tirent la pierre, & les metaus charmeurs
Voient luire meints feus de diuerses couleurs.

### Des Cercles.

Ie ne veus oublier maintenant à descrire
Les Cercles qu'alentour des flammes lon voit luire,
Quelquefois Apollon au chef crespelé d'or,
La Lune au pasle teint, & les Astres encor
Poursuiuant dans les Cieus leurs courses ordonnees
De cercles grands font voir leurs tresses couronnees,
Disons d'où viennent donc ces apparans rondeaus.
    Quand dessous le Soleil, & sous autres flambeaus
Se rencontre vne nue en chacune partie
Egalement espaisse, esparse & arrondie,
Sur sa molle toison ces astres raionneus

Eflancent de droit fil leurs raions lumineux,
Qui ne pouuant percer l'espaisseur du nuage
Luisent en rond aus bords, n'aiant autre passage.
Et forment dedans l'air, non autour de ces feus,
Ces couronnes qui sont entre nostre œil & eus.
Phœbus qui de son œil la lumiere nous donne,
Rarement sur son chef porte ceste couronne,
Pource que de ses rais il dissipe & destruit
Le nuage amassé qui le Halon produit:
Mais de voir ces rondeaus c'est chose fort commune
Autour des Astres clairs, & de la claire Lune,
D'autant qu'ils n'ont la force & la viue vigueur
De consommer la nue auecques leur chaleur.
Autrefois sous ce Dieu qui le monde illumine
Vn rondeau s'est monstré tout de couleur pourprine,
Et d'autres differens lon a veu maintefois
Emaillez de couleurs sous la mere des mois.
 Lors qu'à ce cercle on voit predre vne couleur noire,
Et sombre s'espaissir, pour le seur il faut croire
Que des nuaus enflez les torrens couleront:
Si le Halon s'enfuit comme les ombres font
Au coucher du Soleil, perdant corps & figure,
C'est signe de beau temps & sereneté pure.
Si de quelque costé lon apperçoit ce rond
Sa ceinture coupper, de la part qu'il se rompt,
Les vens ne faillent point d'abandonner Aeole,
Et de venir souffler de l'vn à l'autre Pole.
## Des Parelies.
 Lon a veu autrefois, non sans estonnement,
Trois Soleils dans le Ciel reluire ensemblement,
Et trois Lunes aussi de beauté nompareille
Faire vn iour de la nuit, non sans grande merueille.

Les peuples ignorans se sont fort estonnez
De voir de trois Soleils les Cieux illuminez,
Et les humides nuits sous les claires lumieres
De trois Lunes chasser leurs ombres coustumieres.
Ces Soleils là ne sont qu'images du Soleil
Qui nous donne le iour des raions de son œil,
Ces Lunes là ne sont qu'images de la Lune
Dont le front argenté reluit par la nuit brune.
Il fault dire comment se forment dedans l'air
Ces feus qu'on pense voir au Ciel estinceler,
Mais ce qui nous deçoit ce n'est que la distance,
Car lon sçait que dans l'air ils preignent leur naissance:
Ie veus donc vistement, sans tarder plus long temps,
Monstrer comme se font ces flambeaus esclairans.
  Ces flambeaus là se font lors qu'vne humide nue,
Espaisse, reluisante, egale, & continue
Regarde de costé le Soleil flamboiant,
Et qu'il iette ses rais sur son corps rousoiant
Tout prest à se resoudre en goutes pluuieuses:
Par le rebrisement des pointes raionneuses
De son visage clair, Apollon voit son teint
Comme en l'airain poly, & son grand œil voit peint
Sur le dos arrondi du suspendu nuage
Qui rend or' vne seule, or' vne double image.
La Lune de ses rais eslancez tout ainsi
Sa claire face voit representee aussi.
Par obseruation, dedans la Sphere ronde
Point plus de trois Soleils n'ont esclairé le monde,
Lon tient pour tout certain que trois Lunes non plus
Ont enlustré les Cieus au default de Phœbus.
  Quand entre nostre veue & le Soleil s'assemble
Vne nue haut en l'air, dont le corps rond ressemble

DES METEORES.

Par le dessus au dos d'vn beau fleuue azuré
Qui nostre image rend dés qu'on s'y est miré,
Qu'egalement par tout ceste nue arrondie
Est humide,grossiere,obscure, & espaissie,
Aussi tost que Phœbus elle voit de costé
Phœbus darde ses rais dessus son dos vouté,
Ses rais sont reflechus,ainsi que de la glace
D'vn miroir à nos yeus,& figurent sa face.

### Des verges.

Poursuiuons iusqu'au bout,disons comment se font
Les verges dedans l'air qui droites ores sont,
Et ores de trauers au sortir des nuees,
Les causes ne nous sont de leur estre cachees.
Quand vn nuage obscur n'est egal tout par tout,
Mais rare en vn endroit,& espais en vn bout,
Les raions du Soleil auec leurs pointes percent
La moins massiue part,comme quand ils trauersent
Les vitres d'vne chambre,& forment hors du corps
Des humides nuaus,des clairs sillons alors
Des verges,des longs rais,des lignes descendantes,
Or' droit,or' de trauers des voutes tournoiantes.

### De l'Arc celeste.

Ie veus hausser ma vois,m'essaiant de tanter
Vn plus hault ton,pour voir si ie pourrai chanter
Du Ciel l'Arc emaillé de diuerse peinture,
Et le chemin de laict & sa blanche ceinture.
Mais ie veus commencer par cest arc peinturé
Et puis ie finiray par le cercle etheré.
    La Deesse Iunon de Iupiter l'espouse
Faschee extremement,despitee,& ialouse
De voir le Dieu Mercure ainsi prompt & leger
Estre de son mary diligent messager,

Plongeant son corps ailé dans l'obscur du nuage
Qui de l'aile coupé luy fait soudain passage
Si tost que Iupiter des Dieus le plus parfait
Quelque commandement de son throsne luy fait.
Iunon voiant aller ses desseins en fumee
Choisit de son trouppeau Iris la Nymphe aymee
Pour estre son Mercure, & d'elle receuoir
Tout ayde, & tout seruice, & à ses pieds l'auoir.
 Elle apperceut vn iour Mercure aiant des ailes
Dont il s'enfuit de terre aus Spheres eternelles,
Et du Ciel icy bas, il en portoit au dos,
Aus talons, & au chef qu'il battoit sans repos.
Des ailes de ce Dieu deuenue enuieuse
Elle songea comment de main industrieuse
Pour sa fidele Iris elle en pourroit former,
Et ses costez charnus doublement emplumer.
Elle en fit à l'enuy de couleur safranee,
Sur son dos les anta, puis elle l'a ornee
D'vn vestement couuert d'or, de pourpre, & d'azur,
Dont l'esclat luit aus yeus, lors que le raion pur
Du Soleil opposé va clairement s'espandre
Sur ces viues couleurs, c'est quand Iris va fendre
Les nuages moiteus, pour au Royaume bas
Porter quelque message, ou adressant ses pas
Vers la Royne des eaus que sa robbe elle monstre
Et voute ainsi qu'vn arc sa grand' queuë alencontre
Du Soleil qui de voir ceste Nymphe est ioyeus.
Ou bien alors que pronte elle remonte aus Cieus
Regardant Apollon, elle courbe sa queüe
De iaunastre couleur, de verde, rouge, & bleuë.
 Quand Phœbus va plonger l'or de son chef dans
  l'eau

Pour au reueil prochain renaistre encor' plus beau.
Que rouge en Occident fuiant il nous regarde,
Si ses raions cornus sur vn nuage il darde
Opposé droit à luy, qui soit enflé d'humeur,
Large, humide, & poly, tout soudain en rondeur
D'vn grand arc emaillé lon verra la vouture,
Car ce caué nuage egal en polisseure
Tout en goutes fondant reçoit tous ses raions,
Rend du Soleil l'image, & forme plusieurs ronds
De diuerses couleurs, l'vn de couleur Turquine,
Les autres trois de verde, & de iaune, & pourprine.
Ceste varieté est faicte cependant
Que Phœbus droitement va ses raions dardant
Dedans le sein creusé du rousoiant nuage,
Dont la reflexion represente l'image
Du Soleil, qui de loing la nue œillade droit,
Ceste reflexion est faicte de l'endroit
Plus caué de la nue, & les couleurs meslees,
De nos yeus, du Soleil, & de l'air sont creées.

 Ainsi que lon peut voir lors qu'au droit du Soleil
Lon met vn verre d'eau, soudain paroist à l'œil
Vn nombre de couleurs contre le mur empreintes,
Comme celles d'Iris, couleurs qui ne sont feintes,
C'est donques le Soleil, l'air, l'obiect, & nos yeus
Qui font naistre l'email de l'arc qui ceint les Cieus.

 L'arc bigarré qu'on voit suspendu sur la terre
Est coupé par moitié, l'autre moitié se serre
Dessous nostre Horison, donc necessairement
D'vn demy-cercle il faut qu'Iris ait l'ornement.

 Iris ou l'Arc en-ciel de diuerse peinture
Ne peut auoir sinon vne ronde figure,
Quand vn nuage grand sur l'Horison espars

Sa toison molle espand, & qui de toutes parts
Est de goutes couuert, profond, creus, & humide,
Seruant d'vn clair miroir, luisant, net, & liquide,
Lors que dessus son dos qui sur terre se pend
Le Soleil loing tirant son vif raion espend,
Il est tost reflechi, lors il est necessaire
Qu'vne figure en l'air se monstre circulaire,
Non autre, car le rais du Soleil reietté
Du plus creus de la nue en vn cercle est vouté.

 De la seule splendeur d'vn Arc vn arc s'engendre,
Qui hault va ses couleurs à l'opposite espandre,
Cest arc second n'est rien qu'image du premier,
Cestuy-cy quelquefois en forme vn autre entier,
Les couleurs du second d'vn ordre à part se monstrent,
Mais celles du troisiesme aus premiers rencontrent.

 Dessous l'astre argenté, dont la flamme reluit
Clairement dans le Ciel esclaircissant la nuit,
L'Arc-en-ciel diapré rarement prend naissance
Pour ces foibles raions, qui n'ont pas la puissance
De reietter leur pointe, & d'vn voutis plaisant,
Tant foible est leur clarté, ceindre le Ciel luisant.

 Quand dessus l'Horison Phœbus hausse sa tresse
L'arc est petit, mais grand quand son coche il abaisse.
Au Midy peu souuent au Solstice Aestiual
Se manifeste Iris, au Solstice Automnal,
Lors que les iours sont courts, on voit l'Arc à toute heure
Qui descouure au Soleil l'email de sa courbeure.

### De la voye laictee.

Ie suis las de chanter cest Arc, ore il nous fault
Chanter le cercle blanc qu'on voit de nuit là hault,
Quand le Ciel est serain, & dire d'où procede
Ceste grande blancheur à qui toute autre cede.

Sa toison molle espand, & qui de toutes parts
Est de goutes couuert, profond, creus, & humide,
Seruant d'vn clair miroir, luisant, net, & liquide,
Lors que dessus son dos qui sur terre se pend
Le Soleil loing tirant son vif raion espend,
Il est tost reflechi, lors il est necessaire
Qu'vne figure en l'air se monstre circulaire,
Non autre, car le rais du Soleil reietté
Du plus creus de la nue en vn cercle est vouté.

  De la seule splendeur d'vn Arc vn arc s'engendre,
Qui hault va ses couleurs à l'opposite espandre,
Cest arc second n'est rien qu'image du premier,
Cestuy-cy quelquefois en forme vn autre entier,
Les couleurs du second d'vn ordre à part se monstrent,
Mais celles du troisiesme aus premiers rencontrent.

  Dessous l'astre argenté, dont la flamme reluit
Clairement dans le Ciel esclaircissant la nuit,
L'Arc-en-ciel diapré rarement prend naissance
Pour ces foibles raions, qui n'ont pas la puissance
De reietter leur pointe, & d'vn voutis plaisant,
Tant foible est leur clarté, ceindre le Ciel luisant.

  Quand dessus l'Horison Phœbus hausse sa tresse
L'arc est petit, mais grand quand son coche il abaisse.
Au Midy peu souuent au Solstice Aestiual
Se manifeste Iris, au Solstice Automnal,
Lors que les iours sont courts, on voit l'Arc à toute heure
Qui descouure au Soleil l'email de sa courbeure.

### De la voye laitee.

Je suis las de chanter cest Arc, ore il nous fault
Chanter le cercle blanc qu'on voit de nuit là hault,
Quand le Ciel est serain, & dire d'où procede
Ceste grande blancheur à qui toute autre cede.

Et tous les autres Dieus allerent entasser
Osse sur Pelion, & ces monts amasser
Sur la croupe d'Olympe à la teste neigeuse,
Estans proches du Ciel sur Osse sourcilleuse
Ils se camperent tous, essaiant d'escheler
La grand' voute & les Dieus au combat appeller,
La plus grãd' part des Dieus trembloit desia de crainte,
Iupiter, bien que fort, de peur eut l'ame attainte,
Les fondemens d'airain de son Palais trembloient
Sous les cris des Geans qui là haut s'assembloient:
Comme on oit quand des vens la mer est agitee
Vn long bruit murmurer sur sa greue escartee,
Alors qu'en grommelant ses grands flots courroucez
D'escume blanchissans se roulent entassez
Contre les durs escueils, essourdant le riuage,
Ainsi faisoient grand bruit ces Geans pleins de rage.
   La Terre apperceuant ces Geans inhumains
Preparez au combat, prests de venir aus mains,
Pour leur donner secours, de ses antres humides
De gros nuages teints par ses couleurs liuides
Fit esleuer en l'air, suiuis obscurement
De globes noircissans qui montoient vistement,
Dont les corps enfumez gros d'espaisse poussiere
S'espandoient dedans l'air desrobant la lumiere
Du Soleil, de la Lune, & des flambeaus des Cieus.
Lors d'vne froide peur furent saisis les Dieus
Se voiant sans clarté, ils se mirent en fuite,
Les Geans tout soudain se mirent à leur suite
Marchant sous l'espaisseur & sous l'obscurité
Du nuage poudreus, rampart de seureté,
Les Cieus estoient voilez de fumiere & de pouldre.
   La grand' faus de Saturne, & l'effroiable fouldre

*A trois*

A trois pointes de feu dont s'arme Iupiter,
Le coutelas qui Mars faisoit tant redouter,
Les flesches de Phœbé, le baston de Mercure,
N'auoient aucun pouuoir, dedans la nue obscure
Qui cachoit les Geans tous en vain ils tiroient:
Leurs coups tant seulement les ombres separoient.
Mais si tost qu' Apollon à la tresse flambante
Eut dardé ses raions sur l'ombre noircissante,
Deuant son œil ardant soudain l'ombre mourut,
Et la brune fumiere aussi tost disparut.
Lors les Dieus resiouis repousserent l'outrage
Et l'effort des Geans, ils reprirent courage:
Iupiter animé d'vne iuste fureur,
De son fouldre empenné d'effroy, d'ire, & d'horreur,
Garnit son bras vengeur, & de force inuincible
Rouge de mille esclairs dessus la troupe horrible
Le lança roidement, lors Briare aus cent bras
Et tous ses compagnons trebucherent en bas,
Iupiter ordonna qu'vne poudreuse trace
En signe de victoire au Ciel auroit sa place.

   L'endroit où nous voions ce grand Cercle laicté
Est dense & fort espais, & la seule clarté
Du grand nombre des feus qui dans ce lieu reluisent,
Dont les rais infinis se meslent & se brisent,
Engendre la blancheur que descouure nostre œil.
Aucuns disent quell' vient des raions du Soleil,
Et du redardement des rais de nostre vue
A l'encontre des siens, ceste blancheur cognue
Qui ce long ceinturon de tous costez depeint
Dont le Ciel azuré sa ronde masse ceint,
Quand le Soleil reluit dessous nostre Hemisphere,
Se monstre apertement, comment donc se peut faire

Qu'elle naisse des rais qui partent de nos yeus
Et de ceus du Soleil qui luit en d'autres lieus,
Car si loing de nos yeus de nuit Phœbus seiourne
Principalement lors qu'en l'autre monde il tourne.
Comme donc de nos yeus les rais se meslerent
Dans les siens, & ce laict en longueur marqueront?
L'on voit trop clairement que ceste couleur blanche
Sans l'aide du Soleil dedans le Ciel s'espanche,
Les estoiles la font, en meslant leurs raions.

Ie ne veus m'amuser à tant d'opinions
D'vn nombre d'anciens, c'est perdre sa parole
Et le temps de citer vne opinion fole,
De propos ignorans lon ne doit point nourrir
L'esprit, car l'ignorance assez le fait perir.
Tout à trauers le Ciel ceste bande neigeuse
S'alonge rondement sur sa masse globeuse,
Et s'en va droit passer par les pieds des Gemeaus
Qui dans le Zodiac font luire leurs flambeaus,
De là vers le Midy par les pieds du Centaure,
En apres s'estendant s'en va toucher encore
L'Archer, l'Aigle, le Cygne & Cassiop', puis vient
Retrouuer les Gemeaus & tousiours ce lieu tient.

Mais ores il est temps de prendre vn peu haleine
Afin de rechanter auecques moindre peine.
Ie veus donc m'arrester, car ie sens aussi bien
Que ma vois est debile, & ia ne vaut plus rien.

### Fin du premier liure.

# SECOND LIVRE
## DES METEORES.

Ganippides Sœurs qui sur Pinde habitez
Ne m'aiez à mespris si ces vers i'ay chantez
Sans auoir inuoqué vostre ayde secourable,
Ayde qui fait chanter d'vne vois agreable:
Et toy Phœbus grand Dieu, qu'honore l'Vniuers,
Ne te courrouce pas si i'entonne ces vers
Priué de ta fureur, qui seule donne l'ame
Aus beaus vers animez de ta diuine flame,
O Muses, ô Phœbus, vn iour plein de fureur
Ie traceray des vers dessous vostre faueur.

### Du Fouldre, du Tonnerre, & des Esclairs.

C'est trop se reposer, il fault son ton reprendre,
Et se faire haultement comme deuant entendre,
Ie veus chanter icy le tonnerre esclatant,
Et le fouldre ensoufré, qu'on voit pirouëtant

C ij

## SECOND LIVRE

Deſſus l'aile du vent qui chaſſe vn noir nuage
Par fois rougi d'eſclairs, meſſagers de l'orage,
Quand Jupiter puiſſant l'a ſur nous eſlancé,
Ce qui n'aduient iamais qu'il ne ſoit courroucé.
O Vulcan forgeron de ceſt horrible fouldre
Dont ton pere immortel met les rochers en pouldre,
Eſcoute, ô Roy du feu, celebrer tes fourneaus,
Ta forge, ta maiſon, ton art, & tes marteaus.
Mais tout premier ie veus dire comment ta mere
Te ietta hors du Ciel forcenant de cholere,
Mere indigne & cruelle, & dont la cruauté
Hoſteſſe de ſon cœur ſurpaſſe la beauté.
 On dit qu'vn iour Iunon voiant le corps difforme
Du Dieu Vulcan ſon fils, laid, boiteus, & enorme,
A fin qu'il ne fuſt veu de la troupe des Dieux,
D'vn courage malin le fit tomber des Cieus,
Thetis au pied d'argent en ſon royaume humide
Receut ce pauure Dieu tournoiant par le vuide,
Neuf ans entiers il fut caché ſecretement
Dans vn antre creuſé, dont le bas fondement
Par tout ſe remparoit de roches durciſſantes,
Les ondes de la Mer d'eſcume blanchiſſantes
Alentour de ceſt antre en grondant s'eſlançoient,
Et contre ſes durs flancs en cercle s'amaſſoient.
Au plus creus de ce lieu ce Dieu fit ſa demeure,
Sur vn billot de bois ſon enclume il aſſeure,
Il dreſſa ſon fourneau, ioignit à ſon coſté
Ses ſoufflets au grand ventre, en ceſt antre vouté
Maints ouurages il fit, & ſouuent ſa fournaiſe
Prenoit vn rouge teint ſous l'eſclair de la braiſe,
Maint auare metal fut en ce lieu fondu,
Et ſous les coups peſans des marteaus eſtendu.

Retourné, rebatu, pincé de la tenaille
Faisant gemir l'enclume, hault & bas mainte paille
S'esclatoit du metal, & loing alloit iaillir,
Quand Vulcan le trampoit l'onde il faisoit bouillir,
Et siffloit haultement: puis en mainte figure
Ce Dieu le transformoit, en domtant sa nature.

   Vulcan tout ennuié d'auoir passé neuf ans
Dans ce profond seiour, aus antres Aetneans
S'en alla retirer auecques la grand' bande
Des Cyclopes hideus à qui seul il commande,
Là son Empire il tient, & se plaist d'habiter
Dans ces antres fumeus, là où pour Iupiter
Le fouldre rougissant à trois pointes il forge,
Là flambent ses fourneaus, là le vent se degorge
Par compas des soufflets, là se fond peu à peu
Le metal eschaufé, & s'espand dans le feu
Ainsi qu'un large estang, là tonnent sur l'enclume
Mille coups de marteaus, la cauerne qui fume
Sous le fer martelé mugit horriblement,
Là les Cyclopes nuds sans perdre aucun moment
Le fouldre cruel font, l'un l'empenne d'orages,
D'effroy, de vent, de gresle, & d'humides nuages,
L'autre prend de la flamme & l'estend en raions,
L'autre trois rais de pluie & trois de tourbillons,
Dont il forme sa masse, & l'autre la redore
Et repolit d'esclairs, d'ire, & de peur encore:
Aussi tost que le fouldre est forgé en ces lieus,
Tout aussi tost Vulcan le porte dans les Cieus.
Mais ie veus raconter comme vne fois son pere
Demeura desarmé, & s'en mit en colere.

   Au plus chaud de l'Esté quand le Soleil ardant
Tarit l'eau, fend la terre, & trop chaud va dardant

C iij.

Par les yeux du Lyon sa chaleur & lumiere,
Iettant ses rais à plomb en courant sa carriere,
On vit vn iour le Ciel d'orage se troubler,
L'air en feu s'esclater, & la terre trembler
Sous le bruit du tonnerre, en meint endroit le fouldre
Estincelant d'esclairs mettoit les rocs en pouldre,
De sa flamme subtile il penetroit les corps,
Les brusloit par dedans, & sans paroistre morts
Leur laissoit seulement leur premiere figure.
Il seichoit les estangs, froissoit la cheuelure
Des ombreuses forests, ne leur laissant sinon
Que les troncs spres du pied : Iupiter & Iunon
L'vn auec son tonnerre, & l'autre son orage,
Pour tancer les mortels espoints en leur courage
D'orgueil, d'ambition, de vice, & de rancueurs,
Foudroioient, tempestoient, pour estonner leurs cueurs,
Iunon chassoit la pluie & les vents sur la terre,
Et Iupiter faisoit bruire au Ciel son tonnerre,
Il lança tant de fois des fouldres icy bas
Qu'il n'en retrouua plus pour armer ses deus bras.
 Vulcan le Dieu boiteus à forger bien habile
Qui habite au plus creus des antres de Sicile
Fumans de souffre vif & de bitume noir,
Pour secourir Iupin entra dans son manoir
Clochant & bouignant, il appella la trope
De ses Cyclopes noirs, Pyragmon & Sterope,
Et Bronte aus membres forts, & leur dit en ce point,
Cyclopes hastez vous, mettez l'enclume en point,
Apprestez vos marteaus, donnez moy ma tenaille,
Esbranlez les soufflets, il est temps qu'on trauaille
Pour le grand Iupiter maistre de tous les Dieus,
Il n'a plus maintenant de fouldres dans les Cieus :

Sus sus donc, haſtez vous, ralumez la fournaiſe
Afin que ce metal ie iette dans la braiſe.
Ainſi parla Vulcan aus borgnes Aetneans.
 Au ſon de ſes propos tout ſoudain ces Geans
Du labeur indontez ſe ſont mis en beſongne,
Le manche des ſoufflets l'vn diligent empongne,
Et hauſſant & baiſſant d'vn egal mouuement
Fit de leur ventre creux ſortir eſtroitement
Le vent, que leurs canaux à gueule ouuerte humer
Et redonnent ſifflant, tous les charbons s'allument
Sautans, eſtincelans ſous l'air chaſſé du fond
Des ſoufflets abbaiſſez à l'eſtomach profond.
 L'autre à ſes compagnons faſché de ne rien faire
Aporta les marteaus, l'autre amaſſa ſur l'aire
De la cauerne baſſe où rougiſt ſon fourneau
Les metaus deſtinez pour ceſt œuure nouueau.
Tandis que les ſoufflets vomiſſent de leur gorge
Vn air empriſonné, de tous coſtez la forge
S'eſclarcit de lumiere & paroiſt toute en feu
Des flammes du fourneau qui croiſſent peu à peu.
Alors le Dieu forgeur dedans la braiſe ardante
Eſtouffe le metal, ſa tenaille mordante
Le preſſe, le remue, & froid l'enſeuelit
Sous le charbon bruſlant, lors l'acier s'amolit,
S'eſchauffe, & deuient rouge, auſſi toſt il le tire,
Sur l'enclume le met, le retourne & reuire
D'vn & d'autre coſté, les Cyclopes nus bras
Nerueus, forts, & charnus le battent par compas
A coups entreſuiuis, l'acier rouge eſtincele,
Pendant qu'à tour de bras on le bat & martele
Mainte paille reſaute, on diroit qu'en ces lieux
Le tonnerre eſclatant tombe du hault des Cieux,

C iiij

Et que les vents bruiants dans cest antre s'entonnent,
Mille coups de marteaus sur l'enclume se donnent
Essourdant la cauerne, & semble à tout moment
Qu'elle doiue abismer par bruit & tremblement.
 Vulcan alors forgea des fouldres à trois pointes,
Aus pointes du milieu les gresles il a iointes,
Les pluies & les vents rouants en tourbillons,
A la pointe senestre il a mis trois raions
De feu, de soufre ardant, de tempeste, & d'orage,
A l'autre la fraieur, l'horreur, l'ire, & la rage,
Les nuages noircis en raions alongez
D'vn subtil artifice ensemble il a rangez.
 Tost apres que ce Dieu, industrieus manœuure,
Tout suant de trauail eut mis fin à son œuure,
Il quitta son enclume & son fourneau flammeus,
Son marteau, sa tenaille, & son antre fumeus,
Il prit ses vestemens se nettoia la face,
De fouldres se chargea, se partit de la place,
Et monta dans le Ciel où le grand Iupiter
Il trouua desarmé prest à se depiter.
Lors ce Dieu Lemnien pour le rendre bien-aise
Ses fouldres luy offrit, Iupiter tost s'appaise,
Pour monstrer qu'il auoit esteint tout son courrous,
Et qu'il ne vouloit plus foudroier dessus nous,
Trois fois baissant le chef fit gronder son tonnerre
A main gauche, & lança trois esclairs sur la terre.
 Discourons maintenant par quel moien se fait
Le tonnerre dans l'air, comme vn contraire effet
De chaleur & froideur fait rompre la nuee
Qui la vapeur enclost, & du choc allumee
Scintille clairement, du fouldre perilleus
Pareillement disons les effets merueilleus.
 Deuant il fault sçauoir que tout ce qui s'engendre

Soit là hault, soit en bas, ne peut sa forme prendre
Que par chaud & par froid, plus de perfection
La discrete chaleur a en son action
Le semblable ioignant, separant le contraire,
Que n'a pas la froideur, qui lourde & temeraire
Diuers corps mesle ensemble, & en vn mesme tas
Grossiere les vnit causant mille debats.
 Quand lon voit s'esleuer sur le crystal liquide
De l'escumeuse mer vne vapeur humide
Qui monte dedans l'air, & qu'vne exhalaison
Se hausse en mesme temps, par le cours de raison
Lon se doit asseurer que lon entendra bruire
Le tonnerre, & qu'en l'air maint esclair ira luire.
Le tonnerre iamais ne grommele là haut
Que l'air ne soit esmeu par le froid & le chaud:
Si tost que la vapeur humide est paruenue
En la region froide, elle se change en nue,
Et fait haut dedans l'air ondoier son grand corps
Deçà delà porté, l'exhalaison alors
Enclose se trouuant de ce moite nuage,
Comme vn cœur genereus ne pert iamais courage,
Plus elle sent l'effort de la proche froideur,
Plus pour luy resister elle accroist son ardeur.
Ainsi donc se voyant de tous costez enceinte
De la nue, & aussi de la froidure atteinte,
Sa force elle redouble, & dedans sa cloison
Va, reuient, court, & tasche à sortir de prison,
Et mugissant là hault, elle n'a point de treue
Que de quelque costé la nue elle ne creue.
 Comme lon voit sortir d'vn Canon foudroiant
Auec vn son horrible vn boulet flamboiant
Qui rougit au milieu d'vn espaisse fumee,

Ainsi l'exhalaison chaude & seiche enflammee
Auecque violence & grand' force sortant
Du nuage entrouuert, rend vn bruit esclatant,
Les Anciens ce bruit ont appellé tonnerre,
Par antiperistase, alors que le froid serre
Par tout l'exhalaison ardante tout soudain,
Ainsi qu'vn ennemy le fer dedans la main
Et la vaillance au cueur d'vne pronte secousse
Pour s'appeller vaincueur son ennemy repousse,
De mesme en s'irritant d'vn violent effort
Elle rompt le nuage, & tout en flamme sort,
Muglant, grondant, bruiant, d'vn son espouuantable,
Faisant trembler le Ciel & l'enfer effroiable,
L'air, la terre, & les eaus, & tous les corps diuers
Sans ame & animez qu'enserre l'vniuers,
Ce son là seulement se fait de la rupture
Du nuage formé par la seule froidure.
   Quand le nuage rompt, & que l'exhalaison
S'eslance roidement, de son enflammaison
L'esclair subtil se fait, qui glisse dans la nue
Esblouissant nos yeus de sa flamme pointue,
Aus plus obscures nuits nous redonnant le iour
Esclarcissant aussi du Ciel le large tour.
   De la seule lueur de la fouldre s'engendre
L'esclair que clairement on voit là hault s'espandre
A longs sillons de flamme, ou du choc violant
Du fouldre & de la nue en l'air s'escartelant.
Comme alors qu'vn rouet l'arquebusier debande
Sous le chien abbaissé de violence grande,
Soudain tourne la roue, & d'vn pront mouuement
Contre la pierre fraie, en vn mesme moment
Dedans le bassinet où la morce est assise
Meinte estincele chet, dont la poudre est esprise.
Le fouldre tout ainsi le nuage brisant

Fait sortir mainte flamme & maint esclair luisant.
 L'esclair tousiours le coup du tonnerre precede,
Bien qu'ils naissent ensemble, or nostre veüe excede
L'ouïe en promptitude, & c'est ce qui fait voir
L'esclair auant qu'ouir le fouldre se mouuoir:
Chacun l'experimente, alors qu'on tranche l'onde
Des auirons egaus, le bruit point ne redonde
A l'oreille qu'on n'ait premier tiré de l'eau
Les auirons trempez qui meinent le vaisseau.
 Pour finir ce discours, à ce coup il faut dire
La nature du fouldre, & ses effects descrire,
De matiere subtile & chaude est composé
Le fouldre impetueux, à nuire disposé,
Il bruit, il pousse, il froisse, il coupe, il fend, il perce,
Brusle les corps plus durs, & les rares trauerse,
Met en pouldre les os sans la chair offencer,
Tue vn enfant au corps sans la mere blesser,
Fond l'argent dans la bourse & si n'est point bruslee,
Sans gaster le fourreau rompt la lame affilee,
Hume le vin d'vn muy sans qu'il paroisse au bois,
A compter ses effects me defaudroit la vois.
De l'exhalaison chaude & matiere visqueuse,
Du nuage se crée vne pierre souffreuse
Cuite dedans la nue ainsi qu'en vn fourneau
Vne tuile se cuit, prenant lustre nouueau.

## De la Pluie.

 Iupiter Roy du Ciel s'arme de son tonnerre
Dont le son fait trembler le Ciel, l'onde, & la terre,
Et l'enfer tenebreux, son espouse Iunon
Qui n'a moindre pouuoir, pour armes n'a sinon
Que les corps vagabonds des nuages humides
Qu'elle forme à son gré, de ses couleurs liuides
Les vns elle colore, & les autres d'azur,

## SECOND LIVRE

Et de rouge ont le teint, les autres elle entasse,
Et les replis frisez de leurs toisons amasse,
Comme esponges leur corps pressant & resserrant,
Diuersement en l'air leur grand corps figurant.
Sous le crystal enflé de ces moites nuages
Elle cache l'horreur des sinistres orages,
Dessus le front des vents ces troupeaus nebuleus
Sont portez, les vns sont remplis d'amas gresleus
Qui laschez icy bas sur la terre bondissent,
Les autres de floccons qui tous nos champs blanchissent,
Les vns de torse pluie ainsi que globes ont
Tout le ventre empoulé, les autres en feu sont:
Iunon donc qui commande és nueuses contrees
S'arme de ces nuaus aus couleurs bigarrees,
Tout l'air luy obeit, tant sa Deité peut,
Les nues elle assemble à l'heure qu'elle veut.

 Alors que le Soleil & les autres lumieres
Attirent des estangs, des lacs, & des riuieres
Vne vapeur humide & chaude dedans l'air,
Qui dans sa region plus froide va voler,
En ce lieu la vapeur çà & là repoussee
Est par la grand' froideur espessie & pressee
Par mouuement contraire, & changee à l'instant
En vn nuage noir, le iouët inconstant
Des vents impetueus, la nue est conuertie
Venant à se resoudre à l'heure mesme en pluie,
Et se creue en cent parts, où par des petits trous
Cent mille goutes d'eau s'espandent dessus nous.

 Si grande est la vapeur l'eau coule en abondance,
Et les bondes du Ciel s'ouurent de violance.
Mais si petite elle est sur terre tombent lors
Des gouteletes d'eau qui luy baignent le corps.

 Par beaucoup de moyens vn homme peut cognoistre

S'il doit bien tost pleuuoir : Quand on voit apparoistre
Alentour d'vne estoile vn cercle brunissant,
Ou bien quand vn double arc va le Ciel embrassant,
Ou quand l'abeille paist pres des ruches dorees
Où le miel s'espaissit en gauffres encirees :
Ou quand sur la fraischeur d'vn beau crystal fuiant
Vole d'vn roide cours la Mouete en criant.
Ou quand hastiuement la brebis camusete
L'orage preuoiant broute l'herbe tendrete.
Ou bien quand les Canards se plangent dans les flots
De leurs marests croupis sans treue ny repos.
Ou quand muglant la vache au Ciel hausse la teste,
Humant l'air des naseaus, ou lors que sur le feste
Des arbres cheuelus, quand l'Aube ouure le iour,
Gringote le pinson, ou bien quand alentour
Des nazeaus rougissans de la lampe s'amassent
De petits grains brulez, qui par monceaus s'entassent
Petillans & bouillans, & le feu qui les cuit
Quelquefois estincelle & languissant reluit.
Mais c'est vn signe d'eau, quand aus riues herbeuses
Croassent hautement les grenouilles bourbeuses,
La teste hors de l'eau, peuple malicieux
Pour son ingratitude autrefois par les Dieux
En ce corps transformé, pour auoir à Latonne
Vn iour refusé l'eau que Dieu commune donne,
Leur dos paroist tout vert, & leur ventre tout blanc,
Et trop ingrats de l'eau dans l'eau baignent leur flanc.
  En Esté l'on a veu sur les plaines ouuertes
Par la chaleur, des vers & des grenouilles vertes
Choir auec l'eau de pluie en grand nombre, estonnant
Les plus doctes esprits, quelques-vns vont donnans
La raison de cela par leur Philosophie,

## SECOND LIVRE

C'est quand l'exhalaison visqueuse & espaissie
Auec vne vapeur humide monte en hault,
De ses deus par moien & du froid & du chaud
Ces petits animaus dans l'air preignent leur estre:
De mesme que lon voit dedans la terre naistre
De limon & de bourbe en moins de rien des vers,
Des rats & des souris, & mille corps diuers.
Dans l'air s'engendre aussi d'vne grosse fumiere,
D'vne vapeur pesante, & terrestre matiere,
Recuite par le chaud, des pierres, des tuileaus
Qui tombent icy bas blessant les animaus.

Si seulement en l'air vne vapeur aqueuse
Monte legerement, la flamme radieuse
Du Soleil lumineus la cuit par sa chaleur
Lors qu'elle fond en eau, luy donnant la couleur
Ou de sang, ou de laict, telles eaus on a veües
Non sans vn grand effroy couler en bas des nues,
Si le Soleil beaucoup eschauffe la vapeur,
Elle apres rougement versera son humeur,
Tout ainsi qu'vn fieureus pisse vne chaude vrine
De ses reins dont le teint est de couleur sanguine.

Pareillement aussi si le Soleil n'atteint
Pas beaucoup la vapeur, de laict auront le teint
Ces goutes, tout ainsi qu'vn corps froid & debile
Dont l'estemach ne peut amasser vn bon chyle
Aiant peu de chaleur, tout l'vrine qu'il fait
Raporte vne couleur toute semblable au laict.

Mais ce qu'on dit ce sont raisons coniecturees,
Quant aus œuures de Dieu dignes d'estre admirees
Las! nous n'y voions rien, luy seul a le pouuoir
De faire souffre, & feu, chair, laine, & fer pleuuoir.

## De la Rosée.

Laissons couler à part les torrens de la pluie,
Et chantons maintenant d'vne vois adoucie
La perleuse rosee, ame seule des fleurs,
Qui leurs chefs emaillez peint de viues couleurs
Quand seraine est la nuit, lors se fait la rosee
Pendant les plus dous mois, dont l'herbe est arrosee
Et remise en vigueur, nourrissant meint troupeau
Resiouy de fouler les fleurs du Renouueau.
Les bergers en ce temps sentant dedans leurs ames
Renouueller aussi leurs amoureuses flames,
Racontent leurs amours aus rochers & aus bois,
Et les bois & les rocs respondent à leurs vois.

Vne vapeur humide vn peu chaude & subtile
Ne pouuant s'esleuer, pour estre trop debile,
Iusqu'à l'air mitoien, par le frais de la nuit
En la region basse en goutes se reduit,
Goutes qui font vergongne aus perletes plus belles
Et baignent du Printemps les fleuretes nouuelles.
Quelquefois la rosee aus bestes donne mort
Quand la moite vapeur des lieus infectez sort,
Aussi le bon berger son troupeau point ne meine,
Que Phœbus n'ait osté le venin de la plaine.
Auant que le Soleil quitte son lit profond,
La vapeur en rosee au gay Prinrems se fond.

## De la Manne.

Discourons à son rang de la Manne celeste,
Puis des impressions nous poursuiurons le reste.
Il semble qu'il y ait des grand's ruches au Ciel
D'où s'ecoule epuré ce tant doucereus miel,
Ce Nectar congelé en diuine Ambrosie
Qu'on voit neiger par grains aus forests de Syrie,

Au desert de Targa, & sur le Mont Liban:
En Calabre est la bonne, aussi le païsan
De la cueillir a soing, elle ayde à la personne
Pour lascher, & purger la cholere on la donne.

  La Manne n'est sinon qu'vne grasse vapeur
Qu'esleue le Soleil par sa viue chaleur
Et lors qu'en Occident il cache sa lumiere,
Et qu'il va sous nos pieds poursuiure sa carriere,
Ceste vapeur retombe, & en seraine nuit
Quand l'air est plus trãquille, & que nul vent ne bruit
Par la fraischeur se fond en des gouttes menues,
S'attache aus grands rameaus des forests cheuelues
Et s'espand sur l'email des herbes & fleurons,
Puis lors que le Soleil couronné de raions
De sa clarté les Dieus & les humains recree,
Il recuit & durcit ceste manne sucree,
Heureuses les forests, & les champs bien-heureus
Où s'amassent ces grains sucrez & sauoureus.

### De la Gresle.

Il suffit de la manne, or' parlons de la gresle
Qui sur les fruicts diuers se darde pesle mesle,
Craquetant, bondissant, & disons comme en l'air
Elle prent sa naissance, & puis vient deualer
Impetueusement de secousse enragee
Sur la terre de grains & de thresors chargee.
  Alors que l'Arondele à la plaintiue vois
Nous reuient visiter au retour des beaus mois
Suiuant le gay Printemps, que les roses pourprees
Et mille beaus fleurons naissent dedans les prees,
En la saison aussi qu'on emplit les tonneaus
Du vin qui trop fumeus enteste les cerueaus,
Et qu'on serre les fruicts d'Automne en diligence,

La gresle plus souuent single l'air, & s'eslance
Sur nos toicts & nos champs, aucune-fois l'Esté
Il gresle, mais l'Hiuer c'est grande rarité.
 Le Soleil de ses rais attire dans le vuide
Vne mixte vapeur qui est chaude & humide,
Quand dans la region moienne son ardeur
De tous costez se sent ceinte de la froideur,
A l'heure elle se change en nue, & ceste nue
Toute en goutes se fond, l'air de gresle menue
Lors se creue en cent parts, car l'eau qui lentement
Descend en l'air plus bas, soudain par mouuement
Et contrarieté de chaleur & froidure
Se restraint & reserre, en vne plote dure
Chasque goute se glace, & tombant frappe à bonds
Dru & menu nos champs, quelquefois les moissons
Par l'orage grosleus sont (ô malheur) gastees,
Bacchus voit quelquefois ses grappes egoutees,
Les bois sont efueillez, meurtris sont les troupeaus
Et le berger aussi, dans leurs nids les oyseaus
Sont blessez & tuez, & les tuiles vnies
Se brisent sous le choc de ces plotes durcies.
 Quelquefois de grands bruits dedans l'air on entēd,
C'est lors que parmi l'air quelque orage s'estend,
Et roule mutiné vne aboiante presse
De nuages enflez, noirs de fumiere espaisse,
Les vns chargez d'humeur dont les corps froidureus
Enueloppent par tout les nuaus chaleureus.
Quelquefois lon entend comme vn cliquetis d'armes
Tout pareil à celuy que lon fait aus alarmes
Quand chacun veut cōbatre, ou bien tel qu'aus cōbats
Lors que les corps plus forts sont foudroiez en bas
Sous le fer reluisant qui fend, perce, & martelle

## SECOND LIVRE

Coup sur coup le casquet, la maille, & la rondelle,
Faisant à flots rougis dessus terre rouler
De grands ruisseaus de sang, & en fumant couler.
Ces effroiables sons ne se font d'autres choses
Que des exhalaisons, qui se voiant encloses
Des nueuses vapeurs, s'efforcent de sortir,
Et rompent faisant bruit le nuage au partir.
De la rencontre aussi des diuerses fumees
De nature contraire asprement animees
L'vne par la froideur, & l'autre par le chaud
Venant à se choquer ces sons ce font là haut.

### De la Neige.

Il ne faut oublier ceste humeur blanchissante
Qui tombe par floccons sur la terre pesante,
Et surpasse en blancheur le marbre Parien,
Le laict, le lis, le Cygne, & l'iuoire Indien,
Blancheur qui de nos yeus tous les raions separe.
D'vne vapeur plus chaude & de beaucoup plus rare
Que celle dont se fait la gresle dedans l'air
Par le froid du milieu venant à se geler
Se crée en haut la neige, & de cheute soudaine
Par pieces tombe en bas comme touffeaus de laine.
Ce qui l'a fait blanchir, c'est son humidité
Coniointe auec le froid, il ne neige en Esté,
En Automne, au Printems, car la vapeur humide
Et chaude se resoult toute en humeur liquide
D'où procede la pluie, ou aiant plus de chaut
Si en saison d'Esté elle monte bien haut,
Le froid soudain l'assaut d'vne rage cruelle,
Lors les boulets durcis se forment de la gresle
Congelez par le froid, & tombent icy bas,
Par leurs corps trop pesans faisant mille degats.

Mais en la saison morne, alors que l'Hiuer dure,
Que mortes sont les fleurs & la belle verdure,
Et que le clair Phœbus nous iette obliquement
Les raions de son œil du monde l'ornement,
Les grands corps refroidis des vagabondes nues
Se brisent par morceaus, & de toisons chenues
Couurent le chef des monts, les champs, & les rameaus
Des desertes forests, aus iardins les berceaus,
Les planches, les quarreaus, les arbres, les allees
Sous les amas espais des neiges deualees
Se cachent froidement, & de chasque maison
Le sommet est neigeus pendant ceste saison,
Tout ce qu'on voit est blanc, & la fertile terre
Sous ces tas blanchissants mille tresors enserre.

## De la gelee blanche, de la bruine,
## & du brouillard.

Quand le Soleil attire vne humide vapeur
Qui foible monte en haut, par la grande froideur
De la nue aussi tost elle se gele & glace,
Et lentement descend dessus la terre basse:
Lors la blanche gelee on voit de tout costé,
Et s'engendre quand l'air n'est des vens agité.
Quand de ce clair flambeau la flammesche debile
Esleue dedans l'air vne vapeur subtile
Aiant peu de chaleur, qui rare ne peut pas
Se conuertir en eau, mais en l'air le plus bas
Froide monte & s'arreste, elle s'amasse & presse,
Se gele, & puis apres tombe en bruine espaisse.
Quelquefois nous voions l'air serain se noircir,
Et le Ciel lumineus son grand front obscurcir,
C'est quand vne vapeur foiblement s'euertue
De s'esleuer à mont, & qu'elle est abatue
Manquant trop de chaleur, pres de la terre alors

## SECOND LIVRE

En vn brouillard obscur se change tout son corps.

### Des fonteines, de l'origine des fleuues, des lacs, & des estangs.

Il nous conuient parler des coulantes fontaines,
Des fleuues, des ruisseaus, qui de fuites soudaines
Glissent à plis retors par vn trac sablonneus,
Trainant leurs flots ondeus, les antres cauerneus,
Et les caueaus des monts, où ils preignent naissance
De nouuelles humeurs tousiours en abondance
Enflent leur moite sein, & grossissent leurs cours
Pendant que sur la terre ils tracent leurs destours.

Jà les Nymphes des eaus ont ouy mes paroles,
Les voila deuant moy dessus les riues moles
De ce fleuue courbé, tout couronné de fleurs.
Fleurs diuerses autant en odeurs qu'en couleurs.
Que de plaisir de voir ces folastes Naiades
Sur ces bords emaillez faire mille gambades
Sans mesure, sans ordre, & gaiement danser
Se tenant main à main, reculer, auancer,
Trepigner, & bondir sur les tendres fleuretes
Au gazouillis confus des pures ondeletes.
I'en voy d'autres encor qui viennent à grand pas
Au bruit de celles-ci, elles tendent les bras,
Tant elles ont desir de baler en leur dance,
Dieu! comme en cheminant ce gay troupeau s'auance,
He! le voila desia qui se ioint à leur bal:
Ore toutes ensemble elles vont d'ordre egal
Fouler à bonds legers l'herbe de ce riuage,
Mais garde des Syluains la brigade sauuage.

Ces dernieres ici sont Nymphes des ruisseaus,
Des fleuues celles-là, au clair surjon des eaus
Celles cy font seiour, on les nomme Napees,

## DES METEORES.  33

Leurs robes à fond bleu sont toutes d'eau trempées,
Elles n'ont plus de soin de leurs palais voustez
De leurs cruches d'oû coule à bouillons argentez
Dans les canaus creusez de la terre profonde
Sans iamais s'estancher purement leur claire onde,
Nymphes en vostre honneur ie veus chanter des vers
Coulans comme vos eaus coulent par l'vniuers,
Venez toutes m'ouïr, couchez vous sur ces roses
Que deuot ie vous offre à pleines mains decloses.
 On dit que l'Ocean au plus profond de l'eau
Sur colomnes de verre a basti son chasteau,
Et que le vif surjon de toutes les fontaines
Dont nous voyons les eaus couler parmi les plaines,
Viennent toutes du fond de ce repaire vieus,
Que les fleuues aussi qui d'vn tour spacieus
Ondoient sur la terre, & en replis se roulent,
Et pour tribut leurs flots dedans la mer ecoulent,
Preignent leur origine & leur commencement
De ces sources qui sont dans ce creus bastiment.
Les Tritons ecaillez leurs grands vaisseaus emplissent,
Les versent aus canaus, soudain les eaus se glissent
Aus veines de la terre, & dedans & dehors
En tout temps freschement arrosent son grand corps,
Puis se suiuant de prés en leur viste carriere
Elles vont retrouuer leur source mariniere.
 Plusieurs ont asseuré que l'eau qu'on voit couler
Des rochers & des monts, & claire sauteler
Se frisotant le dos, n'a point d'autre naissance
Que de l'eau que le Ciel dessus la terre eslance,
Eau qui vient des vapeurs que le Soleil doré
Esleue dedans l'air du Royaume azuré
Du grand pere Ocean, dont s'engendre la pluie

## SECOND LIVRE

Qui penetre en la terre, & fait mainte sortie
Vers les lieus les plus bas: or s'il estoit ainsi,
Les sources tariroient dans le ventre endurci
De leurs moites rochers, car la terre alteree
Le plus souuent se fend d'ardeur demesuree,
Et bien souuent aduient, (ce n'est estrange cas)
Que plusieurs iours s'en vont sans qu'il pleuue icy bas
Et s'il pleut, aussi tost la chaleur de la terre
Consume ceste humeur, & dans soy ne l'enserre.

   Si les fontaines donc leur naissance prenoient
Dans les antres terreus, & si elles venoient
Seulement de la pluie, afin qu'elles coulassent
Sans iamais s'arrester, & iamais ne manquassent,
Il faudroit qu'en tout temps (ce qui n'a point de cours)
Des esponges de l'air l'eau degoutast tousiours.
Mais puis que nous voions que ces ondes ne laissent
A couler de leur source, & pour sortir se pressent,
Bien qu'il ne pleuue pas, il faut dire comment
Ce crystal tremblotant prend son commencement.

   L'air enclos fraischement au ventre de la terre
Si tost qu'il sent le froid s'amasse, se resserre
Dans ses concauitez, & se suiuant de pres
S'epessit, se condense, & se reduit apres
Distilant goute à goute en eau toute semblable
Au crystal reluisant, de l'air doncques muable
De la froidure atteint ces eaus claires se font
Qui coulent sans arrest, & descendre s'en vont
Aus pores de la terre, & sortent de ses veines
A petits flots ondez, lon appelle fontaines
Ou bien sources, ces lieus où lon voit à bouillons
Leurs ondes s'assembler, esleuant les sablons
Qui reluisent au fond de leur marbre liquide.

Nymphes combien de fois sur le riuage humide
Des fontaines d'eau viue à l'ombre des rameaus,
Doucement enchanté du iargon des oiseaus
M'auez vous veu raui, tout comblé de liesse,
Mais plus ioieus de voir vostre humide richesse
Se crespelant courir par des sentiers tortus
Abandonnant sa source, & voir ses bords battus
De ce verre ondoiant sous l'aile de Zephyre
Qui bruioit bassement les vers qu'il m'oioit dire,
Vous Nymphes auec luy vous auez plusieurs fois
Rechanté mes chansons d'vne aggreable vois,
Vous seules le sçauez, ô forests tenebreuses,
Vous seules le sçauez, ô vous riues herbeuses.

   Les fontaines on peut à bon droit appeler
Hostesses de la terre, & les filles de l'air,
Puis-que dedans le corps de la terre beante
On les voit sourçoier, & que l'air les enfante.
Les fontaines aussi sont meres des ruisseaus
Qui gazouillant s'en vont rouler leurs claires eaus
Contre leurs bords fleuris, & d'vn plaisant murmure
Font contre le grauois luter leur onde pure:
Ils coulent aus valons à flots entre-cassez,
Quand au bas des valons ils se sont amassez
Serpentant leurs destours, d'vne course hastiue
Ils vont baisant l'email dont s'honore leur riue.

   De plusieurs ruisselets les grands fleuues se font
Qui d'vn cours eternel à flots bossus s'en vont
Baigner le sein fertil des plaines moissonneuses,
Et puis se descharger aus ondes escumeuses
De la perse Thetis, qui dans ses flancs voustez
Mille fleuues reçoit, & n'enfle ses costez.

Si curieusement lon desire cognoistre
Des fleuues l'origine, & comme ils peuuent croistre
Dans les antres sacrez aus Nymphes & aus Dieux
Des fontaines qu'on voit distiler en cent lieus:
Si du Gange, du Nil, du Po, du Rhin, du Rhosne,
De Seine aus flots d'argent, à qui Neptune donne
Et tous les autres Dieus leur vois pour sa beauté,
Le loüant par sur tous en toute extremité:
Sans doute lon verra que du haut des montaignes,
Et des lieus caverneus où les Nymphes compaignes
Demeurent, que les eaus descendent sans cesser,
Dont les fleuues se font, venans à s'amasser.

 Tous les fleuues se font des ondes prouenantes
De differens ruisseaus, enfans des eaus coulantes
Des fontaines d'eau viue, & dans leur grand canal
Tirent à eus ces eaus coulant tousiours à val,
Et glissant roidement d'vne viste carriere,
Iusques à tant qu'ils ai'nt trouué quelque riuiere
Pour s'eslancer dedans, & ioindre ensemblement
Leur liquide crystal d'vn roide mouuement,
Enflant leurs larges dos, afin d'aller ensemble
Se mesler dans la mer, où tout fleuue s'assemble.

 Les ruisseaus vagabons, qui sautelans s'en vont
Lecher leurs bords herbus, des fontaines se font,
Et courant contre-bas leurs petits flots amassent.
Et pour rouler leurs eaus dessus la terre tracent
Des sentiers sablonneus & des riuages tors,
Et par les prez fleuris prisonniers dans ces bords,
Bruiant & gazouillant trainent leurs ondeletes
En replis argentez, & baignent des fleuretes
L'email naif & beau tout perfumé d'odeurs,
Dont l'Aube prend le teint quand elle espand ses pleurs

Les torrens ne se font que des eaus pluuieuses,
Et du decoulement des montaignes neigeuses,
Quand durant le Printems, lors que le clair Soleil
Darde dessus les monts les raions de son œil,
L'on voit de tous costez les neiges qui se fondent,
Les eaus des hauts sommets dans les valons respondent,
Et à flots escumeus grondans & murmurans
Engendrent s'vnissant ces furieus torrens
Qui ne durent long temps, car en Esté leur source
Se perd au moindre chaud, & voit perdre sa course.
   Les marests limonneus, les estangs, & les lacs
Largement estendus se font par les amas
Des torrens, des ruisseaus, & des eaus de la pluie
Plusieurs des sources ont dont leur plaine est fournie.
   Si le terroir est propre à contregarder l'eau
Soit celle d'vn torrent, ou de quelque ruisseau
Coulant incessamment, ou celle du nuage,
Et que l'eau s'y amasse, on voit meint marescage,
Meint lac, & meint estang : les lacs se font aus lieus
Qui sont bordez de monts & de rocs cauerneus,
Tousiours en ces lieus bas toutes les eaus descendent,
Et au large & en long pour faire vn lac s'estendent.
Aus terroirs pleins d'argile & gras l'eau fait arrest,
Et aus terroirs glaiseus, là se fait le marest.
Les estangs poissonneus se font par artifice
Aus lieus où l'eau du Ciel & des sources se glisse.
   Mais en parlant des eaus, ie veus dedans ces vers
Raconter le pouuoir & les effets diuers
Des differentes eaus, ie veus leurs vertus dire,
Et leurs proprietez & merueilles descrire :
Meint fleuue, meint ruisseau, meinte fontaine aussi
Pour l'effet de leurs eaus seront chantez ici.

                                  D

N'est-ce pas vn effet estrange & admirable
De voir passer vn fleuue, ô chose esmerueillable!
Tout au milieu d'vn lac, sans son onde mesler
Auec l'onde dormante, & de là s'en aller
Sur la terre courir, si que ses eaus vitrees
Telles que dans le lac elles estoient entrees
En ressortent apres, sans iamais augmenter,
Ni de sa plaine humide aucune onde emprunter.
Ainsi le Rhosne court d'vne course hastiue
Dans le lac Geneuois, poussant son onde viue
Tant qu'il peut au trauers de ses paisibles eaus,
Et s'enfuit puis apres receuant les ruisseaus
Qui luy vont faire hommage, & à bouillõs bondissent
Dans son canal profond, où toutes ses eaus glissent.

 En plusieurs regions infinis fleuues vont
Dedans des lacs passer, beaucoup de fleuues sont
Qui des ondes des lacs tirent leur origine,
Plusieurs fleuues y a dont l'humeur crystaline
Entre dedans la terre, & coule sans repos,
Puis ressort de son ventre, & rassemble ses flots
Bien loing dans vn sentier embelli de riuages
Et d'arbres verdoians aus gracieus ombrages:
De ces fleuues là sont Tigris tant renommé,
Erasin tost-courant, & vn Lycus nommé,
Le premier va courant en Mesopotamie,
L'autre au Peloponese, & le tiers en Asie.

 N'est-ce vn cas merueilleus à voir & reciter
Que tout ce que dans l'eau d'Alphee on va ietter,
S'en va rendre sous terre au bassin d'Arethuse,
D'où sort sa claire humeur, tresor de Syracuse,
De ces fleuues qu'on voit sur la terre courir,
Des fontaines aussi ie veus or' discourir.

Alors que les moutons aus toisons crespelues
Ont les herbes des prez à chef baissé tondues,
Et qu'au fleuue Mela leurs pieds ils vont lauer
Fendus par la moitié, quant & quant s'abbreuuer
Dedans ses claires eaus, au sortir de son onde
On voit tout aussi tost noircir leur laine blonde.
Mais, ô cas merueilleus, si ces bélans troupeaus
Roussatres ou bien noirs, s'en vont boire des eaus
De Cephise ondoiant, fleuue aiant sa sortie
Au lac d'où sort Mela, passant en Beotie,
On voit en vn instant que ces troupeaus diuers
D'vne blanche toison ont les corps recouuerts.
   Le fleuue Peneus aus brebis qui vont boire
De son eau, fait auoir soudain la laine noire:
Ainsi que Peneus fait ses troupeaus noircir,
Xanthe Phrygien fleuue aussi les fait roussir.
Les iumens qui s'en vont paistre le mol herbage,
O estranges effets! croissant sur le riuage
Qu' Astace va baignant n'ont au lieu de laict blanc
Qu'vne noire liqueur enclose dans leur flanc.
   Lynceste fleuue en Thrace est de force admirable,
L'effet de son onde est au vin toute semblable,
Quiconque en boit est yure & perd le iugement
Autant que s'il auoit beu outrageusement,
Ses sens sont hebetez, & sent dedans sa teste
Bruire sans s'appaiser vne forte tempeste.
Celuy qui boit de l'eau du fleuue merueilleus
Qu'ont les Ciconiens, en vn monceau pierreus
Change subitement sa viuante nature,
Et perd le mouuement sans perdre sa figure:
Tout ce que peut toucher ce fleuue est transformé
En pierre & rend le corps viuant inanimé.

D ij

## SECOND LIVRE

Parlons ici des lacs, & des claires fontaines
Qui reçoiuent vertu de leurs sources & veines:
Plusieurs ont asseuré qu'il y a de grands rocs
Dont le lac de Riete est en vn bout encles,
Qui croissent lors que l'eau du fleuue fait approche,
Et bat les flancs cauez de ceste grosse roche.
Il faut donc que le flot de ce fleuue espaissi
Se conuertisse à l'heure en rocher endurci.
Celui qui boit de l'eau d'vn lac d'Ethiopie
S'endort profondement, ou bien entre en furie.

Au pais d'Arcadie est vn grand lac nommé
Des Anciens Phenee, entre tous estimé,
Lon dit que quand Phœbus illumine ce monde
Qu'on peut en seureté boire de sa claire onde:
Mais si tost que lon voit les ombres de la nuit,
Et du Ciel plus voisin la flamme qui reluit
Entre mille autres feus sous vn muet silence,
Si lon boit de ses eaus, elles portent nuisance.

En Lybie est vne eau sacree au Roy des Cieus
A celui qui commande à tous les autres Dieus,
Cependant que Phœbus luit sous la terre basse
Elle est chaude, & le iour froide comme la glace.

Vne belle fontaine en vn temple diuin
A Dodone il y a, consacree à Iupin:
Si lon met dans son onde vne torche flambante,
Elle meurt, puis sans feu s'allume en l'eau coulante.

Trois fontaines y a pres Berose le mont
Dont le pouuoir est grand, toutes trois elles font
Mourir incontinent ceus qui de leurs eaus boiuent
Sans qu'aucune douleur en mourant ils reçoiuent.

Au temple de Bacchus en l'isle Andronienne
Fameuse de renom, qu'on nomme Nosienne,

Une fontaine y a dont l'eau se change en vin
Tous les ans en Ianuier par miracle diuin.
  Qui ne s'esbahira des sources merueilleuses
Que l'on peut à bon droit nommer prodigieuses?
Les vnes au lieu d'eau iettent incessamment
Vne huileuse liqueur coulante à tout moment,
Les autres vont poussant vne humeur espaissie,
Vne espece de poix comme l'ancre noircie.
  Que dirons nous encor des sources dont les eaus
Sur les malades font cent miracles nouueaus?
Les vertus de ces eaus preignent leurs origines
Courant dedans la terre en passant par des mines
De bitume, de sel, de souffre, ou bien d'alun,
Prenant leur qualitez, ainsi dit vn chacun.

## Du tremblement de terre.

  Renforçons nostre vois d'vne agreable peine,
Et chantons maintenant d'vne plus forte haleine
Le tremblement de terre, & disons bassement
La cause & les effets de ce grand tremblement.
  La Terre eut autrefois du tenebreus Tartare
Vn fils nommé Typhon, Geant fier & barbare,
D'excessiue hauteur, qui fort & furieus
Fut l'effroi des humains, & la terreur des Dieus.
Il touchoit de son chef aus estoiles luisantes,
Aus coins de l'Vniuers son grand corps se restoit
De plumes par le haut, par le bas il estoit
Espouuantable à voir, ses iambes ecaillees
En forme de serpens estoient entortillees.
Du bas iusques au chef des viperes pressoient
Son effroiable corps, & rampans s'enlassoient
En nœuds & en replis, sa longue cheuelure
De poil rude & retors sur son espaule dure

D iij

Flottoit au gré du vent, dessus son sein velu
Pendoit de son menton vn long touffeau pelu:
Ses yeux estinceloient comme ardantes chandeles,
Et vomissoit le feu de ses leures iumeles.
　　Sa mere aiant encor vn fascheus souuenir
De ses fils que les Dieus firent vn iour punir,
Voulut que ce Typhon d'incredible puissance
Des Geans foudroiez fust la seule vengeance,
Car tousiours elle auoit vn regret dans le cueur,
Et portoit à ces Dieus vne vieille rancueur.
Ce Geant entendant la mort de tous ses freres,
Gros d'ire & tout en feu, secouans ses viperes,
Fit guerre à plusieurs Dieus, qui tous de peur atteints
Voiant son corps hideus, furent alors contraints
De courir en Egypte, & se changer à l'heure
En diuers animaus, dont chacun d'eus s'asseure.
　　Mais Iupiter puissant, qui seul conduit le bal
De tant d'astres diuers, fit ce monstre brutal
Sous son foudre bruiant tomber à la renuerse,
Et tout vif mit son corps d'vne longue trauerse
Sous la charge des monts, dessus la dextre main
De ce Typhon cruel, enorme & inhumain,
S'abbaisse lourdement le pesant mont Pelore,
Sur sa gauche Pachin, & Lylibee encore
Charge ses pieds tortus, & pour plus grand mechef
Le brulant mont d'Aetna luy presse tout le chef.
Dessous ses lourds fardeaus qui sur son corps s'abbaissẽt,
Et ses membres meurtris de tous costez oppressent
Il se hausse, il s'abbaisse, & tempeste souuent
Iniuriant les Dieus, de fureur s'esmouuant,
Il iette de la bouche vne flamme souffreuse,
Et du fond enfumé de son abysme creuse

Il iette haut en l'air de gros balons fumeus,
Des cendres, des caillous, des globes bitumeus
De flammesches couuerts, souuentefois de force
Il veut se releuer, & murmurant s'efforce
De rompre & demolir ces hauts monts esleuez
Dont il est accablé, dedans leurs flancs cauez
Il hurle horriblement, & tasche de dissoudre
Et mettre monts, rochers, champs, & villes en pouldre.

 Quand sa force il assemble & son courage ainsi,
Alors la terre tremble & tout le monde aussi,
De là les tremblemens preignent leur origine.
Souuent le Dieu Pluton delaisse Proserpine,
Son roial throsne assis sous vn nuiteus horreur,
Les manes paslissans, la bourbeuse espesseur
Des fleuues infernaus, dont il fait tant de conte,
Et dans son char tiré de cheuaus noirs il monte,
L'isle de Trinacrie enuironne par tout,
La visite soigneus de l'vn à l'autre bout,
Craignant que ce Typhon n'ait fait quelque ouuerture,
Et renuersé ses monts, & que l'abysme obscure
De son royaume bas ne se descouure au iour,
Afin que les esprits qui là font leur seiour
Tourmentez & gesnez dedans ceste fondriere,
Ne soient espouuantez de reuoir la lumiere.

 Neptune esbranle-terre, à qui la grande mer
Est escheuë en partage essaiant d'abismer
Quand il est en courrous la terre qu'il embrasse,
Heurte de son trident son immobile masse,
Aussi tost on la voit trembler horriblement,
Et maintefois s'ouurir iusques au fondement,
Boule-versant les monts, les campagnes fertiles,
Et dans son sein beant engloutissant les viles.

D iiij

## SECOND LIVRE

Il nous faut reciter quelques opinions
Des Anciens touchant ces grand's emotions:
Si de nitre, de sel, de soufre, & de bitume
Se fait vne matiere, & dans terre s'allume,
Lors son feu mineral qu'on ne peut amortir
Ardant renuersera la terre pour sortir.
Ceste matiere propre à conceuoir la flamme
Dans les concauitez de la terre s'enflamme,
Et ne s'euaporant, contrainte de bruler,
Par sa flamme elle fait la grand' terre esbranler.
De mesme que lon voit sortir le feu du foudre
Auecques violence, ou d'vn canon la poudre
Qui chasse vn plomb pesant, ce feu vif tout ainsi
Pousse la terre, & fait voir son centre noirci.
   Des Anciens ont dit que quand la mer regorge
Aus conduits de la terre, & qu'elle emplist leur gorge,
Que les esprits enclos dans son ventre profond
Contraints & resserrez, toute de comble en fond
Pour auoir liberté ceste masse renuersent
Sifflant & grommelant, & dedans l'air trauersent.
   D'autres ont dit encor qu'en ses creus intestins
La terre aucunefois reçoit les vens mutins,
Que ces vens enfermez dans ces cauernes creuses
Errant de tous costez de courses furieuses
Se battent asprement, & cherchent s'ils pourront
Trouuer vn souspirail, n'en trouuant point ils font
Muglant trembler la terre, afin d'auoir passage:
Ce tremblement prouient des vens, quand sans nuage
Demeure l'air tranquille, & de fait dedans l'air
Durant ces tremblemens nul vent on n'oit voler.
   Quand des exhalaisons & des vapeurs se trouuent
Encloses dedans terre, alors elles esprouuent

A l'enui leur pouuoir, pour s'ils peuuent tascher
A sortir de prison, & vont par tout chercher
Dans le terrestre sein s'elles auront passage,
Le heurtant & choquant de furie & de rage,
De ce grand mouuement le tremblement se fait.
    Les lumieres du Ciel d'vn merueilleus effet
Et secrete vertu dans la terre font naistre
Ces diuerses vapeurs qui ne peuuent pas estre
Long temps sans s'agiter pour leur diuersité,
Car chaleur & froideur n'ont point d'affinité,
De là le tremblement prend sa force cruelle.
Les beaus temples sacrez à la gloire immortelle,
Helas! sont renuersez en presence des Dieus,
Les pointes que lon voit s'esleuer dans les Cieus,
Les palais enrichis de marbre & de figures,
Les theatres, les tours, & les masses plus dures
Tombent en se brisant, les murs qui de leurs bras
Ceignent les larges flancs des villes tombent bas.
    On voit crosler le chef des montaignes hautaines
Et s'esleuer le sein des moissonneuses plaines,
Des rameuses forests s'esbranlent les rameaus,
Les bestes sur la terre, aus branches les oiseaus
Ne peuuent s'asseurer, les Syluains, les Driades,
Les Faunes, les Bouquins, les sainctes Oreades,
Les Satyres cornus s'ebahissent de voir
La terre sous leurs pieds sauter & s'esmouuoir.
Ils craignent que leurs bois, leurs montaignes hantees
Et le lambris moussu de leurs grottes voutees
Ne tombent contre bas, ils blemissent de peur,
Comme la terre tremble, aussi tremble leur cueur.
    Quand les exhalaisons sortent de violence,
Sifflant, bruiant, rompant de toute leur puissance

Les durs flancs de la terre, on voit maintes Citez
Que la terre engloutist en ses obscuritez,
Et se reclost apres, ores lon voit son centre,
Or' roidement il sort du plus creus de son ventre
De grands deluges d'eaus, la terre en s'esleuant
Fait naistre aucunefois des monts le plus souuent.
Les montaignes aussi en plaines elle change
Elle boit les estangs, par vne force estrange
Les fleuues elle altere & destourne leur cours,
Elle cache dans soy les plus sublimes tours
Sans qu'il en soit veu rien, quelquefois vn noir gouffre
Elle descouure aus yeus, souuent puant de souffre
Vn vent sort de ses reins qui empeste tout l'air
Tuant mille animaus, lon voit mesme exhaler
De ses reins cauerneus des espaisses fumees
Qu'elle eslance de iour des ondes allumees
Des torrens de feu pur hors du ventre des monts:
Mais quand se vient la nuit, ces noircis tourbillons
Bien loin de ces torrens ont leur ombre estrangee,
Lon ne voit rien que feu de couleur orangee
Qui court à flots bossus d'vn cours perpetuel,
Ce qu'on voit en Aetna, Vesuue, & Mont-gibel.

   Le terroir limonneus & gras iamais ne tremble,
Car il n'a point de fente & de fosse, où s'assemble
Les vents & les vapeurs, tout son centre espaissi
Est sans cauerne & trou: cil d'Egypte est ainsi,
Plusieurs Autheurs prisez de science parfaite
Ont dit qu'aus tremblemens l'Egypte n'est subiette,
Elle est trop grasse aussi, ny les lieus areneus
Quand principalement ils sont fort cauerneus,
Car les exhalaisons trouuent tousiours sortie,
Et sortent doucement sans aucune furie:

Mais ces lieus là qui sont propres à conceuoir
Differentes vapeurs, & subiets à mouuoir,
Ce sont ceus que la mer de tous costez embrasse,
Creus en quelques endroits, son eau dans terre passe
Et bousche ses conduits, lors les exhalaisons
Et les vents pour sortir, renuersent leurs cloisons.
  Ceus qui vont sur la mer, les vrais signes cognoissent
Des tremblemens futurs, lors que les ondes croissent
Et s'enflent par hoquets quand paisible elle dort,
Et que de pas-vn vent elle ne sent l'effort:
Lors que les flots aussi de sa plaine salee
Heurtent les flancs poissez de la creuse galee,
Ce sont signes certains que bien tost lon orra
Des bruits, & que la terre entr'ouurir lon verra.
Si faute de vapeurs & d'humides nuages
Pour soustenir leur plume on voit sur les branchages
Les oiseaus se percher & craintifs se tenir,
Les tremblemens bien tost ne faudront à venir.
Que si lon voit les eaus au fond des puis troublees,
Maintes citez seront dessous terre accablees.
Si dans l'air dous & coy ne souffle pas-vn vent,
L'on sentira trembler la terre en s'esleuant.
## Des vents.
Or' discourons des vents, les vns chassent les nues
Et renuersent la mer & ses ondes chenues,
La faisant esleuer iusqu'aus flammes des Cieus,
Puis apres abbaisser aus Enfers Stygieus,
Ridant son moite front, qui s'enfle sous leur rage,
Dont tremblent les nochers redoutant le naufrage.
Les autres sont couuerts de neigeus tourbillons
Qu'ils espandent par l'air dont ils chargent les monts,
Les plaines, & les bois: d'autres versent les pluies

D vi

## SECOND LIVRE

Par ruisseaus icy bas, d'autres par les prairies
Et par les beaus iardins font naistre mille fleurs,
Et vont parfumer l'air de leurs souefues odeurs.
Parlons donc de ces vents, & de leur Prince Aeole
Qui les tient enfermez dans vne estroite geole.
 On dit qu'Aeole Roy des orages grondans,
Et des tempestes Dieu, fait son seiour dedans
Vne hautaine tour qui sur vn roc s'esleue,
Ce rocher endurci tout au plus bas se creue
En vn vieil antre sombre, & de chasque costé
Tenebreus & noirci se monstre tout vousté,
Aeole là dedans tous les vents emprisonne,
Les garrote, & la loy de son sceptre leur donne.
Eus se voians liez mesurant le circuit
De ce lieu cauerneus, courroucez font vn bruit,
Le rocher en resonne, & la haute montagne
Esclate de ce bruit, la prochaine campagne
Tremble sous la fureur de ces vents mutinez
Qui grondent despitez de se voir enchainez :
Mais Aeole leur Dieu les flate & les appaise,
Les donte, les regit, les maistrise à son aise
S'ils tranchent des mauuais, s'il ne les enchainoit
Quand ils font des fascheus, & s'il ne les tenoit
En crainte dessous luy, furieus & terribles
Et trop licentieus, par soufflemens horribles
Ils pourroient rebrouiller l'air, la terre & les eaus,
Et renuerser le Ciel luisant de clairs flambeaus.
Quoy voiant Iupiter, cognoissant leur nature,
Il les fait garroter dans vne abysme obscure,
Où esclaues ils sont contrains de seiourner
Dans son fond tenebreus, & pour les gouuerner
Leur a donné vn Prince Aeole, qui les lasche,

Les irrite, les presse, & les retire & cache
Quand il en est besoin dans la noire prison,
Les sçait mettre en fureur en temps & en saison,
Selon que Iupiter ou bien Iunon Deesse
Soudain de les lascher luy donnent charge expresse.
   Sous la charge des monts ces vents sont enserrez
Dans les abysmes noirs en profond retirez,
Celuy là d'Occident est ieune de visage,
Les yeux clairs, le teint beau, portant vn verd fueillage
Entremeslé de fleurs alentour de son front
En forme de guirlande, où mille couleurs sont.
C'est luy qui dessous l'air de sa doucette haleine
Les roses, les œillets, & le Printems rameine.
   Celuy là d'Orient luy ressemble en beauté,
Il a comme Zephyre à son double costé
Dont il se porte en l'air des tremblottantes ailes
Que dans son antre il plie au dessous des aisseles:
Dessus son chef reluit vn feu tel qu'vn Soleil,
Pource que quand le soir le Soleil est vermeil
Ce vent ne faut iamais à sortir de sa grotte
Tousiours le lendemain, & nos plaines baisotte.
   Celuy là du Midi a les cheueux espars
De nuages couuerts, il sort de toutes parts
De son menton barbu vn deluge de pluie,
Quand il est sur la mer il souffle de furie.
   Cil du Septentrion dessus son chef grison
De neige froide porte vne espaisse toison,
Il a la iouë enflee & la face effroiable,
Et fait de la Scythie au Ciel voler le sable.
   Ainsi qu'en quatre parts est party l'vniuers,
Quatre vents principaus en qualité diuers
Soufflent des quatre coins de la machine ronde.

## SECOND LIVRE

Esmouuant l'air muable & le crystal de l'onde.

Du costé d'où Phœbus à son premier reueil
Nous redonne le iour des raions de son œil,
Pres de Nabathe & Perse a choisi sa demeure
Pour souffler à son gré, le vent qu'on appelle Eure.

De la part où lon voit le Soleil se cacher,
Rougissant tout le Ciel lors qu'il s'en va coucher
Dans les flots azurez, le vent nommé Zephyre
Droit à Eure opposé exerce son Empire.

Du costé que lon voit au front du Firmament
Autour du pole ardant reluire clairement
L'Ourse que les nochers choisissent pour conduire
Dessus les flots marins le cours de leur nauire,
Ourse ou bien Chariot qui se monstre la nuit
Et fuiant l'Ocean tousiours au Ciel reluit,
Le puissant Aquilon, le mary d'Orythie
Roidement souffle & passe en la froide Scythie.

De la part où tousiours dessous nostre Horison
L'autre pole est caché, l'Austre a sa grand' maison.
Où quand il est lassé de baigner les montaignes
Et le sein fructueus des fertiles campaignes
De ses larges torrens, il se va reposer
Et ses ailes pliant sur terre se poser.

De ces vents qui par l'air font leurs longues trauer-
ses
Il nous faut raconter les qualitez diuerses,
A l'aage, aus Elemens, aus humeurs, aus saisons
Les qualitez des vents ainsi nous raportons.
Eure vent chaud & sec en qualité adhere
Au bas aage, à l'Esté, au feu, à la cholere:
Zephyre humide & froid qu'on sent au Renouueau,
A la vieillesse, au phlegme, à l'Hyuer, & à l'eau:

Auſtre chaud & humide à l'air a reſſemblance,
Au Printems, & au ſang, & à l'adoleſcence.
Aquilon froid & ſec à la terre, aus corps vieus,
A la melancholie, à l'Automne fieureus.
Eure eſt ſubtil & bon, & a l'haleine pure,
Tient nos corps en vigueur, & les champs en verdure:
Zephyre corrigé des Solaires chaleurs
Ouure la terre, & fait produire mille fleurs:
Auſtre eſt le plus nuiſible & le plus dommageable,
Jl traine quant & ſoy la peſte deteſtable:
Aquilon eſt fort ſain, il reſſerre au dedans
La chaleur & nous rend contre le froid ardans.

Ore monſtrons comment ces vents ſont neceſſaires
Aus animaus, aus fleurs, aus plantes ſalutaires,
Les vents ſont ſeuls autheurs de generation,
Et ſans eus tout ſeroit plein de corruption.
Ils chaſſent les brouillards, la greſle, & les orages,
Et par ſaiſon auſſi amaſſent les nuages.
Or' ils ſeichent les champs de ſouſpirs chaleureus
Alors qu'ils ſont baignez, ores de froidureus
Ils temperent l'ardeur de l'Eſté qui iaunoie
Sous les rais du Soleil dont le clair œil flamboie.

Les vns plus doucereus ſe mirent dans les eaus
Que roulent par les prez les cryſtalins ruiſſeaus,
Et font naiſtre des fleurs, puis branlant leurs ailetes
Volettent çà & là deſſus ces ondeletes.
Se cachant quelquefois dedans les troncs fueillus,
Quelquefois ſous l'email des riuages herbus,
Et pour ne s'endormir dans ces fleurs odorantes
Au bruit que font ces eaus contre leurs bords coulantes,
Et contre les cailloux ils vont friſer le dos

De leur cryſtal fuiant ſans treue ny repos.
　　D'autres par ſoufflemens l'air groſſier viuifient
Le rendent pur & net, & tout le purifient,
Sur les ſeps ils font croiſtre & meurir les raiſins,
Sur les arbres les fruicts, & ſur terre les grains.
　　Si la mer n'eſtoit point par les vents agitee,
Elle ſe corromproit & ſeroit infectee.
Les vents ſeruent à tout, vn chacun le peut voir,
Les ailes des moulins en rond ils font mouuoir,
Et font que le froment par leur haleine ſeule
En farine deuient tombant deſſus la meule.
　　Comment euſt on cognu ſurmontant les dangers,
Tant de pays diuers, de peuples eſtrangers,
Et comment euſſent peu les nations diuerſes
Enſemble trafiquer & faire leurs commerces,
Sans la faueur des vents? qu'euſt ſerui d'inuenter
Les cartes, les quadrans, & des ais charpenter
Pour faire des vaiſſeaus? qu'euſt ſerui le buſſole,
Le fer froté d'aimant, & la clarté du pole,
Sans cognoiſtre le vent, & ſçauoir tout premier
Dans le voile courbé le tenir priſonnier?
　　Lon va pouſſé du vent au vieil & nouueau monde
Porté dans vne nef qui gliſſe deſſus l'onde,
Tout ainſi que lon voit vn ecaillé ſerpent
Sur l'herbe à longs replis trainer ſon corps rempant,
En peu de temps lon a couru toute la terre
Voguant ſur l'Ocean qui de ſes bras l'enſerre.
　　Le grand Homere a fait mention dans ſes vers
De quatre vents qui ſont aus quatre coins diuers
Du monde ſpacieus, Ouide dans ſon œuure
De la Metamorphoſe apertement deſcueuure

Qu'il suit l'opinion d'Homere entierement,
Quatre vents principaus de ce grand bastiment
Ont pris les quatre parts, & ainsi qu'il recite
L'vn de l'autre distans soufflent à l'opposite.
 De beaucoup d'autres vents nous sommes euentez,
Mais ces auteurs se sont seulement contentez
De descrire en leurs vers ces quatre memorables
Estans des autres vents les tiges remarquables.
 Les vents sont infinis, comme infinis les lieus
Où les exhalaisons s'esleuent vers les Cieus,
Aristote partant aucun nom ne leur donne,
Et ne les nomme point, mais bien par raison bonne
Declare d'où ces vents leurs origines ont,
Comme ils sont engendrez, dequoy mesme ils se font.
Des Anciens en huit fut diuisé le monde,
Et en chacune part de la machine ronde
Fut vn vent assigné, à leur conte y auoit
Huit vents, mais leur esprit bien fort se deceuoit.
 Seneque, aussi Vegece, & l'historien Pline,
Appian Cosmographe, auec Oronce Fine
Et grand nombre d'auteurs, en ont quatre adioustez:
D'autres en ont encor mis quatre à leurs costez.
 Vitruue aiant parti de ce monde la masse
A huit vents principaus, & remarqué leur place,
A chasque vent donna deus vents collateraus,
En qualité, en force, en pouuoir inegaus:
Ce sont vingtquatre vents en tout selon son conte.
Mais vn nombre il y a qui ce nombre surmonte.
 Les experts nautonniers apres auoir long temps
Couru diuersement sur les flots inconstans
A la merci des vents, des rocs, & de l'orage,
De plus en plus rusez en l'art du nauigage

Dans leurs cartes nous ont trente deus vents marquez,
Qu'on demande à ceus là qui se sont embarquez
Au royaume escumeus, & vogant à grands voiles
Ont fait un long voiage, à l'aide des estoiles,
Vingthuit vents outre l'Est, le Su, l'Ouest, le Nord,
Seront par eus contez ensemble d'un accord.
　　Les vents, disent aucuns, de l'air esmeu s'engendre,
Mais celuy qui les croit est subiet à reprendre,
D'autres que c'est un air battu des clairs raions
Et meu des mouuemens des celestes brandons,
D'autres que c'est l'esprit & l'ame vagabonde
Dont nature produit toutes choses au monde.
D'autres que tout ainsi que des feus font leur tour
Au Ciel l'un pour la nuit, & l'autre pour le iour,
Qui sur les Elemens estendent leur puissance
Et gouuernent maints corps par secrette influence,
Que tout de mesme aussi des astres radieus
Pour procreer les vents reluisent dans les Cieus.
　　Nous voions clairement les opinions foles
Des Anciens, qui ont perdu temps & paroles
A parler de cela qu'eus-mesmes n'entendoient,
Et si par leurs escrits grands honneurs pretendoient.
　　Mais ainsi que lon voit deuant la cheuelure
Du Soleil flamboiant fuire la nuit obscure,
Alors que de sa flamme il rougit l'Orient
Qui de maintes couleurs va son teint variant,
Tout ainsi deuant l'Astre illuminant Stagire
Aristote fameus, honteuse se retire
La tourbe des auteurs qui si mal ont escrit,
Faisant place aus raions de ce subtil esprit.
　　Aristote dit donc qu'ainsi comme la pluie
D'une vapeur humide & chaude conuertie
En humeur est formee, aussi se fait le vent

D'vne exhalaison chaude & seiche se leuant
Iusqu'à l'air du milieu, des qu'elle est paruenue
Où regne la froideur, soudain ouurant la nue
Elle est chassee en bas par le repoussement
De la froideur de l'air, lors d'vn prompt mouuement
L'exhalaison se glisse, & çà & là s'eslance
Agitant l'air d'autour, selon la difference
De ces tours & retours en diuerse façon
Pres de terre elle souffle & tourne à l'enuiron :
Quand vne exhalaison auec d'autres s'assemble
Elles montent en l'air & descendent ensemble,
Rodent toute la terre, alors le vent fait bruit,
Et en bien peu de temps de pole en pole fuit.

   Plusieurs ont dit encor qu'aus ardantes Planetes
Les exhalations estoient toutes subietes.
Qu'elles creoient les vents, que les vents se mouuoient
Par elles, & vigueur de leurs rais receuoient.
Le Soleil gouuernoit la part Orientale,
Et Iupiter benin la Septentrionale,
Mars celle du Midy, seule alloit gouuernant
La seur du clair Soleil celle là du Ponant.

   De mesme en disoient ils des lumieres insignes
Des ardans animaus, qu'on nomme douze Signes
Qui sont au Zodiaque, au Mouton Phryxean,
A l'Archer Philiride, au Lion Nemean,
Signes brulans & secs l'Orient ils donnerent,
Et les vents du Midy à gouuerner baillerent
Aus Jumeaus, à la Liure, & au moite Verseau.
Le Bouc barbu, la Vierge, & le puissant Toreau
Ceus de Septentrion sous leur garde receurent.
Les Poissons, l'Escreuisse, & le Scorpion eurent
Signes humides froids, tous les vents qui venoient

Du costé d'Occident. Ainsi s'imaginoient
Les auteurs anciens que ces flammes luisantes
Estoient, comme elles sont, icy bas dominantes.

 Je ne veus oublier en parlant de ces vents,
A discourir de ceus, qui froids se vont leuans
Du costé d'Aquilon, vents extraordinaires,
Qu'Etesies lon nomme, ou bien Anniuersaires,
Car ils ne faillent point à venir reiglement
Tous les ans moderer du Chien du Firmament
L'excessiue chaleur, qui la terre profonde
De tous costez creuasse, & boit l'humeur de l'onde.
C'est alors que dessous les Solaires raions
Lon voit par tout iaunir les criquantes moissons,
Et les espics dorez, les cheueus de la plaine,
Ondoier çà & là dessous la fraische haleine
Et le mol euentail de ces vents gratieus
Qui temperent l'ardeur du grand astre des Cieus.
Quand le celeste Chien dedans le Ciel se leue,
Que l'eau boult sous ses rais & la terre se creue,
Lors Dieu benin & bon fait vistement voler
Ces salutaires vents pour renfraischir nostre air.

 Ceus qui ont voiagé en maints lieus sur la terre,
En maints endroits ont veu des vents sortir grand' erre
Hors des flancs cauerneus des rochers & des monts,
Et sans cesse souffler rouans en tourbillons.
La terre a ses conduits par lesquels elle pousse
L'air qui subtil y entre, & de prompte secousse
Va resortir apres hors de son sein ombreus.
Il y a, ce dit Pline, un antre tenebreus,
Un souspirail venteus en l'arene d'Afrique
D'où sort tousiours du vent du roc Cyrenaique.
En Dalmatie encor dessous le flanc caué,

Et les replis tortus d'un haut mont esleué,
S'ouure effroiablement vne cauerne obscure
Auſsi tost que lon est pres de son ouuerture,
Qui bruit horriblement, lon oit des vents grondans
Siffler & murmurer & se battre au dedans,
En apres s'eslancer de furie & de rage
Hors de cest antre noir leur plus frequent passage.

 Encore nous oions des venteus soufflements
Quand l'air est agité de diuers mouuements,
Lors qu'vn souffreus nuage en s'esclatant scintille
Et que le fouldre ardant d'vne flamme subtile
S'eslance hors de son sein, l'air soudain s'esmouuant
Deçà delà pousſé engendre lors du vent.

 Si du Ciel sans esclair tombe le fouldre horrible
Vn vent dit Ecnephie il engendre terrible,
Renuersant les maisons & l'eau de comble en fond,
Typhon se fait alors que le vent tourne en rond.

 Quãd la Lune apparoist teinte en couleur vermeille,
C'est vn signe certain que le vent se reueille,
Lors qu'on voit le Heron s'esleuer haut en l'air,
Et voisin de la nue hastiuement voler:
Lors que lon apperçoit sur les nocturnes voiles
Plus fort estinceler & luire les estoiles:
Lors qu'on oit des Corbeaus crouaſser hautement
Et volant redoubler par fois leur craillement,
Lors que sans faire vent nous voyons les nuages
Se rouler entaſsez appellant les orages,
Lors que lon voit la nuit des flammesches souuent
Gliſser du Ciel en bas, il doit faire du vent.

## Des Aures ou petits vents.

Ie veus auſsi chanter ces haleines foibletes,
Ces petits vents ailez hantans les ondeletes,

Qui naissent doucereus de la fraischeur des eaus
Et errent esbranlant les fleurs & les rameaus
Des arbres verdoiants, plantez sur la bordure
Des riuages herbus que baise l'onde pure
Des fleuues, des ruisseaus: les vents ie chante aussi
Qui sortent du profond or' d'vn antre obscurci,
Or d'vn roc my-fendu lambrissé de lhierre,
Et volent au Printems & en Esté sur terre.

 Combien, combien de fois en la chaleur du iour
Ay-ie veu voleter ce petit Dieu Amour,
Mais tresgrand en pouuoir, qui cherchoit les ombrages
Des rameaus verdelets & des antres sauuages,
Les Nymphes espiant, & le trouuer souuent
A l'abri des forests, à la fraischeur du vent,
Et à l'ombre tremblant sur les leures moussues
Des rochers tenebreus, là sur l'herbe estendues
Il les voioit dormir, ces petits vents faisoient
Mille tours sur leurs chefs, & leurs cheueus frisoient,
Leurs yeus estoient sillez & ne monstroient leurs flames
Qui brulent des Syluains & des Bouquins les ames,
La neige de leur sein doucement se haussoit,
Puis doucement apres les boutons abaissoit
Qui rougissent au bout de ses rondes pommettes,
Le coral souspirant de leurs leures molletes,
En dehors esleue poussoit le somme dous.

 Amour raui de voir ces Nymphes là dessous,
Amoureus se cachoit dedans leurs tresses blondes,
Ores dans la blancheur de leurs mammelles rondes,
Or' leurs bouches suçoit, & de leur beauté pris
Mesprisoit celle là de sa mere Cypris,
Luy-mesme se bruloit, ardant d'impatience
Il ne partoit iamais qu'il n'en eust iouyssance.

Les Graces respandoient sur terre mille fleurs,
Et les vents doucelets moderant ses chaleurs
Souffloient autour de luy, là sur œillets & roses
Des Nymphes il baisoit les leures demicloses,
Ardant les embrassoit, & prenoit amoureus
Le fruit tant desiré des amans langoureus.
  Comme aus tendres ormeaus les vignes se marient
Et aus troncs nouailleus estroitement se lient,
Ce Dieu pressoit leur corps d'vn ferme enlassement,
Et de liesse espris languissoit doucement
Dedans leur mol giron, ces Nymphes reueillees
Se voiant dans les bras, d'Amour entortillees,
Ne pouuant resister, ny faire aucun effort
Au dous charme d'Amour, d'vne amoureuse mort
Se laissoient enchanter, & de plaisir pasmees
Leur beaus yeus refermoient & rendoient enflammees
L'ame qui de leurs corps s'eslançoit en bouillant,
De baisers sauoureus Amour alloit mouillant
Les bords emmiellez de leurs bouches pourprees,
En fin en haletant sur ces fleurs diaprees,
Le front plein de sueur & les membres lassez
D'vn sommeil enchanteur leurs yeus estoient pressez.
  Amour fort peu dormoit resueillé des ramages
Des oiseaus qui chantoient pres ces antres sauuages,
Et ne voiant dormir dessilloit le clair œil
De ces Nymphes, baigné de l'humeur du sommeil,
Elles tout aussi tost recognoissans leurs fautes,
Souspiroient & pleuroient, & s'accusoient mal-cautes
De honte rougissant d'vne si belle erreur,
De Diane craignant d'encourir la fureur,
Des herbes & des fleurs, des vents & d'elles mesme
Ne peuuent s'asseurer, tant leur crainte est extreme.

## SECOND LIVRE

Lors Amour amoureus meu de compassion,
Pour monstrer les effets de son affection,
Dit bassement ces mots, Vents, herbes, & fleurettes
Secretaires soiez de nos amours secrettes,
Sans en rien descouurir, ainsi dans les vallons,
Dessus l'azur des eaus, & dans les moites fonds
Des antres & des rocs bordez de fleurs nouuelles
Puissiez vous esbranler le crespe de vos ailes,
Et vous iouer dans l'air d'vn mignard soufflement
Renfraischissant l'ardeur dont brule maint amant.
Que durant la chaleur tousiours souffliez à l'ombre
De quelque verd boccage ou de quelque roc sombre
Des Nymphes la retraite, ainsi doncques tousiours
Soyez vous seuls tesmoins de mes cheres amours.
Vous herbes qui dessus vostre fraische verdure
Auez porté mon corps, que iamais la froidure
De l'hiuer ennemi ne vous face perir,
Vous odorantes fleurs, que sans iamais mourir
Se monstre vostre email, vous Nymphes gratieuses
N'espanchez plus des pleurs, ny des plaintes piteuses,
Diane ne sçaura ce que nous auons fait,
Les vents me l'ont promis, adieu troupeau parfait.
    Ainsi disoit Amour deuant ces Oreades,
Et ces Dryades seurs, d'autre part les Naiades
Seules roynes des eaus où elles font seiour,
L'appelloient, puis faisoient l'amour auec l'Amour.
    Ces aures, ces dous vents en lieu frais & humide,
Comme au creus de la terre, ou sur le sein liquide
Des fleuues, des ruisseaus, des lacs, ou des estangs,
Ou dans les noirs vallons, soit Esté, soit Printems
Soufflent incessamment, & preignent leur naissance
Des humides vapeurs, on voit l'experience

*Quand*

Quand le Ciel de ses eaus vient la terre abbreuuer,
Car bien souuent l'on sent vn vent frais s'esleuer.

## De la Mer.

Mais laissons là les vents esuenter ce grand monde,
Et parlons de la mer escumeuse & profonde,
De son flus & reflus dont chacun s'esbahit,
Demonstrons si la Lune, à qui l'onde obeit,
En est la seule cause, & si Phœbus son frere
Pareillement y aide, & fait qu'elle est amere.

Apres que Iupiter, & Neptune, & Pluton
Eurent fait leur partage, aussi tost, ce dit on,
Pluton eut les Enfers, où les nocturnes ombres
Sont tourmentez au fond de ses cauernes sombres,
Iupiter eut le Ciel parsemé de flambeaus,
Au Dieu Neptune escheut le Royaume des eaus.
Iupiter le grand Dieu du Ciel & du tonnerre
Eut pour femme Iunon, Pluton qui sous la terre
Gouuerne les esprits enclos de la noirceur
Des eaus bourbeuses eut Proserpine sa seur,
Neptune qui commande aus campagnes salees
Aus orages, aus vents, aus vagues empoulees
Amphitrite espousa, qui peu apres conceut
De Nymphes vn grand nombre, & l'onde les receut.

C'est vous, germe diuin, ô Nymphes immortelles,
Que ie chante à ceste heure, accourez, Nymphes belles
Sur ces bords sablonneus, sortez du fond moiteus
De vos caueaus creusez dans les flancs raboteus
Des roches de la mer, vostre chere demeure,
Monstrez vostre chef blond, & qu'en mainte fronceure
L'onde alentour de vous se frize en bouillonnant.
Nagez, fendez les flots, & venez maintenant,
Venez Spio, Doris, Agaue, & Ianire,

E

## SECOND LIVRE

Polynome, Doto, Proto, Callianire,
Agaue, Cymothoe, Euagore, Ceto,
Eudore, Galatee, Eupompe, & Themisto,
Liagore, Menippe, Euarne, Dexamene,
Pherufe, Panopee, Eucranthe, & Dynamene,
Sortez Roines des eaus de vos palais vouftez
De flots d'efcume blancs cernez de tous coftez.

  Vous Dieus, qui feiournez dans les plaines liquides,
Et commandez aus flots des abyfmes humides,
Toy qui fus d'vn pefcheur en eftrange façon
Par les Dieus transformé, mi-homme & mi-poiffon
Qui de couleur d'azur portes la cheuelure
Meflee vn peu de blanche & de couleur obfcure,
Flottant deffus le dos, toy dont le large fein
Comme mouffe de mer, de poil verdaftre eft plein,
Qui les fourcils as ioints, la barbe humide & blanche,
Le bas du corps poiffon, vien toft & l'onde tranche.

  Toy refonnant Triton par le haut emaillé
D'azur en couleur d'eau, par le bas ecaillé
Ainfi comme vn Daufin, toy qui de ta coquille
(Dont l'effroiable fon trouble la mer tranquille)
Efpouuantes le Ciel, l'air, les Dieus, & les flots
Qui grondent efcumeus, & enflent tous leurs dos
En gros bouillons neigeus, alors que de ta queuë
Tu nages, vien Triton, & coupe l'onde bleuë.
Toy grand Dieu gràd berger des troupeaus de la mer,
Protee au bleu vifage, & qui te fais nommer
Prophete & deuineur de puiffance diuine,
Or' fais rouler ton char fur la calme marine
Par tes cheuaus marins legerement tiré
Sondant la profondeur de fon corps azuré.

  Toy vieillard Ocean, le feul Pere des chofes

Qui sont en l'air, en terre, & dans les eaus encloses,
Qui dans tes moites bras vas la terre embrassant
Terre immobile & ferme en ton flot blanchissant.
Et toy Royne des eaus, venerable Deesse,
Thetis au pied d'argent, à la neigeuse tresse,
Vieille par le visage, & blanche par le corps,
Fay que l'onde te porte, & vien pres de ces bords,
Venez Nymphes & Dieus qui demeurez en l'onde,
Halie vous voy desia dessus la mer profonde,
Sus, sus approchez vous, & venez m'escouter,
Or' ie veus de la mer la nature chanter.

   Au milieu de ce monde est la terre placee,
De l'humide Ocean tout autour embrassee,
Ocean nomme ton ceste ondoiante mer
Qui la terre environne, elle se fait nommer
Vers Zephire Atlantique, & au Midy Australe,
Indique eu Orient, & au Nord Glaciale,
Par le pouuoir diuin prisonniere en ses bords
La terre elle entrelasse & humecte son corps.

   Lon appelle la Mer le commun receptacle
Des eaus de l'Vniuers, n'est-ce pas vn miracle?
Profonde elle reçoit les eaus de tous costez,
Des sources, des torrents, des ruisseaus argentez,
Et n'en regorge point, son ventre creus & large
(Où tout fleuue courant ses flots ondez descharge)
Est le lieu naturel de l'element de l'eau.
Mais ie veus dire icy comme le grand flambeau
Qui nous donne le iour de sa claire lumiere,
Et d'autres feus du ciel en courant leur carriere
Attirent des vapeurs en haut incessamment,
Diminuant le corps de l'humide element :
Disons doncques pourquoy son onde n'outrepasse

E ij

## SECOND LIVRE

Ses bornes, & ne court dessus la terre basse.
　Le Soleil lumineus ses raions eslançant
Sur la venteuse mer, de son flot blanchissant
Esleue des vapeurs que sa chaleur consume,
De son canal profond beaucoup d'humeur il hume
Et tire dedans l'air aidé d'autres brandons
Qui sur les flots salez eslancent leurs raions.
Bien que mille ruisseaus coulent dans Amphitrite,
Elle ne croist pourtant par dessus son limite,
Car plus elle reçoit dans son sein escumeus
Des fleuues, & tant plus tous ces astres flammeus
De leurs rais chaleureus qui dans le ciel reluisent
Esleuent des vapeurs & de son humeur puisent.
Ainsi que quand lon met vn vaisseau pres du feu,
L'eau dont il est remply s'abaisse peu à peu,
Ainsi doncques les eaus de la mer azuree
Decroissent sous les feus de la voute etheree.
　S'il est permis des vieus les raisons amener,
Je pourray bien encore vne raison donner
Pourquoy c'est que la mer n'outrepasse ses bornes
Mesme alors que la Lune en rondeur ioint ses cornes,
Et que l'onde se hausse & croist de plus en plus
Dessous ses rais d'argent en son flus & reflus.
　Cela vient pourautant que toutes les riuieres
Des abysmes cauez des plaines marinieres
(Seules sources des eaus) leurs origines ont,
Elles baignent la terre, & puis apres s'en vont
Se rendre dans la mer le lieu de leur naissance,
Lon voit donc que ses eaus ne luy donnent puissance
De s'enfler & d'aller ses bornes surmontant,
Tout autant qu'il en sort il y en entre autant,
Et non pas d'auantage, ainsi doncques lon monstre

Quelles lois a la mer. Aristote alencontre
Fort & ferme debat,& prouue clairement
Que les fontaines ont de l'air commencement,
Et que des froides eaus qui des fontaines coulent
Les clairs ruisseaus se font,& sur la terre roulent
Leurs flots en gazouillant, puis de plusieurs ruisseaus
Les fleuues sont formez, & vont trainer leurs eaus
Sans cesse dans la mer,qui pour cela n'augmente,
Et n'en enfle le dos de sa plaine ondoiante,
Car les flambeaus du Ciel attirent sans repos
Mille & mille vapeurs de ses liquides flots,
Et ce grand amas d'eaus à toute heure amoindrissent
Par l'ardeur de leurs rais qui droits dessus se glissent,
Penetrent dedans l'onde & la font escumer.

Disons encor d'où vient que l'onde de la mer
Est salee & amere,& si la tresse blonde
Du Soleil raiouneus rend amere son onde.
Phœbus par sa chaleur attire dedans l'air
Ce qui est dous en l'eau,& le fait exhaler,
Et fait que le pesant & plus grossier demeure
Rebouillonnant dessous l'or de sa cheueleure,
Et puis apres se ioint à des exhalaisons
Terrestres,que Phœbus recuit de ses raions,
Dont s'engendre ce sel,ainsi que l'eau coulee
Aus cendres de lesciue est amere & salee.

Sur terre & sur les eaus le Soleil a pouuoir,
Mais principalement la Lune fait mouuoir
Les ondes de la mer,& sur elles commande,
Lors que dessus leur dos ses rais elle debande:
Ainsi que le Soleil sur les corps chaleureus
A force,ainsi sa sœur sur les corps froidureus
Exerce sa puissance,aussi l'onde escumante

E iij

De la mer suit le corps de sa lumiere errante,
Et selon qu'elle fait au Ciel son mouuement,
Elle s'enfle & s'abaisse,& par meint changement
Obeit aus raions de sa flamme argentine,
Son flus & son reflus de là prend origine.
   Le flus & le reflus en douze heures deus fois
Deus fois se fait,& suit de la mere des mois
Le leuer & coucher,lors que ceste Planette
Est au declin,lon voit le flus de l'eau subiette
Estre foible & petit,& mesme en son croissant,
Mais quand elle est au plein,la mer se va haussant
Enflant le dos courbé de son marbre liquide,
Lors grand est le reflus de sa campagne humide:
Ceus qui ont apperceu ce mouuement de l'eau
Ont tous dit qu'il estoit causé de ce flambeau,
Apres auoir cogneu par longue experience
Que sur les flots salez la Lune auoit puissance.
   Si tost que dans le Ciel cest astre de la nuit
Se leue & clairement dans son cercle reluit,
La mer se leue & croist,quand sa flamme est haussee
En son Midy pour estre en Occident baissee
La mer lors se retire,& quand il est couché,
Et que sous l'horizon son raion est caché,
L'onde s'enfle soudain,puis aussi tost qu'il passe
La ligne du Midy,dessous la terre basse
L'eau deuale,& apres recommence à monter
Quand dessus nous son feu commence à esclater.
   C'est au creus Ocean,Royaume de Neptune,
Où le flus & reflus est causé par la Lune,
Plus grand que n'est celuy que cest astre fait voir
En la Mer de Marseille,alors qu'il fait mouuoir
Son crystal escumeus,la Mer Adriatique

N'a qu'vn foible reflus, qui plus est la Baltique
N'en a point, pour autant qu'elle est de tous costez
Pleine d'Isles, estroite & sur ses flots voutez
Ceste flamme n'a pas vne telle puissance
Comme sur l'Ocean, qui reçoit l'influence
Entiere de ses rais, aussi toute son eau
Montant & baissant suit le cours de ce flambeau.

 Selon que change au Ciel de figure & de face,
Et que dans les maisons du Zodiacque passe
La Lune vagabonde, & selon ses aspects,
Et ses conionctions causant diuers effects,
Le flus croist & decroist, tard monte ou tost deuale,
Ses heures vont aussi d'vne course inegale,
Pource que ce flambeau ne se leue tousiours
En vn mesme moment pour parfaire son cours.

 Mais ores il est temps qu'vn peu ie me repose,
Je suis las de chanter, faisons donc vne pose,
Et finissons icy, gardons nous d'abysmer,
Et d'entrer trop auant en parlant de la mer.

## FIN DV SECOND LIVRE.

E iiij

# LE TROISIEME LIVRE DES ME-
## teores.

Vsqu'icy nous auons parlé des Meteo-
res
Que l'on voit icy haut, mais il nous
faut encores
Discourir de ceus là que la terre pro-
duit
Dans ses antres plus creus où demeure la Nuit.
  Descouurons les secrets de ses riches minieres,
Les pierres qu'elle cache en ses noires fondrieres,
Les mineraus enclos dans son sein tenebreus,
Fouillons dans les replis de ses caueaus ombreus
Où les metaus diuers preignent leur origine
Par la vertu des rais de la voute diuine.
  Esleuons nostre vois, & chantons hautement
Les pierres & metaus, chantons le diamant,
L'opale, le rubis, l'onice, & cassidoine,
Chantons le vif-argent, le soufre, l'antimoine,
Le sel, l'ocre, & l'alun, & les autres encor,
Puis nous dirons apres de mesme haleine l'or,
L'argent, l'estain, le fer, le mercure, le cuiure,

E v

L'airain clair & le plomb, ains que finir ce liure.
　　Premierement il faut auant que de chanter,
Les Nymphes inuoquer pour cest œuure tanter,
Il faut d'elles apprendre où le Dieu Plute enserre
Les pierres & metaus au ventre de la terre :
Quelle matiere aussi, quel suc, & quelle humeur
Par le froid resserree, ou cuite par chaleur,
Quel mineral s'y mesle, & là bas les engendre,
Et d'elles leurs vertus pareillement apprendre.
　　Nymphes, germe diuin, qui saintes habitez
Dans le profond des eaus & aus concauitez
Du grand corps terrien, vous qui gardez soigneuses
Metaus & mineraus & pierres pretieuses,
Et sans cesse fouillez dans les conduits dorez,
Aus veines d'argent vif, aus canaus sulfurez,
Et dedans les destours des minieres profondes,
Ou par petis rayons faites couler les ondes
Qui detrempent les grains du cuyure & de l'estain,
Que vous rendez liquide ainsi comme l'airain,
Comme l'or & l'argent, roulant leurs ondes pures
Dedans les flancs cauez de ses mines obscures.
　　Nymphes, troupeau sacré, qui dedans les fourneaus
Les fondez & purgez, puis les trempez aus eaus
Froides comme la glace, & par vostre industrie
Les formez en lingots & en masse endurcie :
Belles, faites moy voir vostre seiour profond,
Faites moy s'il vous plaist deualer iusqu'au fond,
Afin que ie remarque aueques diligence
Les endroits où là bas les pierres ont naissance,
Faites moy voir aussi les lieus sombres où sont
Les metaus enterrez, & comment ils se font.
　　Mon Dieu! voyez comment ceste terre s'esleue,

Voyez comment son corps en un antre se creue,
N'est ce point une Nymphe? ah! mon Dieu ie la voi,
Elle me tend la main, & s'en vient droit à moi.
Il me semble à la voir que parler elle vueille,
Ie la veus accoster & luy prester l'oreille.

   Puis que tu veus entrer dans le sein obscurci
De la terre, & dedans nostre seiour noirci
Des ombres & vapeurs, & voir aussi les mines
Où croissent les metaus & les pierres plus fines,
Descens auecque moi, ie te ferai tout voir,
Puis que si hauts secrets tu desires sçauoir.
Ainsi dit ceste Nymphe, & puis fit sa descente
Me tenant par la main dans la terre beante,
Par mains destroits ombreus elle fut deualer,
Et au creus de la terre en peu de temps couler,
Marchant sous le silence & la nuit tenebreuse.

   Quand elle fut au bas de ceste abysme creuse,
De ses seurs le seiour, ell' dit me regardant,
Voi ces torrens de feu, voi ce bitume ardant,
Voi ce souffre qui brule, & ses flammesches perses,
Voi ces rouges fourneaus, & ces mines diuerses,
Voi ces Nymphes mes seurs qui cherchent les metaus
Et les pierres sans cesse auec les mineraus
Aus conduits de la terre, & sans repos trauaillent.

   Celles ci que tu vois les durs diamants taillent
Or' en table, or' en pointe, & polissent encor
De leur poudre leurs corps, les autres dedans l'or
Les enchassent apres, lors estans mis en œuure,
Clairs, esclattans au iour leur beauté se descœuure.

   Celles que pres d'ici tu vois, vont enchassant
Dedans ces anneaus d'or le rubis rugissant,
Le zaphir, l'emeraude, & l'opale, & l'agathe,

L'escarboncle rougi qui viuement esclate,
La topasse, l'iris, le lapis dont le teint
De couleur azuree en brunissant se peint.
 Ces autres de delà affinent sur la braise
Tous les metaus impurs dans l'ardante fournaise:
Ces autres de deçà d'vn soin laborieus
Cherchent diligemment dans l'obscur de ces lieus,
Où Plute auarement ses richesses enserre,
L'ocre, le vermillon, l'azur, le verd de terre,
Le souffre, l'orpiment, l'arsenic, & l'alun,
Le sel, le vitriol, le salnitre commun,
Le sori, l'antimoine, & la pierre hematite,
Le boras, la rubrique, auec la margasite.
 Celles là d'ici pres vont espanchant les eaus,
Ces autres que tu vois espuisent les ruisseaus
De l'estain ondoiant, du vif argent liquide,
Les fleuues d'or coulans du gouffre Acherontide
Sous les ombres qu'engendre vne eternelle nuit.
Ces autres vont fouiller ce cuiure qui reluit,
Afin de l'affiner: ces autres diligentes
Coulent le plomb pour mettre en des masses pesantes.

### Des pierres.

 Ores sois attentif, ie te veus raconter
Des pierres la naissance, & leurs vertus vanter,
Des mineraus aussi, & des metaus t'apprendre
La nature, & comment vn chacun d'eus s'engendre.
 Il te faut retenir que les pierres qui sont
Mornes, de couleur noire, & nulle clarté n'ont,
De matiere terrestre & grossiere sont faites
De limon espaissi, & sont les moins parfaites.
Mais celles dont le corps est net & transparant,
Dont la lueur est viue & le teint apparant,

Et dont le lustre beau depuis le fond esclate
En rayons procedans de leur glace incarnate,
Verte, iaune, ou turquine, ou de rouge couleur,
Se font d'vn suc aqueus recuit par la chaleur,
Ou par froid congelé, auec ce suc qui change
En pierre vn peu de terre & non beaucoup se range,
Car il y a beaucoup moins de terre que d'eau,
Et c'est ce qui leur donne vn lustre clair & beau.

 Donc celles qui ne sont claires & transparantes
Sont d'vn suc noir, impur, les nettes & luisantes
Sont d'vn suc pur & net : or telle que sera
La matiere, la pierre aussi le lustre aura,
Si la matiere est nette, & transparante, & pure,
La pierre aura beau teint, s'elle est noire & obscure,
Vn teint sombre elle aura, mais il te faut sçauoir
Que de donner couleur la chaleur a pouuoir,
Elle durcit & cuit, teint, desguise, & varie
Toute glace, tout suc, toute pierre endurcie,
Et le lustre plus trouble esclaircit à l'instant,
Et morne & tout obscur rend le plus esclatans:
Donc la seule chaleur toute pierre colore,
Et donne le beau teint dont sa glace s'honore.

 Enten bien mes propos, afin de retenir
Les lieus de leur naissance & t'en bien souuenir,
Aus conduits des metaus & des mineraus naissent
Des pierres la plus part, les plus parfaites croissent
Dans les mines de l'or, les autres dans l'airain,
Les autres dans l'argent, les moindres dans l'estain,
Dans le cuiure & le fer, mais les plus pretieuses
Ce sont celles qu'on trouue aus veines tortueuses
De l'or & de l'argent, leur lustre est esclairci
Et leur glace solide, ou en recouure aussi

Aus ventres des rochers, & parmi les arenes
Recuites du Soleil des riues Indienes.
  Ainsi que dans nos reins vne pierre se fait
D'vne humeur fort visqueuse, & par le vif effet
De la chaleur se cuit, se durcit, & s'amasse:
Ou comme en la fournaise vne terre molasse
Pesante & limonneuse atteinte de chaleur,
Tout aussi tost s'empierre & change de couleur.
Ainsi le grand flambeau, pere de la lumiere,
Et les autres brandons en faisant leur carriere,
Jusqu'au fond de la terre eslancent leurs rayons
Et recuisent les sucs, que dedans ses roignons
Elle prepare & garde, afin que leur substance
Change en ces corps pierreus par celeste influence.
  L'escarboucle a le teint rougeastre & flamboyant,
L'esmeraude a clair lustre & le corps verdoiant,
Le crystal & l'iris sont de blancheur naiue,
Le diamant qui rend vne flamme plus viue
Est plus brun en couleur, l'ametiste se peint
D'vn violet pourprin, l'opale a diuers teint,
De cerceaus differens l'agathe est bigarree,
Et le dur saphir est de couleur azuree.
  Le diamant brillant les passe en dureté,
L'escarboucle en clarté, le saphir en beauté,
L'hyacinthe en beau lustre, & l'esmeraude fine
En grace & gayeté, en puissance diuine
L'heliotrope belle, & en vtilité
Le iaspe verdoyant de sang tout marqueté:
Pour ses vertus aussi du rubis on fait conte,
Mais en diuersité l'opale les surmonte.

### Du diamant.

Ie te veus maintenant les vertus declarer

De ce gemmeus thresor que l'on doit admirer :
N'estoit ce pas assez de la belle teinture
Que leur donne en naissant la soigneuse nature ?
De leur lustre esclatant les yeus esblouissant,
Et de leur teint diuers l'esprit esiouissant?
Sans encore cacher sous leurs glaces luisantes
Tant de proprietez & vertus excellentes,
Chose miraculeuse à entendre & à voir,
Qu'en des corps si petits soit vn si grand pouuoir:
Mais à dire leur los trop long temps ie demeure,
Il faut au diamant commencer à ceste heure.

 De toute pierre blanche est roy le diamant,
Son teint est brunissant, & reluit clairement,
Pur, net, estincelant: de ses angles il darde
Droit aus yeus de celuy qui sa glace regarde:
Vn feu vif, rayonneus, de diuerse couleur,
Sous vn lustre argentin: il est de grand' valeur
Pour estre si petit, sa durté l'on approuue,
Dans les mines de l'or & d'airain on le trouue,
Et dedans les rochers du crystal congelé
Ce luisant diamant bien souuent est meslé.
Il s'en trouue en Indie & en Ethiopie
En grande quantité, on dit qu'en Arabie
Il y en naist aussi, celuy qu'en Cypre on prend
Dans les mines de fer, vn beau lustre ne rend.

 Il est en ses vertus du tout esmerueillable,
Il fait que celuy là qui le porte est aimable,
Deuient riche, asseuré, & nul charme & poison
Ne le peut offenser, tousiours en sa maison
Soit de iour, soit de nuit il repose en franchise,
Si quelqu'vn luy veut nuire, il rompt son entreprise:
Quand l'aimant & le fer ont fait assemblement,

Sa presence les fait separer vistement,
Au bras gauche lié, toutes craintes il chasse:
Mais parlons du rubis, & de sa rouge glace.

### Du rubis.

Selon l'ordre & le rang, le rubis suit de pres
Le diamant, aussi ie le celebre apres:
Comme le diamant il a le corps solide,
Mais son teint est vermeil, transparant & lucide.

Des rubis rougissans plusieurs especes sont,
Escarboucles, balais, qui plus de clarté ont
Que spinelles, rubis, & grenats pleins de nues
Sans flamme & sans lueur: des especes cognues,
De ces pierres de pris l'escarboucle enflammé
Est en lustre & beauté sur toutes estimé.
Le balais le seconde, & en degré troisieme
Se range le rubis, & pour le quatrieme
La spinelle imitant en couleur, en esclat
Le rubis flamboiant, apres suit le grenat.
En table le rubis le plus souuent lon taille,
Il doit pour estre beau n'auoir poudre ni paille,
Estre net iusqu'au fond, & de son teint vermeil
Darder vn vif esclair qui esblouïsse l'œil.

Si en solidité le diamant excede
Le rubis, en vertus le rubis ne luy cede,
Tout poison & venin il chasse loin du cueur,
Et resiouit celuy qui ne vit qu'en langueur,
Oppressé de tristesse & de melancholie,
De tout soin & ennui l'esprit il nous delie:
Mais dessus tout il a la force & le pouuoir
D'escarter l'air impur, pour ne le receuoir,
Lors qu'il est infecté il s'efforce de luire,
Et de ses vifs raions le pousse pour ne nuire

A celui qui le porte, on dit encor de lui
Chose fort difficile à croire, que celui
Qui le porte en dormant n'est tourmenté des songes,
Des fraieurs des demons, ni ne craint leurs mensonges.

### De l'esmeraude.

Laissons là le rubis, il est assez vanté,
Parlons de l'esmeraude & de sa grand' beauté
Qui toute autre surpasse, & disons l'excellence
De ses proprietez, & quelle est sa puissance.
Nulle pierre ne peut sa beauté comparer
A l'esmeraude fine, on la doit desirer
Pour sa rare beauté, pour son lustre aggreable,
Pour sa viue couleur, & sa force admirable.
Nulle pierre n'a point comme elle si beau teint,
Sa glace d'un verd-gai d'outre en outre se peint,
D'un verd tel que celui qui tremble sous Zephyre
Quand volant par les prez mollement il souspire,
Lors que par tout la terre au retour du Printemps
Se pare de verdure, & pendant ce dous temps
Que les oisillons font l'amour dans les boccages,
Les poissons dans les eaus le long de leurs riuages
Fraiant sur le grauier, les feres aus forests,
Les Nymphes & Syluains dans leurs antres secrets,
Les hommes & les Dieus de flammes amoureuses
Lors ont le sein rempli, sous des formes trompeuses
Jupiter se deguise, & s'ecoule ici bas
Pour moderer sa flamme aus amoureus combats.
Dans les mines de l'or l'esmeraude est trouuee
Sous les Scythiques monts, sur la riue lauee
Des riches eaus du Nil, l'on en trouue souuent
En Cypre, & où l'on va l'or & l'airain cauant.
L'esmeraude sur tout reconforte la veue,

Et la personne rend de grace bien pourueue,
Elle aide à la memoire, & s'arme ce dit on
Contre le mal caduque & contre le poison,
Les choses à venir elle nous fait predire:
Ores du Zaphir bleu la louange il faut dire.

## Du Zaphir.

Ie ne puis demeurer si long temps sans chanter
Le zaphir que tant i'aime, & sa vertu vanter,
Car dessus toute pierre à mes yeus il aggree
Pource qu'il a le corps de couleur azuree,
Couleur que i'aime plus que toute autre couleur,
Je luy donne le pris, si ce n'est en valeur
Comme le diamant, pour le moins c'est en grace,
Et en rares vertus, & en beau teint de glace.

Je croi que quelquefois Nature prend plaisir
Lors qu'elle veut creer quelque corps, de choisir
Vn patron desia fait, d'imiter la teinture
Des corps formez de Dieu, differens de figure,
De matiere & couleur, ainsi comme elle fait
En formant le zaphir, car du beau ciel parfait
Tout peint d'azur elle a la splendeur imitee,
La grace & la beauté mesmement empruntee
Pour ceste pierre orner, puis elle a coloré
Son crystal esclatant d'vn beau teint azuré,
Dont le lustre est aus yeus sur tout autre aggreable,
Mais plus que sa couleur sa force est admirable.
Le zaphir est trouué au sable Lybien,
Le Medois en est riche, aussi est l'Indien.

Celuy là qui le porte est tousiours à son aise,
Gaillard & vigoureus, la fortune mauuaise,
Les charmes, les poisons, les hommes langagers,
La cholere, l'amour, les trauaus, les dangers,

La crainte, les soupçons, la rancueur & l'enuie
Ne peuuent point troubler le repos de sa vie,
L'intemperance il chasse, & rend l'homme amoureus
De pais, de chasteté, & le fait viure heureus,
Le cœur, le sang, les yeus propice il reconforte,
Et maintient en santé celuy là qui le porte.

### De l'hyacinthe.

Qui ne voudroit chanter ta force & ton pouuoir
Hyacinthe dont le teint est si plaisant à voir?
Ie veus que tu sois mis par ordre au rang cinquiesme,
Puis l'opale esmaillé sera mis au sizicsme,
Bien que pour la beauté de son teint bigarré
En ton cinquiesme rang il deust estre inseré:
Mais s'il a plus que toy de couleurs dans sa glace,
Ses couleurs & vertus ta vertu grande efface.

Ainsi qu'vn feu l'hyacinthe a la teint flamboyant,
Semblable à l'escarboucle, vn esclair ondoiant
Sort de son lustre vif, & droit à l'œil s'eslance,
Et bien qu'il soit ardent, nullement ne l'offence.

De deus sortes s'en voit, l'vn paroist rougissant,
Tirant au bords à l'or, & l'autre est pallissant
N'estant qu'vn peu vermeil: mais lon prise le rouge
Quand il porte au milieu vne ombre qui ne bouge
Obscurcissant vn peu son esclat enflammé,
Et grace luy donnant dont il est estimé,
En Egypte il en naist, mais l'Inde Orientale
Abondante en thresors en produit liberale.

Celuy là qui le porte il rend courtois & dous.
Et tant sa force peut, le fait aimer de tous,
Il amene la ioye, & chasse la tristesse,
Le corps nous fortifie, augmente la richesse,
Rend la personne heureuse, & donne authorité:

Et lors que le Ciel est contre nous irrité
Il destourne de nous l'orage & la tempeste,
Et le foudre brulant qui bruit sur nostre teste,
Ardant de mille esclairs, empenné de fureur,
De tourbillons venteus, d'effroy d'ire, & d'horreur,
Il preserue le cœur de la peste cruelle,
Et chasse l'air impur loin de sa glace belle.

### De l'opale.

Ie me veus essaier de chanter hautement
L'opale au teint diuers, des pierres l'ornement,
De diuerse couleur diuersement depeinte,
Plus aggreable aus yeus que nulle glace teinte.
Mais, mon Dieu! qui pourroit au vray representer
La beauté de son corps, qui peut mieus contenter
L'œil sçauant que ne font les glaces differentes
Des diamans, rubis, esmeraudes luisantes,
Et des autres encor, rien, rien ne me plaist tant
Que son teint different, & son lustre esclatant.
Les couleurs dont en l'air Iunon son arc varie,
Les diuerses couleurs dont se peint la prairie
Dessous le Renouueau, quand sur ses tendres fleurs
Degoute la rosee, & toutes les couleurs
Des autres pierres sont au vif representees,
Et par nature aussi plaisamment rapportees
Dans le corps de l'opale, vn pourpre violet
De l'amethiste y est, & l'email verdelet
De la belle esmeraude, vne flamme splendide
De l'escarboucle en sort, vne couleur lucide
Du rubis on y voit, sa glace prend le teint
Par endroits du zaphir, & de iaune se peint,
De noir, de couleur d'eau, imitant la topasse,
La gagathe & l'iris, mais elle les surpasse

La belle opale croist sur le sable Indien.
 S'il est vray ce qu'on dit, elle donne du bien
Et de l'heur à celui qui la porte assemblee
Au plus riche metal, quand elle n'est troublee,
Elle plaist & aggree aus hommes & aus Dieus,
Il n'y a rien si beau dessous l'azur des Cieus
Que son corps bigarré, celui qui en fait conte,
La portant prophetise & tout danger surmonte.

### De la chrisolithe.

La belle chrisolithe or' chanter il conuient,
Son lustre, & la vertu qui de son corps prouient,
Dont elle est d'vn chacun prisee & admiree
Dessus toute autre pierre, & beaucoup reueree.
Pour sa belle couleur on la doit admirer,
Pour sa rare vertu mesmement reuerer.
 La chrisolithe est verte, & en couleur semblable
A la couleur de mer auant qu'espouuantable
Escumant elle s'enfle & montaigne son dos
Sous les fiers Aquilons qui font bruire ses flots,
Et battre horriblement, puis dessus les riuages
Vont bouillonnants vomir leurs fureurs & leurs rages.
 De ces pierres ici aggreables à l'œil
Deus especes lon voit, l'vne a le teint pareil
Aus cheueus de Phœbus, lon l'appelle topasse,
Son corps de couleur d'or le plus bel or surpasse,
Et l'autre est celle là dont verte est la couleur:
Elles sont toutes deus d'estime & de valeur,
Et bien que leurs corps soient de diuerse teinture,
Elles ont pouuoir mesme & semblable nature.
Il en naist sur le sable où le fleuue du Nil
Roule ses eaus, rendant tout le terroir fertil.
 De ceste pierre on doit faire vne grande estime,

L'appetit sensuel trop chaste elle reprime,
De luxure ennemie & de la volupté,
Elle fait reposer en toute seureté,
Chassant & bannissant les esprits de la place
Où posée on l'aura, lors que l'on met sa glace
Sous la langue, aussi tost le sicureus alteré
Qui bruloit de chaleur, sans l'avoir desiré
Sent sa soif estancher: les playes elle arreste,
Refroidit l'eau qui boult, si dedans on la iette.

### De l'heliotrope.

Toy qui fais dans le ciel tes tours & tes retours,
O diuin Apollon, & vas semant les iours
Dedans ton char doré tout reluisant de flame
Dont les rais vont donnant à toutes choses l'ame,
La force & la vigueur, si tu as autrefois
Fait aus Nymphes ce bien d'ouir leurs douces vois,
Entens, grand Dieu, la mienne, & s'il te plaist m'inspire
A chanter ceste pierre, & à vouloir descrire
Son teint & le pouuoir qu'elle retient dans soy,
Puis que les anciens l'ont consacree à toy.

D'vne verte couleur l'heliotrope est peinte
Ainsi que l'esmeraude, & comme vn iaspe teinte
De gouttes de pur sang: elle est rare en beauté,
Mais bien plus en puissance & en proprieté.
Quelque pierre à nos yeus peut bien sembler plus belle
Pour son lustre & son teint, mais elle n'a comme elle
Telle force & vertu, ses effets merueilleus
Estonnent les demons, les humains, & les dieus:
Elle naist dedans Cypre, & en croist en Lybie,
Mais celle qui vaut mieus vient de l'Ethiopie.

Mise dans vn bassin, du lumineus Soleil
Elle peut, ce dit on, obscurcir le clair œil,

Et d'vn pourpre vermeil teindre & cacher sa face,
Les nuages noircis dedans l'air elle amasse,
Et voile de ce Dieu les cheueus iaunissans,
Elle excite les vents, les brouillars brunissans,
L'orage & les esclairs, & l'horrible tonnerre,
Elle fait l'eau dormante en l'airain qui l'enserre
Esleuer à bouillons, elle nous fait sçauoir
Les choses à venir, & sur ses bords fait voir
L'eclipse du Soleil, asseurance elle donne,
Contre dysenterie & poison elle est bonne.

### De l'amethiste.

J'aimerois mieus iamais ne reuoir la clarté,
Que de taire l'honneur & le los merité
De la belle amethiste, aussi de vois hautaine
Je chante ses effets, sa glace souueraine
Digne d'estre louee, & de parer les mains
Des Princes, & des Rois, & de tous les humains.
   L'amethiste a le teint de couleur violette
Tirant dessus le vin & la rose pourprette,
Son crystal reluysant rend vn lustre assez beau
Lors que dessus son dos les rayons du flambeau
Qui nous donne le iour, leurs longues pointes dardent,
Reflechissant aus yeus qui la pierre regardent.
Ceste pierre on deuroit sur toute pierre aimer,
Et ses seules vertus sur toutes estimer:
Plus qu'on ne pense, elle a de secrette puissance,
Si petit est son corps, grande est son excellence,
Cherir sur toute chose & priser on la doit,
Et se nommer heureus d'en auoir à son doigt,
Tant elle est salutaire, aussi ie m'en rapporte
A celuy qui tousiours dedans ses doigts la porte:
Plus que nulle autre pierre elle cause du bien,

Et croist, ainsi qu'on dit au sablon Indien.
Elle rend l'homme sain, & gaillard le fait viure,
Elle empesche sur tout que le vin ne l'enniure,
Ou s'il a le cerueau troublé de trop de vin,
Soudain en mesme temps par vn pouuoir diuin
Ces fumeuses vapeurs elle abat & attire,
Gardant ceste liqueur d'offenser & de nuire.
Ah! l'homme malheureux, qui prenant ses esbats
S'enniure, & puis apres cause mille debats,
Car le vin est auteur de noise & de querelle,
Nous oste la raison, & gaste la ceruelle.

### De l'agathe.

Ie ne veus oublier de descrire en ces vers
Les couleurs de l'agathe, & ses effets diuers.
Ceste pierre est tousiours depeinte & bigarree,
Par endroits rouge, blanche, & noirastre & cendree,
Et de plusieurs couleurs, son lustre nullement
D'outre en outre ne perce ainsi qu'vn diamant,
Elle est formee aussi d'vne espesse matiere,
Souuent dessus le dos de sa masse grossiere,
Poissons, bestes, oiseaus, monts, bois, antres cauez,
Plaines, fleuues y sont par Nature engrauez,
En maints lieux elle croist, en l'Inde en abondance.
Celui là qui la porte est doué d'eloquence,
Nul ne le peut tromper, elle le rend prudent,
Elle appaise la soif mise dessus la dent,
On dit qu'elle guerist du lezard la morsure,
Du traistre scorpion mesmement la piqueure.

### Du iaspe.

Du iaspe il faut parler, apres ie descriray
La blancheur de la perle, & son beau teint diray:
Pour la santé des corps le iaspe est salutaire,

Nulle pierre n'est point comme elle necessaire.
Le iaspe plaist à l'œil pour estre marqueté,
Et de gouttes de sang couuert & tacheté:
Ainsi comme l'on voit la voute descouuerte
Du ciel bleu de feus pleine, ainsi la pierre verte
Du iaspe a tout le dos vniment estendu,
Empourpré de pur sang par goutes espandu:
Le iaspe plus exquis d'Orient on apporte.
   Mis sur le ventricule, il l'aide & reconforte,
Il arreste le sang qui coule du cerueau,
Par la bouche ou le nez, il boit & puise l'eau
Qui fait enfler le ventre & plaindre dans la couche
L'hydropique alteré que la passion touche.

### De la perle.

   Sus, venons à la perle, & disons doucement
Son beau teint, ses vertus, & son enfantement.
Si l'air est agité de tempeste & d'orage,
Ou bien s'il est serain, tranquile & sans nuage,
La perle en se formant louſche ou claire sera,
Vn beau lustre argenté en temps dous elle aura,
Mais si l'air est troublé, elle sera ternie,
Raboteuse, cornue, & creuse, & mal vnie.
Le Nacre limoneus contre vn roc se rangeant
Reçoit dans sa coquille à la couleur d'argent
La celeste rosée, & dans sa chair baueuse
Se resserrant conçoit la perle precieuse:
L'on en trouue beaucoup dedans l'Indique mer.
   Pour ses rares vertus on doit la perle aimer,
Elle purge le sang quand en poudre on la donne,
Nostre veue esclaircit, & pour le cueur est bonne.

### Du coral.

Mille pierres y a dont parler on pourroit,

F

Mais à les celebrer trop long temps on seroit:
Pour finir ce traitté, du coral il faut dire
L'admirable naissance, & ses vertus descrire.
Le coral que lon voit, naist d'vn mol arbrisseau
Contre les rocs cauez sous l'escume de l'eau:
Des que hors de la mer lon tire ceste plante,
Merueilleux changement! sa branche degoutante
Peu à peu s'endurcit, & surprise de l'air
Commence à se rougir & à se congeler.

   Trois especes y a, la blanche, rouge, & noire,
Mais la rouge plus belle a sur toutes la gloire:
En infinis endroits de la mer il en croist.

   Contre le foudre ardant sa puissance paroist,
Et contre le haut mal, de peril il nous garde,
De crachement de sang, & nostre mort retarde.

# DES MINERAVS.

Aintenant il nous faut parler des mineraux
Qu'on appelle moiés, pour n'estre ni metaus,
Ni pierres mesmement, mais seulement ma-
   tieres
Qui croissent dans les monts & dedans les fondrieres,
Participant de l'air, de la terre & de l'eau,
Cuites par la chaleur du celeste flambeau,
Ou bien par la froidure en masses resserrees
De diuerses couleurs diuersement parees.
Sois donques ententif, & retien ce discours

Si tu desire apprendre en quels lieus & destours
Des mines tous ces corps en quantité lon trouue,
Ceus qui sont approuuez, & ceus que lon reprouue.
 Plusieurs ont asseuré que des fumositez
Des mines de metaus dans les concauitez
Les mineraus moiens reçoiuent leurs naissances:
D'autres disent encor que ce sont des substances
Des elemens meslez, dont sont faits & produits
Ces mineraus diuers aus terrestres conduits.
 Tous ces mineraus ont des qualitez diuerses,
Des diuerses couleurs, les vnes iaunes, perses,
Blanches, rouges encor: en effets, en valeurs
Ils sont tous differens, tout autant qu'en couleurs:
Des vns les corps sont durs, & les autres liquides,
Les vns chauds, les vns froids, & les autres humides.
 Les vns facilement dedans l'eau se deffont,
Des autres sur le feu la matiere se fond.
Ceus là qui dedans l'eau en humeur espessie
Reduisent peu à peu leur matiere endurcie,
Sont le sel, le salpestre, auec le vitriol,
Et l'alun qui de dur deuient liquide & mol.
Ceus que la flamme fait fondre dans la fournaise
Ondoians aus vaisseaus eschaufez de la braise,
Sont le soufre, le sufre, & l'antimoine encor,
La manganese aussi qui tire au teint de l'or,
La pasle marcasite, auec la calamine
Et d'autres mineraus qu'on trouue en mainte mine.

## Du vif-argent.

Je te veus maintenant dire du vif-argent
La louange & vertu, ne sois donc negligent
D'entendre mes propos, lon appelle Mercure
L'argent-vif, nommé vif, pour estre de nature

F ij

Mouuant & ondoiant, de couleur blanche tient
Sa liquide substance, & telle blancheur vient
De la clarté de l'air & de l'eau qu'en sa masse
La soigneuse Nature en le creant amasse.

 L'Alchemiste ignorant en vain dans son fourneau
Ainsi que les metaus, corrompant son cerueau,
Tasche du vif-argent auoir la connoissance
(Reseruee à Dieu seul) & changer sa substance.

 De souffre & vif argent sont faits tous les metaus,
Le mercure aime l'or sur tous les mineraus,
Tous les metaus sur luy nagent, mais l'or deuale
Et se noie au profond de sa matiere pasle.
Aus mines des metaus le plus pur est trouué,
Et dans le vermillon le moins net est leué.

 Toute chose il penetre, on s'en sert quand on dore
Soit en bois, soit en cuirs, soit en metal encore,
Maint artisan s'en sert pour plusieurs ornemens,
Le Medecin en vse en ses medicamens.

 Le vif-argent n'est rien sinon eau condensee,
Non pas par la chaleur, ni par froid amassee,
Ains par portion rare & terrestre, qui fait
Qu'il est coulant, luisant, penetrant en effet.
Si la matiere estoit par chaleur ou froidure
Resserree, aussi tost deuiendroit pierre dure.

 Vers les monts où lon voit les arbres verdoians
Plus qu'aus autres endroits, & les plis ondoians
A la couleur d'argent des bruiantes fonteines
S'assembler en grand nombre, on trouue en maintes
  veines
L'argent-vif à foison, lon connoist le matin
Lors que le clair Soleil quitte le flot marin
Où croist ce mineral, c'est au mois que la terre

Les fleuretes de Mars hors de son sein desserre,
Et aus mois que l'Aurore espand dessus les fleurs
Le crystal emperlé de ses celestes pleurs,
Quand on voit des vapeurs sur des montagnes pendre,
Sans s'eleuer bien haut, là l'argent-vif s'engendre.

## De l'aimant ou Calamite.

Il ne faut oublier à parler en ces vers
Des effets de l'aimant, de ce grand vniuers
Le corps plus admirable, aussi veus-ie descrire
Ses plus rares vertus, que mon esprit admire.
  Aussi tost que le fer du quadran est froté
De la pierre d'aimant, aussi tost du costé
De l'estoile du Nord il se tourne, & regarde
Sans cesse son clair feu, qui de plonger n'a garde
Aus flots de l'Ocean, comme les autres font,
Qui d'vn cours vagabond dedans le grand Ciel vont.
  O secrettes vertus, ô effets admirables,
Qu'on voit, dont on ne peut rendre raisons probables,
O causes que Dieu seul connoist tant seulement,
Et dont en vain discourt l'humain entendement!
  Qui la cause dira que de la calamite
Le fer estant voisin d'vne amoureuse suite,
Soudain d'elle il s'approche, & semble estre animé,
Tout ainsi qu'vn Amant de l'Amour enflammé,
Fauori de sa Dame, estroitement la baise,
Et comblé de tout heur en iouit à son aise.
  Vne vapeur subtile, ainsi qu'ils disent, sort
Hors du corps de l'aimant, qui par secret effort
Ecarte l'air prochain & le dur fer inspire,
Anime doucement, echauffe, emeut, attire
Par occulte vertu, tout à l'heure dans l'air
Le fer pesant s'elance, & s'en va droit couler

Vers la pierre d'aimant, chasque trou de sa masse
Reçoit ceste vapeur qui legerement passe,
Et l'air d'autour espars s'assemble puis apres
Faisant suiure ces corps, & se toucher de pres.
    De deus sortes d'aimant en plusieurs lieus on trouue
L'vn blanc & l'autre noir, tous les deus on approuue.
Le noir le fer attire, & le blanc, ce dit on,
La chair attire à soy. L'aimant croist à foison
Aus mines d'Italie, en la riche Alemaigne,
Le plus prisé de tous est trouué dans l'Espaigne,
Celuy d'Ethiopie est sur tous estimé.
    Pour ses rares vertus l'aimant est renommé,
Au mal d'enfant il sert, il aide à l'hydropique,
Il chasse tout venin, il rend l'ame pudique,
La personne aggreable, & fais que de nostre œil
L'humeur coulant se pert, & le teint trop vermeil.

## Du souffre.

Du souffre les vertus par moy seront chantees,
Et d'vne haute vois par la France vantees,
I'en feray tout ainsi des autres mineraus,
Apres ie chanteray les vertus des metaus.
    D'vne seiche, terrestre, onctueuse substance,
Chaude temperément, le souffre prend naissance,
Le souffre est chaud & sec, au plus chaud Element
Il est accomparé, l'on voit euidemment
Qu'au naturel du feu, chaud & sec, sa nature
A grand' conformité, dés que sa masse dure
De la flamme s'approche, on la voit enflammer,
Rien si tost que le souffre on ne voit s'allumer.
Lon connoist donc par là que beaucoup il approche
Du naturel du feu, le foudre que decoche
Iupiter dessus nous de son throne etheré

Sent le souffre, & son feu est aussi sulfuré.
 Quatre especes du souffre on trouue, la meilleure
Celle du souffre vif, en Sicile où demeure
Le forgeron des Dieus, le souffre est amassé
En Vesuue & au mont où Typhon terrassé
De son long, iette en l'air des cendres tenebreuses
De son gosier ardant, & des flammes souffreuses.
Le meilleur souffre croist en l'Isle de Melos,
Iaunastre par dedans, & cendré sur le dos.
 L'Alchemiste en fait cas, aussi l'Apoticaire,
Sans le souffre on ne peut la poudre à canon faire,
On dit que quand il est dans la terre meslé
Auec le vif-argent, qu'en vn corps congelé
Auec proportion la Nature les change,
Et en fait les metaus d'vn inconnu meslange.
Le souffre par le feu comme cire est fondu,
Iamais dans l'eau son corps n'est dous & mol rendu,
Dur & sec il demeure, en poudre fort menue
On le pile au mortier, l'apostume venue
Sur nos corps il resoult, toute gale & venin
Il oste du visage, & tant il est diuin,
Tous les demons impurs hors des maisons il chasse
Des aussi tost qu'il est brulé parmi la place.

### De l'alun.

L'alun de roche aus flancs des roches est trouué,
La Nature le cree en maint antre caué
De substance terrestre en pieces congelee,
Claire comme crystal de nature salee,
Aspre au goust, seiche & chaude en son temperament.
 De deus sortes d'alun lon voit tant seulement,
L'vn rouge, l'autre blanc, l'affineur qui separe
Et depart les metaus, en fait son eau si rare.

L'alun le sang arreste, oste le mal des yeus,
Dissipe tout vlcere, & humeur vitieus.
### Du vitriol.
Entens du vitriol la secrette puissance,
A celui de l'alun son teint a ressemblance,
Son aspreté aussi, le meilleur est Romain
De plusieurs renommé, mais le plus souuerain
C'est celui-là de Cypre, en Babylon encore
On en trouue de bon, la chair morte il deuore,
Les chancres amortist, & purge le cerueau,
L'estomach, & les yeus, & rend l'or pur & beau.
### De l'arsenic, & de l'orpin.
L'arsenic & l'orpin sont terres minerales,
Conformes en nature, en puissances egales,
Et en mesmes effets, leur composition
Est vne terre aduste, & dont la mixtion
Se fait à part des deus : Hellespont, Cappadoce
En ont en quantité, en meinte & meinte fosse.
L'Alchemiste en blanchist ses metaus reluisans,
Le Medecin s'en sert contre venins nuisans.
### Du sel.
La quantité du sel que produit la Nature
En plusieurs lieus est grande, en mainte caue obscure,
Aus fonteines, aus puits, & en maints autres lieus
Qui sont pres de la mer, par art laborieus
Le sel on peut tirer, mais encor on le tire
Clair ainsi que la glace, où la face on remire,
Dans les rocs montueus, en morceaus empierré.
Le sel nitre par peine & trauail est tiré,
En Afrique, en Egypte, aus mines d'Armenie,
L'on en fait mesmement par l'art de l'Alchemie.
Le sel Armoniac se trouue en maints endroits,

Le nitre est amassé aus caues & parois.
  Le sel est chaud & sec, seul il a la puissance
De conseruer long temps les corps en leur essence,
Bien loin d'eus esloignant toute corruption,
Et desseichant les corps par son adustion.
  Des mineraus il reste encores vn grand nombre,
Mais ie te veus louer de ceste mine sombre
Les metaus precieus, si ie voulois chanter
Les mineraus, long temps il faudroit arrester.

# DES METAVS.

Vs, ie veus maintenant, pour acheuer ce liure,
  De l'or & de l'argent, du fer, du plomb, du cuiure,
De l'estain, de l'airain, te donner clairement
La connoissance vraie, & te dire comment
Dans les conduits obscurs des Mines, la Nature
Les substances meslant en leur temperature
Les engendre, & comment dans la terre ils se font,
Quelles rares vertus & puissances ils ont.
  Les metaus differens tirent tous leur essence,
Leur principe commun d'vne mixte substance,
Substance elementaire en sa pure vnion
Composee, amassee auec proportion:
Que la substance soit de terre & d'eau formee,
Il est tout euident, sur la braise enflammee

Le metal ne pourroit fondre dans le vaisseau
Si son solide corps n'estoit composé d'eau,
Non que l'eau simple soit seulement sa matiere,
De terre aussi n'est pas faite leur masse entiere,
Mais de toutes les deus mises ensemblément
Se forment les metaus au plus bas Element.

  Plus la substance est pure & bien mixtionnee,
Subtile, resserree, & proportionnee
Par le Temps & Nature, auec egalité,
Autant en qualité comme en la quantité,
Le metal qui s'en fait en sa masse durable,
Est plus pur & plus net, plus riche & plus louable.
Tel est l'or iaunissant, des metaus le seul Roy,
L'argent le suit apres, qui n'est si pur en soy,
Quant au plomb & au fer, d'vne matiere grasse
Et impure ils sont faits dedans la terre basse.

  Leur lustre & leur splendeur du suc aqueus prouient
Que le metal pesant dans sa terre retient,
Lor qu'estans mis à l'air la clarté sur eus donne,
Clarté fille de l'œil du beau fils de Latonne,
La terre se meslant à l'eau peut bien cacher
Sa transparence, & non sa lueur empescher.

  La cause des metaus maintenant il faut dire,
Et discourir comment elle les peut produire,
Par le froid & le chaud dedans la terre enclos
Les metaus sont creez, la froideur sans repos
Congele la matiere & l'assemble & rend dure,
La chaleur la recuit, l'esclarcit & fait pure,
Le chaud donc & le froid font par leur action
De l'humeur metallique ainsi la mixtion.

  Plusieurs ont estimé que les flammes errantes

Qui vont sans s'arrester dans leurs spheres ardantes,
Par leur propre influence & puissantes vertus
Engendroient les metaus dans les conduits tortus
De la terre profonde, à la flamme moins claire
De Saturne malin, froid, nuisible, & contraire
Le plomb s'attribuoit, à Iupiter l'estain,
A Mars le dur acier, au Soleil souuerain
Seul Roy des feus du Ciel, qui fait tout croistre & vi-
ure,
L'or l'honneur des metaus, Venus auoit le cuiure,
Mercure l'argent-vif, & la Lune l'argent:
Telles opinions plusieurs alloient songeant.
 Soit que par la chaleur & la vertu secrete
Des raions lumineus de chacune Planette,
Et principalement de ce clair & bel œil
Qui le monde esclarcit de son feu nompareil,
Qui maintient toute chose, & toute chose enfante,
Pierres & mineraus, toute herbe, & toute plante.
Soit que par la froideur, ou la seule chaleur,
Ou par succession la chaleur & froideur
Que la terre contient, se face vn tel meslange,
Soit Nature ou le Temps, la matiere se change
Neantmoins en ce corps de metal reluisant,
Qui par le temps deuient dur, solide, & pesant.
 Plusieurs especes sont de metaus dans la terre,
L'or, l'argent, & l'airain, & le metal de guerre,
L'estain, le plomb, le cuiure: or parler il conuient
De leur nature propre, & dire d'où prouient
Leur substance cachee & plus particuliere.
Les seuls Elemens sont des metaus la matiere,
Le corps dur des metaus de terre & d'eau se fait,
Nature ne voulant faire vn œuure imparfait.

F vi

Detrempe en eau la terre, & mere industrieuse
L'amasse, la pestrit, & dans la mine creuse
En forme vn mol leuain, dont la decoction
En metallique humeur d'egale mixtion
Se conuertit apres, ce qui de l'eau distile,
Est vne vapeur moite, onctueuse, & subtile,
Mere du vif-argent, liquide, & qui paroist
De la couleur de l'eau, ce qui de terre croist
Est vne exhalaison seiche onctueuse ensemble,
Chaude & subtile aussi, qui purement s'assemble,
Dont le souffre s'engendre, on voit donc clairement
Que d'argent-vif, de souffre en leur assemblement
L'vn dans l'autre meslez, par la sage Nature
Tous metaus sont creez, & par temperature
De froideur & chaleur congelez & recuits,
Et de ces corps vnis diuersement produits.

 Du souffre & du mercure enten donc l'alliance,
Et retien des metaus la commune naissance,
De mercure espuré, de souffre rouge & pur
L'or pur est engendré, roux, reluisant, & dur,
L'argent est engendré dans sa mine beante
De souffre & d'argent-vif de couleur blanchissante.
L'estain de souffre impur dans la terre entassé
Auecques clair mercure est fait & amassé.
Le plomb, metal liuide, est fait d'vn espais souffre
Et d'impur vif-argent dans le terrestre gouffre.
Le cuiure est composé de souffre rougissant
Et de mercure gras, ensemble s'vnissant.
Le fer se fait de souffre impur & plein de crasse
Et d'argent-vif impur espaissi dans la masse.

### De l'or.

Ie veus celebrer l'or, par rang ie parlerai

Des metaus moins parfaits & les estimerai.
 Toi qui dessus Parnasse aus dous sons de ta Lyre
Fais les Muses baler, vien Phœbus, & m'inspire
A louer ce metal qu'estime l'vniuers,
Soufle dans mon esprit ta fureur & tes vers,
Afin qu'en ta faueur aiant l'ame embrasee
De ton saint feu, de l'or la beauté soit prisee,
D'or ta lyre est ornee, & ton char est doré,
D'vn lustre iaunissant ton chef est coloré,
Les fleches de ton arc sont d'or fin esclatantes,
D'or sont tes longs raions aus pointes ondoiantes
Sous l'esclair flambloiant qui glisse de ton œil,
Oeil clair, estincelant, n'aiant point de pareil,
Vien donc, diuin Phœbus, vien donc, & fauorise
O grand Dieu, s'il te plaist, à si belle entreprise.
 Sur tout autre metal l'or seul est estimé,
Souhaité des plus grands, & des petits aimé,
Pour estre pur & net, sans gresse & sans ordure,
Pour resister au temps, contre qui rien ne dure:
Mis en terre ou en l'eau iamais il ne produit
Rouille, ny n'est taché, le feu point ne luy nuit,
Bien qu'il nuise à tout corps, plus dedans la fournaise
On le met, & tant plus il s'affine en la braise,
Sans point diminuer, la parfaite vnion
Que la Nature fait, & pure mixtion
Des substances, qui sont dedans la terre, nees
Des Elemens meslez, bien proportionnees,
Cuites sans crasse & flegme & onctuosité
Rend l'or pur, clair, & beau, plein de solidité,
Du tout incorruptible en sa masse endurcie
De matiere trespure vnie & espessie.
 Nul metal comme lui n'est aggreable aus yeus,

Son lustre safrané est l'ornement des Dieus,
Et plaisir des humains, les Temples il honore,
Les Palais ne sont beaus si l'or ne les redore.
Ainsi comme vn Soleil l'or luisant eclarcit
La maison qui l'enserre, & la nuit obscurcit
Celle où son corps ne luit, les humains il auance
Et leur sert d'instrument pour auoir la science.
Le sage aiant de l'or se peut nommer heureus,
Il peut à ses parens, aus pauures langoureus,
A ses amis aider, & banissant l'enuie
Et l'auarice, peut couler en pais sa vie.
Meurent ils pas viuans ces riches là qui sont
D'auarice touchez? nulle liesse ils n'ont,
D'ambition leur ame à toute heure est mangee,
Et d'vn soin assidu cruellement rongee :
Eus causent, non pas l'or, leur peine & leur tourment.
L'homme aussi peu discret, qui vit sans iugement
Ne doit l'or posseder, par sa faute coulpable
De riche il deuient pauure & du tout miserable.
Mais l'homme vertueus qui vit auec raison
Merite d'en auoir tousiours dans sa maison,
Car il sçait n'estre point ni prodigue, ni chiche.
　　Le pauure en peu de temps amassant l'or est riche,
Fortune fait souuent deuenir à son gré
Des simples bergers, Rois, & ceus qu'en haut degré
Elle a mesme esleuez, muable & inconstante,
Elle deuale apres par honteuse descente.
　　L'or dessus tous metaus a grand' force & pouuoir,
Il peut, & non Amour, vne femme esmouuoir,
Il esblouist les yeus du plus seuere Iuge.
Par vn esclat charmeur, l'or est le seul refuge
De tous les malheureus, il fait en peu de temps

Les hommes reuestir de harnois cliquetans,
Les tient tous en vigueur sous le fais de leurs armes,
Et a pouuoir aussi de chasser les alarmes,
D'empescher les combats, afin que les humains
Dans les ruisseaus de sang ne se plongent les mains.
 Par vne force grande il emeut & attire
Celui là qui le voit, & fait qu'il le desire,
Tant son corps est parfait: fondu dans le vaisseau
Il donne souefue odeur, sans blesser le cerueau,
Mais les autres metaus estans fondus elancent
De leurs corps des odeurs qui grandement offencent.
 L'or croist en la Scythie, en Orient aussi,
Au Peru dans le sein de la terre obscurci,
Des fleuues de renom sous leurs humides plaines
Recelent des grains d'or dans leurs blondes arenes,
Outre ce qu'il en croist en maintes regions,
Dans terre, pres des eaus, dessus & sous les monts,
L'Hebre en a dans la Thrace, & Pactole en Lydie,
Le Tage dans l'Espagne, & le Gange en Indie.
 Le bel or du Soleil l'influence reçoit
Lors qu'au terrestre sein Nature le conçoit,
Il recelle dans soi vne vertu diuine,
C'est pourquoi l'on s'en sert beaucoup en Medecine.
Il aide grandement aus passions du cœur
Pris en poudre, en breuuage, & chasse la langueur,
Et le mal douloureus qui le malade oppresse,
Il conduit le soulas, la ioye, & l'alegresse,
Repousse tout venin du corps debilité,
Dispose les esprits à magnanimité,
Les fait haut entreprendre en haussant leur courage:
Ceste puissance il a, comme parle le sage,
Par l'influs du Soleil, qui verse à tout moment

Ses occultes vertus iusqu'au bas Element.
Mais parlons de l'argent, car ce metal merite
Qu'apres l'or en ces vers soit sa louange escrite.

### De l'argent.

Puis que ce beau metal suit l'or en pureté,
Ie veus qu'au second rang il suiue, & soit chanté
D'une assez haute vois, afin que ses louanges
Auec celles de l'or en maints pays estranges
Sur les ailes des vents volent legerement,
Et que par tous les coins de ce grand bastiment
De Dieu le bel ouurage hautement on entende
Des metaus la nature, & force, & vertu grande.

Sœur du clair Apollon, courriere de la nuit,
Dont la flamme argentee au plus bas Ciel reluit,
Toy qui d'un viste cours par le silences guides
Ton char, & tes moreaus sur les ombres humides.
Lors que ton frere dort au profond de la mer,
Te permettant de luire & de rais enflammer
La grand' boule du Ciel entre dis mille estoiles
Qui scintillent là haut sur les nocturnes voiles,
Lune arreste ta course, & viens ouir ma vois,
Laisse dessus son mont dormir à ceste fois
Ton cher Endymion, belle Deesse, appaise
Ton desir pour ceste heure, & sa leure ne baise,
Descens icy plustost, Deesse, inspire moi
A celebrer l'argent qu'on attribue à toi.
Ton char est argenté, les resnes marquetees
De tes cheuaus ailez aussi sont argentees,
Ainsi comme l'argent ton teint est paslissant,
Et de ton œil luisant le rais est blanchissant.

Nul metal (apres l'or) n'est pur dedans la masse
Ainsi comme l'argent, qui tous les autres passe,

C'est pourquoi d'vn chacun il est tant souhaité:
Pour sa tenuité, pour son lustre, & beauté
Quasi l'or il egale, aucuns ont voulu dire,
Comme dans les auteurs on peut aisément lire,
Que l'argent reluisant est vn or imparfait
Que de mesme leuain Nature sage fait:
Mais ce qui le rend blanc ainsi dans sa miniere,
C'est qu'assez là dedans n'est cuite la matiere:
Et de fait l'argent pur en or se va changeant
Par vn long temps, ainsi que le plomb en argent.
Il est, ainsi que l'or, en sa masse durable
Et en tenuité de substance, semblable,
Beau, pur, ne lui restant que de l'or la couleur,
Pour sa blancheur il plaist, & est de grand' valeur.

    L'argent se bat en lame, & sur l'enclume dure
Les coups entre-suiuis des lourds marteaus endure,
On le iette, on le coule, & fond fort aisément,
Des temples consacrez c'est le bel ornement,
Faites en sont les crois, les chasses, les reliques,
On en decore aussi les voustes magnifiques
Des Palais somptueus en fueille estant reduit,
Auec or & azur sa blancheur pure luit
Sur figures qui sont en bosse releuees,
Et au haut des lambris diuersement grauees.

    D'argent massif lon fait des chaisnes, des anneaus,
Diuers harnois de guerre, aussi diuers vaisseaus,
Les Princes & les Rois, tant ce metal merite,
Mangent aus plats d'argent leurs viandes d'elite,
Les vases, les bassins, & vaisselles qu'ils ont
Par l'orfeure inuentif d'argent seul faites sont.

    En mille & mille endroits lon trouue des minieres
De ce luisant metal, l'Espagne en ses fondrieres
En recele beaucoup, en grande quantité

L'Angleterre en aporte en son terroir vanté,
Il en naist en Escosse, en l'Inde Orientale,
En celle mesmement qu'on nomme Occidentale.

## De l'estain.

Apres l'or & l'argent, ie veus de l'estain blanc
Discourir bien au long, & le troisiesme rang
Lui donner, comme estant vtile & agreable,
Propre à diuers suiets, commode, & fort louable.
Il hait l'or & l'argent, & neantmoins apres
Ces metaus tant prisez ie fai qu'il suit de pres.

Toi puissant Iupiter dont la dextre inuincible
Foudroia les Geans sous le foudre terrible,
Toi qui fais iour & nuit rouler dedans les Cieus
De gros balons de feu, des flambeaus radieus
Pour donner iour au monde, & permets que la terre
Sous ces astres ardans hors de son sein desserre
Mille & mille thresors, grand Dieu dont les costez
Sont purement cernez de sainctes Deitez
Qui tremblent sous ta vois alors qu'elle resonne,
Et que dedans le Ciel redoutable elle tonne.

Quitte ton clair Olympe où tu fais ton seiour
Et ton throne eleué doré tout alentour,
Dont les pieds sont d'argent, & le siege d'iuoire
Où sont grauez tes faits, ta puissance, & ta gloire,
Quitte ton beau Palais tout fait de diamens,
Couuert d'escailles d'or, où l'hiuer nullement,
Les neiges, & la gresle, & les venteus orages
N'approchent en nul temps, car haut sur les nuages
Loin du froid, de la pluie, & des vents inconstans,
Ce Palais est basti, le Nectar en tout temps
Y coule doucereus & tousiours la Ieunesse
De ce temple eternel est l'eternelle hostesse.

Descen pere des Dieus, descen grand Iupiter,

Attele tes destriers, & te laisse porter
Dans les flots de la nue, haste toi, fai moi dire
De l'estain la louange, & sa nature escrire.
D'estain ton char est fait, de tes chevaus ailez
Les riches harnois sont d'estain luisant bouclez.

 L'estain est en couleur à l'argent tout semblable,
Mais non pas en nature, il est recommandable
Pour n'estre point suiet, comme le fer impur
A la rouille & ordure, il est un peu plus dur
Que le plomb, tout metal il rend facile à rompre,
Et peut en se meslant leur nature corrompre,
Mesme de son odeur leur masse empoisonner,
Et veneneus sur tout des vices leur donner.

 Les Metaus sont meslez le plus souuent ensemble,
L'or & l'argent, & l'or auec l'airain s'assemble,
Et auecques le plomb, l'argent le plomb poursuit,
Le cuiure hait le plomb, l'estain blanchissant fuit.
De l'argent & de l'or dessus tout l'accointance,
Et le mercure vif, fait à tous alliance.

 Les anciens iadis se seruoient aus combats
D'armes faites d'estain, & portoient en leurs bras
Des lances, des boucliers, depuis hors des minieres
L'on a tiré le fer, & en mille manieres
Sur l'enclume battu en estoc l'alongeant,
Or' en pointe de dard sa figure changeant,
Ores en estendant & renouflant sa masse
Pour faire un morion, ores une cuirasse,
Mille harnois, mille engins, dont le Diable enchanteur
Pour nous priuer de vie est le seul inuenteur.

 On se sert de l'estain à faire mille ouurages,
Mille vaisseaus diuers commodes aus menages,
Plats, escuelles, bassins, & vases differans
Pour drogues, & liqueurs, & perfuns odorans.

D'eſtain, d'airain meſlez ſur les flammes ardantes
Les tuiaus inegaus des Orgues reſonnantes
Sont faits par induſtrie, & aus temples vouſtez
Dans le bois arrangez des ſoufflets agitez
Diuerſement prenans les haleines venteuſes,
Et ſous le mouuement des mains laborieuſes
De l'Organiſte expert les temples ſpatieus
Retentiſſent par tout de ſons melodieus.
 L'eſtain en Angleterre eſt en grande abondance,
On dit qu'en quelques lieus de Flãdre il prẽt naiſſance,
L'on en trouue en Boeſme, & en quelques endroits
Du Duché de Bauiere, & au ſein Eſcoſſois.

## Du plomb.

Au quatrieſme rang ce metal ie veus mettre,
Puis-que digne il en eſt, ie ne veus pas permettre
Qu'il aille apres le cuiure & le fer outrageus,
Dont le Dieu Mars ſe ſert aus combats courageus,
Dieu cruel, inhumain, ſe plaiſant au carnage,
Et ſe baignant au ſang des humains pleins de rage.
 Saturne fils du Ciel, grand Dieu, vueille arreſter
Le frein de tes cheuaus, pere de Iupiter
Arreſte ta carriere & vien icy deſcendre,
Vien m'aider maintenant que ie veus entreprendre
De louanger le plomb, delaiſſe donc les Cieus
Ornez de couleur bleue & d'aſtres gracieus
Qui roulent ſans arreſt dedans leurs voutes rondes,
Autour du feu, de l'air, de la terre, & des ondes,
Et font par la vertu de leurs ardents raions
Naiſtre tous animaus, metaus, grains, & fleurons.
 Laiſſe ta grande Faus, helas! dont tu moiſſonnes
Les corps que de tõn Ciel tu clos & enuironnes,
Suiets au cours du temps & à corruption
Aiant des Elemens leur generation.

Vien me faire chanter de ce plomb la nature,
Et les proprietez de sa matiere dure.
Le manche de ta faus est de plomb, & ton char
A le timon de plomb, la roue, & le branquar.

 Le plomb est le plus dous de tous metaus fusibles,
Le plus gras & impur, plusieurs sont corruptibles,
Comme le fer, le plomb, mais l'or, l'argent, l'estain
Ne se corrompent point, ny mesmement l'airain,
Il est vray que l'airain dessus sa iaune masse
Vne matiere verte auec le temps amasse,
Et le plomb de la crasse, & le fer est chargé
De la rouille mangearde, & peu à peu rongé.

 Pource que le plomb est de fusion facile
Peu fixe, & que son corps en chiasse inutile
Se reduit quasi tout, plusieurs l'ont appellé
Imparfait & lepreus, mais c'est trop mal parlé.

 Nul metal comme luy n'est propre & necessaire,
L'affineur sans le plomb, mesme le lapidaire
Ne peuuent separer & polir nullement
Metaus, pierres de pris, des longs doigts l'ornement,
Sans ce metal duisant, l'argent & l'or aimable
Sont tirez de l'airain par le plomb profitable.
L'on oste des rubis & d'autres corps pierreus,
Esmeraudes, safirs, tous leurs voiles terreus,
Afin que le beau teint de leur glace luisante,
Leurs esclats raionneus, leur clarté rauissante
Se monstrent nettement, & contentent nos yeux
Dignes de contempler les thresors precieus,
Puis que ce sont nos yeus qui nous font voir dans terre
Les pierres & metaus qu'en son ventre elle enserre.

 Les doctes Medecins pour remedes diuers
Choisissent ce metal commun par l'Vniuers,
Les Dames mesmement lui sont fort obligees,

TROISIEME LIVRE

Alors que leurs beautez en laideurs sont changees,
Que de vieillesse aussi leur visage est atteint,
De la blanche ceruse elles masquent leur teint
Qui se iaunit & se ride, & auec artifice
Trompent les yeus plus clairs en palissant leur vice,
Le plomb est propre à tout, à faire des vaisseaus,
Des figures aussi: pour empescher les eaus
De gaster les maisons, l'on fait des platte-formes,
Des goutieres de plomb de differentes formes,
Des tuiaus tortueus, où prisonniere bruit
L'eau qui sans s'arrester de sa naissance fuit,
Dans terre se cachant, puis d'vne viue course
Bien loin du plomb s'eslance aussi haut que sa source.
   En France, en Italie, on trouue en quantité
Le plomb, des artisans grandement souhaité,
L'Angleterre en est riche, & l'Espaigne & l'Escosse,
L'Allemaigne en recelle en meinte creuse fosse.

## Du cuiure.

Tout premier que du fer la louange chanter,
La louange du cuiure il me faut reciter,
Et comme i'ay voulu des autres metaus dire
La nature, ie veus aussi la sienne escrire.
   Deesse des esbats, des ieus, & des desirs,
Qui le monde entretiens en amoureus plaisirs,
Douce mere du Dieu qui preside à nostre ame,
Et nous brusle le cœur d'vne amoureuse flame,
De ton troisiesme Ciel, où reluit ton flambeau
Arreste la carriere, & dans ton coche beau
Entre, belle Deesse, & glisse sur la nue
Viens ouir raconter la vertu recognue
Du cuiure rougissant, ton arc en est orné,
Et ton char est tout fait de beau cuiure affiné.
   Le cuiure est recueilli rouge dedans sa mine,

Mais il est teint en iaune auec la calamine
Et la tuthie encor, & c'est dequoi l'airain
Est fait, & le leton du cuiure & de l'estain
Meslé ensemblément la bronze est composee
Que lon refond & iette en longueur disposee
Et grosseur dont on fait les canons foudroians,
Qui les murs plus espais & forts vont poudroians.
De l'airain, du leton on fait dis mille ouurages
Colonnes & piliers, on fait pour les menages
Mille vaisseaus, chenets, pots, bassins, chandeliers,
Boucles, anneaus, & dez, les diligens ouuriers
En font pour les cheuaus de petites bossetes,
Et pour les fiers combats des bruiantes trompetes,
Des trompes pour chasseurs, des cloches pour sonneurs,
Et des diuers vaisseaus pour les bons distilleurs:
 Le cuiure dedans Cypre on trouue en abondance,
L'Italie en produit & l'Inde en affluéce.

## Du fer.

 Ores parlons du fer pour ce liure acheuer,
Car il me faut aller vistement retrouuer
Mes sœurs qui sont au fond de ces mines creusees,
A fouiller & chercher les metaus, amusees.
 Toi qui te plais de voir la fureur des combats,
Et t'esiouis aus cris & rumeurs des soldats
L'un sur l'autre acharnez plongeant leurs froides armes
Dans leur sang tout bouillant, ô grãd Dieu des alarmes
Qui vois de ton haut Ciel mutiner les François
Mesprisans Dieu, leur Roi, eus mesmes, & les lois.
Vien auecque Venus ici bas sur la terre,
Et ameine la pais, en chassant loin la guerre,
Et viens ouir chanter la louange du fer,
Non celui par lequel le ministre d'Enfer
 Nous fait finir nos iours, le fer que lon martelle
Et aloge en estoc, en cuirasse, & rondelle:

## TROISIEME LIVRE DES METEORES.

Mais bien plustost celui qui sert tant seulement
Aus menages, aus arts, & à maint bastiment.
Ton morion cresté, ornement de ta teste
Est de fer, & ton char qui dans le Ciel tempeste.

    Le fer est vn metal commun en plusieurs lieus,
Et si de tous metaus c'est le moins precieus,
Il est propre à tous arts, liberaus, mechaniques,
Que lon voit exercer en toutes republiques.

    On en fait des marteaus, des limes, des outils,
Des lignes, des compas, mille instrumens subtils,
Des horloges, quadrans, des clefs, & des serrures,
Des coutres & des socs, des couteaus, & graueures.

    Du fer on fait l'acier en Cecile, en Damas,
Et en Espaigne encor, les tranchans coutelas
Par le Diable inuentez, en sont faits, les cuirasses,
Les rouets d'arquebuse, & les pesantes masses.

    Les canons des mousquets & pistoles se font
De fer dous rebatu, plusieurs peuples en ont,
Meinte mine de fer se trouue dans l'Espagne,
En France, en Italie & dedans l'Alemagne.

    Si tost que ceste Nymphe eut fini ce discours
Soudain elle s'enfuit dans les profonds destours
Des mines de la terre, il faut finir comme elle
Ce liure heritier seul de louange immortelle.

### FIN.

# SECONDE
## PARTIE.

# AV ROY.

### ODE Stro. 1.

'EST à ce coup que sur Parnasse
Ayant l'esprit tout furieus
J'iray par vne occulte trace
Cueillir le laurier pretieus.
Je veus que ma teste il ombrage
Et qu'il entoure sa rondeur,
Les ans & le fouldre & l'orage
Ne pourront ternir sa verdeur.
Vien donc Phœbus, & me façonne
Des branches de ces Lauriers vers
Dessus le front vne couronne,
Et m'inspire en l'ame tes vers.

### Antistro.

Et vous filles de Mnemosyne
Qui pour boire à vos nourriçons
Donnez de l'onde Caballine
Dont ils arrousent leurs chansons:
Muses venez monter ma Lyre,
Et à ses accords doucereus
Mariez vostre vous pour dire
D'vn grand Roy les faits valeureus,
Quittez vos riues Eurotides,
Et vos boccages Delphiens,
Quitez vos antres Pierides
Et vos sommets Parnassiens.

A ij

# Ode
### Epode.
Mignardant mon Luth d'iuoire
Je veus en glissant mes doigts
Sur ses nerfs chanter la gloire
Du Roy Henry de Valois.
Je sens grossir mon courage,
Mon cueur pantele de rage,
Mon poil se dresse d'horreur,
Apollon dans ma poitrine
D'vne puissance diuine
Souffle sa saincte fureur.

### Stro. 2.
L'vn chante comme l'Air & l'Onde
La Terre, la Flamme, & les Cieus,
Dont est fait le grãd corps du Mõde
Couuoient au Chaos ocieus.
Et à son Lut doré fait dire,
L'animant de fredons diuers,
Comme à trois est parti l'Empire
De ce merueilleus Vniuers,
Iupiter le Dieu du tonnerre
A le Ciel luisant de flambeaus,
Pluton le Centre de la terre,
Neptune l'abisme des Eaus.

### Antistro.
L'autre sur sa Lyre ferree
Esbranlant son archet d'airain
Chante d'vne vois mesuree.
Le pouuoir du Dieu souuerain.
Et comme ce Dieu soubs son fouldre
Rouge d'esclairs fit les Geans
Du haut des monts tomber en pouldre
Renuersez aus champs Phlegreans.

## AV ROI.

D'autres d'vne vois adoucie
Entonnent les hautes vertus
D'Hercule dont la main hardie
A tant de monstres combatus.
### Epode.
L'vn va louant vn Thesee,
L'autre vn Achille, vn Hector,
Et l'Eloquence prisée
Du vieil & prudent Nestor.
Muses au son de mon poulce
Venez chanter de vois douce
Des vers plus dous que le miel,
Chantons le Roy qui les passe
Comme vn Pin vne fleur basse,
Aussi c'est l'honneur du Ciel.
### Stro. 3.
Comme on voit apres la lumiere
De l'Aube pourprine du iour
Phœbus quittant l'Eau mariniere
La suiure pour faire son tour,
Qui tout couuert de rais enflame
Du beau Ciel l'esmail azuré
Donnant à toutes choses ame
De son œil des Dieus honnoré.
Ainsi tu suis ton pere illustre,
Heritier de son mesme nom,
Et de ses vertus, dont le lustre
Fait reluire ton clair renom.
### Antistro.
Mais comme dans la vouste ronde
Ne reluist sinon vn Soleil,
Qui les Cieus, l'air, la terre, & l'onde

Esclarcist du feu de son œil,
Ainsi tu n'as point de semblable,
A toy mesme tu es egal,
Les Dieus pour te rendre admirable
Te font comme vn Astre fatal
Par ta vertu resplandissante
Toute la France illuminer,
Tousiours,ô lumiere plaisante,
Le iour nous puisses-tu donner.

### Epode.

Comme le Soleil surmonte
Les Astres de sa beauté,
Comme sa clarté fait honte
A leur plus viue clarté,
Ainsi d'vn grand aduantage,
O seul Soleil de nostre aage,
Tu luis sur les plus parfaicts,
Aussi ô grand Roy de France
Les Dieus du fer de ta lance
Au Ciel ont graué tes faits.

### Stro. 4.

Par le fer, le parler, la grace
Tu as ton ennemy vaincu,
Ton grand honneur l'honneur efface
De tous ceus-là qui ont vescu,
Soit à combatre à la barriere,
A piquer vn cheual en rond,
Ou empoudrer vne carriere,
Ou bien le faire aller à bond,
Tu n'as point ton pareil en terre,
Ny en valeur ny en sçauoir,
Le Laurier double ton front serre,
Doublement digne de l'auoir.

### Antistro.

Tu passes Pallas en prudence,
En la guerre on t'appelle un Mars,
Tu es Mercure en eloquence,
Et Ulysse entre les hasards,
Ceus qui ont ta grace imitee,
Bien qu'on ne la puisse imiter,
Brauant d'une plume empruntee
S'egalent presqu'à Jupiter,
Et de tes vertus s'embellissent,
Mais quand ils t'ont bien imité
Ils semblent ses flammes qui glissent
Du Ciel, & perdent leur clarté.

### Epode.

On voit la Rose apparoistre
Entre autres fleurs à nos yeus,
Il est aisé de cognoistre
Les mortels d'entre les Dieus,
Comme les beaus Lis qui croissent
Aus bords des eaus apparoissent
Haut esleuez sur les fleurs
En leur neige naturelle,
Tel sur la race mortelle
Tu parois riche d'honneurs.

### Stro. 5.

Du lieu d'où sort l'Aube pourpree
Jusques aus flots où le Soleil
Guide son Char sur la vespree
Retirant peu à peu son œil,
Depuis l'endroit d'où sort la Bise
Jusqu'à l'antre du vent Austral
Où moiteus & malsain il puise
Les fieures au temps Automnal,

## Ode

En ta faueur la Renommee
Va de tous costez publiant
Sans cesser ta gloire animee,
Plus claire que n'est l'Orient.
### Antistro.
Comme l'on voit au Dieu Mercure
Recouper les replis de l'air,
Et battant l'aile par mesure
Diligent roidement voler
Si tost que Jupiter son pere
Luy a fait vn commandement,
La Renommee ainsi legere
Trenche la nue, & vistement
Se fait voie auecques ses ailes,
Et volant comble l'Vniuers
De tes louanges immortelles
Que chantent les peuples diuers.
### Epode.
Comme on oit pres des vallees,
Pres des forests, & des rocs,
Et des riues reculees
Echo redoublant nos mots,
Donner vne vois semblable
A la nostre & plus durable,
L'air estant chassé de pres,
Ainsi les peuples estranges
Oiant dire tes louanges
Les redisent par apres.
### Stro. 6.
Puis donc que tout peuple te chante
Desireus de t'auoir pour Roy,
Je veus que ma Muse te vante,
Et ne celebre rien que toy.

## AV ROY.

Toy que les Muses honnorables
Ont dés la ieunesse alaité,
A qui tous les Dieus redoutables
Ont fait part de leur Deité.
Iamais ne se lasse ma Muse
De rendre fameus ton renom,
Iamais Apollon ne refuse
D'accorder ma Lyre en ton nom.
### Antistro.
En cependant ie te souhaite
Les longs ans du sage Nestor,
Vn corps sain, vne ame parfaicte,
Vn sçauoir plus digne que l'or.
Tousiours soit ton peuple paisible,
Obeissant, dous, & courtois,
Que dessoubs ta force inuincible
Tout le monde garde tes lois.
Du Dieu qui le monde tempere
Les Roys sont les fils pretieus,
Qui les honnore & les reuere
Fait encores honneur aus Dieus.
### Epode.
Phœbus donne la couronne,
Vien l'a sur mon front planter,
Pour moy Clion te la donne,
Cessez Muses de chanter.
En attendant que ma Lyre
Plus haut ton los puisse dire,
Ceste Ode i'acheueray.
O Henry l'honneur du Monde
En qui toute grace abonde,
Et en ton nom finiray.

# STANCES DE LA VERTV.

AV plus vertueus Roy de tous les autres
Roys,
Au Phœnix de ce monde, au support des
François
Ces vers de la Vertu humblement ie presente,
A nul autre qu'à luy ie ne les puis donner,
Mars, Pallas l'ont voulu de lauriers couronner
Pour monstrer sa valeur & sa vertu viuante.

 Seul honneur des Valois, ô valeureus HENRY
Des Muses, d'Apollon, & du Ciel fauory
D'vn magnanime cœur & d'vn œil fauorable
Reçoy ces vers sacrez à la posterité,
La Vertu qui te meine à l'immortalité
Les veut faire voler soubs ton nom memorable.

 L'immortelle Vertu rayonne sur ton front,
La gloire & les honneurs à l'entour d'elle sont,
Pour t'aymer elle hait le prophane vulgaire,
Elle fait par tes faicts ton nom eternizer
Afin qu'à tout iamais on te puisse priser,
Et nommer des vertus le parfaict exemplaire.

 Par ta bouche elle parle, elle voit par tes yeus,
Elle habite dans toy & te rend glorieus,
Elle agit par tes mains, elle oit par ton oreille,
Tu ne fais rien sans elle & elle rien sans toy,

## STANCES DE LA VERTV.

C'est ton conseil, ta guide, & ta regle, & ta loy,
Et entre les humains te rend vne merueille.

 Aussi tost que les Dieus te mirent icy bas
La Vertu tout soudain te suiuit pas à pas,
Elle est ainsi que toy de celeste origine,
En la guerre, aus hazards, & entre les dangers,
En ton pays natal, & mesme aus estrangers
Elle a par toy monstré sa lumiere diuine.

 Qu'on ne me parle plus d'Hercule & de Iason,
Qu'on ne face iamais de toy comparaison
Auec Cesar, Auguste, Aristide, Alexandre,
Mithridate, Cyrus, Tite, Vespasian,
Pericles, Antonin, Philippe, Aurelian,
Ce sont nuits quand tu veus ta vertu claire espandre.

 Comme le monde est seul en grandeur, en beauté,
Comme Phœbus n'a point de pareil en clarté,
Ainsi que Mars n'a point de semblable en vaillance,
Comme en perfection vnique est la Vertu,
Ainsi d'elle entre tous tu es seul reuestu,
Tu es vnique en force, en valeur, & prudence.

 Precieuse Vertu, lumiere des esprits
Heureus celuy qui est de tes beautez espris,
Vertu fille des Cieus, cher ornement de l'ame,
Et tresor des humains, accompagne tousiours
Mon Prince & mon Seigneur, afin que ses beaus iours
Soient encores plus clairs par ta celeste flame.

 La Vertu vient du Ciel, de Vertu vient l'honneur,
De nos faicts vertueus le iuste guerdonneur,
Tout ainsi que l'on voit l'ombre son corps poursuiure,
L'honneur pareillement tousiours la Vertu suit,
La Vertu suit le bien & le noir vice fuit,
L'homme mortel de mort puissante elle deliure.

A vj

La Vertu ne fait cas des ioyaus precieus,
L'or, le pourpre, l'argent ne plaisent à ses yeus,
Des biens mondains elle est la seuere ennemie,
Elle ayme seulement l'esprit qui est bien né,
Alors de sa richesse elle le rend orné,
Richesse qui vaut mieus qu'vn Royaume d'Asie.

La Vertu ne prend point naissance auecques nous,
Elle ne peut mourir, mortels nous sommes tous,
Elle est du chef diuin de Iupiter esclose,
Elle resiste à tout, rien ne peut l'estonner,
Eh! qui peut à Vertu empeschement donner?
Puis que l'alme Vertu surmonte toute chose.

A tous momens l'Enuie aus membres impotens
S'attaque à la Vertu, mais elle perd son temps,
La Vertu pour cela ne laisse pas de luire,
Quelquefois le Soleil de nuage est caché,
Mais le feu de Vertu n'est de rien empesché,
Tousiours clair il se monstre, & rien ne luy peut nuire.

Quand tous les Elemens troubleroient leur repos
Et qu'ils retourneroient dans l'ancien Chaos,
Auec eus la Vertu ne seroit point meslee,
Elle hait la discorde & la confusion,
Elle est exemte aussi de toute passion,
Par aucun changement elle n'est esbranlee.

L'ire & l'effort des vents & des flots de la mer,
Le tonnerre, l'esclêr qui peut tout enflammer,
Les tremblements de terre, & l'air remply d'orage,
Les fureurs des Enfers, & l'horreur des combats,
L'orgueil, l'ambition, les noises, les debats,
Les tresors, les honneurs n'esmeuuent son courage.

Les murs de Babylon, le Temple Ephezien,
Et les pointes du Nil, le tombeau Carien,

## LA VERTV.

Le Colosse de Rhode, & la Tour esclairante,
Le simulacre grand du puissant Iupiter,
L'on verra par les ans abatre & desplanter,
Reseruè la Vertu qui n'est point perissante.

   Ce que l'on voit enclos du corps du firmament
Est né pour resentir la loy du changement,
Ce que la flamme, & l'air, les ondes, & la terre
Recelent dedans eus, bestes, poissons, oiseaus,
Pierres, metaus, & fleurs, herbes, & arbrisseaus
Esprouuent tout du Temps l'ineuitable guerre.

   Mais la Vertu ne craint les Astres inconstans,
L'influence des Cieus, la Parque, ny le Temps.
Comme nos corps mortels elle n'est point mortelle,
Les accidens soudains, la fortune & le sort
Ne peuuent l'offenser, trop foible est leur effort,
Estant diuine elle est tousiours semblable à elle.

   Jamais dans les Enfers noirs d'eternelle nuit
Phœbus aus cheueus blonds estincelant ne luit,
Seulement il respand ses rayons en ce monde,
La Vertu tout ainsi ne deuale là bas,
Elle est viue, immortelle, & franche du trespas,
Or' elle est en la terre, or' sur la vouste ronde

   De tous les animaus l'homme seul est le Roy
Il les donte, appriuoise, & leur donne la loy,
La raison, le discours, les actions honnestes
Le font tant seulement d'auec eus differer,
Et la Vertu le fait comme vn Dieu reuerer,
L'homme sans la Vertu est pire que les bestes.

   Cest Astre flamboyant couronné de rayons
Qui fait son cours en l'An par les douze maisons
Est l'ornement du Monde & sa richesse entiere.
Il luy donne le iour des esclairs de son œil,

La Vertu des esprits est l'vnique Soleil,
L'homme est sans elle ainsi qu'vn monde sans lumiere.

L'ame est du corps la forme & la perfection
Luy donnant mouuement, & estre, & action,
Elle le meut, l'agite, & l'anime, & l'enflame,
Le corps n'est rien sans elle, & l'homme sans Vertu
Est semblable à vn corps du tombeau reuestu,
Car la seule Vertu est l'ame de nostre ame.

L'homme par la Vertu plus excellent se rend,
L'homme par la Vertu preuoit, iuge, & entend,
L'homme par la Vertu ennoblist sa nature,
Par elle sage, accort, & prudent il se faict,
Par elle il est du monde vn miracle parfaict,
Et sans Vertu ce n'est que fange & pourriture.

Je prise l'or prisé, l'argent, les diamens,
Les perles, les rubis, les riches bastimens
Et ce que l'ignorant sur tout ayme & desire,
J'admire les tresors de ce grand Vniuers,
Les Cieus, les Elemens, & mille corps diuers,
Mais l'homme vertueus encores plus i'admire.

Vne beauté humaine est aggreable aus yeus,
Mais la Vertu qui prend son origine aus Cieus
Trop plus belle embellit l'ame de sa presence,
L'homme mortel par elle immortel est rendu,
Et tousiours son esprit vers le Ciel est tendu,
Où comme la Vertu il a pris sa naissance.

Tout ce qui s'offre à l'œil doit quelque iour perir,
Tout ce qui prend naissance est subiect à mourir,
L'immuable destin a telle loy bastie,
L'homme vicieus meurt, mais l'homme vertueus
Bien qu'il meure est tiré vif du tombeau poudreus,
Et la Vertu luy donne vne nouuelle vie.

## LA VERTV.

Les armes, le sçauoir font nobles les humains,
Ce n'est pas tout d'auoir en l'esprit & aus mains
La science & le fer, au cœur la hardiesse,
Il faut aymer Vertu pour estre renommé.
Sans la Vertu le noble est vilain estimé,
De la Vertu prouient la parfaicte noblesse.

   Le vertueus gendarme est de tous honoré
Il a le cœur sans peur & l'esprit temperé,
Ses prouesses, ses faicts sont dignes de memoire.
Que sert au vicieus le courage indenté
Puis que son lasche cœur du vice est surmonté?
Le guerrier sans vertu ne peut acquerir gloire.

   L'homme qui est sçauant & la Vertu cherit
Fait teste aus ans fuiards, son honneur ne perit,
Son renom n'est esteint par la mort inhumaine,
On l'estime, on l'honore ainsi qu'vn petit Dieu,
Mais le docte meschant est hay en tout lieu,
Le sçauoir sans Vertu n'est qu'ignorance vaine.

   Ainsi que le Printemps est l'honneur des saisons,
La Rose aus plis vermeils des esmaillez fleurons,
Des Astres lumineus l'Astre à la tresse blonde,
La Lune de la Nuit, l'Aurore au teint pourpré
Du perleus Orient, la claire onde d'vn pré,
Ainsi par la Vertu l'homme est l'honneur du monde.

   Heureus doncques cent fois, & mille fois heureus
Celuy qui de Vertu sur tout est amoureus,
Qui quitte toute chose afin de la poursuiure,
Sa gloire à tout iamais au monde s'espandra,
Dans le fleuue d'oubly son nom ne se perdra,
La Vertu l'homme faict eternellement viure.

# PROPHETIE.

Vn voile noircissant couuroit par tout la Terre,
Les diuers animaus, soit ceus que l'Onde enserre,
Soit ceus qui vont sur Terre, ou ceus qui battent l'Air
Reposoient doucement, la Lune alloit rouler
Son char dedans le Ciel parfaisant sa carriere,
Sous les rais argentez de sa claire lumiere
Le mol crystal des eaus ondoyant reluisoit:
La Nuit en noir habit le Sommeil conduisoit
Tout chargé de pauots: le Repos, le Silence
La suiuoient pas à pas, le Songe & l'Oubliance
D'vn nuage cachez voletoient à l'entour,
Ennemis conjurez de la clarté du iour.
 Lors qu'en me pourmenant sur l'humide riuage
De MARNE aus claires eaus, i'apperceu sur l'herbage
Pres de saint Maur ce fleuue entouré de roseaus,
Appuié d'vn vaisseau d'où l'argent de ses eaus
Lentement se glissoit, & sur l'arene blonde
En replis tortueus alloit trainant son onde.
De verdoiant limon son corps estoit couuert,
Et son chef tout moiteus ombragé de ionc verd,
Vn gros touffeau de sauls couuroit sa cheuelure:
Aussi tost qu'il me vit, haut sur son onde pure
Il esleua le chef, & puis dit ces propos,
Dignes d'estre à iamais dedans l'airain enclos.

# PROPHETIE.

Nymphes qui dans ces flots baignez vos longues tresses
De mon palais humide eternelles hostesses,
Sortez du fond des eaux, & venez escouter
Les accens de ma vois que devez redouter.
Delaissez donc le creus de vos grotes voustees
D'où sourdent à bouillons mes ondes argentees,
Qui vont crespant leur dos sur ce gravois rouler
Et au long de ces bords à plis retors couler,
Faisans de leur humeur naistre mille fleurettes
Sur le giron herbu de ces rives mollettes,
Fleurs au chef esmaillé que les mignards Zephirs
Esbranlent en tout temps du vent de leurs souspirs.

Vous Nymphes de ces monts, vous Nymphes de ces plaines,
De ces prez esmaillez, de ces claires fontaines,
Vous qui faites seiour dans les antres moussus,
Au profond des vallons, sur les tertres bossus,
Et vous Dieus gardiens de ces forests sacrees
Ceintes tout à l'entour de mes ondes vitrees,
Oiseaus qui de vos chants & de vos douces vois
Animez ces taillis, ces rochers, & ces bois,
Faunes & Demidieux, Satyres, Oreades,
Pan, Syluains, Aegipans, & vous sainctes Dryades,
Quittez vos bois fueillus où vous estes enclos,
Et venez sur ces bords entendre mes propos.

Et toy que les neuf Sœurs ont nourri dés enfance
De leurs sainctes liqueurs, qui as soubs la cadence
Des accords Phœbeans lors que la Lune luit
Auec elles danse par l'obscur de la nuit,
Toy qui Poete as beu de l'onde Aganipide,
Et qui t'es endormi dessus la riue humide

## PROPHETIE.

Où dormit l'Ascrean, toy qui de lauriers verds
As le front ombragé, oy mes propos diuers,
Or' que d'vn voile obscur la nuict le Ciel ombrage
Arreste toy icy sur ce sacré riuage,
Cependant que mes flots sous les rais tremblotans
Des lumieres du Ciel ondoyent inconstans.
 Puis que le grand HENRY la lumiere du mõde
Se plaist en ce chasteau que baigne ma clere onde,
Onde qui sans cesser non plus que fait son cours
Chantera ses honneurs en ses larges destours.
Ores que tout repose, & que l'air est paisible,
Ie veus chanter icy de ce Prince inuincible
L'heur, le sort, la fortune, & ce que dans les Cieus
Le destin a graué en presence des Dieus.
Ie diray quant & quant ses vertus admirables,
Sa gloire, & cõme vn iour par ses faicts memorables
Immortel il sera malgré l'iniuste effort
Du noir fleuue d'Oubli, du Temps, & de la Mort.
 Ie ne veus dire ici comme Venus la belle,
Les Graces, les Amours, & la troupe immortelle
Des saintes Deitez receurent dans les bras
De la Mere ce Prince, & eurent cent debats
A qui le nourriroit, & premier dans sa bouche
Respandroit le Nectar: les Amours sur sa couche
Alloient semant des fleurs, les Zephirs voletans
Embasmoient son berceau des odeurs du Printemps.
Il creut en peu de temps soubs la faueur diuine
Ainsi qu'au Renouueau croist la rose pourprine
Soubs les pleurs de l'Aurore, alors que le Soleil
Colore l'Orient de son pourpre vermeil.
 Ie ne veus dire icy que le Ciel, la Nature,
Et tous les Elemens, & toute Creature

## PROPHETIE.

Adoroient ce beau Prince orné de mille honneurs,
Le Soleil le voiant moderoit ses chaleurs,
L'air deuenoit serain, & la voute celeste
Rendoit de tous costez son azur manifeste,
L'eau rouloit doucement, les arbres verdoians
Faisoient ombre à son corps, les ruisseaus ondoians
Murmurans s'accordoient aus gaies chansonnettes
Qu'entonnoient les oyseaus de leurs douces gorgettes:
Dessus les plus parfaits il estoit paroissant
Comme dessus les fleurs est le lis blanchissant.

 Ie ne veus dire aussi comme dés son enfance
Prenant & en vertu & en aage accroissance
Il fut des ennemis fierement attaqué,
Comme fut Apollon de rayons perruqué,
Qui ieune & courageus à Python effroiable
Fit sentir le pouuoir de son trait redoutable:
Ce Prince estoit sans peur & digne de lauriers
On le voioit tousiours aus combats des premiers,
Tousiours victorieus il estoit ieune d'aage,
Des plus vieus en sçauoir, des plus chauds en courage:
Ce foudre de la guerre en armes rayonneus
Comme vn Mars paroissoit sous Phœbus lumineus.

 Ie ne veus dire encor comme en son aage tendre
Ce Prince a effacé la gloire d'Alexandre,
De Cesar, d'Aristide, ainsi que le Soleil
Toute lumiere efface au leuer de son œil,
Ie ne veus dire encor comme la Renommee
Ayant par l'Vniuers sa prouesse semee,
Sa vertu, son sçauoir, ses faits & son renom,
Chacun fut desireus au seul bruit de son nom
De l'auoir pour son Roy: les prouinces estranges
Amoureuses de luy rechantoient ses louanges,

## PROPHETIE.

Publioient ses honneurs, mesmes les Poulonnois
Se faisans ses subiects vescurent sous ses lois.
   Mais ie veus dire icy ce que la destinee
Et les Cieus ont promis à ceste ame bien-nee,
Les trois Parques ensemble autour de son berceau
Adorans sa beauté tournerent leur fuseau,
(Fuseau qui peut du temps retarder la vistesse)
Et chanterent ces vers bienheurant sa ieunesse.
TORNEZ fuseaus, tornez, & deuidez les ans
De ce Prince Roial or' qu'il entre au Printemps
De son aage, tornez, & que sa longue vie
D'heur, de ioie, & de bien soit à iamais suiuie:
Nous voulons que sur tous il soit seul estimé,
Honoré des plus grands, & des petits aimé.
   Ainsi qu'vn Astre clair il reluira de gloire,
Des plus forts & vaillans il aura la victoire,
Son honneur dans le Ciel lui-mesme grauera,
Son renom immortel en tout lieu volera,
Cognu du Ciel, du feu, de la terre, & de l'onde
Sous le ioug de ses lois il rangera le monde:
Il viura sans pareil, mesme Mars valeureus
Redoutera sur tout ce Prince genereus,
Il n'aura point d'esgal ny au Ciel ny en terre
Si ce n'est Iupiter le Maistre du Tonnerre:
Il passera tous Roys en douce Maiesté
En grandeur, en iustice, en valeur, & bonté.
   Claires eaus qui glissez d'vne suite soudaine
Afin de vous mesler auec les eaus de Seine,
Fleuue qui dessus tous se voit seul renommer,
Et ne payez sinon qu'vn tribut à la Mer,
Hastez vous de rouler, & toutes les paroles
Que i'ay dites tout haut dessus ces riues moles,

## PROPHETIE.

Redites les encor, & que vos flots suiuans
Les portent à la Mer, la Mer les donne aus vents,
Les vents dessus le dos de leurs ailes tremblantes
Les portent iusqu'au front des voustes tournoiantes,
Et que les feus du Ciel les apprennent aus Dieus,
Pour leur faire grauer dedans l'azur des Cieus.

 A tant se teut ce fleuue, & à teste baissee
Plongea dedans ses eaus, l'eau du chef repoussee
En replis ondoia, lors de tous les costez
Les Nymphes & les Eaus ont ses vers rechantez.

# DISCOVRS A VN
## SIEN AMY.

Ie ne suis, cher amy, en ce lit, langoureus
Pour aimer de Phœbus les tresors bienheu-
    reus,
Tresors qui sur le temps, le destin, l'onde noi-
re
Pretieus & parfaits emportent la victoire.
  Tu sçais que tous les corps de ce grand Vniuers
Sont differens de forme & d'accidens diuers,
L'vn est beau l'autre laid, l'vn sain, l'autre malade,
L'vn est vn court Pigmee, & l'autre vn Encelade,
L'vn leger, l'autre lourd, ceste diuersité,
Ce me semble, prouient de la pluralité.
  Tout ainsi que les corps sont differens ensemble,
Ainsi les quatre humeurs que la nature assemble
Pour façonner nos corps entr'eus contraires sont,
Et dedans nous souuent mille combats se font.
  Ce qui corrompt souuent l'harmonie & concorde
Du petit Microcosme & sa lyre descorde,
C'est le haineus discord d'vne peccante humeur,
Qui sur les autres trois exerce sa rigueur.
Car l'homme est composé d'ame & de la matiere,
L'ame donne à son corps la forme coustumiere,
La matiere se fait de chacun Element,
De terre, eau, air, & feu voisin du firmament.
Ainsi que le grand corps de la machine ronde

Est fait des Elemens, ainsi le petit monde
En est fait & formé, c'est pourquoy il reçoit
Si souuent changement: Car s'il ne perissoit
De ce large Vniuers tousiours quelque parcelle,
Il nous faudroit nommer la matiere immortelle.
De mesme si les corps n'auoient corruption,
Priuation de vie, & generation,
Nous ne pourrions iamais donner la difference
Qu'il y a entre corps & la diuine essence.

Il n'y a rien plus vray que toutes qualitez
Suiuent des Elemens les mixtes quantitez:
Les Elemens diuers sont muables, passibles,
Aussi nos quatre humeurs sont comme eus corruptibles,
C'est pourquoy ie resen leur outrageus discord,
Car l'vne plus puissante a corrompu l'accord
Que leur auoit donné la soigneuse Nature,
Façonnant de mon corps la mortelle structure.

Ie ne m'estonne point de ces mutations,
Tous les corps sont subiects aus alterations:
C'est vn arrest fatal que tout ce qui a vie
Doit sentir la rigueur de la Parque ennemie.
Le temps ronge nos corps par son cruel effort,
Et le destin les fait deuorer par la mort:
Mais nostre esprit vainqueur de l'onde Stygieuse
Passe legerement dedans la Barque creuse
Du nautonnier Charon, & soubs les bois myrtez
Des champs Elisiens erre de tous costez,
Immortel voletant pres les vertes ramees
Des esprits bien-heureus purement habitees.

Me voyant descharné, triste, pasle, & languide,
Ie pensois fermement que la Parque homicide
Me deust dans peu de temps trancher de son cizeau

## DISCOVRS.

Le filet de mes iours m'enuoyant au tombeau,
Mais dés que i'ay gousté le Nectar, l'Ambroisie
De ta docte, diuine, & douce Poesie,
Soudain ma maladie a eu bannissement,
Aussi tost i'ay senty vn grand alegement,
Et le mal rigoureus qui me rendoit debile
S'est du tout moderé, lors vne pais tranquile
Lisant tes vers nombreus est entree en mon corps
Qui seule a exilé les sinistres discords
De mes humeurs troublez, & d'vne symphonie
Par discordans accords les tient en harmonie.
Poursuy donc, cher amy, à m'enuoyer tes vers,
Seuls ils peuuent chasser mes martyres diuers,
Ce sont tresors sacrez qui preignent origine
Du Dieu Latonien qui t'enfle la poitrine.

# AMOVRS.

## SONNET I.

LA fleur de vos ans & de
  voſtre beauté
Amour ſacre ces vers, mon
  ame, & ceſte plante
De laurier touſiours-vert,
  ſur ce Laurier il chante,
De l'iniure du temps ſoit ceſt
  arbre exenté.

Permettez donc qu'un Dieu à voſtre deité
Ceſt arbriſſeau, ces vers, & ceſte ame preſente,
Prenez donc s'il vous plaiſt, ô Deeſſe puiſſante,
L'ame, les vers, & l'arbre en voſtre nom planté.

Mes pleurs & mes ſouſpirs, enfans de ma poiçtrine,
Au lieu d'humeur & d'air ceſte plante diuine
Nourriront nuiçt & iour, ſes rameaus eſleuez

Croiſtront iuſques au Ciel, & afin que ſur terre
Ils ne ſoient offencez des vents & du tonnerre,
Amour ſur leur eſcorce a nos noms engrauez.

B

## SONNETS.

### II.

Plume dont ie depeins la beauté que i'adore
Et descris le tourment qui me rend bien-heureus,
En ma faueur tu fais en ces vers amoureus
Viure à iamais mon nom & celuy que i'honore.

Quand ie te prés en main, & que d'Amour i'im
Le secours pour donter les siecles rigoureus,
Il me fait composer d'vn stile doucereus
Ces vers qui ne craindront le temps qui tout deuore.

Plume ton long tuiau fut fait d'vn trait d'Am
Amour pour son plaisir fit cest eschange vn iour
Me donnant le Nectar pour ancre noircissante.

Par toy seule mes vers voleront iusqu'aus Cieus,
Ie viuray par toy seule en la troupe des Dieus,
Toy, tu seras changee en Estoile luisante.

### III.

Amour m'a descouuert vne beauté si belle
Que ie brusle & englace, & en me consumant
I'esprouue, tant me plaist ma flamme & mon tourmēt,
Que qui meurt en aymant reprend vie immortelle.

Comme l'vnique oiseau de ceste ardeur nouuelle
Ie renais, & ma flamme & son nom cherement
Ie porte sur le dos au front du firmament,
Pour les faire reluire en sa voûte eternelle.

Les pasles mariniers errans dessus les eaus
Pour mieus suiure leur route ont recours aus flambeaus
Qui les guident par tout sur l'onde mariniere.

Ceus là qui se mettront sur l'amoureuse Mer
Prendront de la beauté qu'Amour me fait aymer,
Pour voguer bien-heureus, le nom clair de lumiere.

## IIII.

La dame que tant i'ayme est seule à qui Nature
A donné ses tresors pour monstrer sa grandeur,
Le hault Ciel rien de tel n'enclost sous sa rondeur,
C'est le moule & patron de toute creature.

Tousiours dedās mō ame & plus claire & plus pure
Paroist de sa beauté la diuine splendeur,
Qui fait que mon desir, ma flamme, & mon ardeur
Croissent en la voiant, & d'elle ont nourriture.

Nature de son chef, de son front, de son œil,
De son sein, de sa bouche, & de son teinct vermeil
Prend l'or & les œillets, les flammes immortelles,

La neige, le cinabre, & mille raritez
Lors que sage elle en veut former d'autres beautez,
Mais il s'en faut beaucoup qu'elles soient aussi belles.

## V.

Soubs vn habit humain vne belle Deesse
Apparut à mes yeus, Venus mere d'Amour
Et ses Graces aussi estoient tout à l'entour,
Contraintes d'adorer son beau sein & sa tresse.

Le Soleil destacha d'vne pronte vitesse
Les raions de son chef, honteus de voir le iour
Que donnoient ses beaus yeus, la terre tout autour
Faisoit naistre des fleurs en signe de liesse.

De mon aage coulant alors se finissoit
Le quatriesme lustre, encor ne paroissoit
Nul poil en mon menton, i'estoy Roy de moy-mesme,

Quand amour me fit voir ceste vnique beauté,
Aussi tost ie perdi cueur, ame, & liberté
Pour l'aimer, mais c'est peu pour beauté si extreme.

B ij

## SONNETS.
### VI.

Que ie fus esbahi, Dieus ! que i'eu de plaisir
Voiant ceste beauté qui n'a point de pareille,
I'admirois le coral de sa leure vermeille,
Et le feu de ses yeus dous feu de mon desir.

Vn penser amoureus soudain me vint saisir
Comme ie repensois à si haute merueille,
Mon ame alors s'esmeut au penser qui l'esueille,
Et fut pour son vray bien ceste beauté choisir.

Cependant par les yeus son image diuine
Glissa secretement au fond de ma poitrine,
Et m'appastant d'espoir se saisit de mon cueur.

Depuis ie n'ay rien eu qu'elle dans la pensee,
C'est le plus dous obiect de mon ame insensee,
Et le plus dous confort de ma douce langueur.

### VII.

Cheueus crespes & longs où mon cueur se desire
Aise d'estre enlassé d'vn ferme enlassement,
Bouche au teint vermeillet où mon contentement
Se voit peint sur ton bord qui le basme souspire.

Beaus yeus mes dous flambeaus par qui seul ie respire,
Beauté le seul obiect de mon entendement,
Vous voiant vn desir m'enflamma doucement
Qui du vulgaire lourd & de moy me retire.

Les trois Graces ensemble & les Amours ie vi
Vos beautez, vostre grace adorer à l'enui,
Ie bruslé par trois fois & crié, ie vous prie

Vous Astres de la Nuit, & toy pere du Iour,
Pendant que ceste-cy m'apprend que c'est qu'Amour,
De tourner lentement & d'alonger ma vie,

## VIII.

Les Dieus puissans vn iour pour mōstrer leur puissāce
Vantoient ce qui les fait d'vn chacun redouter,
Son foudre estincelant lors fit voir Iupiter,
Mars sa grand' hache d'arme, & Minerue sa lance.
　Saturne vieil bransla sa faus en leur presence,
Mercure aus pieds ailez soudain vint apporter
Son baston serpenté qui peut l'ame enchanter,
Neptune son trident mit lors en euidence.
　Mais Amour sans vanter son arc ny son carquois
Dont les Dieus plus puissans il range soubs ses lois,
Les estonnant monstra la beauté que i'admire,
　Ils recogneurent tous sa force & son pouuoir,
Amour & la beauté peuuent tout esmouuoir,
Iupiter amoureus en sçauroit bien que dire.

## IX.

Celuy là qui ne sçait que de pure lumiere
Fille des purs rayons qu'enfantent deus beaus yeus.
Entre roses & lis & perfums pretieus
Nasquit le Dieu qui tient mon ame prisonniere,
　Qu'il vienne contempler les yeus de ma guerriere
Plus clairs que les flambeaus qui luisent dans les Cieus,
Le pourpre de sa leure, & son ris gratieus,
Et sa grande beauté des beautez la premiere:
　Soudain en regardant la beauté que ie sers
Tout à l'heure son cœur s'emplira de pensers
D'vn desir amoureus, d'ardeur, & d'esperance,
　Dont son esprit sera doucement agité,
Amour n'est rien sinon qu'vn desir de beauté,
De l'œil il passe au cœur, de l'œil il prend naissance.

B iij

## SONNETS.

### X.

Auant que i'euſſe veu ces deus Aſtres iumeaus
Dont s'embellit ton front qui la neige ſurpaſſe,
Je viuois languiſſant, i'eſtois homme de glace,
Et ſemblable à ceus-là qu'enſerrent les tombeaus.

Mais ie ſuis mort du tout voiant tes yeus ſi beaus,
Puis ie repris naiſſance en admirant ta grace,
L'iuoire de ton ſein, les roſes de ta face,
Et tes cheueus ondez où ſont mille Amoureaus.

Je ſuis mort par tes yeus, par eus i'ay repris vie
Auſſi toſt que mon ame eut leur beauté ſuiuie,
Quiconque voit tes yeus dont le Ciel eſt ialous

Et ne meurt à l'inſtant, ne ſçait que c'eſt de viure
Heureuſement au monde, auſſi mourir pour vous
C'eſt reuiure & de mort eſtre franc & deliure.

### XI.

Le Soleil enuieus qu'vne moindre lumiere
Reluiſe dans le Ciel, efface la clarté
De ſes raions flammeus ſi toſt qu'il a quitté
Le giron azuré de Thetis l'eſcumiere.

Comme vne grande mer engouffre vne riuiere
Qui tributaire court dans ſon flot irrité,
Et n'en paroiſt plus rien, de meſme au Ciel vouſté
Nul feu ne luiſt pendant qu'il pourſuit ſa carriere.

Mais madame qui eſt des beautez le Soleil
Sur les autres beautez fait rayonner ſon œil,
Et leur permet de luire encor en ſa preſence:

Alors vnique & belle elle ſe monſtre ainſi
Qu'entre les feus du Ciel fait le corps eſclarci
De la ſeur du Soleil qui luiſt en ſon abſence.

## XII.

Ie m'estonne beaucoup de tant & tant d'amans,
Qui pleurent nuit & iour, souspirent & lamentent,
Qui se plaignent d'Amour, de luy se mescontentent,
Accusent leurs beautez pour des petits tourmens.

Amour me faict auoir par tant de changemens
Tant de diuers plaisirs qui ma liesse enfantent,
Que ie ne puis blasmer les beautez qui m'enchantent,
Ny ce Dieu seul autheur de mes contentemens.

Dis mille voudroiët bien sentant les mesmes flames,
Ainsi comme ie suis, estre aymez de leurs dames,
Quel heur d'estre vaincu & d'estre aussi vainqueur?

Madame m'ayme plus qu'elle n'ayme sa vie,
Amour de ses douceurs rend mon ame assouuie,
Et de manne amoureuse ensemble paist mon cœur.

## XIII.

De la table des Dieux il pleut iusqu'icy bas
Le Nectar, le miel, l'ambre, & la manne choisie,
Alors qu'en te baisant mon cœur se rassasie
De tes baisers qui font que ie meurs en tes bras.

Puis quand ie voy tes yeus riches de mille appasts,
Et ta rare beauté dont mon ame est saisie,
Amour paist mon desir d'vne telle Ambroisie
Qu'en pensant seul en vous ie vi franc du trespas.

Comme on voit quand la nuit estend ses larges voiles
Autour du Pole ardant tourner maintes estoiles
Que l'on ne voit iamais descendre dans la mer:

Mon ame ainsi tousiours comme vne estoile au Pole
Pour brusler à vos yeus pres d'eus sans cesse vole,
Mais qui dira comment elle sent s'enflammer?

## SONNETS.
### XIIII.

Les voila ces beaus yeus où se loge l'Amour
Qui si clairs m'ont conduit sur la mer amoureuse,
Voila ce front pareil à la blancheur neigeuse,
Et ces cheueus retors où mon cœur fait seiour.

La voila ceste bouche où les Dieus tour à tour
Sauourent à longs traits la liqueur doucereuse
Et le miel qu'y confit mainte abeille soigneuse,
Voila la blanche main que ie baisé vn iour.

Voyant tant de beautez que i'ayme & que ie prise,
Ie ne doy demander qui a mon ame esprise,
Qui me rend amoureus, car est-il cœur humain

Voiant ces yeus, ce front, ce poil, & ceste bouche
Pleine d'ambre & de musc, & ceste blanche main,
S'il n'est dur côme vn roc, qu'Amour lors ne le touche.

### XV.

Ie pensois estre aymé tant seulement par feinte,
I'estimois tes souspirs & tes discours trompeurs,
Tes baisers, tes sermens, tes pleurs estre pipeurs,
Et croiois que d'Amour tu n'eusses l'ame atteinte.

Mais si tost que i'ay veu qu'vne semblable estreinte
Et vn semblable feu lioit, brusloit nos cœurs,
Et que pour amortir ma peine & mes langueurs
Dans les flots amoureus tu as ma flamme esteinte.

I'ay dit, present Amour, ô mille fois heureus
Celuy qui est aymé & ensemble amoureus,
Son heur est nompareil, sa ioye incomparable.

Quand ie deurois souffrir mille & mille tourmens,
Ie les trouuerois dous pour tels contentemens,
Pour iouir d'vn grand bien la peine est aggreable.

## XVI.

Vous me deuriez aymer cent fois plus que vostre ame,
Cent fois plus que vostre œil, & plus que vostre cœur,
Puis que i'ayme mon ame, & mon œil, & mon cœur
Pour aymer vostre cœur, & vostre œil, & vostre ame.

Ne permettez dõc plus vous cœur, vous œil, vous ame
Qu'Amour brusle mon ame, & mon œil, & mon cœur,
Ou bien bruslez bel œil & belle ame, & vous cœur
Ensemble auec mon cœur, & mon œil, & mon ame.

Pleurez œil, souspirez ô vous ame, & vous cœur,
De voir perir mon ame, & mon œil, & mon cœur
Pour aymer vostre cœur, & vostre œil, & vostre ame,

Si l'Amour loge en l'ame, & en l'œil, & au cœur,
Il cognoist à mon œil, à mon ame, à mon cœur
Que vous estes mon œil, & mon cœur, & mon ame.

## XVII.

Continuons mon cœur nos fideles amours,
Que nostre saincte ardeur n'ait iamais defaillance,
Lions nos cœurs ensemble & nous aymons tousiours,
Ignorons les effects du change & d'inconstance.

Que l'absence, l'enuie, & la fuite des iours
De separer nos cœurs n'ayent point de puissance,
Enlassons nos esprits en maints tours & retours
De foy, d'ardeur, d'espoir, & de perseuerance.

Ie iure par tes yeux qui sçeurent m'enflammer,
Et te promets encor à iamais de t'aymer
Mille fois plus que moy, ouy mon cœur, ie t'en iure,

Tu t'en peus asseurer, pourueu que seulement
Tu me vueilles aymer, si ie romps mon serment,
Deuiens pour me punir feinte, inconstante, & dure.

B v

## SONNETS.
### XVIII.

Ny mes souspirs enfans de ma langueur,
Ny les tourmens qui me tourmentent l'ame,
Ny les refus que tu me fais, Madame,
Ny tes desdains tesmoins de ta rigueur,

Ny les assaults de l'Archerot vaincueur,
Ny de tes yeus les esclairs & la flame,
Ny le regret qui mon esprit entame,
Ny le brasier qui deuore mon cœur,

Ny le mespris que tu fais de ma plainte,
Ny pour me voir viure en doute & en crainte,
Ny voir mon mal & ma peine animer,

Cela ne peut empescher que ma vie
Ne soit tousiours soubs tes yeus asseruie,
Je ne suis né, mon cueur, que pour t'aymer.

### XIX.

Si dans ton cueur demeure la pitié
Vien de mes maus me donner allegeance,
Mon cher esmoy maintenant recompense,
Par ta faueur ma fidele amitié.

Seule tu peus, ô ma douce moitié,
Me bien-heurant calmer la violence
De mes douleurs, tu en as la puissance,
Loing de ton cueur chasse l'inimitié.

Ne permets pas qu'en tourment ie languisse,
Ne souffre pas qu'en t'aymant ie perisse,
Pour te seruir ne me laisse mourir,

Comme ie suis constant, ferme, & fidelle,
Comme tu es fiere, diuine, & belle,
Sois pitoiable & me viens secourir.

## XX.

Ie suis franc de souspçon, ie n'ay plus l'ame atteinte
D'vne ialouze peur qu'vn autre au lieu de moy
Seul iouisse du bien que ie reçois de toy,
Ton amour a chassé de mon cueur toute crainte.

Ne doutes point aussi de ma foy pure & saincte,
Plus tu crois en beautez & plus s'accroist ma foy,
Ma flamme, & mon desir, ie sçay ce que ie doy,
N'estime mon feu glacé, & mon amitié feinte.

Pres ou loing, loing ou pres i'adore ta beauté,
Plus mon feu deuient grand plus i'ay de fermeté,
Pour t'aymer seul ie m'ayme, ô ma plus douce flame,

D'autres traits que des tiens ie n'ay le cueur espoint,
Pour aymer ta beauté, i'ay vn cueur, & vne ame,
Mais pour en aymer d'autre au vray ie n'en ay poinct.

## XXI.

Ie veus mourir & viure, & veus viure & mourir,
Donnez moy donc la mort, donnez moy donc la vie,
Quand l'vne de mon corps m'aura l'ame rauie
L'autre soudainement me viendra secourir.

Maitresse ie seray bien-heureus de perir
Adorant vos beautez, mon ame en meurt d'enuie,
Je seray bien-heureus que ma mort soit suiuie
D'vne vie à l'instant qui me puisse guerir.

Au seul mal de l'Amant la mort est fauorable,
Au seul bien de l'Amant la vie est desirable,
Elles me peuuent rendre heureus & amoureus.

Maitresse, s'il vous plaist, faites donc que ie meure,
Maitresse faites donc que ie viue à ceste heure,
Mort ou vif ie seray amoureus & heureus.

B vj

## SONNETS.
### XXII.

Main plus belle que n'est celle là de Cyprine
Où le Printemps a mis ses roses & ses lis,
Mais qui vas finissant iusqu'aus ongles polis
Tes rameaus inegaus de couleur albastrine.

Tu peus, mignarde main, longue, blanche, & rosine
Rendre les cœurs felons des Scythes amolis,
Tu peus rendre l'esprit aus corps enseuelis
Au cercueil, les touchant de ta chair iuoirine.

Tu sçais bien, belle main, qu'en baisant seulement
Ta neige, & tes œillets, mon amoureus tourment
S'est vn peu appaisé, ô main que tant i'admire,

Regarde donc combien ie serois plus heureus
Si tu m'auois conduit au seiour amoureus
Où repose le bien que tout Amant desire.

### XXIII.

Ne prenez contre Amour pour arme la froideur
O diuine beauté qu'humblement ie reclame,
Quoy? ne craignez vous point qu'Amour ne vous enflame
S'il vous voit mespriser son amoureuse ardeur?

Rompez tous ces glaçons qui vous gelent le cueur,
Ne mesprisez son arc, ny ses traicts, ny sa flame,
Soyez vn peu plus douce, ô Soleil de mon ame,
Mon cueur vaincu se rend à vostre œil son vaincueur.

Plus i'ayme voz beautez, plus vous m'estes côtraire,
Vous riez de mon mal, de ma peine ordinaire,
Plus i'admire vos yeus, plus ie suis malheureus,

Que sert de vous aymer, que vous sert d'estre belle,
Nous faillons vous & moy, vous estes trop cruelle,
Moy pauure infortuné ie suis trop amoureus.

## SONNETS.

### XXIIII.

Las!ie pensois soubs tes lois inhumaines
Deuoir languir en penible douleur,
Et m'asseurois que mon triste malheur
Seroit tousiours compagnon de mes peines.
 Mais ie cognois que les ioies mondaines
Suiuent de prez l'amoureuse langueur
Qui nous destruit:car, Amour, le bon-heur
Que i'ay par toy m'en rend preuues certaines.
 Tu m'as coulé d'vn leger mouuement
La main au lieu qui s'enfle rondement
Soubs le nombril de ma gentille dame,
 Puis donc, Amour, que i'ay par ton moyen
Receu tant d'heur, de liesse, & de bien,
Ie veus tousiours porter au cueur ta flame.

### XXV.

He!que ie t'ayme,ô heureuse iournee,
Qui me fis voir le Soleil de mes yeus,
Ie faus, ie vi par ses rais gratieus
Sa grand' beauté de cent beautez ornee.
 Phœbus auoit sa charrette tournee
Vers l'Occident, les Astres radieus
De tous costez se leuoient dans les Cieus,
Lors qu'à mes yeus la clarté fut donnee.
 Durant trois mois ie ne l'auois point veuë
Quand trauersant la brune à l'impourueuë
Ie vy de loing luire vn ardant Soleil,
 Tout desireus ie fus voir sa lumiere,
Ie recogneu lors ma douce guerriere,
Et l'adorant i'adoré son bel œil.

## SONNETS.
### XXVI.

Comme on voit au matin sous les yeus de l'Aurore
Alors que l'Orient s'esmaille de couleurs,
Vn nuage argenté se fondre sur les fleurs
En maintes perles d'eau dont le pré vert s'honnore.

Tout ainsi regardant les beaus yeus que i'adore,
O regard malheureus, ie vy rouler des pleurs
Soubs leurs rayons ardans, tesmoignant les douleurs
Que sentoit celle-là dont l'ennuy ie deplore.

Ces larmes paroissoient claires comme crystal,
Lors qu'en baigant sa face elles couloient à val
Sur l'iuoire animé de sa blanche poitrine.

Mais, helas! sans mourir puis ie conter ceci?
Las! i'en pleure moy-mesme, eh! que n'a t'elle ainsi,
Comme i'ay de son dueil, pitié de ma ruine.

### Sur les feus de la Sainct Iehan.
### XXVII.

L'on ne voit rien que feus, l'air est tout enflammé,
Le Ciel est tout rougi, à peine la lumiere
Des Astres apparoist, l'ombre s'enfuit arriere,
Ceste nuit cy ressemble vn beau iour allumé.

Mais, helas! dedans moy Amour trop animé
Fait croistre à tous momens vne flamme meurtriere,
Et pour l'entretenir mon cueur sert de matiere,
Et sans l'eau de mes yeus ie serois consumé.

Ces feus qu'on fait icy ce sont feus de liesse,
Mais le feu qui me brusle est vn feu de tristesse
Qui me fait viure en peine & mourir en tourment.

On danse, on chante, on rit autour de ceste flame,
Moy ie pleure & souspire, & en pleurant mon ame
Gemist autour du feu qui me va consumant.

## XXVIII.

Luth de tous mes ennuis fidele secretaire,
De mes contentemens le tesmoin asseuré,
Qui sçais comme en aymant i'ay tousiours enduré,
Bien que ie me sois pleu en ma peine ordinaire.

Ton son contre tout mal est bon & salutaire,
Tu as chanté mon heur, puis mon malheur pleuré
Alors que tout estoit contre moy coniuré,
Et que i'estois moy-mesme à moy seul aduersaire.

Si ie plaignois mon mal tes dous nerfs pincetant,
A l'heure en ma faueur tu en faisois autant,
Ton ventre creus rendoit vne vois lamentable.

Or' que ie loue Amour, Madame, & mon desir,
Qui bien-heureus m'ont fait iouir d'vn dous plaisir,
Pour tel heur rends vn son qui soit plus agreable.

### Sur vn bois.
## XXIX.

Je suis si transporté d'aise & d'estonnement
Quand i'entre dans ces bois, les loges eternelles
De Pan & des Syluains & des Dryades belles,
Qu'oubliant qui ie suis ie perds le sentiment.

Puis lors que ie reuien d'vn tel rauissement,
Plein d'admiration, par des sentes nouuelles
Tout esmeu ie m'esgare où mes pensers fidelles,
Et mes desirs aymez me meinent doucement.

Je contemple esbahi les pointes verdissantes
De ces bois ombrageus, & leurs branches pendantes,
Ie me plais dans l'horreur de ces deserts plaisans:

Si mon Soleil luisoit tousiours dans ces contrees,
Pan, Dryades, Syluains par ces ombrees sacrees
Je iure qu'en ces bois ie passerois mes ans.

SONNETS.
## XXX.

Ma vie est proprement,ô Amour,vne mort,
Et pire que la mort mille fois est ma vie,
La mort peut bien finir vne ennuieuse vie,
Mais la mienne ne peut auoir fin par la mort.

Auecques deus beaus yeus tu me conduis à mort,
Et me meines apres par les mesmes en vie,
Secretement tu mesle & la mort & la vie,
Si bien qu'en mesme temps i'esproue vie & mort.

Donne moy,s'il te plaist,Amour vne autre vie
Si ie dois viure,ou bien me donne vne autre mort,
Puis que ie ne puis viure en vne telle vie.

Ayme l'œil,dit Amour,dont tu reçois la mort,
Ceste mort te donra vne eternelle vie,
Mes suiuans pour leur vie ont tousiours ceste mort.

## XXXI.

Depuis le temps que ie suis amoureus
Et que l'Amour m'a fait sentir sa flame,
I'ay tousiours eu au profond de mon ame
Vn chaud desir qui me rend langoureus.

Plus ie langui,plus ie suis desireus,
Amour de traits mon cueur perce & entame,
Ie brusle tout,de douleur ie me pasme,
Vn vain espoir me rend aduantureus.

Qu'est-ce de moy?las!que me faut-il faire,
Ie n'ayme rien que ma peine ordinaire,
Et n'ay plaisir qu'en mon aspre tourment.

Vous le sçauez,ô ma douce rebelle,
Vous ses beaus yeus,& vous sa tresse belle
Que ma douleur est mon contentement.

## XXXII.

Venus fille des flots, Amour fils de Venus,
Supremes Deitez d'admirable puissance,
De qui tous animaus ont tiré leur essence,
Et par qui sont tous corps en vigueur maintenus.
　Si tous les Elemens du haut Ciel contenus,
Si les Astres, les Cieus vous doiuent leur naissance,
Toy Deesse & toy Dieu, las! donnez allegeance
A mes tourmens diuers trop cruels deuenus.
　Venus tu as pouuoir & sur terre & sur l'onde,
Amour dessoubs tes lois flechist tout ce grand monde,
Toy mere, toy son fils appaisez mon esmoy,
　Esteignez mes douleurs & bruslez la poitrine
De ma dame semblable à la froide marine,
C'est par vous que ie l'ayme, ô vous donc aydez moy.

### Vita mors & vita.

# SVR LES BEAVTEZ
## DE SA MAISTRESSE.

### SONNET I.

I'AY voulu dans ces vers vostre
    beauté pourtraire,
Mais, helas! ie n'ay sçeu, c'est trop peu
    de deus yeus
Pour voir vostre beauté, seul chef-
d'œuure des Dieus,
Des parfaites beautez le parfait exemplaire.

Vostre œil plus beau cent fois que celuy qui esclaire
A ce monde & reluist dedans l'azur des Cieus,
Mes yeus esblouissant de ses rais gratieus
M'empesche de vous peindre, Amour seul le peut faire.

Qui vous veut peindre veut l'impossible tenter,
Mais quel mortel pourroit au vif representer
Vostre rare beauté, unique & immortelle?

Il me suffit de peindre icy mes passions,
Mes dous liens, ma flamme, & vos perfections,
Car Amour dans mon cueur vous a peinte plus belle.

## II.

Il reluist clairement sur ton front spatieus
Et dedans tes beaus yeus, ô ma celeste dame,
Vn feu si vif & clair que qui le voit son ame
Sent vn Soleil plus chaud que n'est celuy des Cieus.
   Heureus le iour qu'Amour me dessilla les yeus
Pour voir ce front, ces yeus, & ceste ardante flame,
Vous heureuse en amour si l'Amour vous entame
Le cœur ainsi qu'à moy de son trait gratieus.
   Si mon desir croissoit comme croist mon martyre,
Tellement vos beautez l'on me verroit descrire
Qu'amoureus l'on verroit en estre Iupiter.
   Mais quand pour les louer Amour m'offre la plume,
Vostre front, vos yeus clairs, leur feu qui me consume
Font mourir mon desir & la plume quitter.

## III.

Si ie regarde au chef ie voy qu'il se decore
De cheueus blonds qui ont sur tous autres le pris,
Si au front & aus yeus à brusler trop appris,
   Là dedans ie me mire & deus Soleils i'adore.
Si le teint ie regarde, aussi tost de l'Aurore
Ie blasme le beau teint & celuy de Cypris,
Si la bouche & le sein où mon cueur fut surpris
Ie dis, ô beau thresor dont le monde s'honnore.
   Si ie regarde apres à ses deus blanches mains
Dont Amour sçait tirer tant de traits aus humains,
Si au marcher, au geste, à la grace, au bien dire
   Ie ne veus arrester, ie voy tant de beautez
Que ie suis tout confus à tant de raritez,
Ne les pouuant louer tristement ie souspire.

## IIII.

Sœurs qui la nuit bondissez rondement
D'vn pas nombreus obseruant la cadance
Du Lut diuin que Phœbus guide-danse
Pince la nuit aus rais du firmament.

Et toy Amour qui me tiens doucement
Dessoubs le ioug de ton obeissance,
Qui m'as fait voir ce tresor d'excellence
Ceste beauté du monde l'ornement.

Toy Cytheree & vous Graces & Ieus
Qui habitez son sein & ses cheueus,
Muses, Amour, Ieus, Graces, Cytheree

Venez m'ayder afin que dans ces vers
Je peigne au vif en cent craions diuers
Ceste beauté des beautez adoree.

## V.

Blonds sont ses longs cheueus mes liens doucereus
Que les mignards Amours crespent, tordent & frizent,
Ainsi que deus Soleils, ses yeus ardans reluisent
Des ames & des cueurs les brandons amoureus.

Son front siege d'Amour mon vainqueur bié-heureus
Son albastre aplanit, là mes destins se lisent,
Mon heur & mes plaisirs, là les beautez s'assisent,
Là les vont adorer tous les cueurs desireus.

De neige & feu paroist le teint de son visage,
Sa bouche où vont les Dieus puiser leur dous breuuage
Monstre deus bords vermeils se baisans mollement,

Son beau col est de laict, son beau sein est d'iuoire
Chacun en la voiant est plein d'estonnement,
C'est vn œuure du Ciel qui porte au front sa gloire.

## VI.

L'Air de son beau visage estoit dous & serain
Et au Ciel de son front luisoient deus flammes belles,
Amour tout glorieus estoit couché pres d'elles
Portant au dos la trousse & l'arc dedans la main.

Desque ie vy ce Dieu ie cogneu son dessain
Dessain qui n'est fondé que sur feintes cautelles,
Je disois adorant ces beautez immortelles,
Heureus qui peut baiser ceste bouche & ce sein.

Quand sans troubler cest air & ce ciel agreable
Amour banda son arc puissant & redoutable,
Et dontant ma raison me tira droit au cueur

Vn de ses traits dorez tout empenné de flame,
Depuis ce coup mortel i'ay tousiours eu dans l'ame
Cest air, ce ciel, ces yeus & ce Dieu mon vaincueur.

## VII.

Sur son chef crespelu Venus estoit assise,
Amour dedans ses yeus son Empire tenoit,
Où tous les cueurs naurez prisonniers il menoit,
I'y recognu le mien auecques ma franchise.

Comme abeilles les ieus, le ris, la mignardise
Sur sa bouche voloient, l'vne alloit & venoit
Les fleurettes piller, & l'autre en façonnoit
Le miel, le renuersant dessus sa leure exquise.

Dessus son sein neigeus, l'amoureus Paradis,
Deus petits monts de lait s'esleuoient arrondis
Finissant leur sommets en deus roses vermeilles.

Aussi tost qu'esbahy i'aperceu ses beautez
Mon ame fut rauie & mes sens enchantez,
C'estoient pour yeus humains de trop hautes merueilles.

## SONNETS.
### VIII.

Il ne faut s'estonner si ie fus enchanté,
Non, non ce n'estoit point vne femme mortelle,
Ses yeus estoient trop beaus, sa face estoit trop belle,
Ses propos trop diuins, trop rare sa beauté.

Si vous auez mes yeus temeraires esté
Receuant de ses yeus la diuine estincelle,
Ie vous pardonne bien puis que pour l'amour d'elle
Amour seul me conduit à la felicité.

Par vous mes yeus i'ay veu de ses yeus la lumiere,
Mon ame l'adorant fut prise prisonniere
Des Graces, des Amours & des Ieus gracieus,

Mes sens furent esmeus voiant ceste Deesse
Et mon cueur me laissant se cacha dans sa tresse,
Vous en estes tesmoings, vous le sçauez mes yeus.

### IX.

Hors de son lit sortoit la belle Aurore
De l'Orient nous ramenant le iour,
Quand tout ioieus ie vy venir Amour
Parler ainsi à celle que i'honore:

Diuin Soleil digne qu'vn Dieu t'adore
Ie vien du Ciel où Phœbus fait son tour
A celle fin de faire mon seiour
Dedans ton corps que ma Mere decore.

Des qu'il eut dit, il alla voleter
Dessus son chef, & alla baisoter
Le bord mignard de sa bouche pourprine,

Puis tout soudain se cacha dans ses yeus,
Que Iupiter aye, dit-il, les Cieus,
Ce corps vaut mieus que sa vouste diuine.

## X.

Le Phenix nompareil roy des oyseaus du monde
Adore le Soleil vnique en sa clarté,
Vnique en mon amour i'adore ta beauté
Immortelle beauté qui n'a point de seconde.

L'Orient qui perleus en richesses abonde
S'orgueillit du Phenix rare en son vnité,
La France s'esiouist de voir ta deité
Que reuerent les Dieus, les Cieus, la terre & l'onde.

Le Phenix chargé d'ans se va renouueller
Dessus vn nid d'odeurs qui perfume tout l'air,
Pour reuiure il s'oppose au Soleil qui l'enflame.

Ie seray ton Phenix, tu seras mon Soleil,
Mourant ie ne renaistray aus rais de ton bel œil,
Bien-heureuse est la mort qui peut redonner l'ame.

## XI.

L'on ne doit point aymer vn subiect imparfaict,
Ce qui est imparfaict rend l'amour imparfaicte,
L'amour parfaicte n'est d'imperfection faicte,
De la perfection l'Amour parfaict est fait.

L'amour qui est parfaict vient d'vn subiect parfait,
Car ce qui est parfait cause vne amour parfaite,
L'amour parfaicte n'est de l'imparfait defaicte
Le contraire au contraire a vn contraire effect.

De la parfaicte amour Amour prend sa naissance,
Amour est vn desir d'auoir la iouissance
De la beauté qu'on doit aymer & honorer.

Puis donc que ta beauté des beautez la plus belle
Est sur toutes parfaicte, ô Deesse immortelle,
Ie veus parfaictement l'aymer & adorer.

## SONNETS.
### XII.

J'admire l'or ondé de ton chef frisotté,
Ton beau front relevé que la neige colore,
Ton teint blanc & vermeil qui fait honte à l'Aurore,
Ta beauté seul obiect de mon œil enchanté.

Ceste vertu i'admire & ceste chasteté,
Ce coral souspirant qui ton parler decore,
Et ce Soleil iumeau qui le monde redore
Et les Cieus tournoians de sa belle clarté.

Les Amours de tes yeus, de ton sein les Charites
Ont tes traits, tes regards & tes beautez escrites
Tellement dans mon cueur, que de nuit & de iour

Au poil, au front, au teint, à la bouche ie pense,
Aus yeus qui dessus moy versent leur influence,
De ces diuins pensers ie suis nourri d'Amour.

### XIII.

J'accompare au Soleil ces beaus Soleils d'Amour
Ces beaus Soleils d'Amour les beaus yeus de mon ame,
Le Soleil a les Cieus pour y faire son tour
Et ces yeus ont mon cueur pour y rouler leur flame.

Le Soleil de ses rais nous allume le iour,
Ses beaus yeus mes Soleils sont le iour de mon ame,
Tout languist quand Phœbus loing de nous fait seiour
Quand ces yeus sont absens ie languis & me pasme.

Le Soleil va passant les Astres en clarté,
Et madame paroist sur toutes en beauté,
Ses yeus & le Soleil d'vne chose different,

Le Soleil quand il luist donne vie & vigueur,
Mais ces beaus yeus cruels les Soleils de mon cueur
Me font le plus mourir quand le plus ils m'esclairent.
                                            Amour

## XIIII.

Amour de ton poil d'or, & de ton œil ma dame
M'a lié, m'a bruslé toute l'ame & le cueur:
Mais pour ne sentir plus fertiles de rigueur
Ny ses lacs, ny ses fers, toy seule ie reclame.

Tu peus rompre mes nœuds & amortir ma flame,
Vien t'en doncques m'ayder pour chasser ma langueur,
Ou bien tranche mes ans & leur ieune vigueur,
Lors tu auras du tout & mon cœur, & mon ame.

Tu es sourde à mes cris: ô mon Dieu quel tourment!
Ie suis lié, bruslé sans nul allegement,
Las!ie voy bien qu'Amour dous tyran de ma vie,

(Des Dieus & des humains le seul victorieus)
Veut tousiours que i'adore & ton poil & tes yeus,
Tenant ma liberté sous ses lois asseruie.

## XV.

Du Gange au sable d'or iusques au mont Atlas,
Et du gond du Midi iusqu'au bord Tanaide
Il n'y a rien si beau que celle qui preside
Aus pensers de mon cueur retenu en ses lacs.

Phœbus au chef ardant lors que d'vn glissant pas
Il plonge ses cheuaus dans l'Element humide,
Ou aus bords Indiens leur rehausse la bride,
Comme elle ne voit rien de parfait icy bas.

Si tost que ie la vy ie la trouué si belle,
Que ie dy l'adorant, Vne femme mortelle
N'a tant de port diuin, de grace, & de beauté,

Et ne peut si soudain maistresse de mon ame
Combler mon cueur de traits, & mes veines de flame,
C'est soubs vn voile humain vne Diuinité.

C

## SONNETS.
### XVI.

Allez mes dous pensers, & vous mes chers souspirs
Baiser le teint, la bouche, & les yeus, & la tresse,
La gorge, le beau sein de ma belle maistresse,
Puis retournez à moy soulez de cent plaisirs.

Allez mes dous regrets compagnons des Zephirs,
Empennez vous le dos & volez de vistesse
Pour aller adorer les yeus de ma Deesse,
Et menez auec vous mes amoureus desirs.

Gardez bien que l'Amour qui fait la sentinelle
Dans ses yeus ne vous darde vne viue estincelle,
Allez tost l'adorer, & puis ensemblement

Reuenez me trouuer, ne faites comme Icare,
N'approchez pas trop pres de ceste beauté rare,
Et vous gardez d'Amour autheur de mon tourment.

## SONGES.
### XVII.

Ah! que ie suis fasché maudit soit le reueil
Qui me priue du bien dont i'auois iouissance
Ceste nuit en songe int, las! depuis ma naissance
Ie n'ay point eu de bien à celuy là pareil.

Il me sembloit qu'Amour ennemi de tout dueil
Vne moisson de fleurs versoit en abondance
Dessus nos corps vnis d'vne ferme alliance,
O songe delectable ô gracieus sommeil!

Que d'amours, que d'appasts, que de douces blandices,
Que de ris, que d'esbats, que de molles delices,
Que de naissantes morts, que de ieus amoureus,

Que de baisers confits en sucre, en Ambroisie,
De ces plaisirs dormant i'auois l'ame saisie,
Fut-il iamais en songe vn amant si heureus?

## XVIII.

I'ay ceste nuit gousté les plus douces douceurs
Du bruuage des Dieus, de la manne prisee,
Du miel, du sucre dous, de la douce rosee
Que l'Aube en larmoiant respand dessus les fleurs.

Sur le point que la nuit retire ses horreurs
Pour faire place au iour i'ay ma leure posee
Sur ta leure vermeille, où mon ame embrasee
Auec Amour humoit mille douces liqueurs.

Songeant il me sembloit qu'Amour dessus ta bouche
(Digne tant seulement que l'Amour mesme y touche)
Amoureus s'en alloit ta leure suçotant,

Puis soulé de douceurs faisoit place à mon ame,
O songe bienheureus, s'il duroit tout autant
Que dure mon amour, mon tourment, & ma flame.

## XIX.

Sur la sombre minuit qu'vne liqueur miellee
Auoit sillé mes yeus d'vn paresseus sommeil,
Le Songe me fit voir en funeste appareil
La mort d'vn long linceul piteusement voilee.

Ce songe me dura tant que l'Aube emperlee
D'vn esclat d'Orient ramenast le Soleil,
Et que deuers les Cieus à mon triste resueil
(Ceste priere fit mon ame desolee:

Vous Dieus qui gouuernez ce monde spatieus
Receuez ma priere & les pleurs de mes yeus,
Las! s'il est ordonné que la mort à ceste heure

Vienne trancher ma vie, ô sainctes Deitez
Faites en ma faueur qu'adorant les beautez
De ma belle maistresse entre ses bras ie meure.

C ij

SONNETS.
## XX.

Mon Dieu que de plaisir il y a de songer,
I'ay songé ceste nuit, ô ma chere maistresse,
Que ie baisois ton sein, que ie peignois ta tresse,
Et qu'aus ieus amoureus ie me sentois plonger.

Noire Nuit tu deuois ceste nuit alonger
Pour me faire iouir d'vne si grand' liesse,
Aurore tu deuois sommeiller en paresse,
Aupres de ton vieillard sans du lict desloger.

Flanc à flâc, bras à bras, sein à sein, bouche à bouche,
Mollement estendu dessus ta molle couche
Dormant il me sembloit ton rond ventre presser:

Songe, ton faus me plaist, & ta douce mensonge,
Mais ie voudrois trois mois songer ce mesme songe
Et puis apres veillant ma maistresse embrasser.

Sur trois fleurs.
## XXI.

Comme on voit aus iardins que la belle Clytie
Ouure son iaune chef aus raions du Soleil,
Et suit son mouuement iusqu'à tant que son œil
Aille de l'Vniuers dorer l'autre partie:

Tout ainsi quand ie voy, ô ma plus douce vie,
Ton œil qui peut chasser la nuit & le sommeil,
Oeil, mon Soleil ardant qui reluist sans pareil,
Mon ame alors le suit de sa beauté rauie.

Ce grand Astre du Ciel pere de la chaleur,
Ceste plante creant luy donne sa couleur,
Et anime son corps de sa perruque blonde:

Tout ainsi ton bel œil, de la terre ornement,
Donne seul à mon corps force, ame, & mouuement,
Aussi c'est mon Soleil, l'autre est celuy du monde.

## XXII.

Comme l'on voit le lis soubs l'Aube florissant
Fraischement arrosé de larmeuses perlettes
Surpasser en blancheur la blancheur des fleurettes
Dont l'amoureus Printemps va le pré tapissant.

Ainsi les mains, les bras, & le col blanchissant
De ma belle maistresse, & les rondes pommettes
Qui s'enflent dans son sein par le bout vermeillettes
Font honte aus blanches fleurs & au lis palissant.

Droit & hault sur les fleurs le lis se manifeste,
Madame ainsi paroist en sa taille celeste,
Le lis au teint d'argent est la fleur des grands Rois,

Et ma dame est la fleur de la beauté plus belle,
Le lis dure un Printêps & meurt aus plus chauds mois,
Mais en despit des ans ma dame est immortelle.

## XXIII.

Comme l'on voit la roze à Venus consacree
Seule royne des fleurs monstrer son teint vermeil,
Emperlé de rosee alors que le Soleil
Tout luisant de raions sort de l'onde azuree.

Ainsi le bord iumeau de ta leure sucree,
Ta ioue & les boutons de ton sein nompareil
Tout perfumé d'odeurs, soubs les rais de ton œil
Monstrent leur couleur rouge en mon ame adoree.

Ceste fleur incarnate a le pris sur les fleurs,
Son odeur passe aussi toutes autres odeurs,
Comme Venus est belle aussi la rose est belle:

Des beautez tout ainsi tu emportes le pris,
Ton haleine souspire une odeur immortelle,
Et ta beauté fait honte à celle de Cypris.

C ij

SONNETS.

## XXIIII.

Las! seruez moy de vents ô souspirs langoureus,
Et portez sur vostre aile en toutes parts du monde
La douleur que ie sens qui n'a point de seconde,
Et le mal que me fait vn Amour rigoureus.

Seruez moy de ruisseaus, vous mes pleurs douloureus,
Murmurez en glissant dessus l'herbe feconde
Les plaintes dont ie fais que tout en larmes fonde
Pour nourrir en mon cueur vn brasier amoureus.

Peut estre mes souspirs que quelque grand' Deesse
En vous oiant souffler chargera ma tristesse
Sur vos ailes pour mettre au vent tous mes ennuis,

Et peut estre mes pleurs qu'en vostre onde argentine
Quelque Dieu esteindra le feu de ma poitrine,
Qui me brusle les iours & s'augmente les nuits.

Vita, mors, & vita.

## STANCES SVR LE BAISER.

C'EST beaucoup de baiser vn sein blanc comme laict
Enflé d'vn mont iumeau qu'vn bouton delet
De cinabre viuant par le sommet couronne,
De baiser vne main aus doigts longs & polis,
Qui fait honte en blancheur à la neige du lis,
Mais c'est plus de baiser vne leure bessonne.

Ie t'ayme heureus baiser, qui me fais respirer
Le dous air de sa bouche, & me fais sauourer
Le Nectar ensucré de sa leure de basme,
Quand ie sens ceste humeur à petits flots couler,
Sur ces leures ie sens mon ame s'enuoler,
Vne prison plus belle y a t'il pour vne ame?

Dous baiser le dous feu de mon ardant desir,
Dous baiser animé d'vn gracieus souspir,
Confit en manne, en miel, en sucre, en Ambroisie,
Mieus fleurant que l'odeur d'vn odorant verger,
Que le thim, que la rose, & la fleur d'oranger,
De rien sinon de toy mon ame n'est saisie.

Et toy chere maistresse, & toy que i'ayme mieus
Que ie n'ayme mon cueur, que tu n'aymes tes yeus,
Lors qu'entre tes deus bras i'ay de toy iouissance
Tes attraits, tes propos me rendent bienheureus,
Mais sur tout tes baisers me rendent amoureus,
D'Amour & du bon heur par eus i'ay cognoissance.

## SONNETS.
### BAISERS.

#### I.

C'est trop viure en langueur, c'est trop souffrir de peine,
Ie veus, ie veus mourir pour mon mal appaiser,
Mais auant que ie meure au moins vien me baiser,
Fay qu'vn de tes baisers seul à la mort me meine.

Ouure ce rang perleus, ouure ta bouche pleine
De perfums odorans, vien ta leure poser
Sur ma leure, vien tost de Nectar l'arroser,
Laisse moy respirer l'air de ta douce haleine.

Mais pourray-ie mourir approchant de ces yeus?
Mais viuray-ie baisant ce coral gracieus?
Mon ame par la mort soudain sera saisie.

C'est tout vn, si ie meurs ie seray bien-heureus
Mourant pres de tes yeus, mes astres amoureus,
Ma mort me seruira d'vne seconde vie.

#### II.

Que de plaisir on a de baiser ce coral
Qui surpasse en odeurs l'odorante Arabie,
Il sort vn air de là qui me donne la vie
Alors qu'entre tes bras ie meurs de ce dous mal.

L'vn curieus s'en va grimper au mont natal
Des chaleurs d'Apollon aiant l'ame remplie,
L'autre suit les combats, l'autre brusle d'ennie
D'amasser des tresors riche & pauure animal.

C'est mon bien & mon heur de vous aimer ma dame,
C'est mon heur & mon bien de vous donner mon ame,
De brusler à vos yeus, de combattre auec vous.

Les combats amoureus sur tous combats me plaisent,
Ie ne desire rien que vos baisers si dous,
Ce sont les seuls tresors qui mon ennie appaisent.

## III.

Ah! ne me baisez plus, ah! mon cueur ie me meurs,
Doucement ie langui, doucement ie me pasme,
Dessus ta leure molle erre & flote mon ame
Soule de la douceur des plus douces humeurs.

Ie la voy qui volete entre les viues fleurs,
Et ne craint tes beaus yeus clairs & ardans de flame,
Sur ton bord souspirant la canelle & le basme
Alteree elle boit au fleuue des odeurs.

Au paradis d'Amour elle est ores rauie,
Ie ne sçay si ie suis ou mort ou bien en vie,
Car ce baiser me donne & la vie & la mort.

Ca que ie baise encor' ces fleurettes escloses,
Ah! ne me baisez plus, ha! rebaisez moy fort,
Trop heureus si ie meurs sur ces leures de roses.

## IIII.

Ceste bouche sucree où les roses pourprines
Monstrent leur vif esmail en dehors s'esleuant,
Ces coraus animez, ce cinabre viuant
Cachent mille baisers entre ces perles fines.

Les Amours, les Desirs, les Charites diuines
A la foule s'en vont respirer le dous vent
Qui sort de ceste bouche & de pres se suiuant,
Pressent à petits mords ces leures coralines.

Si les Deitez vont ta bouche baisotant,
Ne suis-ie pas heureus, puis que i'en fais autant,
Ie le suis bien vrayment, las! mon cueur saute d'aise

Quand m'embrassant tu viens ma leure sugoter,
Ie pren tant de plaisir alors que ie te baise,
Que ie ne voudrois pas estre au Ciel Iupiter.

C v

## SONNETS.

### V

Ma maistresse dormoit couchee entre mes bras
De baisers rauissans estant toute pasmee,
De plaisirs amoureus aiant l'ame charmee,
Et les membres lassez des Cypriens esbats,

Quand regardant au ciel ie vy planer en bas
Amour portant son arc & sa torche enflammee,
J'eu peur, ie me caché, lors pres ma bien aymee
Il s'en vint reposer feignant d'estre fort las.

Il l'adore il la baise, & dit, J'ayme ces roses,
Ces perles, ces baisers, ces fleuretes escloses,
Adieu douces liqueurs qu'on boit dedans le Ciel,

Ie n'ay plus desormais de vous gouster enuie,
Ie quitte le Nectar, ie quite l'Ambroisie
Pour baiser ceste bouche, & sauourer son miel.

### VI.

Dieus! que ie suis heureus quand ie baise à loisir
Le pourpre souspirant de tes leures molletes,
Quand nous faisons fraier le bout de nos languetes
D'vne humide rencontre, ô Dieus que de plaisir!

Dieus que ie suis heureus, quand ardant de desir
Ie sens à petits flots les humeurs douceletes
De ta langue couler sur tes leures pourpretes,
D'vn dous rauissement lors ie me sens saisir.

Ton ame doucement se glisse dans la mienne,
Secretement la mienne entre dedans la tienne,
Seule dans moy tu vis, ie vy seul dedans toy

Par ce baiser mignard qui nos ames assemble,
Dieus faites que tousiours elle viue dans moy
Comme ie vy dans elle, & que mourions ensemble.

## SONNETS.
### VII.

Les baisers ambroisins de la belle Cyprine,
Dous humides, sucrez, embasmez, sauoureus,
Dont elle mignardoit Adonis malheureus
Qu'vn Sanglier cruel fit hoste de Proserpine.

Et les frequens baisers dont la Lune argentine
Charmoit Endimion son dormeur amoureus,
Ne sont si languissans, si mols, si doucereus
Que ceus que ie reçoy de ta bouche pourprine.

Tes baisers tous confits en Nectar gracieus,
En manne, en miel, en sucre, en ambre pretieus,
Que le ciel fait couler sur ta leure iumelle,

Mes sens & mon esprit rauissent tellement
Que mon ame est contrainte en tel rauissement
D'adorer le coral de ta bouche immortelle.

### A la Ialousie.
### VIII.

Source de tout ennuy, cruelle Ialousie,
Nourrice de tous maus, peste de l'Vniuers
La mere des soupçons, qui de poisons peruers
Troubles l'ame, l'esprit, le cueur, la fantaisie.

Monstre horrible & hideus, compagne de l'Enuie,
Pourquoy delaisses tu les gouffres des Enfers
Pour venir tourmenter de martyres diuers
Le fragile repos de nostre humaine vie?

Retourne monstre infect retourne t'en là bas,
Las! n'est-ce pas assez d'esprouuer les combats
Qu'Amour cruel me liure & de soufrir sa flame,

Sans me faire sentir ta ialouze rigueur
D'emplir de ton poison à cest homme le cueur
Qui voudroit que iamais ie n'eusse aymé ma dame.

C vj

## IX.

Du Ciel, du Sort, du Temps, du Destin trop seuere
I'ay souuent accusé le rigoureus effort,
Mais en vain, car ie voy que Cupidon plus fort
Me fait & non pas eus heritier de misere.

Ie veus donc inuoquer l'infernale Megere,
La Parque inexorable, & l'homicide Mort
Pour me faire passer l'Acherontide bord,
Car viure ie ne puis en douleur si amere.

Mais que me seruira d'appeller chez Pluton
La pasle Mort, la Parque, & la sœur d'Alecton?
Ils n'ont pouuoir sur moy, tant seulement la dame

Qui de ses yeus ardans me donne le clair iour
Tient dessoubs sa puissance & mon cueur, & mon ame,
Le Ciel, le Sort, le Temps, le Destin, & l'Amour.

## X.

As tu bien eu le cueur, Maistresse, de me dire
Que tu voulois partir & t'esloigner de moy,
Ah! quel cruel propos redoublant mon esmoy,
Que feray-ie, ô mon cueur, si ton œil se retire?

Dous feu qui seul me brusle, & que seul ie desire,
Seul fin de mes vœus, Astre clair de ma foy,
Port heureus de mon bien, Ciel dont ie suy la loy,
Quoy! me veus-tu laisser pour croistre mon martyre?

Las! pendant que ie vogue en la mer des malheurs
Dans vne nef d'erreur, agité de douleurs,
Me veus tu laisser perdre au plus fort de l'orage?

O Pole ardant & clair ne cache tes clartez,
Ou si tu veus aller luire en d'autres costez
Attends que i'aie ancré au souhaité riuage.

## Sur vne absence.
### XI.

Puis que le fier Destin qui me rend malheureus
T'esloigne de ces lieus où mourant ie souspire,
Ie vous presse de dueil vn adieu triste dire
A ta beauté, dont mesme Amour est amoureus.

Escoute donc la vois d'vn Amant langoureus
Qui te dit vn adieu cause de son martyre,
Adieu beauté parfaicte où la beauté se mire,
Adieu beauté, des dieus le tresor bien-heureus,

Adieu cheueus ondez que l'Amour crespe & frise,
Adieu front iuoirin où la Grace est assise,
Adieu beaus yeus, adieu mes Soleils gracieus,

Adieu bouche pourprine, adieu laict, lis, & roses,
Adieu perles dedans vn vif coral encloses,
Adieu le plus parfait de la Terre & des Cieus.

### XII.

Quand le clair Apollon tire son char des eaus
Bridant ses grands coursiers sur le riuage More,
Le simulacre alors du noir fils de l'Aurore
Dans le temple Thebain rend des sons tous nouueaus.

Mais si tost que la nuit estend ses noirs rideaus
Par le vague de l'air, Memnon alors deplore
Et se plaint de ne voir le Soleil qu'il adore,
Comme estant le plus beau des plus luisans flambeaus.

Ainsi quãd tes beaus yeus Rois des cueurs & des
ames,
Dessus mon corps mortel dardent leurs viues flames,
J'admire leur splendeur, lors ie m'estime heureus,

Ie chante leur beauté, mon ame en est ioyeuse,
Mais priué de leurs rais & clarté lumineuse,
Las ie deuiens muet, aueugle, & froidureus.

## SONNETS.
### XIII.

Quel horreur, quel effroy, quel brouillard, quelle nuit
S'amasse sur ce lieu privé de la lumiere,
L'air s'est noircy par tout, ô ma douce guerriere
Depuis que ton bel œil icy plus ne reluit.

Le Soleil amoureus de ta beauté te suit,
Les Graces, les Amours ne te laissent derriere,
Amour qui tient mon ame en tes yeus prisonniere,
Appelle à soy mon cœur, qui le suiuant me fuit.

Pour ton depart ces bois ont seiché leur fueillage,
Les oyseaus ont cessé de regret leur ramage,
Ces prez ont effacé leurs plus belles couleurs,

Les Nymphes de ces champs ont pleuré ton absance,
Moy sans ame & sans cœur animé de douleurs
Ie pleure ton depart, pere de ma soufrance.

### XIIII.

Le Ciel estoit ouuert à ta douce venue,
L'air estoit pur & net, les Amours voletans
Où tu marchois semoient mille nouueaus Printemps,
Pour rendre ta grandeur à tous mortels cognue.

Où tu auois passé d'vne herbette menue
La terre se couuroit, tout rioit par les champs,
Tous les prez florissoient, les oyseaus aus dous chants
S'esiouissoient de voir la clarté reuenue.

Ainsi comme l'on voit quand l'hyuer orageus
Retire ses glaçons & ses amas neigeus
Le Printemps reuenir, & que tout reprend vie,

Ainsi tout renaissoit à ton plaisant retour,
Mais depuis ton depart le Ciel, l'Air, & le Iour
Les Amours, les Printemps ont ta beauté suiuie.

## XV.

Que feray-ie chetif, ne voyant le flambeau
Qui vif, ardant, & clair donnoit iour à mon ame?
Comment pourray ie viure esloigné de sa flame,
Priué de sa chaleur i'iray droit au tombeau.

Heureus celuy qui voit le bel astre iumeau
Qui luist dessus le front de ma gentille dame,
Amour lors doucement tout le cueur luy enflame
Des raions flamboians de cest astre si beau.

Mais malheureus celuy dont la moite paupiere
Ne voit les rais luisans & la belle lumiere
De cest astre amoureus, seul autheur de mon heur:

Je suis donc malheureus, ie suis donc miserable,
Puis que ie ne le voy, Mort sois moy fauorable,
Si ie suis sans cest heur, que ie sois sans douleur.

## XVI.

Peut on voir dans le Ciel de feus resplandissant
Vn Astre plus parfaict, vn flambeau plus aymable
Que celuy qui fuiant de ce lieu detestable
M'a laissé sans clarté, froid, morne, & pastissant?

Peut on voir vn amant comme moy languissant?
Peut on voir comme moy vn amant deplorable?
O Ciel, ô Temps, ô Sort, ô Destin immuable,
Faites que mon corps meure & mon mal renaissant.

Je vy sans cœur, sans ame, & meurs auec tristesse,
O Dieus voyez quelle est, s'il vous plaist, mon angoisse,
Ie suis vif en mourant, en viuant ie suis mort.

Las! puis que ie ne voy mon Soleil à ceste heure,
Aydez moy ie vous prie, he! faites que ie meure,
Si sans ame ie vy, dois-ie pas estre mort?

## SONNETS.
### XVII.

Puis que ie ne voy plus la Deesse immortelle
Qui de ses yeus donnoit à mes yeus la clarté,
Puis que ie ne voy plus ceste grace & beauté
Qui surpassoit la grace & la beauté plus belle.

Puis que ie n'ay plus d'ame, & que trop infidelle
Suiuant ceste beauté froid elle m'a quitté,
Puis que mon traistre cueur s'est comme elle absenté,
Aiant de mon desir raui l'vne & l'autre aile.

Puis que ie suis resté triste, pasle, & tremblant,
Puis qu'vn cruel penser va mon dueil redoublant,
Puis que ie me consume en douleur & en peine,

Pleurez mes yeus pleurez, les Dieus amortiront
Mes trauaus & mon dueil, & mon corps changerons
Pour noter mes douleurs en liquide fontaine.

### XVIII.

Malgré le fier Destin, les Astres enuieus
Dont le cruel effort rempli de violence
Me fait abandonner ton heureuse presence,
Forcé, gesné, pressé d'vn long dueil ennuieus.

Aus yeus i'auray tousiours tes attraits gracieus,
En l'oreille tousiours i'auray, malgré l'absence,
Tes discours, qui sur moy eurent tant de puissance,
Au cueur i'auray tousiours les flammes de tes yeus.

Les heures & les iours, les mois & les annees,
Les Cieus, les Elemens, les fieres Destinees,
Les rigueurs, les malheurs, les Enfers irritez,

La fortune, l'absence, & les fascheus desastres,
Ne sçauroient m'empescher d'adorer tes beautez,
Seul ie vaincray l'effort du Destin & les Astres.

## XIX.

Quand on entend le Coq qui chante & bat des ailes
C'est signe que Phœbus fera tost son retour,
Et que soubs ses raions qui nous donnent le iour
Reluire l'on verra l'humeur des fleurs nouuelles.

Bien tost mon clair Soleil aus flammes immortelles
Viendra donner lumiere à ces lieus d'alentour,
Mon cœur me le predit, vien donc Soleil d'Amour,
Le voyla, ie le voy, Dieus! que de clartez belles.

Heureus soit ton retour, ô Soleil de mes yeus,
Puis que ie voy ton feu qui embrase les Dieus,
Côme on voit quand Phœbus tout flãmeus sort de l'onde

Deuant ses rais ardans fuir l'obscure nuit,
Tout ainsi deuant toy, ô lumiere du monde,
La nuit de mes regrets effroiable s'enfuit.

## XX.

Fauorisé du Ciel, d'Amour, & de Madame,
Amoureus & heureus ces vers i'allois chantant,
Mariant à ma vois mon pouce tremblotant,
Lors que mon cueur brusloit en l'amoureuse flame.

Le Ciel, Amour, madame, au corps, au cueur, à l'ame
Fauorables m'alloient leurs faueurs departant,
J'estoy de ma fortune & de mon heur contant,
En plaisirs de mes iours ils desguisoient la trame.

Le Ciel n'estoit iamais contraire à mon dessain,
Amour sans varier m'estoit dous & humain,
La dame que i'aymois m'aymoit plus que soy-mesme:

Pareillement aussi ie l'aymois plus que moy,
Extreme en mon amour, extreme estoit ma foy
Comme sur les beautez la sienne estoit extresme.

Vita, mors, & vita.

# DERNIERES AMOVRS.

### SONNET I.

ous qui lisez ces vers qu'au Prin-
temps de mon aage
Amour m'a fait escrire au fort de
mes langueurs,
Voyez quel est mon mal, quelles sont
les rigueurs
De ma dame, d'Amour, de ma raison volage.

Ne vous estonnez pas si forcenant de rage,
Percé de mille traits, accablé de malheurs,
Tout embrasé de flamme & gesné de douleurs,
J'accuse Amour, ma dame, & ma raison peu sage.

Si ie me plain d'Amour & de sa cruauté,
Si ie blasme ma dame & sa desloiauté,
Si ma raison i'accuse à mon ame infidelle,

Helas! ce n'est à tort, ils causent mon tourment,
Je puis donc de ces trois me plaindre iustement,
D'Amour, de ma raison, de ma dame rebelle.

## II.

Amans qui de vos yeus ruisselez des fontaines,
Qui faites de vos cœurs mille souspirs sortir
Qui troublez l'air de cris esperans d'amortir
Vos ardeurs, vos langueurs, vos trauaus, & vos peines.

Laissez ces tristes pleurs & ces complaintes vaines,
Ne faites plus ces lieus de clameurs retentir,
Venez voir la douleur qu'Amour me fait sentir,
Et le feu qui me brusle & les nerfs & les veines.

Vous direz aussi tost que ie suis malheureus,
Et trouuerez plaisant vostre mal amoureus
L'esgalant à celuy qui mon ame martyre:

Regardez quel ie suis, ie ne vy qu'en langueur,
Madame m'est cruelle, Amour perce mon cœur,
Plus malheureus que moy las! vous pouuez vous dire?

## III.

I'ay bien esté trompé, ie pensois d'heure en heure
Assoir dessus mon heur de fermes fondemens,
Mais ils sont demolis par soudains changemens,
Rien iamais en amour de ferme ne demeure.

Au lieu que ie chantois, las! maintenant ie pleure,
Souspirs, sanglots, regrets sont mes esbatemens,
Amour pour des plaisirs m'a donné des tourmens,
L'amoureus est bien fol qui de l'Amour s'asseure.

Mon plaisir s'est changé en penible douleur,
En tristesse ma ioie, & mon heur en malheur,
Ores viuant ie meurs d'vne mort continue.

Trop longs sont mes tourmës & trop longs mes desirs
Mais à mon dam trop courts ont esté mes plaisirs,
Ils sont passez ainsi qu'vn esclair dans la nue.

## SONNETS.
### IIII.

Qu'il escoule sa vie en souspirs & en pleurs,
Qu'il souffre mille maus, qu'en mourant il languisse,
Qu'il viue en languissant, qu'en viuant il ne puisse
Mourir, ou bien s'il meurt, qu'il meure en cent douleurs.

Que ses plus grãds plaisirs soient peines & langueurs,
Que du pur desespoir son ame se nourrisse,
Que de courrous ardans sa maistresse s'aigrisse,
Que tout luy soit contraire entre tant de malheurs.

Que le Destin, le Ciel, le Sort, & la Fortune
Se bandent contre luy, qu'vne presse importune
De trauaus, de regrets tousiours à son costé

Luy tenaillent le cueur à secretes attaintes,
Sans estre aimé qu'il aime & iette au vent ses plaintes,
Ainsi disoit Amour apres qu'il m'eut donté.

### V.

Amour est vn oiseau qui ne vit que de proie,
Il va, il vient, il tourne & vole en tous endroits,
Aus villes, & aus champs, pres des eaus, dans les bois,
Iusqu'à tant qu'affamé de quoy repaistre il voie.

Il se nourrist du cœur, du poulmon, & du foye
Des amans, & depuis qu'il les ronge vne fois
Leurs corps & leurs esprits il remplist à la fois
D'espoir, d'ennui, de dueil mesle d'vn peu de ioye.

Helas! ien puis parler, vn soir me pourmenant
Sur le bord de la Seine, il vint incontinant
Fondre dessus mon chef, & de bec & de serre

Mon foye & mon poulmon & mon cœur il rongea,
Et pour mieus m'acheuer en leur place rangea
L'ennuy, l'espoir, le dueil qui me liurent la guerre.

## A l'Amour.
### VI.

Seul autheur de tourmens, pere de cruauté,
Qui plonges les Amans dans vn gouffre de peine,
Et courbez soubs le ioug de ta force inhumaine
Leur consumes les cœurs remplis de loiauté.

Traistre, dissimulé, cauteleus, effronté,
Qui combles de malheur ceste vie aussi pleine
De regrets & d'ennuis que d'esperance vaine
Pour ceus qui sont atteints de ton traict redouté.

L'escumeuse Thetis n'est tousiours agitee
Des vents impetueus, dont l'audace irritee
Esleue au Ciel ses flots enflez de leurs fureurs:

Elle est le plus souuent exente de ses rages,
Mais cruel que tu es, ta flamme & tes orages
A toutes heures font tempeste dans nos cœurs.

## A sa Dame.
### VII.

Bien, vous ne m'aymez plus, cela m'est agreable,
Puis que vous le voulez ie le veus bien aussi,
Moindre plaisir aurez, & moy moindre souci,
Heureus qui est exent d'vn mal insuportable.

Ie viuray iuste & libre, & vous mourrez coulpable
De m'auoir faict souffrir d'vn courage endurci
Vn monde de tourmens, ô cœur fier sans merci
Las! escoutez comment ie viuois miserable.

Mon bon-heur dans vos yeus, ce me sembloit, nageoit,
Vous estiez le destin qui mon ame rangeoit
Soubs le ioug amoureus, & seule estiez ma vie.

Je m'aymois vous aymant malgré tous vos refus,
Et pour mieus vous aimer i'ay toute chose haïe,
Mais maintenant ie m'aime en ne vous aimant plus.

## SONNETS.
### VIII.

Pour complaire à l'Amour & cognoistre son cœur
Ie l'aymé quelque temps, mais la voyant cruelle,
Infidele à soy mesme, à moy trop infidelle,
Ie regreté mes iours consumez en langueur.

Cognoissant que tousiours s'augmentoit sa rigueur,
Qu'elle estoit fiere, ingrate, & feignant n'aymer qu'elle
Que d'autres elle aymoit, ie quité la rebelle,
Et deslors ie deuins de vaincu le vainqueur.

Ie sorti de prison, i'appris dés l'heure mesme
A ne plus m'engager, & à m'aymer moy-mesme,
Songeant à tout le temps que i'auoy despendu

A seruir vne ingrate, aise de ma victoire
Ie fi tresbien serment d'en perdre la memoire,
Dieu sçait qui de nous deus y a le plus perdu.

### IX.

Trop fidelle & constant i'aimois vne inconstante,
Vn vray Chameleon, vn Protee vne Mer
Qui froide se plaisoit de me voir enflammer
Au brasier amoureus de mon amour ardante.

Propre au chãge elle estoit à tous obiets changeante,
Toutes formes prenoit, & faisoit escumer
Les flots de sa rigueur afin de m'abismer,
Et d'esteindre ma vie en son eau rauissante.

C'estoit tout son plaisir que de me voir souffrir,
Las! ie perdois mon temps, i'auois beau luy offrir
Mon cueur, ma foy: mais, las! infidelle & maudite

Par feinte elle m'aimoit, moy d'vn autre costé
Cognoissant clairement sa ruse & cruauté
Ie l'aimois par pitié, mais non pas par merite.

## X.

Ie m'estois proposé aimant ceste cruelle,
De n'engager beaucoup ma chere liberté,
Mais plus croissoit ma flamme & ma fidelité,
Tant plus ie me faisois captif de la rebelle.

Apres auoir souffert long temps pour l'amour d'elle
Au milieu des tourmens du malheur agité,
Voiant croistre ma peine & sa legereté,
Ie deuins moins ardant & me sembla moins belle.

Apres auoir cogneu par son propos rusé
Son cœur froid, son œil feint, dont i'estois abusé,
Ie retiré ma foy, mon ame, & ma franchise,

I'esteigny les desirs de mon cœur enflammé,
Qui la pourroit aymer? las! ce n'est que feintise,
Dont l'homme le plus feint pourroit estre charmé.

## XI.

Ie l'auois tousiours dit qu'elle seroit volage,
Et que son amitié ne dureroit long temps,
Tous ses desirs estoient des fleurons du Printemps,
Qui sont soudain perdus par l'effort d'vn orage.

Si elle m'eust aymé c'eust esté mon dommage,
De ne la plus aymer mes esprits sont contans,
Elle pensoit me voir tousiours des plus constans,
Mais ie fus inconstant à mon grand aduantage.

Apres auoir long temps souffert & souspiré
Pour sa beauté commune, & en vain desiré
Mon bien suiuant ma perte & ma mort arrestee,

O temps par toy mon mal s'est en plaisir changé,
Par toy i'ay descouuert qu'elle a son cœur rangé
Autre part, puis apres ie l'ay du tout quittee.

SONNETS.
## XII.

Amour ne penses plus soubs ton obeissance
Ainsi que tu as fait me tenir garrotté,
J'en ay trop enduré, i'en ay trop suporté,
Ie quitte ton seruice, & romps mon esperance.

Tu te trompes bien fort si tu as asseurance
De remettre mon cœur soubs ta captiuité,
Contente toy d'auoir raui ma liberté,
I'ayme mieus te quitter sans auoir recompense.

Tu t'asseures encor beaucoup mieus que deuant
De me prendre en tes rets mesme des plus auant,
Trop vieus sont les moiens & les tours dont tu vses:

A d'autres ie te prie, il ne faut pas penser
M'auoir en ceste sorte, on cognoist trop tes ruses,
Il faut pour m'attrapper mieus me recompenser.

## XIII.

Ie te dois bien aymer, ô Deesse Inconstance,
Car tu m'as deschargé du fais de mes douleurs,
Tu as esteint ma flamme & chassé mes malheurs,
De tous mes maus cuisans me donnant alegeance.

I'auois creu iusqu'icy, trop facile creance,
Que la legereté, l'espoir, & les erreurs
Te suiuoient pas à pas ministres des langueurs,
Qui font que les Amans languissent en souffrance.

Mais ce qu'on dit de toy n'est rien que fausseté,
Ie te donne à bon droit le nom de Deité,
En ma faueur tu fais que ma Dame inconstante

Cherche vn autre parti, & me rens inconstant
Afin de la quitter, & voir en la quitant
Comme ie voy mourir ma peine violente.

Alme

## XIIII.

Alme Deesse, ô chere Liberté
Que plus qu'Amour & ma dame ie prise,
J'ay de tout point recouuert ma franchise,
Je sors par toy hors de captiuité.

Amour cruel m'a long temps tourmenté,
Ma dame en feu toute mon ame a mise,
Mon cœur en glace, Amour qui fauorise
Au mal du mal ne m'a point exenté.

Mais toy voiant leur rigueur rigoureuse
Tu as rompu la porte tenebreuse
De ma prison & brisé tous mes fers,

Me deliurant de trauail & de peine,
I'oublie aussi par toy mes maus souffers,
Amour cruel, & ma dame inhumaine.

## XV.

Secourable Desdain aus amans salutaire,
Je te rends grace, ô Dieu, qui m'as tiré des flots
De la mer des ennuis, ie veus dessus le dos
De ces rochers grauer ta faueur debonnaire.

Les vagues & les vents, la tempeste ordinaire
Des passions d'Amour agitoient sans repos
Mon fragile bateau, ma dame à tout propos
M'empeschoit d'aborder, m'estant sur tout contraire.

Entre tant de perils tu m'as donné secours,
Me voyant dedans l'eau ardre au feu des amours
Tu m'as ietté à bord malgré mon inhumaine.

Puis si tost que i'ay veu qu'elle m'a desdaigné
Prenant congé d'Amour, ie m'en suis esloigné,
Il ne faut qu'vn desdain pour nous tirer de peine.

D

## SONNETS.
### XVI.

Ainsi que le pescheur au bord d'vne riuiere
De sa tremblante gaule appaste l'hameçon,
Et le trempe dans l'onde afin que le poisson
Peu caut vienne aualer son amorce meurtriere.

Ainsi traistre esperance à tromper coustumiere
Tu as ietté tes rets garnis de ton poison
Dans la mer amoureuse où tu pris ma raison,
Mon cœur, mon ame libre, en apres prisonniere.

Du depuis sans iouir tu m'as fait esperer,
Tu m'as nourri de vent pour mieus me martyrer,
Voyant cela, i'ay fait ainsi que la Lamie

Qui se voyant surprise à l'hameçon trompeur,
Tranche pour se sauuer soubs l'eau le fil pipeur,
Ainsi couppant tes rets i'ay conserué ma vie.

### XVII.

Me voila bienheureus d'estre sorti de peine,
De n'auoir plus le col dessoubs le ioug pressé
De n'estre plus aus pieds d'vn Tigre terrassé,
Loing de souspçon, de crainte, & d'esperance vaine.

I'estois bien inhumain d'aymer vne inhumaine
Dont le sang estoit froid & le cœur tout glacé,
L'ame traistre & pariure, helas! qui l'eust pensé,
Il sembloit à la voir qu'elle fust d'amour pleine.

De viure sans amour ie ne suis pas heureus
Car l'homme est mal-heureus qui n'est point amoureus,
Mais ie suis bienheureus de n'aymer ceste femme,

D'auoir comme elle a faict rompu mon amitié,
Elle viuoit sans foy, sans amour & pitié,
Moy ie vy tout à moy, sans douleur, & sans flame.

## XVIII.

Est il vray que tu sois du tout inexorable
Et que ton cœur ne soit touché de la pitié
Pour me voir tant souffrir? vy tu sans amitié?
Pauure insensé, que dis ie, il est tout veritable.

Tu ne fus iamais douce, humaine, & pitoiable,
Ton cœur fut tousiours ceint de froide inimitié,
Je l'ay trop apperceu, pour le moins la moitié
De mes ans s'est coulee en plainte miserable.

Tes yeus, tes feints propos m'ont long temps abusé,
Plus i'auois le cœur chaud, plus me venoit l'enuie
De t'aymer & seruir, plus tu m'as mesprisé,

Ie n'y retourne plus, ie veus perdre la vie
Si iamais plus l'on voit qu'en femme ie me fie,
Las! c'est vn animal pour l'homme trop rusé.

## XIX.

J'ay, traistre Amour, esteint tous mes brasiers ardãs,
Ma volonté de toy ne sera plus regie,
Tu ne troubleras plus le repos de ma vie
De dueil, d'ennuy, de soing, & de soucis mordans.

Tes charmes, tes appasts, tes traits se vont perdans,
Soubs eus plus ne sera mon ame assubiectie,
Heureus qui bien se garde & en toy ne se fie,
Tu es Dieu par dehors, & serpent par dedans.

Ie me puis appeller libre, puis que mon ame
Ne sent plus la rigueur de ta cruelle flame,
J'ay rompu mes liens, la raison est pour moy.

Contrefais à ton gré le dous & le paisible,
Si sçay-ie bien pourtant que tu es fort terrible,
Si tu deuenois dous ce ne seroit plus toy.

D ij

## XX.

Le premier iour qu'Amour enforcela mon ame
Il me tira deus traits, l'vn le plus furieus
Bleſſa mon pauure cueur, l'autre aueugla mes yeus,
Tout rougiſſans d'eſclairs, de raions, & de flame.
Ie penſois que le Dieu qu'en Delphes on reclame
Euſt mis deſſus ton chef ſon poil d'or pretieus,
Que Venus t'euſt donné ſes attraits gratieus,
Et l'Amour ſon brandon qui tous les cueurs enflame.
Lors i'eſtois esblouy, ie n'adorois que toy,
Fortune, Amour, les Cieus s'oppoſoient contre moy,
Mais ſi toſt que le temps à mon grand aduantage
M'a fait voir ta feintiſe & ta legereté,
I'ay en te haiſſant hay la fermeté,
L'homme eſt bien ſot qui aime vne femme volage.

# ODES.

### I.

E chante doucement
Sur ma Lyre doree
Mon amoureus tourment,
Amour, & Cytheree.
   Quand ie pince aussi bien
Sa corde tremblotante,
Elle ne respond rien
Si de guerre ie chante.
   Mais si tost que d'amour
Vne chanson i'entonne,
De l'amour tour à tour
La chanson elle sonne.
   Je veus donc doucement
Sur ma Lyre doree
Chanter mon dous tourment,
Amour, & Cytheree.

### A sa Lyre.
### II.

Sus, sus babillarde Lyre
Il faut charmant mon martyre
Chanter l'œil, & les attraits,
Le sein, la gorge, & la tresse,
La bouche de ma maistresse,
Bacchus, Amour, & ses traits.

Il faut de vois blandissante
Sur ta corde mieus sonnante
Chanter Bacchus ce grand Dieu,
Qui de sa liqueur sacree
L'ame & le cœur me recree,
Et le louer en tout lieu.

Il faut que ton corps resonne
Et que ta corde fredonne
Amour ce cruel vainqueur,
Qui des beaus yeus de ma dame
M'a dardé la viue flame
Dans les veines & au cœur.

Sus, sus donc que l'on accorde
Ceste charmeresse corde,
Et en sons melodieus
Chante le mal qui m'oppresse,
Bacchus, ma belle maistresse,
Et l'Amour maistre des Dieus.

### III.

Quel Oyseau voy-ie haut en l'air
Battre si viuement ses ailes,
C'est Amour, ie le voy voler,
Aupres de luy les Graces belles,
Les Ieus, les Faueurs, les Plaisirs
Volent sur le dos des Zephirs.

Le voicy qui vient deuers moy,
Sus, sus qu'on me donne ma Lyre,
Sus, Coridon depesche toy,
Ie veus en sa louange dire
Vn Hymne, ie veus desormais
Bacchus, & luy suiure à iamais.

O donteur & vainqueur des dieus,
Qui fleschis tout soubs ta puissance,
La Terre, l'Eau, l'Air, & les Cieus,
Ie veus soubs ton obeissance
Trainer le dous ioug de tes Lois,
I'en iure par ton beau Carquois.

### IIII.

Le Printemps se couure de fleurs,
L'Esté de fruicts & d'espics meurs,
De raisins se charge l'Automne,
L'Hyuer de glaçons se couronne,
Le Dieu qui me tient soubs ses lois
Se pare d'Arc & de Carquois,
Et ma maistresse que i'honore
De la beauté que serf i'adore.

### V.

I'ay les combats en horreur,
Les proces & les querelles,
I'aime Amour & sa fureur,
Bacchus, Cypris, les Pucelles,
Les ieus, & les passetems
Qui rendent les cueurs contens.
Cependant que nous viuons
Passons nos iours en liesse,
Le plaisir que nous auons
Changera tost en tristesse,
Qui viuant veut estre heureus,
Qu'il boiue & soit amoureus.

### Songe.
### VI.

A l'ombre des myrtes vers
Sur vn lict faict de fleuretes,

De roses, de violetes,
Et de cent fleurons diuers.
　Au dous bruit d'vne ondelete
Qui sembloit parler d'Amour,
Roulant sur l'herbe molete
Je me reposé vn iour.
　Sur ceste couche odorante
Soudain mon œil fut sillé,
Et au son de l'eau coulante
Quelque temps ie sommeillé.
　Il me sembloit que ma dame
Estoit nue entre mes bras,
Et qu'aus amoureus combats
Ensemble nous rendions l'ame.
　Puis l'vn sur l'autre pasmez
Amour sur nous batoit l'aile,
Et d'vne flamme nouuelle
Rendoit nos cœurs enflammez.
　Reueillé ie dis au songe,
Songe tu trompes mes yeus
D'vn agreable mensonge,
Mais le vray me plaist bien mieus.

## VII.

　Plusieurs amans se lamentent
S'ils souffrent quelque douleur,
Tels amans ne me contentent,
De souffrir vient tout mon heur.
　Aussi tost que ma maitresse
Donne treue à mon esmoy,
Je sens naistre la tristesse
Et les regrets dedans moy.
　Durant le temps que i'endure

Je m'eſtime & penſe heureus,
I'ayme la peine qui dure,
Mon tourment m'eſt doucereus.

    L'or ſe cognoiſt à la touche,
Au marteau le Diamant,
Le ſoldat à l'eſcarmouche,
Et aus paſſions l'Amant.

    Sans trauail ie ne puis viure
Ny demeurer en repos,
Ie ne veus qu'on me deliure
De mon mal en l'ame enclos.

    La Nuit n'eſt iamais ſans ombre,
Ny le Soleil ſans clarté,
Mon cœur touſiours d'vn grand nombre
De douleurs eſt agité.

    Amour mon brazier attize,
Son aile eſt ſon eſuentail,
Et ma dame que ie priſe
Donne vie à mon trauail.

    Touſiours ſon bel œil m'enflame,
Touſiours ie ſens ſa rigueur,
Elle eſt Royne de mon ame
Et maitreſſe de mon cœur.

    Ie ne l'appelle inhumaine
Pour me voir tout enflammer,
Je ſçay qu'on a de la peine
Pour parfaitement aymer.

## VIII.

    I'ay autrefois hanté les viles,
Les Cours, & les Palais des Roys,
Mais bien loing des fureurs ciuiles
Maintenant i'habite les bois.

J'ayme mieus voir vne fontaine,
Vn antre noir, ou bien vn mont,
Vn val, vne pree, vne plaine,
Qu'vne ville où les ennuis sont.

Dans les Citez loge l'Enuie,
Le Dueil, le Soing, l'Ambition,
Aus Cours des Roys l'Hypocrisie,
Tout vice, & toute passion.

Dans les bois bien-heureus i'escoule
En ioye & en plaisir mes iours,
Bacchus de ses douceurs me soule
Entre les Ieus & les Amours.

Ie hay la Cour, la ville close,
Les Citoiens, les Courtisans,
I'ayme les bois sur toute chose,
Bacchus, les Amours & les champs.

### Façon d'vn vase.
### IX.

Vulcan rallume la braise
Qui s'esteint dans ta fournaise,
Et d'artifice nouueau
D'or massif fais vn vaisseau
Pansu, profond, propre à boire,
Et à perdre la memoire
Des soings, des soucis cuisans
Qui rauissent nos beaus ans.
A l'entour releue en bosse
Ainsi qu'vn petit Colosse
Bacchus, graue aussi l'Amour,
Et des Nymphes à l'entour
Cueillant des grappes pourprees
Soubs des treilles empamprees.

Dieu! que i'auray de plaisir
De contempler à loisir
De Bacchus l'humeur coulante
Dedans cest or ondoiante,
Et d'y noier au dedans
Tous soings, & soucis cuisans.

## Sur les Vendanges.
### X.

Ie suis resioui dans moy
Quand dans ces vignes ie voy
Que le raisin meur on cueille,
I'ayme à voir les seps tortus
De leurs grapes deuestus,
N'ayans plus rien que leur fueille.

Mais c'est vn plaisir plus grand
Quand dans la Cuue on descend,
Et que ces grappes on foule,
Ou bien quand dessus la Met
Soubs le grand arbre on les met
Et qu'en ruisseaus le vin coule.

Voyez ces hommes à sceaus
Qui versent les vins nouueaus,
Et en emplissent la tonne,
Dieu! que ce vin est fumeus,
Voyez qu'il est escumeus,
Ia dans le muis il bouillonne.

Sus filletes & garsons
Chantez de douces chansons,
Et celebrez les louanges
Du bon Denys en ce lieu,
Du bon Bacchus ce bon Dieu
Roy de toutes les vendanges.

O Bacchus, germe diuin,
Sois gardien de ce vin
Qu'il ne se gaste & moisisse,
Fay qu'il deuienne au tonneau
Plus vieil, plus fort, & plus beau,
Et que iamais il n'aigrisse.
 Ainsi puisse sa liqueur
M'eschauffer l'ame & le cœur,
Et me rauir en extaze,
Ainsi puisse-ie baler,
Courir, bondir, sauteler
En ton insensé Thyase.

### Veu d'vn Iardinier.
### XI.

O grand Dieu de Lampsacene
Fay qu'vtile soit ma peine,
Et permets qu'en escusson,
En fente ou autre façon
A ceste heure en ton nom i'ante
Ceste tendre & ieune plante :
O des Iardins le grand Dieu
Fay la croistre dans ce lieu,
Si quelque fruict elle apporte
Dessus le sueil de la porte
Ie te le consacreray,
Et en don te l'offriray.
Accorde donc ma requeste,
Et garde que la tempeste,
Les vents, la gresle, & l'hiuer
Ne puissent point arriuer
Pres de ce iardin fertile :
Plustost fay qu'il soit vtile,

Riche, delectable, & beau,
Et qu'vn plaisant Renouueau
En tout temps le renouuelle
D'vne verdure eternelle.

## XII.

Par la loy de la Destinee
Amour d'vn heureus Hymenee
Marie & ioint ensemblement
Les corps que le grand Ciel enserre,
Il change en douce pais la guerre,
Unissant tout ensemblement.

La terre auec l'onde il assemble,
L'air & le feu il ioint ensemble,
Et fait que le hault firmament
Qui tous ces corps diuers embrasse
S'vnist à ceste lourde masse,
Tant il ayme l'assemblement.

Baise moy donc, ô ma maistresse,
Serre moy, estreins & me presse
D'vn amoureus embrassement,
Lors nous suiurons la Destinee,
Qui veut que toute chose nee
Par Amour cherche assemblement.

## XIII.

Or' que la Canicule ardante
Par sa chaleur trop violente
Fend la terre & boit les ruisseaus,
Ie veus couché soubs ceste roche
D'où iamais le Soleil n'approche
Prendre la fraischeur de ces eaus.

Cueille des fleurs sur ceste riue,
Iette les dans ceste onde viue,

Sus, il faut pour nous afranchir
De tout ennuy, boire à merueille,
Mets vistement ceste bouteille
Dans ceste eau pour la renfraischir.
 Qui voudra suiure Mars, qu'il aille
Aus fiers assaus d'vne bataille
Sans craindre l'horreur des combats,
Mais qui voudra loing de l'Enuie
Passer en dous repos sa vie,
Qu'il choisisse ces dous esbats.
 Dedans ceste liqueur sacree
Qui plus que toute autre m'agree
Si i'ay quelque secret tourment
Deuant que boire ie le plonge,
Et si quelque douleur me ronge
Elle change en contentement.
 Sans y penser ie perds memoire
De toutes choses fors qu'à boire,
Bacchus m'en fait bien souuenir,
Souuent il m'enuoie à l'oracle
Qui me dit, Pour faire miracle
La coupe plaine il faut tenir.

## XIIII.

I'ayme le chant des oyseaus,
Et le gazouillis des eaus,
J'ayme l'email d'vn riuage,
Et l'abry d'vn vert boccage.
I'ayme les champs & les prez
De mille fleurs diaprez,
J'ayme la noirceur d'vn antre
Où iamais le Soleil n'entre.
I'ayme les rochers moussus,

## ODES.

Les monts, les tertres bossus,
Les rivieres, & les plaines,
Le mol crystal des fontaines,
Le silence des forests,
L'effroy des vallons secrets,
Les cauernes tenebreuses,
Et les Nymphes gracieuses.
 I'ayme les legers Zephirs
Qui du chaud de leurs souspirs
Et du dous vent de leurs ailes
Animent les fleurs nouuelles.
Mais i'ayme mieus mille fois
Que les champs ny que les bois,
Bacchus, Amour, & ma dame
Qui ont pouuoir sur mon ame.
 Ny les ruisseaus argentez,
Ny les rochers peu hantez,
Ny les monts, ny les vallees,
Ny les sources recelees,
Ny les prez riches de fleurs
Que l'Aube emperle de pleurs,
Ny la hauteur des montaignes,
Ny la largeur des campaignes,
Ny l'ombre des arbrisseaus,
Ny le dous chant des oyseaus,
Ny le dous bruit des auetes,
Ny le dous son des muzetes,
Des pipeaus, des flageolets,
Des enrouez ruisselets
Qui font gazouiller leurs ondes,
Ny des Nymphes vagabondes
Les saults, les tours, & le bal,

Alors qu'au profond d'vn val
La nuit en rond elles dansent,
Or' reculent, or' s'auancent,
Trepignant, virevoltant
Sur l'herbage tremblotant.
  Ny les œillets, ny les roses
Qui ont leurs robes decloses
Teintes d'vn pourpre vermeil
Aus premiers rais du Soleil,
Ny le Narcisse, & l'acanthe,
Le thyn, l'anis, l'Amaranthe,
Ny mille fleurons diuers,
Ny les boutons entr'ouuers
De mille & mille fleuretes,
Doucelettes, tendreletes,
Ny leurs plaisantes couleurs,
Ny leurs dous-souefues odeurs,
Ny les tresors que la terre
Sur ses reins feconds desserre
Ne plaisent point à mes yeus,
I'ayme, i'ayme cent fois mieus
Amour, Bacchus, & ma dame
Qui ont pouuoir sur mon ame,
Ie les ayme mieus cent fois
Que les champs ny que les bois.

### XV.

Ie ne veus icy vanter,
Descrire, ne raconter
Tout l'email des fleurs escloses,
Ny la vermeille couleur
D'Hyacinte, ou bien la fleur
D'Adon & des tendres Roses.

Mais ie veus tant seulement
Chanter icy doucement
Comme la mere Nature
Pare le chef gratieus
De l'œillet delicieus
D'une agreable peinture.

Il est musqué, grinelé,
Pourpré, blanchi, barbelé,
Haussant droit au Ciel sa teste:
Vi œillet Roy du Printemps,
Ainsi iamais en nul temps
Ne te nuise la tempeste.

### Vœu d'vn Pescheur.
### XVI.

Naiades aus tresses blondes
Qui nagez dedans ces ondes
En mille & mille façons,
Desormais à ce vieil saule
Ie pends ma tremblante gaule,
Mes rets, & mes hameçons.

Si i'ay passé ma ieunesse
A pescher, or' la vieillesse
Ronge toute ma vigueur,
Mon corps est froid & debile,
Ie suis ores inutile
A vn si plaisant labeur.

Vous ne me verrez plus tendre
Mes rets dans ces eaus pour prendre
Le peuple au dos escaillé,
Ou couurant le fer d'amorce
Tirer le poisson par force
Sur ce riuage esmaillé.

## Odes.

Je crain maintenant l'orage,
L'effort, le heurt, & l'outrage
Des rocs, des vents, & des flots,
Loing de l'eau ie me retire
Or' elle dort soubs Zephire,
Puis soubs Eure enfle son dos.

Sans auoir peur des tempestes
Qui vont menaçant nos testes,
Dedans ma maison reclus
Ie veus escouler ma vie
En plaisirs, ie me dedie
A Ceres & à Bacchus.

Adieu donc Roynes des ondes
Belles Nymphes vagabondes,
Adieu fleurs, herbes, ruisseaus,
Rochers, riues esmaillees,
Adieu troupes escaillees
Qui fendez l'argent des eaus.

### Le pourtrait de sa maistresse.
### XVII.

Peintre auant que d'oser pourtraire
Ma dame & de la contrefaire,
Esleue ton esprit aus Cieus,
Va là haut apprendre des Dieus
Et des Deesses immortelles
Comme on peint les beautez plus belles:
Puis de ton delié pinceau
Trace moy dedans ce tableau
Ceste beauté que tant ie prise
Et dont mon ame est tant esprise.
Maintenant oublier tu dois
Ce que tu as veu autresfois,

Pource que la resouuenance
De quelque mortelle semblance
Te pourroit l'esprit esgarer,
Et t'empescher de la tirer.
Ne crain ses yeus ardans de flame,
Ses yeus les dous feus de mon ame,
Car tu ne pourras autrement
La peindre sans estonnement,
Sa beauté n'a point de pareille,
C'est de ce monde la merueille.

 Sus donc, detrempe tes couleurs
Dans l'humeur tiede de mes pleurs,
Fay tout premier la belle tresse
A floccons d'or de ma maistresse,
Que ses cheueus soient crespelez
Autour du front tors, annelez,
Laisse les si tu veus descendre
En onde, & sur son col s'espandre.
Si tu peus fay que dedans l'or
De son beau poil l'on sente encor
L'odeur qu'a mise la Nature
Dedans sa propre cheuelure.
Fay qu'vn nombre infini d'Amours
Y vole, faisant mille tours,
Qu'à ses cheueus les vns s'attachent,
Les autres au dedans se cachent.

 Pein moy la honte sur son front,
Pres d'elle encore se verront
L'honneur, la chasteté, la gloire,
Fay que son front blanc comme iuoire
Rougisse peu, qu'il soit vni
Sans nul sillon, tout aplani,

Qu'en polisseure il soit semblable
Au luisant verre, ou à la table
D'vn beau marbre vniment lissé,
Ou au dos d'vn fleuue glacé :
Ou tel qu'on voit l'azur de l'onde
A l'heure que la Mer profonde
Sans vents dormante dans son lict
Sa plaine liquide polist.

 Fay son sourcil, & qu'il ressemble
Vn arc d'Ebene, ne l'assemble
Auec l'autre, qu'ils soient voustez,
Et tous deus proprement antez
Sur ses yeus sources de lumiere,
Où ma pauure ame est prisonniere.

 Mais comment peindras-tu ses yeus,
Pein moy deus Soleils gracieus,
Les seuls Roys des cueurs & des ames,
Tressaillans d'esclairs & de flames
Où l'Amour recele ses traits,
Ceus d'or dans celuy plein d'attraits,
Ceus de plomb dedans le seuere
Pour Mars, & l'autre pour sa mere :
Fay que ces deus Soleils iumeaus
Surpassent les Astres plus beaus,
Que l'vn soit dous, l'autre plein d'ire,
Voiant le dous qu'on puisse dire
Qu'il ne promet que ioye au cueur,
L'autre que peine & que rigueur.

 Que dessus sa bouche embasmee
Et d'vn dous souspir animee,
D'vn trait en dehors esleué,
Son nez longuet soit acheué.

## ODES,

Sur tout obserue moy la grace
De sa bouche, & si bien la trace
Que son coral semble mouuoir,
Et aussi parler à le voir.

Fay sa leure vn peu grosselette,
Fraische, vermeille, & doucelette,
Qu'elle surpasse en sa rougeur
Le Cinabre vif en couleur:
Que ceste leure soit bessonne
Et que l'vne à l'autre mignonne
Donne vn dous baiser molement.

Que ceste bouche à tout moment
Les baisers & les cueurs deffie,
Bouche où les odeurs d'Arabie
Soient encloses: fay que le Ris,
Les Ieus de Venus fauoris
Entre deux rangs de perles fines
Desdaignant les liqueurs diuines
Que les Dieux boiuent dans le Ciel,
Sauourent le sucre & le miel
Que mille Abeilles vont respandre
Aus bords de ceste leure tendre.

He! mon vieu comment sera peint
Au vif la beauté de son teint,
Va t'en cueillir des fraisches roses,
Des lis, & d'autres fleurs escloses,
Prens-en l'email, puis du pinceau
Imite son teint frais & beau.

Au vif pein moy sa ronde ioue
Où sans cesse la Grace ioue
Auec ses sœurs & les Zephirs,
Qui l'esuentent de leurs souspirs,

## ODES.

Qu'elle soit au milieu pareille
A la rose belle & vermeille
Qu'on voit esclorre au point du iour,
Fay qu'elle soit tout à l'entour
Plus blanche que la neige mesme
Tant en blancheur elle est extreme.

 Ou comme l'on voit au matin
Lors que l'Aurore au teint pourprin
Tire de la Mer azuree
Phœbus à la tresse doree,
D'vn esclat rouge l'Oriant
Son front humide variant
Aus plis d'vne nue argentee,
Telle couleur soit imitee
Par tes couleurs, & fais si bien
Qu'on n'y puisse reprendre rien.

 N'oublie à faire ses fossetes,
Du Ris les mignardes filletes,
Où dans leur creus se va cacher
Amour, quand il veut descocher
Dans les cueurs des amans ses fleches
Dont il fait si mortelles bresches.

 Pein moy son menton rondelet,
Fosselu, court, & grosselet,
Semblable à la pomme pendante
A sa branchette verdissante,
Creusee au bout de sa rondeur
Qui commence à prendre rougeur.

 Mon Dieu! i'oubliois son oreille,
Fay qu'elle soit blanche & vermeille
En ses replis, & qu'vn anneau
A chascune perce la peau,

# ODES.

Où pendent deus perlettes fines,
Rondes, claires & argentines,
Des Indes le riche tresor.
Fay qu'elles reluisent encor
Soubs ses yeus, comme quand l'Aurore
De ses feus l'Orient colore,
Et qu'elle respand sur les fleurs
En goutes blanchettes ses pleurs
Dont se fait la douce rosee,
Et dont la terre est arrosee.

 Pein ses espaules, puis son col,
Vn peu longuet, douillet & mol,
Dont la neige tousiours viuante
Se ioigne à l'enfleure mouuante
De son sein, plus blanc que le laict,
Où s'esleue vn mont iumelet
Qui sur sa pointe rondelete
Porte vne fraize nouuelete.
Là les faueurs, là les desirs,
Les douces langueurs, les plaisirs,
Les dous tourmens, les douces peines,
Les ieus, les liesses mondaines,
De cest vnique Paradis
Gardent les tertres arrondis.

 Peintre sçauant fais diligence,
Repren ton pinceau, qu'on s'auance
A bien contrefaire ses bras,
Fay que les rameus entrelas
De ses veines de sang bouillantes
Monstrent leurs couleurs noircissantes
Dessoubs la delicate peau
De chasque bras nerueus & beau.

Voiant ses bras, qu'on puisse croire
Que ce sont deus branches d'iuoire,
 Pein ses deus mains, ses doigts polis
Par le bout de nacre embelis,
Mains qui de leur blācheur neigeuse
Ont rendu mon ame amoureuse,
Bien qu'elles causent mon tourment
Ce m'est pourtant contentement.
 Ah! Peintre iamais en ma vie,
Bien que i'en brusle tout d'enuie,
Ie n'ay veu les rares beautez,
Rares presens des Deitez,
Qui sont soubs ses habits cachees
Las! ie ne les ay que touchees:
Mais si l'on peut coniecturer
Comme elles sont, & les tirer,
Pein moy d'vne viue peinture
Des pieds iusques à la ceinture
Bien formez tous les membres nus
De la Cyprienne Venus,
Car ma maistresse est aussi belle
Que ceste Deesse immortelle.
 Fay peintre en descendant en bas
Son ventre d'vn iuste compas,
A costé rehausse sa hanche,
Droit au milieu de la chair blanche
De son ventre gras & douillet,
Pein moy son nombril vermeillet
Semblable à la rose pourprine
Entr'ouuerte dessus l'espine,
Qu'il paroisse tel qu'à nos yeus
L'esclat d'vn Rubi pretieus.

 Fay

# ODES.

Fay que ce beau ventre ressemble
Un grand estang de lait, qui tremble
En se haussant & s'abaissant,
En s'abaissant & rehaussant
Dessoubs l'haleine qu'elle tire
De ses flancs lors qu'elle souspire:
 Ainsi que soubs vn petit vent
Qui va ses ailerons lauant
Dans les flots d'vne plaine humide
Frizotant son crystal liquide
On voit mainte onde se hausser
Pres de la riue & s'abaisser.
Un peu plus bas pein soubs l'enfleure
Du ventre, vne blonde friseure
De poil, pareille à la toison
Qu'on voit en la ieune saison
(Lors que tout renaist & verdoie)
Dessus le dos du ver à soie,
Que soubs ce poil soit arrondi
Le bout du ventre rebondi.
 Helas! ie sens dedans mon ame
Croistre vn desir auec ma flame,
Et plus ie me sens enflammer,
Et plus ie me sens consommer
Parlant de ce que ie desire,
Seul subiect de mon dous martyre.
C'est tout vn, reprens ton pinceau
Peintre, & acheue ce tableau
Digne de louange immortelle
Honte de ceus qu'a fait Apelle.
Car par ton art tu as vaincu
Ceus qui ont deuant toy vescu.

E

En descendant dessoubs son ventre
Un peu ombragé, pein un antre
Frais, net, & beau, de vif coral
Fay moy les bords, dans ce beau val.
Ce val d'Amour & de plaisance,
Pein l'amoureuse iouissance
Aus yeus rians, aus membres las.
Fay le Ris, le Jeu, le Soulas,
Les uns qui reposent à l'ombre
De ce bel antre creus & sombre,
Les autres errans à l'entour,
Heureus de garder ce seiour.
Las! que ne permet ma rebelle,
Appaisant ma peine cruelle,
Que ie sois heureus comme sont
Ceus qui dedans demeure y font,
C'est beaucoup que d'estre à la porte,
Mais le dedans plaisir apporte.
  Apres fay delaissant le flanc
Jusqu'aus genous de marbre blanc,
Comme deus colonnes dressees
Ses deus cuisses bien compassees
Ainsi qu'au tour, fay ses genous
Rondelets, relevez, & dous:
Que soubs eus sa greve descende,
Qu'en greslissant elle se rende
Iusqu'à ses pieds qui sont plus beaus
Que ceus de la Royne des eaus.
Dieus! que tu l'as sçeu bien pourtraire
Il ne reste plus rien à faire,
Mon Dieu! que de rares tresors,
Pour acheuer couure son corps

De crespe, afin que soubs sa soie
Tant de riches beautez on voie.

 Viue vrayment elle apparoist,
La regardant mon feu s'accroist,
Je la voy, la voyla, c'est elle
O Dieu que ie la trouue belle,
Desormais il faut aspirer
Au Ciel, Peintre, & ne plus tirer
Au vif de nos beautez humaines
Mais bien des Deesses hautaines,
Puis que d'vn art industrieus
Tu as sceu pourtraire les yeus
Qui me font viure de leur flame:
Aussi les beautez de ma dame.

 Tu as meslé dans tes couleurs
L'esprit des Arabes odeurs
Dont ceste table est animee,
Et ceste chambre perfumee,
Mais qui t'a donné ce peinceau
Pour faire ce diuin tableau
Qui les yeus & les cueurs contente,
Tant ceste ouurage est excellente
Et digne d'estre mise au iour,
Pour certain c'est le Dieu d'Amour.

## XVIII.

 O nouuelle fleur esclose,
Fraische & odorante rose,
Le plus dous perfum des Dieus,
Rose à la fueille pourpree,
Rose l'honneur de la pree
Et des iardins gratieus.

 De ta richesse pourprine

S'orne la belle Cyprine
De ton vermillon il peint
La mammelle rondelete
Et la bouche vermeillete
 De ma dame, & son beau teint.
De ta teste fleurissante
La fueille douce-fleurante
Ne dure qu'vn gay Printemps,
Mais le teint de ma maistresse
Tousiours dure en sa ieunesse,
Et ne craint l'effort du temps.

### XIX.

 Or' que tout se renouuelle
En ceste saison si belle,
Que les prez s'ornent de fleurs
Peintes de mille couleurs,
Et que dans ces verds boccages
On entend les dous ramages
De mille & dis mille oyseaus
S'accorder au bruit des eaus.
 Or' que l'espous d'Orythie
S'en retourne en la Scythie,
Et que le flambeau des Cieus
Approche pres de ces lieus
Parfaisant sa course ronde,
Et rend la terre feconde,
Dont le large & ample corps
Enfante mille tresors,
Et au lieu de glace dure
Se pare de la verdure.
 Ore que les dous Zephirs
Au dous air de leurs souspirs

Et soubs leurs ailes moletes
Font naistre mille fleuretes,
Que le Printemps verdissant
Riche, ieune, & florissant
Garde pour sa belle Flore
Dont les beautez il adore.
 Or' que du Ciel etheré
Venus dans son char tiré
De deus blanches Colombelles
Qui coupent l'air de leurs ailes,
Vient auecques Cupidon
Tenant au poing son brandon
Brusler de ses viues flames
Les plus froidureuses ames
Qui sont dans les corps diuers
Qu'enserre cest Vniuers.
 Or' que dedans ces vallees
Par des sentes recelees
Les Nymphes de tous costez
Courent sous les rocs voustez,
Que les sainctes Oreades
Les Dryades, & Naiades,
Les Satyres montaignards,
Et les Faunes trepignards
Sentent l'amoureuse rage
Que ce petit Dieu volage
Leur fait naistre dans les cueurs,
Percez de ses traits vaincueurs.
 Or' que tout reprend naissance,
Et que Progné recommence
En ceste douce saison
A façonner sa maison

En demicercle arrondie,
Et rend vne melodie
De son gazouillis hautain,
Commençant dés le matin
Dans la noire cheminee,
D'vne vois bien entonnee
A degoiser tristement,
Annonçant son vieil tourment.

 Or' que sur terre, & dans l'onde,
En l'air, & par tout le monde
Amour de douce fureur
Fait resentir son ardeur,
Que les champs & les eaus rient,
Et qu'en ce temps s'apparient
Les animaus nuit & iour
Espoinçonnez de l'amour.

 Il n'est pas iusques aus plantes
Qui n'en soient participantes,
Voy ce lhierre croissant
Qui va ce chesne embrassant
D'vne accolade amoureuse,
Voy la vigne tortueuse,
Qui d'vn lien tout nouueau
S'entortille à cest ormeau.

 Voy ce Souci qui sans cesse
Suiuant du Soleil la tresse
Vire son chef safrané,
Puis quand Phœbus a tourné
Son char au bord Atlantide
Laschant l'escumeuse bride
A ses coursiers flamboians
Pour boire aus flots ondoians,

Alors triste il se resserre
Et tout son bel or enserre,
Jusqu'à tant que du Soleil
L'Aube annonce le resueil.

   Nous qu'une rare excellence
Et une plus noble essence
Nous fait beaucoup exceller
Tous les animaus de l'air,
Ceus de l'onde nauigable,
Et de la terre habitable,
Qui de la voûste des Cieus
Où demeurent les hauts Dieux
Auons pris nostre origine,
L'ame immortelle & diuine,
Plus que nul autre animant
Nous deuons estroitement
Par Amour nous ioindre ensemble,
C'est luy qui les cueurs assemble,
Et qui d'appasts doucereus
Rend les amans bienheureus.

   O toy Royne de ma vie
Maistresse ie te supplie,
Pour esteindre ma douleur,
D'arracher hors de ton cueur
Ce rocher de froide glace,
Mets y l'amour en sa place,
Cependant qu'auons le temps,
Et que ce ieune Printemps
Nous eschauffe, nous incite,
Nous anime, & nous inuite
A rechercher nos plaisirs
Appaise mes chauds desirs,

Sans perdre nostre ieunesse
Et attendre que vieillesse
Delaissant l'infernal bord
Nous vienne offrir à la mort.

### XX.

Ce beau Croissant qui raionne
D'vn lustre d'or, & qui donne
Lumiere à l'azur des Cieus,
Me fait souuenir sans cesse
Du sourcil de ma maistresse
Qui se vouste sur ses yeus.

 Lune tu monstres ta face
Alors que ton frere chasse
Ses coursiers vers le Ponant,
Et des que sa tresse blonde
Reuient esclarcir ce monde
Tu te cache incontinent:

Mais madame que i'adore
Quand elle apperçoit l'Aurore
Nous ramener le Soleil,
Se monstrant elle fait honte
A ton frere qui surmonte
Les Astres de son clair œil.

### XXI.

L'autre iour vn homme enuieus
De mes esbats delicieus,
De mon bien, & de ma liesse,
Me dit qu'il falloit delaisser
Tous plaisirs pour l'or amasser,
Et qu'il n'est rien tel que richesse.

 Il pensoit fort me resiouir,
Mais ie fus bien fasché d'ouir

Tel propos à mon bien contraire,
Car le riche n'a que tourment,
Moy ie n'ay que contentement
L'or nullement ne me peut plaire.

Allez, lors ce luy dis-ie, allez
Vieil auare, & loing reculez,
Qu'à toy seul la Richesse plaise,
I'ayme mieus que tous tes tresors
Mieus que ton cueur & que tō corps,
Mes esbats, mon bien, & mon aise.

## Vœu d'vn Pasteur.
### XXII.

Ma parole à toy i'adresse
O Pales saincte Deesse
Qui des Pasteurs as souci,
Ma priere ne reiette,
Ceste blanche brebiette
Humblement ie t'offre icy.

O Deesse venerable
Contregarde dans l'estable
Tousiours mes petits troupeaus,
Aus champs dans les gras herbages,
Sur les monts, dans les boccages,
Et pres le cryftal des eaus.

Fay que iamais ils ne treuuent
Les loups, & iamais n'espreuuent
La rigueur d'vn œil malin,
Que peste, & sorcelerie
Ne leur abbrege la vie,
Recule d'eus tout venin.

Mais bien pluftoft au contraire
Fay, Deesse salutaire,

Qu'ils deuiennent beaus & grands
Prenans en nombre accroiſſance,
Fay que i'aye en abondance
Laict,aigneaus,laine en tout temps.

  Pales ſi tu m'es propice,
Tous les ans vn ſacrifice
I'offriray ſur ton autel
Couuert d'encens & de branches.
Vne de mes brebis blanches
En ton honneur immortel.

  Ie te feray ma priere
Du coſté d'où la lumiere
Le matin rougit les Cieus,
Vien donc, & touſiours conſerue
Mes troupeaus,& les preſerue
De tout danger en tous lieus.

## XXIII.

Pour chaſſer nos malheurs,
Pour charmer nos douleurs,
Pour atterrer l'Enuie,
Pour donter nos deſirs,
En baiſers,en plaiſirs
Conſumons noſtre vie.

  Hé!quoy ne ſçais tu pas
Qu'il nous faudra là bas
Bien toſt paſſer la barque?
Toſt donc mon clair Soleil
Que ie baiſe ton œil
En deſpit de la Parque.

  Non i'ayme mieus baiſer
Pour mon mal appaiſer
Ceſte bouche vermeille,

Ce fosselu menton,
Ce rondelet teton,
Et ceste belle oreille.
   Si ie baisois tes yeus,
Ces Astres gratieus
Seuls flambeaus de mon ame,
Helas! ie brusleroy,
Car soudain ie seroy
Rempli d'ardante flame:
   Comme le Cretean,
Qui du char Phœbean
Ses ailes encirees
De si pres approcha,
Qu'en fin il trebucha
Dans les eaus azurees.
   Pendant que nous vivons,
Que le temps nous auons,
Iouïssons à nostre aise
Des plaisirs amoureus,
Et pour me rendre heureus
Baise moy & rebaise.
   Ne vois tu Cupidon,
Qui de son chaud brandon
Ard sans tréue nos veines,
Et de ses traits vaincueurs
Nous entame les cœurs,
Traits autheurs de nos peines.
   Il monstre euidemment,
Qu'il ne fault nullement
Sommeiller en paresse,
Car nostre aage s'enfuit,
Et le temps nous conduit

E vj

## ODES.

La tremblante vieillesse.
   Par les Cieus azurez
Les Astres etherez
En repos ne se tiennent,
Mais tournant l'Vniuers
Par leurs cercles diuers,
Tousiours vont & reuiennent.
   Passons dancques nos iours
En ioieuses amours,
Et suiuons l'exemplaire
D'Amour maistre des Dieus,
Et des flambeaus des Cieus,
Ne soyons sans rien faire.
   Tost, tost approche toy,
Mon cœur embrasse moy,
Ca ta leure molete
Et la mienne pressant
D'vn baiser languissant,
Donne moy ta languete.
   Autant qu'on voit aus prez
Au Printemps diaprez
De fleuretes escloses,
Et de fueilles aus bois,
Mourons autant de fois
Sur ces lis & ces roses.
   Ainsse l'alme Venus
Aus membres beaus & nus,
Amortissant sa flame
Son Adon mignardoit,
Et le baisant rendoit
Esperdument son ame.
   De baisers mutuels

# ODES.

Aus amoureus duels
On eust veu la Deesse
Charmer son Adonis,
Et l'vn à l'autre vnis
Se pasmer de liesse.
    Imitons donc mon cœur
La mere du vainqueur
Qui brusle ma poitrine,
Y a il soubs les Cieus
Plaisir plus gratieus
Que celuy de Cyprine.

### Le voyage au mont de PARNASSE.
### XXIIII.

Ores que vers l'Occident
   L'œil ardant
De Phœbus donne lumiere,
Et que la Lune reluit
   Soubs la nuit
Faisant au Ciel sa carriere.
Descendons en ces vallons
   Puis allons
Le long de ces moles prees,
Amis passons ces bois verds,
   Ces deserts,
Et ces ondes reculees.
L'on n'entend plus en ces champs
   Les dous chants,
Et les gracieus ramages
Des oiseaus, ny dans ces bois
   Les abbois
Des chiens de ces pasturages.

# ODES.

Des terrestres animaus
  Tous les maus
Sont charmez par leurs femelles,
Et desia le dous someil
  Sur leur œil
Estend ses humides ailes.
Ces bois, ces monts, ces prez verds
  Sont couuerts
D'espesses & noires ombres,
Mais de Phœbé le flambeau
  Clair & beau
Esclarcira ces lieus sombres.
Disons adieu aus combats,
  Aus debats,
Aus procez, & à l'ennuie,
Aus grands Palais habitez,
  Aus citez
Vrays tyrans de nostre vie.
Francs de soucis, de malheurs,
  De douleurs,
De dueil, de tourment, de peine,
Allons voir les champs herbus
  Où Phœbus
Guide la saincte Neuuaine.
Ia sur le double coupeau
  Le troupeau
Des neuf vierges Pierides
S'assemble pour commencer
  A danser
Pres les ondes Castalides.
Si nous voulons approcher
  Du roche

Où elles font residence,
Amis allons vistement,
   Autrement
Nous ne verrons point leur danse.
Voicy les antres sacrez,
   Et les prez
Voisins du mont de Parnasse.
Gardez de vous esgarer,
   Pour n'errer
Suiuez moy tous à la trace.
J'entens desia les dous sons
   Des chansons
De la grand' Lyre doree,
I'oy les Muses sauteler
   Et baler
Sur la croupe Thitoree.
Je voy, ie voy sur ce mont
   Le clair front
Et la tresse reueree
Du Dieu qui pendant le iour
   Fait son tour
Dedans la vouste etheree.
Ie voy le feu radieus
   De ces yeus
Qui cette montagne embraze,
Ie voy le diuin troupeau
   Pres de l'eau
Fille du pied de Pegaze.
Sus amis, malgré l'effort
   De la mort
Et de la Parque inhumaine,
Et pour des soucis cuisans

Estre exents,
Allons boire dans Pirene.
En despit des ans fuiards,
    Des hazards,
Et malgré la destince,
Qui donne d'un reiglé cours
    Tous les iours
Fin à toute chose nee.
Il faut nos fronts couronner
    Et orner
De la plante Parnasside,
Qui couure par le dehors
    Le beau corps
De la vierge Peneide.
Or sus, nous voici au lieu
    Où le Dieu
Fils de Latone commande,
Deuant luy nous marcherons,
    Puis irons,
Auecques la saincte bande.
A ce Phœbus immortel
    Pres l'autel
Du temple de Mnemosyne,
Il nous faut premierement
    Hautement
Faire vne oraison diuine.
Voicy le temple où il faut
    Faire haut
Tous nostre priere ardante,
Offrans au Dieu perruquier
    Le laurier
Qu'il ayme sur toute plante.

O grand Dieu Patarean,
　Tymbrean,
Fils de la saincte Latonne,
Medecin chantre diuin,
　Et deuin,
Dont l'œil le beau iour nous donne.
Si tous pantelans d'horreur,
　Ta fureur
Grossissant nostre courage,
Et nous donnant autre vois
　Autrefois
Nous a fait sentir sa rage.
Entends Phœbus t'inuoquer
　Viens marquer
Nos noms au Roc de Memoire,
Et nous donne le pouuoir
　Seuls d'auoir
Dessus la Parque victoire.
Sus, sus amis hastez vous,
　Deuant nous
Voycy venir Calliope,
Qui nous veut d'vn ordre égal
　Mettre au bal
De la Thespienne trope.
Elle monstre de sa main
　Le chemin
Qui nous conduira vers elle,
Ie m'en vai par ce sentier
　Le premier
La prendre par la main belle.
Apres moy soudain irez,
　Et ferez

## ODES.

Auec ses sœurs alliance,
Et pendant que Phœbé luit
   Toute nuict,
Nous balerons en leur danse.
Mais quand l'Aube du clair iour
   Le retour
Nous annoncera premiere,
Et que tous les petits feus
   Des hauts Cieus
Effaceront la lumiere.
Au creus de leurs antres verds
   Tout couuerts
D'vne toison diapree
La fraischeur nous chercherons,
   Et beurons
Tout le iour de l'eau sacree.
Et quand le iour finira,
   Qu'on verra
La couuerture estoilee,
Et la sœur du blond Soleil
   De son œil
Esclarcir la nuit voilee,
Nous irons recommencer
   A danser
Auec les Celestes filles:
Eh!quoy ne vaut il pas mieus
   En ces lieus
Viure que mourir aus villes?

### XXV.

Toy Satyre au pied fourchu,
Qui soubs ce chesne branchu
Fais secrette sentinelle,

## ODES.

Espiant de tous costez
Parmi ces rochers voustez,
Quelque Nymphe ou Pastourelle:
Garde d'estre veu des Dieus
Qui font seiour en ces lieus,
Prens en quelqu'vne en cachete,
Et l'ameine vistement,
Lors tous deus egalement
Embrasserons la doucete.

Ainsi puisses tu tousiours
Bouillant de chaudes amours
Santeler au bruit des ondes
Auec les troupeaus diuins
Des Faunes & des Syluains,
Et des Nymphes vagabondes.

### Vœu au Sommeil.
### XXVI.

Desia l'argentine Lune
A son char parmy la brune
Va ses moreaus atteler,
Vien tost Sommeil donne-vie,
Oste-soucis, chasse-enuie,
Vien ma dame ensorceler.

Si de ta verge noueuse
Moite de l'eau Stygieuse
Tu veus siller ses deus yeus,
Tu auras en sacrifice
Des pauots, sois moy propice
Ayde moy Somme oublieus.

Lors que ma douce ennemie
De ton humeur endormie,
Reposera doucement

Pource qu'elle m'est rebelle,
Baisant sa bouche, auec elle
L'appaiseray mon tourment.

### Sur la mort d'vn Lyon.
### XXVII.

Le mal-heur le temps, & le sort,
Les langueurs, & la fiere Mort
Ainsi qu'aus hommes font la guerre
Aus animaus dessus la terre.
Celuy qui naist est condamné
A mourir apres qu'il est né,
Si tost qu'il respire la vie
La Mort à toute heure l'espie,
Et de son homicide dard
L'enferre & tue, ou tost, ou tard,
Depeuplant de corps ce grãd Monde
Pour combler la gueule profonde,
Et fouler le ventre odieus
Du Roy des gouffres Stygieus,
La prison & la sepulture
De tout ce qu'engendre Nature:
Car tout cela qu'elle produit
De vif, en la mort se reduit,
Et dedans l'Orque noir deuale,
Hoste de l'abisme infernale,
Ou de Tantale, & d'Ixion
Le labeur & la passion,
Les tourmens, les peines cruelles,
Les maus, les gesnes eternelles,
Dedans ces lieus remplis d'horreur
Aus ames apportent terreur:
Margeault le Lyon que la Parque

A faict descendre dans la barque
Du vieil Charon, monstre comment
La Mort nous suit soudainement,
Et biens, vie, & plaisirs nous amble.
   Ceste meurtriere ne resemble
A son frere le dous Sommeil,
Jamais elle ne ferme l'œil,
Elle ne dort, ny ne repose,
Tousiours sa paupiere est desclose,
Au Monde elle faict mille tours,
Elle auance & haste nos iours,
Bien qu'elle soit maigre & hideuse,
Seiche, desneruee, & boiteuse
Elle gaigne à course nos ans,
Et court ensemble auec le temps:
   Elle a tué de sa sagette
Ce Lyon que tant ie regrette.
Puis qu'il estoit né pour mourir,
Elle ne le deuoit ferir
Si tost, mais bien deuoit attendre
Que l'aage plus vieus luy vint rendre.
   Trop iniuste Mort tu deuois
Aller au plus touffu des bois,
Aus monts, aus vallons, aus riuages
Terrasser les Onces sauuages,
Et assommer de mille coups
Les Ours, les Tigres, & les Loups,
Les Leopars, & les Pantheres,
Et tant de bestes carnageres
Qui font aus humains mille torts,
Et pauer les champs de leurs corps
Leur mort t'eust rendue assouuie,

Pluſtoſt que de rauir la vie
A ce Lyon tant regretté,
    Iamais deſſoubs le Ciel vouſté
L'on ne vit beſte plus aymable,
Douce, priuee, & agreable.
Son poil rous, ny ſes yeus ardans,
Ny ſes crochets au lieu de dents,
Ny ſa teſte ronde & crineuſe,
Son gros col, & ſa gueule creuſe,
Son grand ventre, & ſon large dos,
Ses pieds velus, ſes membres gros,
Sa queue vnie, où par la pointe
De poil vne houpe eſtoit ioincte,
Ny ſes ongles longs aſſerez
Dedans ſes pattes retirez,
Ny ſon rugiſſement horrible,
Ny ſon regard ſur tout terrible
Ne pouuoient apporter fraieur,
Il eſtoit tout plein de douceur
Et de facile nourriture,
Il ſembloit meſme que Nature
Pour vn exemple tresparfaict
De douceur euſt ce Lyon faict.
    Au lieu d'eſtre fort colerique,
Il eſtoit dous & domeſtique,
Dedans les chambres il montoit,
On le frapoit, on le batoit,
Et, tant ſa nature eſtoit bonne,
Il ne mordit iamais perſonne.
    Ainſi qu'en force il eſtoit Roy
Des animaus, ainſi ie croy
Qu'il vouloit auoir l'aduantage

Sur eus de n'estre point sauuage,
Cruel, felon, & rigoureus,
Mais d'estre simple & doucereus.
　　La Mort cause de tout desordre,
Pourtant ne faillit à le mordre,
Et ieune le cœur luy ferut.
Aussi tost que son corps mourut,
Le Roy de la vouste etherée
Le mit dans l'escharpe azurée
Où le Soleil va tournoiant,
En fit vn signe flamboiant
Qui reluist dans ce grand espace.
Il occupe la mesme place
Que faisoit le Lyon ardant
Par où Phœbus alloit dardant
En Iuillet courant sa carriere,
Ses rais, sa flamme, & sa lumiere:
Lyon, dont le fils belliqueur
D'Alcmene fut vn iour vainqueur,
Depuis en image luisante
Rouge, enflammée, estincelante,
Iuppiter le maistre des Dieus
Le fit rayonner dans les Cieus,
Mais pource qu'il est de nature
Nuisible à toute creature,
Bruslant, chaud excessiuement,
Il l'a posé au firmament,
Moderant sa chaleur extreme,
Et a mis en sa place mesme
Le corps de Margeault transformé
En astre de rais enflammé,
Comme l'autre il n'est dommageable,

Ains dous, benin, & fauorable :
O Signe, â bel Astre nouueau
Monstre toy tousiours clair & beau.

### Vita, mors, & vita.

# BERGERIES.

# LOVANGE DE LA VIE RVSTIQVE.

R' que ie suis aus champs ie
 reus franc de soucy,
En presence des Dieux tout
 haut chanter icy
L'heur, les contentements qui
 les ennuis deçoiuent,
Et les plaisirs diuers que les
 humains reçoiuent
En la rustique vie, & com-
bien est heureus
L'homme qui fait aus champs son seiour doucereus.
 Vous, saintes Deitez, qui dedans ces valees
Allez prendre le frais des grottes recelees,
Qui ces ruisseaus, ces prez, & ces bois habitez,
Ces hauts monts, ces deserts, & ces rochers voutez,
Pan, Satyres, Syluains, Driades vagabondes,
Nymphes qui dans ces eaus baignez vos tresses blondes,
Bergeres, & Bergers, féres, oyseaus, troupeaus,
Vallons, tertres bossus, fonteines, & ruisseaus:
Et toy Echo qui rends dans ce val solitaire
Vne plaintiue vois alors que ie vien faire

Ma plainte icy autour, venez tost escouter,
Paisibles & sans bruit, ce que ie veus chanter,
C'est en vostre faueur que ie veus entreprendre
De louer les dous champs, venez doncques m'entendre.

 O qu'heureus est celuy qui vit entre les bois,
Les vallons, les rochers, & les antres plus cois,
Loing des citez, des courts, des pompes, & des vices,
Des noises, & du bruit, des fraudes, des malices,
Seul il vit en repos, & en tranquillité,
Seul Roy de son vouloir & de sa liberté.
En soulas, en liesse il escoule sa vie,
L'ambition, l'orgueil, le gain, la pasle enuie,
La crainte, les souspçons, & les soucis mordants,
Les grandeurs, les tresors, & les desirs ardants
N'empoisonnent son cœur, à mal faire il ne pense,
Dieu, son prochain, nature, & soymesme il n'offence.

 Quand le Soleil ardant retire de la mer
Son char tout rayonneus pour aller enflamer
Le bel azur des Cieus de sa claire lumiere,
Donnant à ses cheuaus la course iournaliere,
Au chant du coq cresté ennemy du sommeil
Le laboureur des champs doucement ouure l'œil,
Louant Dieu qui, benin, luy a donné la grace
D'auoir passé la nuit dedans sa loge basse
Exent de tout danger, il prend son vestement,
Et met ordre au mesnage, il fait diligemment
Tous ses gens trauailler soit Esté, ou Automne,
Ou Hyuer, ou alors que la terre fleuronne.

 Il fait faucher les prez en la saison d'Esté,
Et par les moissonneurs scier l'espi cresté,
Qui iaune & barbelé criquette dans la plaine
Ondoyant soubs le hasle & soubs la tiede haleine

# VIE RVSTIQVE.

Des Zephires mignards, lors il reçoit ioieus
De ses labeurs passez le loyer gratieus.
   En Automne il va voir sur les cotaus les plantes
Du bon Denis ployer de grappes pourprissantes,
A l'instant il les fait tailler, vuider, cuuer,
Fouler, & de la cuue en apres les leuer,
Les porter au pressoir, où l'humeur nompareille
Roule dessus la Met à la couleur vermeille,
Et se glisse au cuuier, il la fait entonner,
Et dedans les tonneaus fumer & bouillonner.
   En Hyuer, cependant que la triste froidure
Desrobe des forests & des prez la verdure,
Que les champs sont couuerts d'vne espaisse toison
De neige, il se retire en sa chere maison,
Et, soigneus, fait donner du fourrage aus cheuretes,
Des fueilles du regain aus grasses brebietes,
Du foin & de la paille aus bœufs & aus cheuaus,
Du grain à ses pigeons, du son à ses pourceaus,
A ses poules de l'orge, & refait sa charrue,
Aus oyseaus tend gluaus, dans l'eau le gibier tu...
   Au Printemps tout raui il voit naistre les fleurs,
Et les prez s'esmailler de diuerses couleurs,
Les forests reuerdir, & voit dessus la terre
Qui sur ses reins feconds mille tresors desserre,
Les fleuues, dont l'hyuer auoit bridé le cours,
Trainer leurs flots ondeus en leurs larges destours,
Il voit cest Vniuers retourner en enfance,
Tout croistre, tout reuiure, & reprendre naissance.
   Quand Phœbus verse à plomb ses rayons icy bas,
Mipartissant le iour, il choisit mille esbas:
Si c'est quand il fait froid, en sa loge il repose,
Si c'est durant le chaud, son esprit luy propose

a iij

Toufiours quelque exercice, & iamais en nul temps
L'on ne le trouue oifif, fes efprits font contents,
Et fon cœur refioui, or' la pefche, or' la chaffe
Luy plaift, & loing de luy toute triftesse chaffe.
　　La trompette, l'affault, le fang, l'horreur, l'effroy
Des combats, des canons ne luy caufent efmoy:
Du cofté des plus forts iamais il ne fe range,
Pour tromper fon prochain à toute heure il ne change
De mille inuentions, fon cœur n'eft iamais feint,
Ny fon front defguifé, d'ennuie il n'eft atteint:
Les faueurs, les credits n'efmeuuent fon courage,
L'effort des medifants ne luy fait point dommage,
Des debats, des procez il n'eft point tourmenté,
Son ame eft nette & pure, & fon cœur exemté
De foupçons, de regrets, de rancueur, & de peine
Qui troublent le repos de cefte vie humaine.
Il ayme mieux les prez, les riues, & les bois,
Que les Citez, les Cours, & les Palais des Roys:
L'air eft empuanti aus villes populeufes,
Et aus champs embafmé de fleurs delicieufes.
　　Que l'air foit orageus, que les vents furieus
Efleuent l'Ocean iufqu'aus lampes des Cieus,
Qu'ils montagnent fon dos, & irritent fon onde,
Qu'ils entrouurent fon fein d'vne abifme profonde,
Ils ont beau tempefter, & donner cent terreurs,
Le laboureur ne craint les flots ny leurs fureurs:
Il n'a peur que fa nef, contrairement pouffée
Des vents impetueus, foit en fin abbaiffée
Deffoubs la vague perfe, il ne craint les rochers,
Les goufres, le pirate ennemy des nochers,
Le fouldre, les efclairs, l'orage, & la tempefte,
Car loing d'eus affeuré il retire fa tefte.

## VIE RVSTIQVE.

Que l'air soit dous & coy,& les vents appaisez,
Le Ciel net,pur,& beau,les flots tous accoisez:
Que les Zephirs legers sur la calme marine
Voletent doucement,que Phœbus illumine
La vouture des Cieus,à l'abandon de l'eau
Le laboureur ne met ny soy ny son vaisseau:
La rage d'amasser des tresors ne l'enflame,
Il ne vogue iamais à voiles & à rame
Sur l'eschine des flots,serf de mille dangers,
Pour,auare,chercher iusqu'aus bords estrangers
Or,perles,diamants. Ses tresors sont ses prées,
Ses vignes,& ses bois,richesses plus prisees
Que celles d'Orient:car pour les acquerir
Il ne faut en tremblant dessus la mer courir.
  Quãd la nuit froide aproche,et que l'on voit la Lune
Monstrer son front d'argent sur la courtine brune,
Et les flammes de rang dans les Cieus se leuer,
Il se retire au toict,lors il voit arriuer
Ses bouuiers,ses cheuriers,ses bergers qui rameinent
Bœufs,cheures,& brebis,& les cheuaus qui trainent
La charruë à l'enuers de labourer lassez.
Si tost qu'on voit par tout les brouillards abbaissez,
Le soupper on appreste,on descent en la caue,
L'on tire du vin frais,les mains d'eau nette on laue,
De mets la table on couure,on inuoque haultement
Le nom du Tout-puissant,apres ensemblement
A la table on se sied,la faim,la soif on donte,
Alors de son trauail au maistre l'on rend conte,
Des que l'on a soupé l'on rend graces à Dieu.
Puis pour dormir chacun se retire en son lieu.
  Quelquesfois soubs la nuit on descent aus valées,
Là dansent au dous bruit des ondes emperleés

Les Nymphes des forests, des ruisseaus, & des monts,
L'herbage tremble tout soubs leurs sauts & leurs bonds.
　Les Faunes cependant pleins d'amoureuses flames,
Tous rauis de les voir, forcenent en leurs ames,
Pour n'estre veus ils vont pres de là se cacher,
Recherchans les moyens de pouuoir approcher
De ce diuin trouppeau, tant l'amoureuse rage
Leur enflamme le cœur, & espoint le courage:
Mais aussi tost qu'ils sont des Nymphes aperceus,
Elles s'en vont, alors ils demeurent deceus.
　Vous les oiriez meugler, puis de vois esclatantes
Faire trembler les bois & les roches pesantes,
Vous leur verriez froncer le front à gros replis,
Tant ils sont de colere & de despit remplis,
Frapper de pieds la terre, & d'vne main crochue
Et d'ongles mal-roignez pincer leur chair barbue,
Tout soudain qu'on les voit de fureur enflammez
L'on s'en reua coucher aus toicts accoustumez.
　Quand la vermeille Aurore a les portes decloses
Du perleus Orient, & parsemé de roses
La grand' voute des Cieus, & qu'elle a de ses pleurs
Argenté les buissons, les herbes, & les fleurs,
Appellant le Soleil, qui de la mer profonde,
Pour nous donner le iour tire sa tresse blonde,
Chacun quitte le lict, l'vn remeine ioyeus
Ses brebis aus pastis, l'vn plus laborieus
Du soc aigu la terre en longs sillons raionne,
L'autre aus poules, aus porcs de la mangeaille donne,
L'autre ses cheures meine & ses boucs sur les monts
Pour leur faire brouter les tendres reiettons.
　Ainsi le laboureur ennemy de paresse
Repose en trauaillant & libre de tristesse,

Comblé d'heur,sçait borner à son gré ses desirs,
Et sans point s'ennuyer gouste mille plaisirs.
　O l'homme heureus cent fois & mille fois qui quite
Les citez & les courts,& dans les champs habite,
Loing des fraisles faueurs,des honneurs dangereus,
Il se peut à bon droit appeller bien-heureus.
Mais mal-heureus ceus là qui ont l'ame suiuie
De regrets,de douleurs,& tout rongez d'enuie
Bruslez de conuoitise,& gros d'ambition,
Dans les villes se font pareils à Ixion.
Ils sont plus mal-heureus,& sont plus miserables
Que ne sont ces esprits & ces ames coulpables
Qu'on punit aus Enfers,mille soucis mordans,
Mille soings,mille ennuis les rongent au dedans.
Les veilles,les trauaus,les ennemis,les craintes,
Les feintes trahisons,& leurs ames plus feintes
Les font vivre en langueur,ils meurent en viuant,
Ils n'ont point de repos,vn espoir deceuant
Flatte & charme leurs cœurs, la gourmande auarice,
La haine,les frayeurs,l'orgueil,& la malice
Dans leurs laqs enchanteurs gesnent leur liberté.
Ils font vertu de mal & bien d'impieté,
Ils vivent en procez,en noises,en querelles,
En tourments en douleurs,en peines eternelles:
Et serfs de passions,n'ont plus ioyeus esbats,
Qu'iniures,que discords,que meurtres & debats:
S'ils ont quelque plaisir en angoisse il se change,
Leur bonheur en malheur par vn confus meslange.
Ils languissent de soif & sont dedans les eaus,
Ils sont pauures & ont des escus à monceaus,
Ils enragent de faim & sont pres des viandes,
Ils se retrouuent seuls au milieu de cent bandes,

Ils tremblent pres le feu, leur sang gele de peur,
Ils bruslent dans la glace, & le desir trompeur
D'acquerir biens sur biens tousiours les espoinçonne,
L'ambition d'honneur tousiours les esguillonne:
Ils ne font que languir & le iour & la nuit,
L'erreur trompe leur sens, le vice les seduit,
Les biens, les dignitez, les vaines apparences,
La gloire, les grandeurs, les folles esperances,
Les pompes, les credits, les estats, les faueurs
Sont les poignants chardons qui leur piquent les cœurs.

   Qu'est ce des Courtisans, qui masquez de feintise,
Embrasent leurs esprits au feu de conuoitise?
Mensonge, vanité, dissimulation,
Hypocrisie, enuie, orgueil, deception,
Accompagnent leurs iours, iusqu'à tant que leur vie
Pour finir leurs trauaus par la mort soit rauie.
Au seruice des grands, des Princes, & des Rois
Ils despensent leurs ans, sans reigles, & sans lois,
Ils viuent la plus part, les petis ils mesprisent,
Ils honorent les grans, les suiuent, les courtisent,
A tout mal, à tout vice ils sont tous addonnez,
Du ieu, des voluptez ils sont empoisonnez:
Malheureus à toute heure ils changent de fortune,
Et sont plus inconstans que les flots de Neptune.

   Ils pipent leurs amis sous des propos flatteurs,
Et mentent pour autruy, à eus mesmes menteurs,
Trahissant leur prochain eus mesmes se trahissent,
Leurs miserables ans en misere finissent,
Leur ieunesse est vn songe, & leur vie vne mort.

   L'vn malcontant se rit, l'autre en veillant s'endort,
( Las! qui pourroit dormir au milieu de la peine?)
L'vn tout mangé d'enuie & de rage forcene

S'il voit de ses amis mieus que luy prosperer,
L'autre maudit ses iours, prest de desesperer
N'estant point aduancé, l'vn descend, l'autre monte,
Et n'emportent en fin rien que vieillesse & honte.
   Le vertueus en Court est nommé vicieus,
Le sçauant ignorant, le bon malicieus,
Le modeste poltron, vaillant le temeraire,
Propre leur est tout mal, tout bien leur est contraire.
O Poulpes cauteleus, ô feints Cameleons,
O Serpens venimeus, ô traistres Scorpions,
O superbes citez nourrices de tous vices,
O magnifiques courts retraite de delices,
O heureus citoyens, ô heureus courtisans,
Plus heureus qui bien loing de vous coule ses ans.
   Si l'on ne loge point aux Palais magnifiques,
Si l'on n'a des thresors, & des charges publiques,
Des faueurs, des honneurs, des vaines dignitez,
De peu l'on se contente, & loing des vanitez,
Franc de soing, franc d'ennuy, l'on repose en franchise,
Le parler & le front iamais on ne desguise,
L'on n'engage iamais sa chere liberté,
Tousiours libre est l'esprit comme la volonté.
   De chaude ambition l'ame n'est point atteinte,
L'on ne glace de peur, l'on ne tremble de crainte
D'estre en bas foudroyé, pour auoir par trop haut
D'vn vol audacieus monté plus qu'il ne faut,
L'on vit paisiblement en ioye & en liesse,
Et iamais dans les champs ne se tient la tristesse.
   La iustice, l'honneur, l'amour, la chasteté,
La foy, la loy, la pais, la saincte verité
Se retirent aus champs, & dedaignent les villes,
Pour aimer la beauté des campagnes fertiles,

a vj

Le desert des forests, le iargon des oyseaus,
L'ombre frais des rochers, le dous bruit des ruisseaus,
Les bouquets odorants que le Printemps nous donne,
Les moissons de l'Esté, & les fruits de l'Automne.
 Vous sainctes Deitez qui escoutez mes chants
De grace permettez que tousiours dans ces champs
Ie puisse demeurer, & faites, ie vous prie,
Que ie les puisse voir iusqu'au bout de ma vie.
 Au lieu d'aller rauir le bien de mon prochain,
De tuer, de plaider, & de graisser la main
Au procureur trompeur, au iuge corruptible,
A l'aduocat subtil, dans ma maison paisible,
Mesnageant, trauaillant, ie vy tranquilement,
Sans trouble, sans procez, sans peine, & sans tourment.
 I'aime à planter, semer, & tirer à la ligne
Les arbres aus vergers, sur les cotaus la vigne.
Les saules pres des eaus, sur les monts les hauts pins,
Les chesnes, les ormeaus, les hous, & les sapins.
A compasser aussi les quarreaus d'vn parterre,
Faire compartimens, à labourer la terre,
Et à l'ensemencer, ie faits des creus fossez
Autour de mon iardin, pour ne voir offensez
Mes arbres fructueus des bestes trop nuisantes,
Et conseruer le pied de mes nouuelles antes.
 I'aime à faire la guerre aus loups & aus renards,
Aus lieures, aus perdris, aus canes, aus canards,
Aus loutres, aus herons, & dedans ma nascelle
A tourner pres d'vn roc qui les poissons recelle,
A faire vne tenduë, & au traistre hameçon
Aus rets, & au veruain enleuer le poisson,
Ou bien auec les chiens, ou le furet dans terre
Aus blereaus, aus lapins mener la dure guerre.

# VIE RVSTIQVE.

J'aime à voir sauteler dans les prez les agneaus,
A entendre aus vallons mugir les gras toreaus,
Et d'ouir à couuert sous vn espais fueillage
Des oyseaus peinturez le gracieus ramage,
Voir vn pré tapissé de naiues couleurs,
Voir vn crystal suiant bordé de viues fleurs,
Tortueus, ondoyant à course vagabonde,
Sous les Zephirs cresper le dos de sa claire onde.
    J'ayme à dormir au frais des antres mousselus,
J'ayme à estre dessous les arbres cheuelus,
Où sous vn creus rocher d'ou sort vne fontaine,
Qui murmurant s'enfuit de sa pierreuse veine
Et saute à petits bonds faisant cent plis diuers
Dans vn tapis herbu, & droit & de trauers,
Sur le sable luisant roule son ondelette,
Et fraischement s'en va baigner l'herbe tendrette.
    Qui voudroit raconter les plaisirs qu'on reçoit
En la rustique vie en quel temps que ce soit,
On conteroit plustost le sable des riuages
Grain à grain, & du ciel les flambantes images.
Facent les Dieus benings que ie passe tousiours
En si plaisants esbats dedans ces champs mes iours,
Et qu'autre air à iamais mon poulmon ne respire:
Voila tout ce que plus au monde ie desire.

# LE IARDIN.

IE veus descrire icy ce que i'ay veu en songe,
Sur le point que Phœbus en se retirant plonge
Son chariot doré soubs le marbre des eaus,
Et qu'on voit le croissant entre mille flambeaus
A raions d'or reluire en la celeste plaine,
Je me fus reposer au bord d'une fontaine,
Dessus l'herbage mol, où les tendres fleurons
Emaillez de couleurs dessoubs les ailerons
Des Zephirs s'esbranloient à petites secousses,
Embasmant l'air d'autour de leurs odeurs plus douces.
  Je me plaisois de voir se coulant argentin
Qui fuioit de sa source, & d'un pli serpentin
Sauteloit murmurant sur l'arene mouuante,
Là pour prendre le frais au bruit de l'eau coulante
Soudain ie m'endormy, si tost que le sommeil
Du ius de ses pauots eut arrosé mon œil,
Priape m'aparut tout couuert de fleurctes,
De roses, & de lis, d'œillets, de violetes,
Et de mille autres fleurs, il portoit en son bras
Vn panier plein de fruicts, & s'en vint à grands pas
Vers le bord où i'estois, me prit par la main destre,
En songeant me sembla qu'il mit à ma fenestre
L'anse de son panier dont il me fit presant.
  Il partit de ce lieu, tousiours me conduisant

# LE IARDIN.

Iusques à vn iardin beau, grand, & agreable,
En fleurs, arbres & fruicts fertile & variable,
En palissades riche, & en compartimens,
En berceaus où la vigne en maints enlassemens
Tortueuse rampoit, & dessus leur vousure
Son verd pampre estaloit seruant de couuerture.
 Par des petits raions les bruians ruisselets
Sautans à petits bonds couloient argentelets,
Pour tenir le pied frais des plantes fructueuses
Qui s'esleuent au long de leurs riues herbeuses.
 L'Aurore sortoit hors de ses rideaus pourprez
Quand ie vi ce iardin, ses quarreaus diaprez,
Tous ses arbres fruictiers, ses treilles, ses allees
Auoient le dos baigné des goutes emperlees
De la fraische rosee, il me sembloit alors
Que Priape me dit: Regarde ces tresors
Que la mere nature en ce iardin enfante,
C'est moy qui en ay soing, ie les cultiue & plante,
Arrose, couppe, garde en temps & en saison,
Aussi comme tu vois ils viennent à foison.
C'est moy qui ay dressé cet aplani parterre
Aussi large que long, ceste onde qui l'enserre,
Et fraischement l'embrasse en ces canaus profonds,
Claire comme crystal, vient du hault de ces monts,
Et coule sans arrest d'vne pronte carriere,
Lechant en s'enfuiant la riue sablonniere.
Voiez ces riches bords herissez de coudriers,
De saulx tous reuestus, d'aulnes, & de peupliers,
De planes ombrageus à la perruque verte,
Voy ceste herbe & ses fleurs dont la riue est couuerte.
 A trois pieds loing de l'eau i'ay vouté ces berceaus
Haults, grands, comme tu vois, où les tortus rameaus

# LE IARDIN.

De la vigne muscate à petits nœuds glissante
S'entrelassent de pres sur leur voute pendante
En maints tours & retours, là les nouuelles fleurs
De la vigne tendrete espandent leurs odeurs,
L'air en est perfumé, & les eaus, & la plaine,
Où Zephire mignard y donne son haleine:
Car dessoubs ces berceaus il vole à tout moment,
Respirant ces odeurs, puis va legerement
En secouant par l'air le crespe de ses ailes
Les porter çà & là sur les campagnes belles
Et les bois d'alentour, & pour en faire autant
Il reuient en ce lieu ses ailerons battant.

 Ce iardin est parti en sis grandes allees
En longueur & largeur iustement egalees,
Qui font douze quarrez, bordez de tous costez,
D'herbages, & de fleurs, & d'arbres droit-plantez.

 Voy ces compartiments, voy ces riches bordures,
Voy ces ronds, ces quarrez de diuerses parures,
Icy le pouliot, le thin, le serpolet,
Le basélic, la sauge en ce rond verdelet
Esleuent leur richesse, icy dans ceste ouale
La douce marjolaine au ciel ses brins estale.

 Dans ce triangle icy la lauande fleurist,
Le romarin, le bausme, icy rien ne fletrist,
Dedans ces lacs d'amour la buglose, la mante,
Le tymbre, l'origan, la bourache piquante,
En replis compassez s'assemblent proprement.

 Dedans ces longs quarreaus qui seruent d'ornement
A ce iardin fleuri, se voit la chicoree,
Dans ces autres icy l'oseille, la poiree,
En ceus cy l'artichaud, la passepierre aussi,
Le stragon, le pourpier, les ciuots, le sou.a.

## LE IARDIN.

Croissent de iour en iour, icy la pimprenelle,
La roquette, le coq, le persil, & la berle,
Le cerfueil, le panis, la courge, & les melons,
L'asperge, le concombre, & les sucrez pompons
Viennent en abondance, il seroit difficile
De les pouuoir nommer, ils croissent mile à mile.
 Mais regarde l'email de ces naiues fleurs,
Regarde du matin les rousoiantes pleurs
Qui baignẽt leurs beaus chefs d'vne humeur crystaline,
Voy le lis argenté, voy la rose pourprine,
Les fleuretes de Mars, les beaus passeuelours,
Les œillets griuelez, qui croissent pres du cours
De ce verre fuiant, qui doucement tremblote,
Et sur ce menu sable à petits sauts balote,
Peignant de sa claire eau l'email de ces fleurons
Qui naissent odorants par tous ces enuirons.
 Esleue vn peu tes yeux, regarde ces branchages
Chargez & hault & bas de doucereus fruictages,
Icy meurit la prune, icy le bigarreau,
Et la douce griote à la sanguine peau.
Icy mollit la pomme, & rougit la cerise
Aigre & douce au manger, la guigne, & la merise,
La poire pend icy iaune comme fin or,
L'abricot, & la pesche, & le pauis encor
Delicieus au goust, & la cognace franche
En son coton nouueau iaunit dessus la branche.
 Contemple vn peu ce rang de verdissans lauriers,
Le loyer des sçauants, & le pris des guerriers,
Voy ceste allee icy à la ligne dressee
D'orangers dous-flairans vniment rehaussee.
Regarde ceste-cy faite de myrtes verds
Consacrez à Venus qu'honore l'Vniuers.

## LE IARDIN.

Regarde ces trois cy auec leurs palissades,
L'vne de grenadiers & de roses muscades,
Les deus autres d'apres de genet, de iosmin,
De sanguin, de troesne, & de tendre fusin.
 Tourne les yeus deçà, & attentif regarde
Ces cabinets fueillus où le Soleil ne darde
En nul temps ses raions, vien les voir par dedans,
Voy ceste obscure voute, & ces rameaus pendants
Qui la couurent par tout, voy ceste molle herbete
Dessus ces sieges croistre auec mainte fleurete.
 Regarde ie te prie au milieu iustement
De ce riche iardin, voy de l'entendement
Vn œuure merueilleus, cest obscur labyrinthe,
Ses tours, & ses destours : tu ne sçais pas la feinte
Alors qu'on est dedans pour apres en sortir,
Il n'y a qu'vn secret aisé pour en partir.
 Ce n'est pas tout encor, escoute le ramage
De mille & mille oyseaus differents de plumage,
Et de chants tous diuers, escoute ce pinçon
Qui sur ce haut poirier degoise vne chanson,
Voy dessus ce prunier ceste douce linote
Qui doucement ramage & doucement gringote.
Regarde dans ce trou le petit roitelet,
Il imite à peu pres le guay rossignolet,
Escoute l'alouete à la vois doucelete,
Qui couppe ses fredons d'vne douce gorgete.
 Voy sur cest aubespin le seul Roy des oyseaus,
Le gentil rossignol, qui de chants tous nouueaus
Sur tous se fait entendre, & à vn grand aduantage
Surpasse tous oyseaus en son plaisant ramage.
Escoute ie te pry le chant de ce tarin,
Entends ce chardonnet, & ce petit serin,

# LE IARDIN.

Escoute de deçà rouer la colombelle
De son masle chery la compagne fidelle.
Regarde sur le bord de ce petit ruisseau
Ces ieunes colombeaus aucunesfois dans l'eau
Baigner l'aile tremblante, & la tirant de l'onde
D'vn bec mignardelet dessus l'arene blonde
Se baiser tour à tour, ils m'esblouissent l'œil
De leur col qui reluit aus rayons du Soleil.

Voy ce Paon orgueilleus, voy comme il se remire
Dans ses yeus peinturez, voy comme il tourne & vire
En rond sa large queue, & la fait craqueter,
Entens son cri hautain, regarde le grater
La terre en reculant, il prend plaisir, ce semble,
A voir tant de couleurs que son plumage assemble.
Ie n'aurois iamais fait si i'auois entrepris
De dire ce qu'on voit dedans ce beau pourpris,
Son air dous passe l'air de la douce Arabie,
Ses tresors valent mieus que les tresors d'Asie.

Regarde voleter ces mouchetes à miel
Nourrices du grand Dieu qui tonne dans le Ciel,
Voy comment elles vont sur le hault des fleuretes
Succer le tendre email, & chargeant leurs cuissetes
D'vn bourdonnement dous aus ruches renoler
Branlans leurs ailerons par le vague de l'air:
Dans les trous encirez de leurs ruches mielleuses
Ce qu'elles ont pillé aus plaines odoreuses
D'vn petit bec larron, elles le vont ranger,
Et en iaune liqueur tout soudain le changer,
Qui s'espessit apres & se caille en gelee
Dont se fait le rous miel & la cire gaufree.

Mais quoy? veus-ie tousiours de ce iardin parfait
Les beautez raconter, ie n'auroy iamais fait:

# LE IARDIN.

Plustost que d'en peu dire il vaut bien mieus se taire,
Et voir tant seulement ce qui peut aus yeus plaire.
 Ce beau iardin fleuri, plaisant, & gratieus,
Est le fils odorant de Nature & des Cieus,
L'alme Nature y fait tout croistre en abondance,
Et le Ciel y respand son heureuse influence:
Il ne souffre iamais les iniures du temps,
Les Dieus le font fleurir d'un eternel Printemps,
Les Nymphes d'alentour le gardent à toute heure,
Puis ie fay en tout temps en ce lieu ma demeure.
 Ce Dieu n'eut pas si tost acheué son discours,
Qu'il s'enfuit loing de moy par des cachez destours,
En le voiant courir i'abandonné ma place:
Comme ie m'efforçois de le suiure à la trace,
Lors ie me resueille, ie fus bien estonné
De me voir sur le bord de fleurons couronné
Et de gazons moussus: ie quittay la fontaine,
Esclairé du Croissant, qui luisoit sur la plaine
Au deffault du Soleil, attendant son retour,
Ie m'en allé trouuer l'ordinaire siour.

# METAMORPHOSE
## DE LA NYMPHE
### Syringue en roseaus.

R' qu'au bord de ces eaus le gratieus Zephire
Branſle ſes ailerons, & doucement ſouſpire,
En cependant qu'il fait à ces tendres roſeaus
Soubs l'air de ces ſouſpirs baiſer le front des eaus,
Ie veus à ces buiſſons & à ces eaus apprendre
Comme Pan amoureus voulut vn iour ſurprendre
Syringue la Naiade, auſſi toſt qu'il la vit
Venir du mont Lycee, & comme il la ſuiuit
Tout embraſé d'amour iuſqu'au moite riuage
Du fleuue de Ladon, où en roſeau ſauuage
Ses ſœurs, Nymphes des eaus, changerét ſon beau corps,
Pour empeſcher que Pan qui la ſuiuoit alors
Ne luy rauiſt la fleur de ſa beauté plus belle,
La fleur qui la faiſoit nommer de tous pucelle,
Car elle auoit fait don de ſa virginité
A Diane à qui plaiſt ſur tout la Chaſteté.
   Nymphes qui preſſurez ſoubs ce marbre liquide
Vos cheueus ondelez, quittez la voute humide
Où vous faites ſeiour, & à bras deſnouez
Fendez ce mol cryſtal, & roidement nouez,
Venez pres ces roſeaus que ceſte eau claire baigne

## METAMORPHOSE.

Entendre comme vn iour vostre chere compaigne
En fuiant le Dieu Pan dans les eaus se plongea,
Et par vostre secours en Roseaus se changea.
 Vne belle Naiade estoit en Arcadie,
Païs où le Dieu Pan de douce molodie
Fait sa fleute à sept rangs bien souuent resonner
En gardant les trouppeaus que l'on luy va donner,
Luy grand Dieu des bergers, afin que soubs sa garde
Des loups & de tout mal seul il les contregarde:
Ceste Nymphe en beauté les autres surpassoit,
D'autant plus qu'à chasser les autres deuançoit:
Ainsi que le Soleil est premier en lumiere
De tous les feus du Ciel, elle estoit la premiere
Des Nymphes de Diane à qui ieune elle auoit
Fait vœu de chasteté & par tout la suiuoit.
 Des Faunes, des Siluains elle estoit poursuyuie,
Sa beauté leur auoit à tous l'ame rauie,
Chassant par les rochers, les valons, & les bois
De la grande isle Ortige: au milieu des abbois
Des chiens elle s'aymoit, or' de course legere
Elle couroit vn cerf, or' sur vne autre fere
Descochoit mille traits, elle n'auoit desir
Que d'estre chaste, & prendre à la chasse plaisir.
 Pan le Dieu forestier de nature amoureuse
Errant au fond d'vn val, dans vne sente ombreuse
Syringue rencontra, qui seule reuenoit
Du hault mont de Lycée & ses chiens ramenoit
Haletants & lassez du trauail de la chasse:
Pan voiant sa beauté qui toute autre surpasse,
Son poil blond crespelu, son front blanc & vermeil,
Mais bien plus blanc que rouge, & son bel œil pareil
A celuy là des Cieus estincelant de flame.

Sa bouche cinabrine, & ses levres de basine,
Son sein blanc comme laict, enflé d'vn mont iumeau,
Couronné d'vne fraize en son double couppeau,
Qui s'esleue au dessus de sa neige viuante,
Qu'vn Zephir doucelet rend doucement mouuante,
Son habit à longs plis flottant au gré du vent,
Ses brodequins troussez, son pied leger mouuant:
Ce Dieu voyant son corps qui l'accuse Deesse
Pense voir deuant soy Diane sa maitresse,
Mais leurs deus arcs les font toutes deus differer:
Celuy là dont Syringue aus forests va tirer,
Et qu'à ses flancs douillets iour & nuit elle porte,
N'est fait tant seulement que d'vne corne forte:
L'arc de Diane est d'or, & son esclat reluit
En plein iour & malgré les ombres de la nuit.

 Amour fasché dequoy ceste Nymphe agreable
Auoit tousiours suiui Diane venerable
Dés sa tendre ieunesse, & que dessus son cœur
Sa flamme ny ses traits n'auoient point de vigueur,
Que desqu'il la brusloit sa flamme estoit esteinte,
Et dés qu'il la blessoit foible estoit son atteinte,
Tout bouillant de courrous, pour d'elle se vanger
Il prit son arc en main, & alla se ranger,
Sans qu'elle l'apperceut, dedans sa blonde tresse
Lors guignant le Dieu Pan, d'vne pronte vistesse
Luy descoche vn trait d'or qui son cœur entama:
De Syringue aussi tost le Dieu Pan s'en flama,
Ce Dieu raui de voir tant de beautez ensemble,
Et se sentant blessé ores brusle, ores tremble,
S'esmeut, craint, & espere, &, d'amour enflammé,
Desire de ce voir de ceste Nymphe aymé.

 Ainsi tout esperdu il s'approcha pres d'elle,

## METAMORPHOSE.

Plus il s'en approchoit plus il la trouuoit belle,
Et plus son feu croissoit, qui n'en seroit espris?
Sa beauté faisoit honte à celle de Cypris,
La surpassant d'autant que l'Olympe surpasse
En sa haulteur les flancs d'vne campagne basse,
Venus n'a rien de beau, ce n'est que volupté,
Syringue est toute belle, & n'est que chasteté:
Comme entre volupté il y a difference
Auecques chasteté, telle est leur ressemblance.

  Amour voiant que Pan peu à peu s'embrasoit,
Et qu'autour de son cœur sa flamme s'attisoit,
Le force & le contraint, animant son courage,
De parler à Syringue en ce propre langage:
  Nymphe honneur de Diane, & tresor de ces lieus,
Que i'ayme plus cent fois que mon cœur & mes yeus,
Par ta rare beauté qui n'a point de pareille
Ie te coniure icy de prester ton oreille
Aus propos que ie veus dire presentement,
Entends donc le Dieu Pan qui souffre du tourment
Pour aymer tes beaus yeus, mais la peine est plaisante
Que cause vne beauté sur toutes excellente.
Ie suis Dieu des bergers, cognu de l'Vniuers,
Dessoubs ma garde i'ay mille trouppeaus diuers,
Ie suis cognu des Dieux & de l'alme Nature,
Amour qui m'a blessé d'vne viue pointure
M'a graué dans le cœur des pointes de ses traits
Ton poil, ton front, tes yeus, ta grace & tes attraits,
Et ta grande beauté dont mon ame est esprise,
Beauté qu'on doit nommer Royne de ma franchise.
Ie ne veus point rauir la belle & ieune fleur
De ta virginité, ie t'ayme trop, mon cœur,
Mais s'il te plaist ie veus t'auoir en mariage,

Heureux si dessus toy i'auois cest aduantage.
　　Syringue ayant presté l'oreille à ses propos,
S'enfuit ainsi qu'vn Cerf lancé de son repos.
De voir ce Dieu cornu elle fut indignee,
Son nez estoit camus, sa face renfrongnee,
Son poil rude herissé, son corps tout parsemé
D'estoiles, son visage estoit rouge enflamé,
Du ventre iusqu'en bas il estoit tout semblable
A vn bouc, & sur tout se monstroit effroiable.
Ce pauure Pan voyant Syringue s'en aller,
Et bien loing deuant luy comme vn traict d'arc voller
Se met lors à la course, & de rage amoureuse,
D'ire, & de desespoir son ame furieuse
Luy rend leger le corps, tellement qu'il estoit
Contre elle, mais la Nymphe à grands pas se hastoit
Si tost qu'elle entendoit quelque bruit par derriere.
Pan à grand coup d'argot esleuoit la poussiere,
Et sa course doubloit, courant il appelloit
Syringue, ses amours, mais plus fort elle alloit,
Mesprisant son tourment, sa parole, & sa peine.
　　Qui a veu quelque fois au milieu d'vne plaine
Vn gros mastin pesant desia vieil & cassé
Poursuiure vn Cerf rusé trop laschement chassé,
Il a veu le Dieu Pan à la course pesante,
Qui suit demy-lassé ceste Nymphe fuiante.
Elle passe les bois, & saute les ruisseaus,
Elle fuit aus vallons, monte sur les couppeaus
Des monts plus esleuez sans crainte de sa vie:
En la fin du Dieu Pan elle est fort poursuiuie,
Sentant bien que ce Dieu suiuoit de loing ses pas,
Haletant & soufflant, elle qui ne veut pas
Tant seulement le voir, d'vne pronte vistesse

b

## METAMORPHOSE.

Au fleuue de Ladon pour son secours s'addresse.
Estant pres de son bord, elle dit, Ayde moy
O fleuue, ô puissant Dieu, i'ay mon recours à toy:
Et vous, Nymphes mes sœurs, qui baignez dãs ces ondes
Claires comme crystal l'or de voz tresses blondes,
Deliurez moy des mains de ce Dieu boccager,
Et me changez le corps en vn corps estranger.
  Tout aussy tost qu'elle eut mis fin à sa parole
Elle plongea sous l'eau, lors pres la riue molle
En des tendres roseaus son corps fut eschangé.
Pan la suiuant, comme elle en l'eau s'estoit plongé
La pensant embrasser, mais rien sur ces riuages
Helas! il n'embrassa que des roseaus sauuages,
Qui s'esbranloient au vent çà & là repoussez:
Leurs scions verdelets l'vn sur l'autre baissez
Rendoient vn dous murmure & vn son lamentable,
L'eau du fleuue accordoit à ce bruit pitoyable,
Pan alors tout esmeu d'ouir ses dous souspirs,
Soubs le mol euentail des dous souflants Zephirs,
Tout triste, dit ainsi: ô Nymphe transformée
En ces gresles roseaus, las! que i'ay tant aymée,
Pour demonstrer quelle est l'ardeur de mon amour,
Qui ne mourra iamais, pour marque de ce iour,
Et de mon grand malheur, ie veus en la presence
De ce fleuue glissant, & deuant l'assistance
Des Nymphes de ces eaus, à ceste heure coupper
De ces roseaus icy & puis m'en esquipper
Vne fleute aussy tost pour chanter dessus elle
Mon dueil, & mes amours d'vne façon nouuelle.
  Il n'eut pas si tost dit qu'il reusa ces roseaus,
Les troua par dessus & en fit sept tuiaus,
Ensemble les ioignit & les colla de cire,

Lors ses tristes amours à sa fleute il fit dire.
 Les riues d'alentour, les rochers, & les bois
Respondoient tristement aus accents de sa vois,
Mesme la Nymphe Echo, bien qu'elle l'ait en haine,
Redisoit tous ses mots, chacun pleuroit sa peine,
Syluains, Faunes, Bouquins, Nymphes & demi-Dieus,
Et les vents pour l'ouïr s'arrestoient en ces lieus.

# DON D'VNE NYM-
# PHE A VN
# pasteur.

CE dur caillou & cest acier luisant,
Gentil berger, icy ie te presente,
Don bien petit, mais il t'est fort duisant:
Quand le Soleil dans la plaine ondoiante
Baignera trop son chef donne-clarté,
Contre l'acier soit ce caillou heurté
Dru & menu, lors tu auras lumiere
Qui chassera tous les brouillards de l'air,
Par ce moien, en faisant ta priere
Tu pourras bien au Dieu Pan immoler
Quelque aignelet, afin que soubs sa garde
Ton gras trouppeau tousiours il contregarde,
Au toict, aus champs, des charmes & des loups,
Et des malheurs que le ciel pleut sur vous.

        b ij

# RESPONCE DV PASTEVR.

A Ceste pierre est semblable mon cœur,
Du feu dans soy tout de mesme il recele,
Mais le caillou ny l'acier n'ont vigueur
D'en tirer hors vne seule estincele,
Il n'est nourri de drappeau ny de bois,
Vn seul regard en peut tout à la fois
Faire sortir mille & mille flammesches,
Qui meurent tost pour n'auoir aliment:
Nymphe permets qu'Amour darde ses flesches,
Que dans tes yeus il garde cherement,
Incontinant, ô Soleil de mon ame,
Sa flesche d'or, qui les rochers entame,
Frappant mon cœur du feu iaillir fera,
Et de mon sang le feu se nourrira.

# LES DESCRIPTIONS
DES QVATRE SAISONS
chantees par quatre
Bergers.

## LE PRINTEMPS.

### DAMON.

IE chante des saisons la saison la plus belle,
Où tout reprend naissance, où tout se renou-
   uelle,
Le Printemps florissant tout perfumé d'o-
   deurs,
Tout couuert de bouquets de diuerses couleurs,
Dous, riant, gratieus, beau, ieune, & agreable,
Odorant, temperé, ioyeus & delectable.
  En ce temps le flambeau qui distingue les iours
Laisse les froids poissons, & va faire son cours
Au logis du mouton, en courant sa carriere
Il appreche de nous son char donne-lumiere,
L'air, la terre il eschaufe esclarcissant les Cieus,
Et nous descouure l'or de son chef radieus.
Sitost que dans le Ciel flamboiant il vient luire
Comme l'on voit au feu se deffaire la cire,

b iij

## LE PRINTEMPS.

Ainsi pendant ce temps soubs ses rais eslancez
L'on voit fondre la neige & les fleuues glacez,
Tout est moite & baigné, les eaus par tout s'escoulent,
A flots entrecassez les fiers torrents se roulent
A trauers les rochers d'vn sault precipiteus,
Les chesnes, les sapins ils trainent auec eus,
Et courent aus vallons, les vallons les renuoient
Aus prez herbus, les prez aus ruisseaus qui tournoient
Et courent arrouzans les plaines de leurs eaus.

 Les haults monts descouuerts verdissèt leurs couppeaus,
Tout prend force & vigueur, le grand corps de la terre
Eschauffé du Soleil mille tresors desserre,
Les prez s'ornent de fleurs, de fueillage les bois,
De verdure les champs, les antres frais & cois
De mousse verdoiante, & les riues d'herbage:
Les rochers cauerneus de l'ambrunche sauuage,
Les vignes de verd pampre & de tendres bourgeons:
On voit à dos rompu couler les clairs surgeons
Des fontaines d'eau viue, on voit les violetes
Monstrer leur bel email, & mille autres fleuretes,
L'Hyuer s'est retiré auecques ses glaçons,
Tout pasle, tout transy, tout tremblant de frissons.

 L'on n'entend plus icy les siflantes haleines
De l'horrible Aquilon, les monts, les bois, les plaines
Ne portent plus de neige vne espaisse toison,
Ores l'air est tranquile & douce est la saison,
Les glaçons, les frimats, les brouillards, les bruines
Ne couurent plus ces lieus, les ondes crystalines
Des fleuues arrestez recommencent leur cours,
Et glissent sur les champs serpentans leurs destours.

 Les oyseaus au retour de la saison nouuelle
Gazouillent nuit & iour, l'estrangere Arondelle

Sur le haut des maisons ramage haultement,
Et Phylomele triste annonce son tourment,
Et l'effort de Terée aus Nymphes agreables,
Decoupant son dous chant en fredons lamentables:
Or' bas elle babille, or' elle hausse sa vois,
Et degoise sa plainte au plus touffu des bois.
  Ce fut, il m'en souuient, en ce temps que mon ame
Et mes sens esperdus furent remplis de flame
Pour auoir hasardeus contemplé le bel œil
Qui luisoit en ces champs plus beau que le Soleil,
Le Soleil le voiant honteus fuioit arriere
De veir que cestuy cy le passoit en lumiere.
  Sur le point que le iour commence à decliner,
Et qu'on voit le Soleil vers l'Occident tourner,
Que la claire Vesper luit au ciel lumineuse,
Appellant le sommeil & la nuit tenebreuse,
Que les bergers par tout remeinent leurs trouppeaus
Au son de leur musete ou de leurs chalumeaus
Pour les conduire au toict, ie prins ma cornemuse
Et reueillé mes chiens & ma trouppe camuse.
Comme ie trauersoy l'espesseur de ce bois
J'entendi des bergers crier à haulte vois
Au loup, au loup, au loup, lors mes brebis tremblerent
Et toutes en un tas de crainte s'assemblerent:
Mes chiens oians le bruit roderent furieus
Autour de mes brebis parmy ces sombres lieus,
Courant ils aboioient herissez de furie,
Prests d'ataquer le loup & luy oster la vie.
Si tost que soubs le toict pour reposer la nuit
Sans mal & sans danger mon trouppeau fut conduit,
J'appellé tous mes chiens, ie pris ma grand' houlete
Ferrée à chasque bout, toute de clous couuerte.
       b iiij

## LE PRINTEMPS.

Ie ne fus pas si tost dans le bois retourné
Que i'apperceu le loup de chiens enuironné,
Soudain mon chien tout-blanc droit dessus luy s'eslance
Et l'atterre à ses pieds, mon chien tout-noir s'auance,
Et Louuet mon metis, les autres le tenoient
Aus pieds, au ventre, au dos, & sur luy s'acharnoient:
Mais Louuet vigoureus luy fit lascher la prise,
C'estoit vne brebis noire qu'il auoit prise
A Lycoris la belle, à qui ie fis present
De mon cœur, & d'vn chien, quand elle vit gisant
Sur la terre le loup & sa brebis sauuee
Sa face elle essuia de ses larmes lauee,
Et me remercia du don & du bienfaict,
Les bergers me louoient d'auoir ce loup deffaict.

   La Lune cependant sur la brune courtine
De la nuit nous monstroit sa figure argentine,
Alors chasque berger hors du bois se despart
Et guette si les loups viendront de quelque part,
Moy d'vn autre costé Lycoris i'accompagne,
Et guide ses trouppeaus par l'herbeuse campagne,
Ie regardois de rang leuer les feus des Cieus
Mais ses yeus surpassoient les Astres radieus,
C'estoient deus beaus Soleils ardans de claire flame,
Qui se firent alors les seuls Rois de mon ame,
Quand ie voulois piller sur sa bouche vn baiser
Elle ne me vouloit iamais le refuser.

   Ce fut au gay Printemps que ie baise la belle,
Aussi i'ayme sur tout ceste saison nouuelle,
Et iamais n'oubliray ce soir ny ce Printemps,
Ny celle qui rendit tous mes esprits contens.

# L'ESTE.

### MELIBEE.

E chante des saisons la saison desiree,
L'Esté fils du Soleil à la tresse doree,
Couronné d'espics blonds tout bouillon-
    nant d'ardeur,
Riche en iaunes moissons, qui cuist par sa chaleur
Les dous fruicts que la terre aus humains liberale
Sur ses reins fructueus prodiguement estale.
  En ce temps Apollon de mille feus ardant
S'esloignant du toreau va ses rayons dardant
Par les yeus du Lion, la rouge Canicule
Qui tarist les ruisseaus, qui cuist, & fend & brusle
Le giron de la terre en mille & mille lieus,
Reluit estincelante en la route des Cieus.
Partout le hasle ondoie, & seiche les fleuretes,
Les monts brulent d'ardeur, l'air se fond en bluetes:
Chascun pour r'enfreschir son corps cherche les eaus,
Les antres les plus creus, & l'abry des rameaus.
Les fruicts delicieus sur les branches meurissent,
Et les espics barbus en criquetant iaunissent,
Et baissent leurs cheueus à l'air des dous Zephirs
Qui vont de tous costez respandre leurs souspirs.
  Des estangs, des marests les ondes sont taries,
Tout est aride & sec, les herbes des prairies
Soubs les rais du Soleil commencent à seicher.

b

## L'ESTE.

Et monstrent qu'il est temps de les aller faucher.
Les eaus n'ont pas si tost quité leur vive source
Que l'on les voit tarir au milieu de leur course,
Pour euiter le chaut les oyseaux peinturez
Sous les bois plus fueillus libres sont retirez.

 En la grande chaleur des chaleurs estiuales
L'on entend criqueter par les champs les cygales,
Aus humides vallons les gros toreaus meugler,
Et hannir les iuments, & les vaches beugler,
Aboyer les mastins, besler les brebietes,
Ramager les oyseaus, bruire les ondeletes,
Soufler les petits vents pres des antres moussus,
Et les bergers chanter dessus les rocs bossus.

 Auant que l'Aube fraische ait les portes decloses
Du perleus Orient, & parsemé de roses,
Et de mille autres fleurs le lieu d'où le Soleil
Nous aporte le iour à son premier reueil,
On voit le guay faucheur qui se met en chemise,
Prend sa faux par la pointe, & tout du long l'aguise.
Puis à bras estendus se retournant en rond
Couppe l'honneur des prez en descouurant le fond:
Les fleurs veufues d'humeur sont par endrois couchees,
Et gisent sur la terre afin d'estre sichees,
Desque le foin est sec il est lors ratelé,
Et en meulons pointus soudain amoncelé.

 D'autre part dans les champs les espics meurs on sie
Auecques la faucille, & le glaneur espie
Le moissonneur hasté, & talonne ses pas
Pour ramasser soigneus l'epi qui tombe bas,
On cueille, on fauche, on sie aus moissonn uses plaines
Orges, seigles, meteils, legumes & auaines.

 Ce fut, il m'en souuient, en ce temps que mon cœur

## L'ESTE.

Pour voir vne beauté me laiſſa ſans vigueur,
Tout, froid, paſle, & tremblant, prenant la hardieſſe
D'aller ſans mon congé d'vne pronte alegreſſe
Voir deus aſtres iumeaus, qui luiſoient clairement
En ce bois dont il fut embraſé viuement:
Quand il ſe vit bruſlé pour eſtre temeraire,
Trop fol, trop eſtourdi, trop pront & volontaire,
Il me vint retrouuer, mais depuis ſon retour
J'ay doucement langui ſoubs le ioug de l'amour,
Car retourné à moy Amour l'emplit de flame,
Flamme qui le conſume en conſumant mon ame,
I'eſtime toutefois mon tourment doucereus
Aymant ſes deus beaus yeux dont ie ſuis amoureus.

  Sur le point que l'Aurore annonce auant-courriere
Le retour du Soleil, prince de la lumiere,
Pour nous donner le iour, & qu'on voit l'Orient
De liguſtres de feus ſon beau teint variant,
Que les petits oyſeaus chantent dans les boccages,
Conduiſant mes brebis dedans les gras herbages
Pour brouter l'herbe tendre, & les humides fleurs
Que l'Aube argente, emperle, & baigne de ſes pleurs,
Dans les paſtis herbeus i'apperceu Galatée
Qui paiſſoit ſes trouppeaus & s'eſtoit arreſtée
Pres d'vn ſaule ombrageus à trouſſer ſes cheueus,
A les preſſer, onder, & les retordre en nœuds.
Ie caché tout ſoudain ma troupe camuſette
Derriere des buiſſons & baiſſé ma houlette,
Ie me couché tout bas tenant pres de mon flanc
De peur qu'il ne fiſt bruit mon chien hardi tout-blanc.

  Phœbus auoit du Ciel les barrieres ouuertes
Lors que ie contemple ſes beautez deſcouuertes,
Tout eſmeu, tout raui en preſence d'Amour

b vj

# L'ESTE.

Ie vy ces deus beaus yeus en ces lieus donner iour,
Son front miroir des Dieus plus blanc que n'est l'iuoire
Où la grace est assise au costé de la gloire,
Les roses, les beaus lis, les œillets de son teint,
Le corail de sa bouche où mon heur estoit peint,
La neige de son col où s'espandoient par ondes
De ses cheueus frisez les belles tresses blondes:
Ie vy son sein veineus dont mon cœur fut surpris
Où se cachoient les Ieus de la belle Cypris
Entre deus monts de laict, arrondissants leurs pointes
Où l'on voyoit au bout deus roses bien empreintes
Aus replis vermeillets se hausser doucement,
Puis apres s'abbaisser d'vn esgal mouuement:
Sa grace, sa beauté, sa douce contenance
Monstroient que dans le Ciel elle auoit pris naissance,
Les Zephirs amoureus voloient pres de son corps,
Le terre soubs ses pieds iettoit mille tresors.
Apres auoir long temps admiré son visage
Ie m'aproché pres d'elle, & luy tins ce langage:
    Heureus trois fois ce iour, & moy trois fois heureus
Puis que i'ay veu tes yeus dont ie suis amoureus,
Heureus ce pré trois fois, & mille fois heureuse
Ta beauté dont mon ame est du tout amoureuse:
Bien que tant seulement tu sois digne des Dieus
Ne me mesprise point, il n'y a dans ces lieus
Berger qui mieus que moy la cornemuse entonne,
Et sur la fleute aussi plus doucement fredonne.
Les Dieus viennent danser au son de mes pipeaus,
Et pour moy ce pays est couuert de troupeaus,
Permets en t'adorant que ie baise ta bouche,
Ou que ta blanche main de ma leure ie touche:
Ie n'eus si tost parlé qu'elle me vint baiser,

Et se couchant me fit sur son sein reposer.
 Ce fut vn iour d'Esté que sa bouche sucree
Ie baisoté, aussi ceste saison m'aggree,
Et iamais n'oubliray ce iour, ny cest Esté,
Ny celle par qui fut mon esprit contenté.

# L'AVTOMNE.

## IOLAS.

IE chante des saisons la saison aggreable,
Douce, belle, plaisante, & riche, & proufitable,
L'Automne honneur de l'an, nourricier des humains,
Tout couuert de fruicts meurs, tout chargé de raisins,
Qui fait dans les vergers ploier les verds branchages
Iusqu'en terre chargez de doucereus fruictages.
En ce temps le Soleil le pere des chaleurs
Passant par la balance adoucist ses ardeurs,
Et s'esloigne de nous, alors l'on voit Pomone
Qui cueille les fruicts meurs dont la terre foisonne,
En emplit ses paniers, & puis les va vider
Sur la paille aus greniers afin de les garder.
Les ombreuses toisons des forests se iaunissent,
Et perdent leur verdeur, fleurs & herbes flestrissent,
Les fueilles tombent bas, & les humides prez
De diuerses couleurs ne sont plus diaprez.

## L'AVTOMNE.

Le Rossignol s'enfuit, la iasarde Arondelle
Va chercher autre part vne saison nouuelle,
La Caille ayme-froment s'enuolle loing de nous,
Et poursuiure l'esté quitte l'automne dous.

    Aus cotaus soleillez les grappes pendillantes
Monstret leurs flancs pourprez aus serpettes trechantes
On voit rempli d'espoir le soigneus vigneron,
Sa vigne visiter, tourner à l'enuiron,
Puis ioieus annoncer à la trouppe rustique
Qu'il est temps de coupper la richesse Bacchique,
A l'heure on voit ses gens au trauail s'apprester,
Les vns dessus leur dos vont leurs hottes porter,
Les autres des paniers, d'autres dedans les ondes
Trempent osiers, estrains, & tinettes profondes,
Les couppes & barils, les vns vont emousser
Leurs serpes sur la pierre, & d'autres appeller
Les hotteurs vendangeurs pour aller dans la vigne
Tailler le raisin meur à la couleur sanguine.

    Les vns vont leurs couteaus enrouillez aguiser
Pour mieus apres le bois en pointe amenuiser,
Et faire des faucets, les autres se garnissent
D'antonnoirs, de bondons, les celiers retentissent
Soubs les coups du maillet, en ce temps les tonneaus
Sont par le tonnelier embrassez de cerceaus.
Tandis le vigneron se haste & diligente,
Les ais poudreus il laue, & son pressoir esuente.

    D'autre part dans la vigne on voit les vendangeurs
L'vn de l'autre escartez auecques les hoteurs
Les plantes deuestant de leurs grappes pourprees,
Et ne leur laisser rien que leurs branches pamprees.
L'on emplit les paniers, on les descharge apres
Aus hottes, les hotteurs les vuident là aupres

Dans la creuse baignoire, & si tost qu'elle est pleine
Le chartier doucement en la maison la traine
Pour faire le raisin en la cuue cuuer,
Et là pour quelques iours on le laisse couuer:
En apres on le foule & à pleine hottée
La grappe degoutante est de la cuue ostee,
Et portee au pressoir, là sur des ais bien ioins
Le marc est arrangé, l'on tourne à l'vn des coins
Le moulinet, apres que le verain on laisse
Sur l'amas raisineux, l'arbre massif s'abaisse:
Si tost qu'à toute force on le fait deualer
On oit geindre le bois, alors on voit rouler
De grands torrents de vin dessus la Met humide,
La vermeille liqueur dans le cuuier se vuide
Soubs l'anche du pressoir des hommes à plains seaus
Puisent le vin fumeus pour le metre aus vaisseaus.
Le vin enclos escume, & sautelle & bouillonne,
Et iette sa fureur & ieunesse en la tonne.
   Ce fut il m'en souuient en ce temps que mes yeux
S'eblouirent aus rais d'vn Astre gracieus
Qui flamboit sur le front de Lycaste la belle,
Lycaste qui mon cœur & mon ame encordelle
Dans les filets dorez de son chef, où l'Amour
Dedaignant les hauts Cieus voltige nuit & iour.
Vn iour ie conduisois mes trouppes camusettes
Pour leur faire baiser le front des ondelettes,
Approchant pres du bord ie me mis à couuert
Soubs vn roc moussëlu obscurement ouuert,
Là dessoubs i'attendoy que mes brebis fecondes
Eussent à chef baissé beu le crystal des ondes:
Mes chiens en cependant s'allaient tout bas coucher
Pour guetter si le Loup viendroit d'eux s'approcher,

## L'AVTOMNE.

Si tost que de ces eaus soules mes brebis furent
A mon siflet vers moy à bonds elles coururent.
   Ie fus là quelque temps pour prendre la fraischeur
De ce rocher vouté, iusqu'à tant qu'vn pescheur
Qui remenoit à val sa barque poissonniere
Dit auoir veu deus loups trauerser la riuiere
Et venir vistement par le mesme costé
Où i'estoy, tout soudain ce rocher ie quitté,
Ie fy venir mes chiens, dans le bois ie retourne
Pres d'vn buisson où Pan le plus souuent seiourne.
Ce buisson espineus est par tout ombragé
De rameaus verdoians, Pan souuent s'est changé
En forme de pasteur, feignant de mener paistre
Les trouppeaus par ces lieus, & en cependant traistre
S'il voit quelque bergere amoureus il la suit,
Et en fait à son gré si viste elle ne fuit.
   Derriere ce buisson où est vn pasturage
Beau, verd, & spatieus, & riche en gras herbage
Ie mené mes brebis pres d'vn chesne branchu
Tout contre i'apperceu vn Faune au pied fourchu
Qui forcenant d'amour & d'ardeur & d'ennie,
Lycaste contemploit sur la terre endormie.
Vous eussiez veu la Grace & Venus, & l'Amour
L'honnorer, l'adorer, la baiser tour à tour,
Ce Faune au front cornu en vouloit autant faire:
Mais quand ie le cognu si fol & temeraire,
I'embouché mon flageol & hautement sonné,
De m'ouir & me voir il fut bien estonné,
Aussi tost il s'enfuit, & Lycaste mon ame
Desilla ses beaus yeus tous raionneus de flame.
Lors i'approché pres d'elle, & luy conté comment
Ce Faune la guettoit, & comme vistement

## L'AUTOMNE.

Au bruit de mon flageol sans regarder derriere
Au plus espais du bois il auoit pris carriere.
Lycaste se sourit, & en se souriant
Elle monstroit deus rangs de perles d'Orient,
Sa ioue estoit semblable à la vermeille rose,
Qui flotant sur le laict a sa robe desclose,
Il n'y a rien si beau soubs la voute des Cieus.

Tu le sçais bien, Amour, tu loges dans ses yeus,
Tu mesprises le Ciel & sa belle lumiere
Pour viure dans leur flamme, où tu pris prisonniere
Mon ame, quand peu caute elle fut adorer
Leurs raions, ayant fait desseing d'y demeurer:
Mais si tost qu'elle vit ton arc & tes sagetes
Par qui les Deitez te sont mesmes subietes,
Elle eut peur, & soudain me vint lors retrouuer,
Depuis mille plaisirs tu m'as fait esprouuer,
En baisant mollement la bouchete pourprine
De Lycaste aus beaus yeus, dont la flamme diuine
Me brusle en s'accroissant le cœur si doucement
Que ie me plais de viure en vn si beau tourment.

Ce fut vn iour d'Automne où ie baise la ioue
De ma Lycaste, aussi ceste saison ie loue,
Et iamais n'oubliray ce iour plein de bonheur,
C'est Automne, n'y celle à qui i'offri mon cœur.

# L'HIVER.

### ALPHESIBEE.

IE chante des saisons la saison froidureuse,
L'hiuer morne & gelé, à la robe fangeu-
se,
Aus yeus tousiours pleurants, au poil rude
& crassus,
Au corps tout morfondu, aus membres paresseus
Qui porte au dos la glace, & la neige en la teste,
Sur les yeus les brouillards, l'orage, & la tempeste.
 En ce temps le Soleil chasse ses grands cheuaus
Deuers le Capricorne, & poursuit ses trauaus
Par la pante du Ciel, & lors qu'il nous regarde
Ses raions lumineus obliquement il darde,
Agrandissant les nuits, & faisant courts les iours.
L'air est froid & obscur, les eaus cessent leurs cours,
Leur vif argent se glace & leurs suiardes ondes
Ne vont plus par les champs se rouler vagabondes.
Les arbres semblent morts, les prez sont tous fanez,
De neigeuses toysons les monts sont couronnez,
Les bois, les champs, les rocs, & les sombres vallees
Monstrent leurs dos blanchis, les quarreaus, les allees,
Les treilles, les berceaus, les arbrisseaus diuers
Des iardins fructueus sont de neiges couuerts.
 L'on ne voit rien de verd dãs les prez & aus plaines,
Tant seulement paroist sur le bord des fontaines

## L'HIVER.

Qui ne gelent iamais vn herbage mollet,
Arrousé de l'humeur du flot argentelet
Que l'on voit sauteler à petites secousses
Au sortir du rocher tout tapissé de mousses
Où il prend sa naissance, on oit de tous costez
Les vents tempestueus, sur les monts escartez,
Aus plaines, aus deserts, aus vallons aus boccages,
Aus fleuues & aus mers ils soufflent mille orages:
Ils grondent parmy l'air & vomissent souflants
Des tourbillons noircis de leurs gosiers siflants:
Ils amassent la pluie, & la neige, & la gresle,
Qu'ils rejettent par tout furieus pesle-mesle
Ils deplantent les troncs, & brisent les rochers.
Sur la marine ils font trembler tous les nochers
De crainte & de fraieur, or'ils haussent leurs voiles
Sur des montagnes d'eau iusqu'aus claires estoiles,
Puis abaissent les flots, & les iettent en fond
Pour engouffrer leurs nefs soubs l'abisme profond.

   L'Air est tout nebuleus, gros de frimas, de pluie,
De verdure & de fleurs la terre est degarnie,
Attendant le Printemps pour raieunir son corps
Elle cache en son sein mille & mille tresors
Soubs les monceaus neigeus qui blachissent nos plaines,
Chacun se cache au toict pendant que les haleines
Du meuglant Aquilon glacent les froides eaus,
Dans les buissons touffus se cachent les oyseaus,
Les feres dans leurs creus, les troupeaus aus estables,
Les Nymphes & les Dieus aus antres effroiables.

   Le Laboureur soigneus durant ceste saison
Fait amas de fumiers, & garnit sa maison
De cruches, d'arrousoirs, de pesles, de serpettes,
De fiches, de cordeaus, de ciseaus, de brouettes,

## L'HIVER.

Pour seruir au iardin, pour le labeur des champs,
De herses, de durs socs, & de coutres trenchants,
De coliers, de timons, de marius & de roues:
Pour les vignes de pics, de besches, & de houes:
De veruains, d'hameçons, de tramails pour pescher,
De fourches, de rateaus, & de faus pour faucher.
  Ce fut, il m'en souuient, en ce temps que ma vie
Fut soubs Amaryllis doucement asseruie,
Amaryllis mon tout, que i'ayme cent fois mieus
Que mon cœur & mes sens, que mon ame & mes yeus,
Apres auoir donné aus brebis du fourrage
Du regain, du cityse, & du tendre fueillage
De fresnes & d'ormeaus, ie me mis à tourner,
A creuser, à polir, à fendre, à façonner
Des couppes, des fuseaus, des quenouilles rurales,
Des hances, des bourdons, des flutes pastorales,
Des chalumeaus trouez, des flageols, des pipeaus,
Et d'autres instruments: Puis ie coupé des peaus,
Et de ces peaus ie fy à ma musette vn ventre
Qu'aus tuiaus i'attaché, par où resort & entre
Le vent qui de la bouche à reprise est soufflé:
Quand i'eu cousu les peaus & son grand ventre enflé,
Ie la mis bien d'accord, & soudain luy fy dire
La chanson qui commence, O gratieus martyre.
Ie fy lors des colliers herissez de grands clous
Pour mes fidelles chiens, bons estrangleurs de loups,
Tantost vne houlete, or' vne panetiere,
Et pour porter l'hyuer vne chaude louuiere.
  D'vn fresne bien choisi dextrement ie tourné
Vne profonde coupe, & au tour façonné
Douze Nymphes en rond, qui dessus les fleuretes
Dansent à petis bonds au bruit des ondeletes

Que l'on voit sauteler en leurs cours tortueus
Delaissant le rocher sauuage & montueus
De lambrunche couuert, roc dont la gueule sombre
Retire trois pasteurs & trois chiens à son ombre.
Au costé du vaisseau ce rocher est taillé,
Tout deuant est vn pré de couleurs emaillé,
Au dessus de son dos mille chesnes verdissent
Espanchant leurs rameaus, ses durs flancs se tapissent
De rosiers, d'aubespins, de piquans geneuriers
Par boccages serrez, tout contre les lauriers
Haussent leurs chefs aus Cieus dedaignans le tonnerre.
Mille autres arbisseaus s'esleuent de la terre
Pour embellir ce lieu, dedans l'obscurité
De ce monceau pierreus naiuement vouté
Mille lis, mille œillets, mille fleurs, mille roses
Monstrent rauissant l'œil mille beautez escloses.

 Les Faunes ce pendant, les Satyres cornus
Aus visages rougis & aus membres charnus,
Aus corps couuerts de poil derriere des erables,
Des chesnes, des tilleus, des ormes aggreables,
Au vray representez se cachent pour guetter
S'ils pourront du troupeau quelque Nymphe emporter.
Mille oyseaus sont perchez sur les ombreus fueillages,
Et semblent à les voir qu'ils chantent leurs ramages.
Du pied de ceste coupe vn pampre verdissant
Tout chargé de raisins monte & va se haussant
Iusqu'au cul du vaisseau, sur ces grappes pourprees
On voit des limaçons aus maisons diaprees
Leurs cornes alonger, tout y est si bien fait
Que ie n'ay iamais rien tourné de si parfait.

 Aiant fait ce chef-d'œuure aussy tost ie le porte
A mon Amaryllis, qui estoit à sa porte

L'HIVER.

Et luy baisant sa main & ses beaux doigts polis
Plus blancs cent mille fois que la neige du lis,
Humble luy presenté, la priant de le prendre
Et ensemble mon cœur qu'elle auoit mis en cendre
Dés la premiere fois que t'apperceus ses yeus
Mes flambeaux bien aymez, mes Soleils gracieus.
Oyant louer ses yeus elle teignit sa ioue
(Où l'Amour amoureus dans ses roses se ioue)
D'vn honteus vermillon, & lors en me baisant
Promettant de m'aymer elle prit le present.

  Ce fut vn iour d'Hyuer que de ceste bergere
Ie fus baisé, aussi ceste saison m'est chere,
Et iamais n'oubliray ce iour tant fortuné,
L'hyuer, ny celle à qui ce present ie donné.

# ECLOGVE I.

## THYRSIS ET TITYRE, BERGERS.

*Q*ve fais tu dans ces prez or' que la lampe ardante
Tout au plus haut du ciel reluit estincelāte?
He! quoy ne crains tu point du Soleil la chaleur
Qui tarit les estangs & brusle tout d'ardeur?
          Tityre?
Je regarde lequel de ces trois ie dois prendre,
D'aller dedans ce bois,soubs ce roc,ou descendre
Là bas dans ce vallon.Thyrsis enseigne moy
Pour euiter le chaud quelque lieu frais & coy.
          Thyrsis.
Appelle tes troupeaus pour les mettre à l'ombrage,
Allons dessoubs ce hestre au verdissant fueillage
Qu'en ce vallon tu vois pres ce tertre bossu
Où durcit ce rocher s'ouure vn antre moussu,
D'ou coule l'argent pur d'vne seconde source
Qui sautelant tremblote & murmure en sa course,
Et serpentant son eau se va perdre en ces prez
Que de mille couleurs tu vois tous diaprez:
Tousiours vn vent mollet sans arrest s'y pourmeine,
Et baise en voletant l'eau de ceste fonteine,
Là nous serons à l'ombre & dedans ce beau val

## ECLOGVE I.

Nous prendrons la fraischeur de ce coulant crystal.

### Tityre.

Mon Dieu!le beau vallon, il est plein de fleuretes,
D'herbes & d'arbrisseaus, oiez les chansonnetes
De mille & mille oiseaus qui dans les rameaus vers
De ces chesnes branchus entonnent tous diuers
Leur ramage plaisant, voiez sur ceste mousse
Qui couronne ces bords, ceste eau que le vent pousse
Reiaillir doucement, & puis se retirant
Crespeler tout le dos de son verre courant,
Voyez ces beaus fleurons qui croissent sur la riue
Où roule à dos rompu ceste onde claire & viue,
Mon Dieu qui ne voudroit en ce val demeurer?
Val que pour sa beauté chacun doit admirer,
Tant que du chaud Esté sera la terre haslee,
Ie m'en viendray chercher ceste sombre valee.

### Thyrsis.

Meine icy ton troupeau, mettons nous à couuert
Sous cest antre emaillé obscurement ouuert,
Attendant que Phœbus qui tout cuit, fend & brusle
Faisant place à la nuit loing de nous se recule,
Et qu'il faille laisser à regret ces herbis
Pour reconduire au toict nos boucs & nos brebis.
Tityre vien t'assoir sur ceste herbe mollete,
Mets pres de toy tes chiens, couche là ta houlete,
Et pour nous resiouir en ce val gracieus
Chantons vne chanson, peut estre que les Dieus
Qui font icy seiour pourront bien plaisir prendre
A nos chants, & seront ioieus de les entendre.

### Tityre.

Ie ne desire rien que chanter auec toy,
Puis ie sçay que tu veus t'esprouuer auec moy.

Que

# Eclogve I.

Que nous seruiroit d'estre en ce val solitaire,
Il vaut bien mieux chanter que d'estre sans rien faire,
Tout ce qu'on voit icy semble nous inuiter,
Et mesme les oiseaus s'efforcent de chanter.

### Thyrsis.
Commence le premier ta chanson, ô Tityre.

### Tityre.
Non, ie te respondray, la tienne il te faut dire.

### Thyrsis.
Premier de Pan le grand Dieu des Bergers
Qui mes trouppeaus garde aus forests ombreuses
Le nom i'inuoque & des Dieus boccagers,
Ils ont soucy de mes trouppes laineuses.

### Tityre.
Au nom sacré de la saincte Pales
Qui me cherit ma chanson ie commence,
De mes brebis & de mes agnelets
Aussi de moy elle a la souuenance.

### Thyrsis.
Pan & les Dieus qui habitent ces bois
Sçauent combien i'ayme la belle Iole,
Echo la Nymphe imitera ma vois,
Et redira parole pour parole.

### Tityre.
Pales qui sçait combien i'ayme Phyllis
Prendra plaisir d'ouir ma chansonnete,
Ces rocs, ces eaus, ces roses & ces lis
La rediront auec ceste ondelete.

### Thyrsis.
Aucuns bergers deuenus amoureus
Vont engrauer leurs amours sur l'escorce,
Mais d'vn trait d'or dans mon cœur chaleureus

c

# ECLOGVE I.

*De mes amours Amour graue la force.*

### Tityre.

Ie ne veus point appeller les Zephirs
Pour les prier de porter de leurs aisles
Quell' est ma flamme, & quels sont mes desirs:
Chacun cognoist trop mes amours fidelles.

### Thyrsis.

Des que mes chiens sentent le pied mouuant
De ma bergere, ils la suiuent grand erre,
En sautelant ils s'en vont au deuant,
Et l'adorant se couchent bas en terre.

### Tityre.

Quand mes troupeaus rencontrent en ces lieus
Celle qui tient soubs son pouuoir ma vie,
Pour suiure lors ce Soleil gracieus
Ils quittent fleurs, herbes, eaus, & prairie.

### Thyrsis.

Sombre vallon qui entends ma chanson
Le gay Printemps à iamais t'enrichisse,
Antre vouté où retentit le son,
Tousiours ton creus de mousse se tapisse.

### Tityre.

Eaus, claires eaus, qui faisant vostre cours
Chantez mon nom delaissant vostre source,
Que puissiez vous autant que mes amours
Auront vigueur, auoir durable course.

### Thyrsis.

La mouche à miel ayme l'humeur des fleurs,
Les tendres fleurs n'ayment que la rosée,
Ie n'ayme rien que mes douces langueurs
Et les beaus yeus qui m'ont l'ame embrazee.

### Tityre.

L'air plaist sur tout aus emplumez oyseaus,
Et aus brebis le trefle & le cytise,
La vigne au bouc, & le saule aus cheureaus,
A moy sur tout la beauté que ie prise.

### Thyrsis.

Du beau Printemps les odorants fleurons
De leur email rendent la terre belle,
Les yeus d'Iole & ses beaus cheueus blonds
Font des mortels l'appeller immortelle.

### Tityre.

Pour s'enrichir le ciel a des flambeaus,
Dont icy bas il donne la lumiere,
Phyllis au front porte deus Astres beaus,
Astres ardants d'où vient ma vie entiere.

### Thyrsis.

Ne voy tu point pres ce roc vn serpent
Au chef cresté, à l'escaille luisante,
Qui tortueus sur l'herbe va rampant,
Ton chant plaisant comme ie croy l'enchante.

### Tityre.

Ne voy tu point ces oyseaus que voicy
Sans fretiller sur ceste riue herbeuse,
De leur ramage ils n'ont plus de soucy,
Ils sont charmez de ta vois doucereuse.

### Thyrsis.

Allons, mon cher Tityre, allons, c'est trop chanter,
Appellons nos trouppeaus, il nous faut remonter
Là haut où nous estions, & nos trouppeaus conduire
Dans les pastis herbus, le Soleil s'en va luire
Maintenant loing de nous, il ne fait plus de chaud,
Allons tost mes trouppeaus, allons mon chien Arpaud,

### Eclogve I.

Pren garde que le loup trop cruel & trop traiſtre
N'emporte mes brebis pendant qu'elles vont paiſtre.
### Tityre.
Allons, i'en ſuis content, il les y faut mener,
Pour de bon heure apres ſoubs le toict retourner.

# ECLOGVE II.

## PHLIPOT ET IACQVET
### BERGERS.

Retournons aus paſtis, retournons mes
trouppeaus
Pour brouter l'herbe tendre, allons petits
aigneaus,
Et vous douces brebis allons au paſturage,
Il eſt temps de partir, mettons nous en voyage.
Deſia par pluſieurs fois le Coq au chef creſté
Ses deus aiſles battant hautement a chanté
Annonçant le retour du grand flambeau du monde,
Signe qu'il a quitté deſia la mer profonde.
 En Orient ie voy luire vn eſclat vermeil,
Tout le Ciel s'eſclarcit des rayons du Soleil,
L'ombre eſpais de la nuit ſe recule en arriere,
Les oyſeaus reſiouis de reuoir la lumiere
De mille chants nouueaus vont ſaluer le iour,
Chants qui font retentir tous les bois d'alentour.

## ECLOGVE II.

Mais quel est ce berger qui ia si matin meine
Son trouppeau camuset par ceste verde plaine,
Ie le cognois me semble, à voir ce chien tout-blanc
Et à l'ouïr iapper & gronder à son flanc,
C'est Iacquet le berger bon ioueur de muzete
Qui sçait si bien sauuer sa trouppe camusete
Des charmes, des venins, de la peste, & des loups,
Du pourry, du claueau, du chancre, & qui sur tous
Les sçait mener aus champs, les remettre en l'estable,
Les conter corne à corne, & de peine agreable
Les penser, les garder, malades les guerir,
Saines les conseruer, en hyuer les nourrir
Chaudement soubs le toict, en Esté les conduire
Dans les prez où le chaud en rien ne leur peut nuire:
A l'ombre les mettant pres le coulant de l'eau
Qu'en menus frizotis traine vn bruiant ruisseau,
Où l'herbage & les fleurs bordent son onde pure,
Et les sauls ombrageus ouurent leur cheueleure.

C'est luy qui sçait si bien la musete entonner,
Emboucher le pipeau, doucement fredonner
Sur la flute à sept rangs que Pan luy a donnee,
A chasque bout d'iuoire vniment encornee:
Pan le Dieu des Pasteurs en a long temps sonné,
Et dedans ces vallons maintes-fois fredonné,
Mais maintenant Iacquet seul l'anime & l'embouche,
Nul berger sinon luy n'est digne qu'il la touche,
Le Ciel de iour en iour le rende bien-heureus
Cherissant son trouppeau que l'hyuer froidureus
Luy soit tranquile & dous, que pour son pasturage
Les prez soient tousiours verds, tout malheur & domage
S'escartent loing de luy, qu'en abondance il ait
En tout temps laine, peaus, aigneaus, fourmage, & laict.

c iij

# ECLOGVE II.

Que nul berger heureus en heur ne luy ressemble.
Mais ie veus l'appeller à fin qu'allions ensemble,
Jacquet cher compagnon ie te prie attends moy,
Arreste ton troupeau, Jacquet arreste toy:
Ainsi tousiours Palès nostre saincte Deesse,
De ces taillis ombreus & de ces bois hostesse
Ait soing de tes brebis: Ainsi à iamais Pan
Face que ton trouppeau croisse au bout de chasque an
En nombre & en beauté, ainsi sur ta cabanne
Et sur toy le Ciel pleuue & le miel & la manne.

### Iacquet.

Vien Phlypot ie t'atends, haste toy, vien mon cœur,
Ie t'atends de pied coy, heureus qui a cest heur
D'estre auec son amy, mon amy ie t'appelle,
Et croy que tu me sois sur tout autre fidelle.

### Phlypot.

Tu t'en peus asseurer, & croy que soubs les cieus
Ie suis seul des bergers celuy qui t'ayme mieus,
Conduisons nos trouppeaus ensemble ie te prie,
Je t'ayme mieus cent fois que ie n'ayme ma vie:
Et aymeray tousiours tant que dans ces herbis
Paistront mes aignelets, mes boucs, & mes brebis.

### Iacquet.

Allons, il est grand iour, entrons dans ceste pree
De fleurons emaillez richement diapree,
Brebis & aignelets sautez ce ruisselet
Qui ceste pree entoure, & roule argentelet
A petits flots ondez sur l'arene luisante
Contre ces bords moussus son onde gazouillante.
Paissez petits aigneaus, & vous brebis paissez,
N'espargnez point les fleurs, il n'en reuient qu'assez,
Autant que vous pouuez au long du iour en prendre

# ECLOGVE II.

Autant la nuit d'apres la rosée en vient rendre,
Qu'en vos pis le laict vienne à foison s'amasser,
Et que vos aignelets soient las de les sucer.
Pan le Dieu forestier nullement ne permette
Que le loup dessus vous trop cruel sa dent mette,
Qu'il luy plaise plustost tousiours vous exempter
De mal, & que sans cesse il vous face augmenter
En bonté par dedans, par le dehors en laine,
Qu'aus bois & aus vallons, aus prez, & dans la plaine
Herbe ou venin infect se recule de vous,
Où vous puissiez aller que l'air deuienne dous.

### Phlypot.
Si c'est dedans vn bois que sa perruque sombre
Aus verdissants rameaus vous retire à son ombre,
Qu'entre ses troncs fueillus sans cesse les Zephirs
Aus branches pendillants respandent leurs souspirs,
Et secouent par l'air leurs tremblotantes aisles,
Faisant sous leur dous vent naistre des fleurs nouuelles.

### Iacquet.
Si c'est dans vn vallon, que des rochers voustez
Mille sources d'eau viue à bouillons argentez
Coulent de tous costez en leur bruit sommeilleuses,
Et que lechant le bord de leurs riues herbeuses
Elles lutent de force encontre le grauois.

### Phlypot.
Si c'est dedans vn pré cher trouppeau que tu sois,
Qu'on le voye à l'instant tapissé de fleuretes
De different esmail & plein d'herbes tendretes.

### Iacquet.
Si c'est dans vne plaine, alors que de moissons
Son dos vni s'herisse en crestez bataillons,
Que sous le vent Ceres des humains adoree,

En ondes frise l'or de sa tresse dorée.
Face doncques le Ciel que le long de nos iours
Brebis sans nul malheur nous vous gardions tousiours,
Qu'au toict & aus pastis vous preniez accroissance,
Et que rien en tout temps ne vous porte nuisance.
### Phlipot.
Ne craignez point le Loup en ceste prec icy.
### Iacquet.
Brebis n'en ayez peur, Pan a de vous soucy,
Il ayme les bergers, & prend garde à toute heure
Qu'il ne leur vienne mal, ce Dieu fait sa demeure
Icy pres au plus creus d'vn vieil antre moussu
Vouté dedans les flancs d'vn petit mont bossu:
Dessus cest antre noir s'espanche le branchage
D'vn chesne à grands rameaus, à main gauche vn boccage
Touffu borne la veue, du costé droit s'estend
Vne plaine qui longue à des hauts monts se rend,
De ceste grotte sourd vne onde argentelete
Par vn trac sablonneus, vne herbete mollete
Reuerdit à l'entour, là dedans ce grand Dieu
Fait son sacré seiour, l'autre iour en ce lieu
Apres auoir laué de ceste eau ma paupiere
Tourné vers l'Orient, i'adressé ma priere
A ce Dieu cheure-pied, lors que l'Aube à son tour
De ses longs dois rosins entame le beau iour,
Et qu'elle sort dehors de sa couche pourprée
Arrosant de ses pleurs le tapis de la prée:
Ie fis vn sacrifice à ce Dieu d'vn aigneau
Le plus gras qui fut point dedans ce mien trouppeau,
Il auoit l'argot blanc, sa laine estoit frisée
En menus crespillons, pour sa blancheur prisée.

## Eclogve II.

Je luy offris encor auec cest aignelet
Inuoquant son sainct nom vn grand vaisseau de laict,
Et de cœur le prié soubs sa charge de prendre
Moy, mon trouppeau, mes chiens, & ce qui peut despēdre
De toute ma maison, ie n'eus pas acheué
Qu'vn bruit à l'enuiron de moy fut esleué,
L'air en fut agité, mon cœur trembla de crainte
Voyant venir ce Dieu dont la face estoit peinte
Demeures: Lors il dit, i'ay ton cœur recognu,
A gré ton sacrifice & ton don m'est venu
Et ta priere aussy, berger tes brebiettes,
Tes boucs, tes aignelets, toy, tes chiens, tes cheuretes
Sous ma garde viuront, i'en auray tousiours soing
Bien qu'ils soient pres de toy, ou que tu en sois loing.

Cognoissant qu'il auoit escouté ma priere,
Humble en luy rendant grace hors de ma panetiere
Ma flute ie tiray, & luy donné la vois,
Flute dont il m'auoit fait present autre fois:
Perrot ce grand berger de main industrieuse
Fit ceste flute vn iour douce & harmonieuse,
Et l'offrit au Dieu Pan, qui luy donna le ton,
Et premier l'emboucha, depuis il m'en fit don,
Mais ie la veus garder tout le temps de ma vie
Pour elle dedaignant la rauque chalemie,
Et le rude pippeau, plus ne sera mon col
Entourné d'vn cordon où pendra le flageol,
Je n'ayme que ma flute, aussy lors que i'en sonne
Et qu'vn petit fredon dessus elle i'entonne
Soudain autour de moy toutes les Deitez
Qui habitent au creus de ces obscuritez,
Pan, les Faunes cornus, & la trouppe sauuage
Des Satyres bouquins dessus ce tendre herbage

## ECLOGVE II.

Tous gais viennent danser, si c'est aupres des eaus,
Des rochers, & des prez, les Nymphes des ruisseaus,
Des prez, & des rochers incontinent s'en viennent
Au dous son de ma fleute, & main à main se tiennent
Apres auoir troussé les replis azurez
De leurs robes, soudain à pas bien mesurez
Reculant, auançant, en rond elles se glissent
Dessus l'herbe molette, & sur terre bondissent
D'vn pied tousiours dispost, sans iamais s'arrester
Sinon lors que ie veus hors de ma bouche oster
Ma fleute, & qu'il est temps de mener à l'estable
Mon troupeau tant aymé, ceste bande agreable
De Nymphes regrettant mon absence s'enfuit,
Et ne fait que se plaindre aus ombres de la nuiĉt.

### Phlypot.

Mais en parlant de nuit, la nuit mesme s'aproche,
Le Soleil a tourné vers l'Occident son coche,
L'air s'emplit de nuage, il nous en faut aller,
Brebis n'estes vous point lasses de vous fouler,
Allés & emplissés de treffle vostre pansé,
Et vostre pis de laict, tost, tost, la nuiĉt s'auance.

### Iacquet.

Sus, chassons nos trouppeaus, & sortons de ces lieus,
Les Estoiles desia scintillent dans les Cieus,
La fumee à flots gris fume au haut du village,
Vien souper auec moy, i'ay du laict, du fourmage,
Des pommes, & des nois, & si nous pourrons bien
Dormir ensemblement dans mon liĉt qui est tien,
Ton trouppeau pourra bien où le mien se repose,
Vien si tu veus, Phlypot, la nuit est desia close.

# LA MORT DV BERGER ARISTEE.

## STANCES.

### I.

Voy donc? vous ne le croyez pas
Que ma mort soit bien tost prochaine,
Dans peu de temps douce inhumaine
Vous le croirez par mon trespas.

### II.

Voiez comment vous auez tort,
Ma force est du tout amortie:
Mon ame est de mon corps sortie,
N'est-ce vn augure de ma mort?

### III.

Vous dites, croissant ma langueur,
Qu'vn corps ne peut viure sans ame,
Mais de vos yeus la viue flame
Ne peut elle donner vigueur?

### IIII.

C'est c'est de vos beaus yeus sans plus
Que mon corps reçoit vie & force,
Mon ame n'est plus soubs l'escorce
De ce corps à demi perclus.

### V.

Bien que ie viue par leur feu,
Si sentay-ie bien d'heure en heure.

## STANCES.

Que ie cours droit à la mort seure,
Et que mon corps meurt peu à peu.

### VI.

Vous ne le croyez pas pourtant,
Vous riez lors que ie souspire,
Vous vous moquez de mon martyre
Et du mal qui me gesne tant.

### VII.

Puisse auenir que quelque iour
Soiez amante & non aymee,
Et que d'amour toute enflamee
Sourd à vos cris deuienne Amour.

### VIII.

Las! ie meurs pour auoir receu
De vos yeus l'ardante estincelle,
Leur lumiere sembloit si belle,
Qui eust pensé estre deceu?

### IX.

Par elle Amour fut mon vainqueur,
Regardant vos beautez parfaictes,
Il me lança mille sagetes
De vos beaus yeus dedans mon cœur.

### X.

Mille desirs tout à l'instant
Du feu de mon cœur s'engendrerent,
Mille ennuis dans mon ame entrerent,
Pour vous i'alloy tout supportant.

### XI.

Ie beni mille fois pour vous
Le iour que mon ame fut prise,
Et que folle elle fut esprise
De vos yeus qui me sont si d.ous.

## STANCES.

### XII.

Et depuis croissant en beautez
Ma douleur a pris accroissance,
J'esperois de vous allegeance,
Mais ie n'en ay que cruautez.

### XIII.

Je pensois qu'Amour & les Ans
Adouciroient vostre courage,
Vostre cœur durcist d'auantage,
En despit d'Amour & du Temps.

### XIIII.

Amour qui me tiens soubs tes lois,
Et qui pour accroistre ta gloire
As eu de mon cœur la victoire,
Entends les accents de ma vois.

### XV.

Je me plais d'estre consumé
Puis que c'est par toy que i'endure,
Toutesfois ma peine m'est dure,
Puis que i'ayme sans estre aymé.

### XVI.

Si ne veus-ie que mon tourment
Tant soit peu par toy s'amoindrisse:
Tant s'en faut, ie veus qu'il s'aigrisse
Afin qu'il m'aille consumant.

### XVII.

Trop miserable est l'amoureus
Qui vit & languit en misere,
La vie en souffrant est amere,
Qui peut mourir est bien-heureus.

### XVIII.

O Mort qui vois mes passions,

## STANCES.

Vien tost Mort, & me sois propice:
Tire mon ame du supplice,
Et mon esprit d'aflictions.

### XIX.

Vien Mort trancher de ton cizeau
Tout d'vn coup le fil de ma vie,
Et le lien dont Amour lie
Mon cœur, & me clos au tombeau.

### XX.

Sortez mes pensers, mes desirs,
Et vous esperance trop vaine:
Vien au lieu Mort, fin de ma peine,
Commencement de mes plaisirs.

### XXI.

Volez regrets par l'Vniuers,
Couurez vos dos d'vne double aisle,
Dites qu'vne Dame rebelle
M'a fait descendre aus myrtes vers.

### XXII.

Je m'en iray loger là bas
Dedans les plaines Elisees,
Auec ses ames tant prisees,
Et leur conteray mon trespas.

### XXIII.

Ah! ie sens esblouir mon œil,
Mon cœur brusle, mon teint s'efface,
Il faut soubs terre prendre place,
Perdant la clarté du Soleil.

### XXIIII.

Adieu Princesse des beautez
Florelle que i'ay tant aymee,
Je meurs & mon ame enflammee

## STANCES.

De tes yeus vole aus bois myrtez.

### XXV.

L'horreur des gouffres Stygieus
Ne t'ostera de ma memoire,
Malgré Lethe & son onde noire,
Ie me souuiendray de tes yeus.

### XXVI.

Ie me fasche tant seulement
D'entrer en l'abisme profonde,
Et mourant de laisser le Monde
Priué d'vn si loyal Amant.

### XXVII.

Ouure ton cœur à la pitié,
Et graue dans ta souuenance
Ma foy, mon amour, ma constance,
Ma flamme, & ma saincte amitié.

### XXVIII.

Pour le moins i'ay ce reconfort
Que ton bel œil m'a mis en flame,
En mourant pour si belle Dame
Ie ne dois pas plaindre ma mort.

### XXIX.

Dessoubs ce laurier tousiours verd
Faites dresser ma sepulture,
Et grauez sur la pierre dure
Ces quatre vers à descouuert.

### XXX

Cy gist d'vn loyal amoureus
Le corps qu'vn œil a mis en cendre:
Passant, vien des roses respandre
Dessus ce monument poudreus.

STANCES.

### XXXI.

Dieus qui ces deserts habitez,
Ces antres noirs, & ces vallees,
Nymphes des ondes recelees,
Ces derniers propos escoutez.

### XXXII.

Ie prens congé de vous ô Dieus
Et de vous Nymphes gratieuses,
Mon ame aus riues oublieuses
M'appelle pour quitter ces lieus.

### XXXIII.

Elle m'a laissé des long temps,
Et ce qui m'a donné la vie
C'est l'œil de ma douce ennemie
Qui m'enflammoit par le dedans.

### XXXIIII.

Adieu fontaines & ruisseaus,
Tesmoings de mon amour fidelle,
I'entre soubs la nuit eternelle,
Adieu prez, monts, & arbrisseaus.

### XXXV.

Adieu Echo qui maintesfois
Consolant mon ame attristee,
Soubs la vois du pauure Aristee
As souspiré dedans ces bois.

### XXXVI.

Adieu pippeaus & flageolets,
Adieu bourdonnante muzette,
Adieu bergers que ie regrette,
Adieu boucs, brebis, agnelets.

### XXXVII.

Adieu mon trouppeau tant cheri,

STANCES.

Vagabond tu t'en iras paistre,
Et te perdras perdant ton maistre
Dont tu estois le fauori.

### XXXVIII.

Ie meurs, content d'auoir vescu,
Puis que ma vie a pris naissance,
Et ensemblement defaillance
Du bel œil dont ie fus vaincu.

### XXXIX.

Ie sors bienheureux de ce lieu
Puis que ma mort vient de Madame,
Je vous laisse mon corps en flame,
Adieu d'vn eternel Adieu.

# STANCES.

Hyllis douce Phyllis la moitié de mon ame
Pourquoy tes yeux aymez me cachent ils leur flame.
As tu ta foy rompüe, as tu desia change?
Pourquoy ton gras trouppeau fuit il ce pasturage?
Pourquoy ne viens tu plus le long de ce riuage?
Ie voy bien qu'autre-part tu as ton cœur rangé.

Thyrsis, mon cher Thyrsis, dont mon ame est rauie
Ne pense point mon cœur, ne pense point ma vie
Que nul autre berger ait pouuoir dessus moy,
Ie n'ayme point le change & ne suis infidelle
A tesmoing mes trouppeaus & mes chiens i'en appelle
Et les dieus de ces champs, si i'ayme autre que toy.

Pour doncques faire voir nostre amour vehemente,
Nos cœurs francs de soufpçon & nostre flamme ardante,
Phyllis vien me baiser, couche toy sur ces lis
Et sur ces viues fleurs, çà ta bouche pourprine:
Dis ces mots en ouurant ta leure Nectarine,
Phyllis ayme Thyrsis, Thyrsis ayme Phyllis.

Approche toy mon cœur, approche toy mon ame,
Baise moy mille fois, embrasse moy ma flamme
Ores que ie te tiens sur mes genous assis,
Pour de nostre amitié monstrer la viue force,
Ces ormeaus porteront ce vers sur leur escorce,
Thyrsis ayme Phyllis, Phyllis ayme Thyrsis.

# SONNETS.

### 1.

Eux là qui ont esté aymez
    & amoureus,
Et qui ont esprouué mille
    peines diuerses,
Mille plaisirs meslez de mil-
    le autres trauerses,
D'ennuis & de soucis pour
    estre bienheureus,

Lisans dedans ces vers ses tourments doucereus,
Ses flammes, ses liens, ses refus, ses licsses,
Ses langueurs, ses desdains, & ses douces rudesses,
Verront quel fut mon bien & mon mal rigoureus.

  Mais ceus qui n'ont iamais aymé que par feintise,
Voyans ces vers sans art bien que l'Amour les prise,
Barbares, ne croiront ce que i'ay recité.

  Mais l'art ne sert de rien aus choses veritables,
O monts, ô bois, ô Dieus, ô Nymphes agreables,
Ie vous pren pour tesmoins, dis-ie pas verité?

SONNETS.

## II.

Tout brusloit par les châps & le Roy des Flambeaus
Tarissoit les estangs, & sechoit les fleurettes,
Les Bergers retiroient leurs bandes camusettes
Pour euiter le chaud, à l'ombre des rameaus.

Les vns pressez de soif alloient chercher les eaus,
Les autres à couuert entonnoient leurs muzettes,
Lors qu'au creus d'vn vallon chassant mes brebiettes
Thyrene i'apperceu qui gardoit ses troupeaus.

Desque ie vy ses yeus flamboyants de lumiere,
Et son poil qui faict honte à la blonde crimere
Du Dieu Latonien, ie quité pour l'aymer

Chiens, muzette, pippeaus, & ma trouppe camuse,
Car i'ayme mieus ses yeus qui sceurent m'enflammer,
Que chiens, pippeaus, brebis, & que ma cornemuse.

## III.

Il y a ia long temps que ie poursuy Thyrene,
Mais las! tant qu'elle peut elle fuit loing de moy,
Si tost que ie luy dy Thyrene arreste toy,
Arreste toy, mon cœur, ne sois tant inhumaine.

Au bruit de mes propos me laissant hors d'haleine
Au plus touffu des bois, sans auoir peur de soy,
Froide & rude elle court en mesprisant ma foy,
Mon amour, ma parole, & riant de ma peine.

I'erre dans ces deserts & la nuit & le iour,
Je l'appelle par mont, par bois, & par vallee,
De mes cris sont remplis tous ces lieus d'alentour:

Desia tous les poissons de ceste onde emperlee,
Ces herbes, & ces fleurs, ces rocs parlent d'Amour,
Et seule à mes propos elle est sourde & gelee.

## SONNETS.

### IIII.

Vn iour Amour pour n'estre recognu
Prit finement d'vn serpent la figure,
En me voyant couché sur la bordure
Riche de fleurs d'vn fleuue au front cornu.

Je l'apperceu soubs l'herbage menu,
Les yeus ardants, le ventre gros d'enfleure,
A longs replis glisser sur la verdure
Où pour le chaud ie reposois tout nu.

Alors Doris la belle Nereide,
Qui sur le bord peignoit sa tresse humide,
L'oyant siffler me dit, fuy, Corydon :

Quelque serpent est pres de ce riuage.
Mais en fuiant, ce serpent Cupidon
Me vint picquer i'en sens encor la rage.

### V.

Le vif esmail des prez, ces hauts monts descouuerts,
Et le bruit enroüé des ondes sablonneuses,
Et la dous-souefue odeur des fleurs delitieuses,
L'horreur des creus vallons, & l'effroy des deserts,

L'agreable fraischeur des antres tousiours verts,
Et des tiedes Zephirs les haleines venteuses,
L'abbri de ces rochers aus pointes sourcilleuses,
Où les Dieus de ces champs ont leurs cachots diuerts.

L'air serain, le Printemps & mille choses belles
Me deplaisent alors que ie suis loing de toy,
Mais ces prez, & ces môts, ces eaus, ces fleurs nouuelles,

Ces vallons, ces deserts, ces antres que ie voy,
Ces vents, ces rocs, cet Air, ce Printemps dous & coy,
Me plaisent quand ie voy tes beautez immortelles.

## SONNETS.

### VI.

Monstre ton beau croissant, ô fille de Latonne,
Soubs qui l'on voit s'enfler les vagues de la mer,
S'escarter les brouillards, tous les Cieus s'enflammer,
Et de ton œil ardant la lumiere me donne.

Lors que ton front d'argent dedans ton ciel rayonne
En pleine nuit l'on voit vn beau iour s'allumer,
S'il te souuient du temps qu'Amour te fit aimer,
Fauorise vn Amant & point ne l'abandonne.

Monstre toy claire, Lune, accomplis mon desir,
Afin que ta clarté me conduise à plaisir
Dedans l'antre où m'attend Lycoris la bergere.

Ainsi fument d'odeurs tes autels en tout temps,
Ainsi chante vn chacun que tes rais esclatants
Sont plus clairs & plus beaus que ceus là de ton frere.

### VII

Zephirs qui mollement sur ces herbes nouuelles
Respandez vostre haleine, & d'vn vol gracieus
Embasmez l'air, les eaus, & la terre & les Cieus
De mille & mille odeurs au bransler de vos aisles.

Ie vous offre ces fleurs, ces lis, ces roses belles
Ecloses soubs l'Aurore & prises dans ces lieus
Ce matin au milieu d'vn pré delicieus,
Oyez louer Lycaste, & mes amours fidelles.

Arrestez vous icy, arrestez vous Zephirs,
Et a fin de m'entendre accoisez vos souspirs,
Le Soleil ne voit rien de si beau que Lycaste:

Les Nymphes & les Dieus adorent ses beautez,
Ie l'ayme plus que moy, ainsi disoit Ergaste,
Et les vents tout soudain ont ses mots esuentez.

## VIII.

Vn eternel Printemps deſſus ta double riue,
Fleuue, puiſſe touſiours eſtaler ſes treſors,
Touſiours les dous Zephirs à l'entour de tes bords
Éuentent de tes fleurs la richeſſe naiue.

Iamais ſerpent, crapaud, pres de ton eau n'arriue,
Puis que ton mol cryſtal ſert de mirouer au corps
De Cloris, mais pren ſoing qu'elle ne tombe alors
Qu'elle ſe vient mirer dedans ton onde viue.

Ainſi iamais l'hyuer au poil aſpre & rebours
De ton verre fuiant ne glace point le cours,
Dans ton fond va ces mots ſur quelque pierre eſcrire:

Lycidas amoureus alors que le Soleil
Rougiſſoit l'Orient des rayons de ſon œil,
Proferoit ces propos qu'Amour luy faiſoit dire.

## IX.

Source qui dans ces prez vas rouler ta claire onde,
Foreſt où des oyſeaus s'entend la douce vois,
Ruiſſeaus cauernes, monts, rochers, pleines, & bois,
Vallon où loge Echo dans ſa grotte profonde.

Ce fut en ceſte place où ma Thyrene blonde
Appaiſa mon tourment, me baiſa mille fois,
M'enflamma tous les ſens & le cœur à la fois
Des eſclairs de ſes yeus qui donnent iour au monde.

Pour tel bien en tout téps les Nymphes dans tes eaux
Source, puiſſent nager, Foreſt ſoubs tes rameaus
Pan & les Dieus Syluains compaſſent leurs caroles,

Bois, cauernes, ruiſſeaus, rochers, pleines, & monts,
Touſiours le gay Printemps vous couure de fleurons,
Vallon touſiours Echo reſponde à mes paroles.

## SONNETS.

### X

Vn iour d'Auril Thyrsis à qui l'alme ieunesse
Ombrageoit le menton d'vn poil blond prime & beau,
Couché dessous vn hestre au verdissant couppeau,
Disoit tout haut ces mots pour flater sa tristesse:

O Myrtine mon tout qui loges dans ta tresse
Les Graces, & l'Amour dedans ton œil iumeau,
Vien pres de ton Thyrsis qui garde ton troupeau,
Vien Myrtine aus beaus yeus appaiser son angoisse.

Thyrsis qui iour & nuit t'appelle à son secours,
Thyrsis qui pour t'aymer en dueil coule ses iours,
Thyrsis qui seul te nomme & son ame & sa vie,

O Nymphe, ô belle Nymphe, ayme qui t'ayme aussi,
Tu es en ton Auril, vien & cueillons icy
La fleur de ta beauté auant qu'estre flestrie.

### XI.

Rocs où les Nymphes vont chercher le frais ombrage,
Dous murmurants ruisseaus qui flatez le sommeil,
Antres feutrez de mousse où ne luit le Soleil,
Fleurs, herbes, arbrisseaus qui bordez ce riuage.

Fleuue aus moites cheueus qu'vn tour de ioc ombrage,
Boccage verdissant qui n'as point ton pareil,
Tertres, monts, prez fleuris agreables à l'œil,
Dieus hostes eternels de ce desert sauuage.

Vents mollets qui souflez à trauers ces rameaus,
Rocs, ruisseaus, antres, fleurs, herbes, & arbrisseaus,
Fleuue aus flots argentez qui leches de ton onde

Ce riuage emaillé, tertres, monts, prez & Dieus,
Vents legers gardez bien d'esuenter par le monde
Le bien que i'ay receu de Thyrene en ces lieus.

## XII.

Vois qui du voile humain fus couuerte autresfois,
Et maintenant à nud triste te fais entendre
Dedans ce creus vallon, où plaignant tu viens rendre
Les extremes accents de ma debile vois.

Ores qu'à ces ruisseaus, à ces rocs, à ces bois
Je conte mon tourment qu'ils ne peuuent comprendre,
En faueur de celuy qui mit ton cœur en cendre
Responds à mes propos pres de ces antres cois.

Annonce moy ma vie ou ma mort salutaire,
Dois-ie tousiours languir, ô Nymphe solitaire?
Dymoy si ie dois estre heureus ou malheureus?

Heureus tu me responds, Junon trop rigoureuse
Te rende ores ta vois, Iupiter rigoureus
Ton corps, & à Narcisse vn ame plus piteuse.

## XIII.

Clair ornement des Cieus, source de la lumiere,
O grand Pere de l'An, qui parfaisant ton tour
Sors de la porte d'or pour nous donner le iour,
Et ouures à ton char la celeste barriere.

Ores qu'à tes destriers tu donnes la carriere,
Et que ton chef couuert de rayons à l'entour
Esclarcit tous les Cieus, escoute comme Amour
Tourmente trop cruel mon ame prisonniere.

Dès le iour qu'il lança ses traicts dedans mon cœur
Par les yeus de Thyrene, & qu'il se fit vainqueur
De ma pauure raison, en m'ostant ma franchise:

Bruslant il m'a fait viure en peine & en langueur,
Tu sçais bien quel il est, & quelle est sa rigueur,
Par luy, las! de Daphné ton ame fut esprise.

d

### XIIII.

Lune au front argenté, beau Soleil de la nuit
Qui dans ton ciel d'azur te monstres claire & belle,
Chasse tous ces brouillards de ton œil qui reluit,
Et me fais voir à plain ta lumiere immortelle.

Or' que Phœbus ardant en Occident s'enfuit,
Et que ton char luisant d'vne carriere isnelle
Roulant dedans les Cieus son voyage poursuit,
Arreste vn peu ton cours, ô Deesse eternelle.

Dedans ton cercle escris ces paroles icy,
Damon qui se consume en peine & en soucy
Aimant sans estre aymé, cherche aus rais de la Lune,

Criant, pleurant, bruslant, le seiour de Cloris
Plus belle mille fois que la Nymphe Doris,
Lune fais voir à tous sa mauuaise fortune.

### XV.

Vien ma belle Florelle où l'ombre noir tremblote
Sur les bords mousselus des antres tenebreus,
Il fait trop chaud icy, cherchons les bois ombreus,
Le profond des vallons, ou quelque fraische grotte.

Entrons sous ce rocher, vien tost que ie suçote
Le coral de ta bouche, embrassons nous tous deus,
Esteignons nos ardeurs, iouissans dans ce creus
De nos douces amours, çà que ie te baisote.

Defaits ton lasset blanc, monstre ton sein à nu,
Mon cœur embrasse moy, lance dru & menu
Ta langue sur la mienne, haste toy ma chere ame.

Mon Dieu! ie n'en puis plus, de plaisir ie me pasme,
Las! mon ame s'enfuit puis que tu meurs aussi,
Mourons leure sur leure, heureus qui meurt ainsi.

## XVI.

Un iour Amour voloit dans une pree,
De tous costez allant cueillir les fleurs,
Et tout couuert de leurs riches couleurs
Vint s'approcher de toy, Nymphe sacree.
　Il fendoit l'air de l'aile diapree,
Et voletoit pres tes yeus rauisseurs
Or' pres ton chef, ores pres les douceurs
Et le coral de ta leure sucree.
　Son arc, ses traits, son flambeau, son carquois
Estoient en terre, & lors sortit des bois
Un Dieu qui prit ses flesches & sa flame:
　Tout desarmé demeura Cupidon,
Mais aussi tost il fit un chaud brandon
De tes beaus yeus dont il brusle mon ame.

## XVII.

Douce mere d'Amour alme & saincte Cyprine
Qui chasses les regrets, la tristesse, & le dueil,
Et rends incontinent que tu monstres ton œil
Le Ciel net, l'air serain, & calme la marine.
　Ores que le Soleil enflamme & illumine
La grand' voufte des Cieus des esclairs de son œil,
Ce myrte, & ces perfums, & ce coral vermeil
Humble ie te consacre, ô Deesse benine.
　Fay venir en ce lieu la belle Amaryllis
Dont le teint est pareil aus roses & aus lis,
Eschauffe luy le cœur, & tous deus nous enchesne
　Des liens amoureus, & nous faits esprouuer
Les plaisirs que l'on peut en bien aymant trouuer:
Daphnis disoit ces mots couché dessous un chesne.

## XVIII.

J'allois par les forests esuenter mes souspirs,
Racontant aus deserts mes languissantes peines
Qui glissant peu à peu lentement dans mes veines
Comblent d'amour mon ame, & mon cœur de desirs.

Le dous chant des oyseaus, le dous air des Zephirs,
Le dous son des rochers, le dous bruit des fontaines
Respondoient à l'accent de mes complaintes vaines,
Et se plaisaient d'entendre ainsi mes desplaisirs.

Bois, ce disois ie aus bois, steriles de nature
Si ie me range à vous, de quelle nourriture
Me nourrirez vous bien de verdeur, à par eus

Dirent tous les peupliers, les ormes, les erables,
L'Esperance nourrist tousiours les miserables,
Mais principalement nourrist les amoureus.

### Sur vne Fontaine.
## XIX.

Mon Dieu que i'ayme à voir ceste fontaine claire,
Et ces bords enrichis de mille & mille fleurs
Toutes pleines d'odeurs, & peintes de couleurs,
L'on voit bien que Nature icy s'est voulu plaire.

Voyez vn peu ce roc des Nymphes le repaire,
Voyez ces bois, ces monts de superbes hauteurs,
Escoutez le iargon des oyseaus enchanteurs,
Mais venez voir le tour que ceste onde va faire.

Voyez comme elle sort de ce tertre bossu,
Voyez comme elle court sur ce tapis moussu,
Trainant à dos frisé l'argent vif de son onde:

Regardez ce grauois qui balotant la suit,
Fontaine, ie voudrois que celle qui me fuit
Me suiuist, comme suit ton eau l'arene blonde.

## X X.

Que i'ayme ce crystal humide qui bouillonne
Et murmure en roulant son flot argentelet,
Voyez comme il s'en va d'vn cours serpentelet
Baigner le vif email de ce pré qui fleuronne.

Venez pres de ce roc d'où sa veine surgeonne,
Venez dessus ce bord où croist le serpolet,
La mente, le glayeul, le cresson tendrelet,
Mirez vous dans l'azur de son eau claire & bonne.

Voyez comment il fait ce sable sauteler
Sortant hors de sa source, & comme il va rouler
A trauers ses caillous son onde gazouillante

Pour animer les fleurs de ce pré gracieus,
Voyant ceste eau ie pense à celle de mes yeus
Car comme ceste-cy tousiours elle est coulante.

## X X I.

Les Deitez ayment ceste Fontaine,
Nette est son eau qui s'enfuit à bouillons
De sa naissance esleuant les sablons
Qui sont espars à l'entour de sa veine.

Le dous Zephir quittant l'herbeuse plaine
Vient esuenter ces odorants fleurons,
Fils de ceste eau branslant ses ailerons
Sur son crystal crespé de son haleine.

La Pasquerete, & le iaune Souci,
La fleur d'Adon, & de Narcisse aussi,
Croissent autour de ceste eau crystaline.

Que ie seroy, Fontaine, bien-heureus,
Las! si i'auoy dans ton onde argentine
Esteint le feu qui me rend langoureus.

d iij

## SONNETS.
### A vn Rossignol.
### XXII.

Rossignol amoureus qui dedans ce boccage
Degoises tes amours d'vne hautaine vois,
Nous sommes asseruis tous deus soubs mesmes lois,
Vn semblable eguillon nous espoint le courage.

Nos deus cœurs sont atteints de l'amoureuse rage,
Vn mesme feu nous brusle, helas! tu le cognois:
Mais tu ards doucement, tesmoings en sont ces bois,
Animez gayement de ton plaisant ramage.

Si ton cœur brusloit tout comme brusle le mien,
Tu n'aurois pas le cœur de te plaindre si bien,
La douleur t'osteroit de chanter la puissance.

Ton mal est bien petit, si mal tu peus auoir,
Mais le mien est si grand que ie n'ay le pouuoir
De lascher vn souspir pour monstrer ma souffrance.

### Sur les quatre saisons.
### XXIII.

Tous les prez sont parez de mille fleurs nouuelles,
Toute la neige fond sur le haut des couppeaus,
Amour en terre, en l'air, soubs le marbre des eaus,
Aus cœurs des animaus darde mille estincelles.

Philomele en ces bois rechante ses querelles,
Mille oyseaus font leurs nids dedãs ces verds rameaus,
On oit besler, mugir, les brebis, les toreaus,
Zephir anime-fleur esmeut l'air de ses ailes.

Les Nymphes, les Bergers soubs l'œil du firmament,
Resiouis du Printemps s'en vont ensemblement,
Les prez, les eaus, les bois, & les campagnes rient,

Phœbus anime tout & donne à tout vigueur,
Seul ie meurs en tristesse, & reuis en langueur,
Amour & le Printemps & ses tresors m'ennuient.

## XXIIII.

Au gré des dous Zephirs les moissons de la plaine,
Les fruits meurs, les rameaus s'esbranlent doucement,
Desia le laboureur va couper l'ornement
Des champs pour recevoir le loyer de sa peine.
　Les Zephirs doucelets respandent leur haleine,
Pour attiedir l'ardeur que violentement
Vomit le Chien ardant sur ce bas Element,
Les bergers cherchent l'ombre & l'eau de la fontaine.
　Au profond des vallons se cachent les trouppeaus,
Soubs les rais du Soleil tarissent les ruisseaus,
Vulcan à tour de bras forge sur son Enclume,
　Haletant & suant, la foudre à Iupiter,
Amour forge en mon cœur l'ennuy qui me consume,
Et des pleurs de mes yeus vient ma flamme irriter.

## XXV.

Que de biens, que de fruicts, que de tresors nous dóne
Ceste heureuse saison, voyez de tous costez
Ces gaillards vendangeurs l'un de l'autre escartez
De leurs serpes couper les grappes de l'Autonne.
　La liqueur du raisin aus muits l'on emprisonne,
Bacchus se resiouit, les humains agitez
D'ennuis sont par le vin des ennuis exentez,
Et de tristesse aussi qui nos cœurs empoisonne.
　L'on descend & arrange aus caues tous les muits,
Sur la paille aus greniers l'on estale les fruicts,
Les prez sont tous fanez, l'air se grossit de pluye,
　Les fueilles des rameaus tombent perdant couleur,
Mon espoir tombe bas en malheurant ma vie,
Pour fruit de mon amour ie n'ay rien que douleur.

d iiij

## XXVI.

Voici le morne Hyuer qui froid sert de conduite
Aus brouillards, aus glaçons, aus tempestes, aus vents,
Voyez choir ses floccons de neige se suiuants,
Voyez que de frimats ils nous traine à sa suite.

Des fleuues vagabons l'Hyuer bride la fuite
Et glace le crystal, les monts les prez les champs
Sont tous pauez de blanc, l'on n'entend plus les chants
Des oyseaus, tout languit, & la terre est destruite.

Soubs le toict chaudement reposent les brebis,
Chacun cherche le feu, & se couure d'habits,
Or' il pleut, or' il neige, or' il vente & bruine,

Or' tristes sont les chants, l'Hyuer fait tout mourir,
Amour traistre & cruel cause seul ma ruyne,
Et de mes ieunes ans seul fait la fleur perir.

## XXVII.

Egalement i'ayme trois Nymphes blondes,
De leurs beautez tous mes sens sont espris,
Mon ieune cœur par elles fut surpris
Dans leurs cheueus longs & flottans par ondes.

Dedans leur sein s'enflent deus boules rondes
De laict caillé, là les Amours, Cypris,
Et la Ieunesse & les Ieus bien appris
Volent sans cesse en trouppes vagabondes.

Leurs yeus sont verds, & luisent sans pareils,
Le Soleil mesme adore ces Soleils,
Pour les louer que nos bouches se taisent,

Il n'appartient qu'aus sainctes Deitez:
Aymant leur poil, leurs yeus, & leurs beautez,
Lié ie brusle & mes tourments me plaisent.

## XXVIII.

Fusse-ie ainsi lié tousiours estroictement
Auecques ma Phyllis si fiere & dedaigneuse,
Comme à cest orme icy la vigne tortueuse
S'enlasse en maints replis d'vn fort enlacement.

Fusse-ie ainsi pressé d'vn ferme accolement
Auecques ma Phyllis ingrate & rigoureuse,
Comme à ce chesne vieil à la teste ombrageuse
Ce lierre tortu se presse fermement.

Il y a ia long temps qu'aus bois ie laisse paistre
Mes errantes brebis vefues de chiens, de maistre,
Et que ie suis Phyllis qui cruelle me fuit.

Le loup suit la brebis, l'aigle la colombelle
Par mal, & par amour ie suis Phyllis la belle,
Mais trop froide elle fuit celuy qui l'ayme & suit.

## XXIX.

Je vous reuien trouuer plaines de fleurs depeintes
Pour voir le beau Soleil qui vous donne le iour
Accompagné tousiours des Graces & d'Amour,
Amour sans luy languit, ses flammes sont esteintes.

Les Graces sans le voir sont à l'heure contraintes
De perdre leurs beautez, Phœbus qui fait son tour
Dans le Ciel lors qu'il sort de son moite seiour
Admire ce Soleil, dont les flammes sont sainctes.

Plaines où mon penser voloit à tout moment
Lors que i'estois absent pour reuoir cherement
Ma diuine Cloris qu'en mon ame i'adore,

Dites, auez vous veu iamais de plus beaus yeus
Que les siens, dites moy fait il en d'autres lieus
Vn iour qui soit plus beau, ou bien plus belle Aurore

# SONNETS.
## XXX.

Je veus grauer nos noms sur l'escorce tendrette
De ces ieunes ormeaus, plus ils iront croissants
Plus croistront nos desirs, ces ormeaus verdissants
Seront iustes tesmoins de nostre amour secrette.

I'y veus grauer au vray le carquois, la sajette,
Et l'arc de Cupidon vainqueur des Dieus puissants,
J'escriray les plaisirs des amants iouissants
Qui sous les lois d'Amour ont leur ame sujette.

I'y veus descrire aussi tes diuines beautez,
Afin que les Bergers, les sainctes Deitez,
Sçachent quel fort lien d'amour nos cœurs enlasse,

Quelle beauté me tient, & quels sont nos esbats,
Daphnis baisant Cloris couchee entre ses bras,
Pasmé d'aise disoit ces mots d'une vois basse.

# AEROMANTIE.

Ssis toy pres de moy Menalque, viens ouir
Ce qu'vn soir fit Damon,
pour à son gré iouir
De la belle Amarante inhumaine & cruelle,
Qui bouchoit son oreille à
sa plainte eternelle,
Fermoit l'œil à ses pleurs, rioit de son tourment,
Mesprisoit son amour & son embrasement:
Rude & sauuage cœur tout entouré de glace,
Où la froide rigueur auoit retenu place,
Cœur qui ne fut iamais touché de la pitié
Mais qui logeoit la haine au lieu de l'amitié.
   Quels rocs Caucazeans à ses iustes complaintes
Ne se fussent dissoults? les herbes, les fleurs peintes
Au son de ses regrets effaçoient leurs couleurs,
Les antres creux rendoient en pleignant ses douleurs
De lamentables chants, les feres plus sauuages
Hurloient aupres de luy, les monts & les boccages
S'esmouuoient à ses cris, qui n'auoient eu pouuoir
D'adoucir Amarante & son cœur esmouuoir.
   Si tost que le Soleil eut caché sa lumiere,
Et que Vesper au ciel se monstra la premiere,
Conduisant le sommeil, le silence, & la nuit,
Que l'air estoit paisible & la terre sans bruit,

d. vj

# AEROMANTIE.

Le langoureus Damon qu'Amour brusle & tourmente
Leuant les yeus au Ciel dit d'vne vois tremblante,
Or qu'vn chacun repose & se courbe au sommeil,
VESPER en ma faueur rends plus ardant ton œil.

 O toy sœur d'Apollon, qui puissante presides
Au Ciel, en Terre, en Mer, aus antres Plutonides,
Haste toy de venir, roule dedans les Cieus
Ton chariot d'argent, vien esclarcir ces lieus,
De tes rayons cornus fends l'espesseur des nues,
Fais luire dans le Ciel tes estoiles menues,
Monstre ton front luisant ores qu'il est au plain
Soubs qui l'on voit la Mer profonde enfler son sein
Et ses flots escumeus, la Terre en est feconde,
Et les corps augmentez qui peuplent ce grand Monde,
Tu disposes de tout, les plantes tu produis
Pour les charmes secrets, tu fais croistre les fruicts
Respandant dessus eus ton humeur nourrissante,
Maintenant que ie veus sçauoir si d'Amarante
Helas! ie suis hay, ou plustost bien aymé:
Lune vien t'en m'ayder, rends le Ciel enflammé,
Car ie veus soubs tes rais mon enchantement faire,
Cependant qu'vn chacun sous le toict solitaire
Repose en attendant le iour au teinct vermeil,
VESPER en ma faueur rends plus ardant ton œil.

 Amour trop inhumain, gros d'ire & de vengeance,
Comment t'oses tu bien monstrer en la presence
Des iustes Deitez, t'oses tu bien vanter
D'estre maistre des Dieus & de les tourmenter,
De les rendre amoureus, & s'ils se font rebelles
De leur percer les cueurs de cent flesches cruelles?
Et de les esclauer soubs le ioug de tes lois?
Certes ie n'en croy rien, car si Dieu tu estois

Tu ne serois si plain de fraude & de malice,
Ou bien si tu es Dieu, c'est de pure iniustice,
Dieu, que di ie, ah! ie faus, les Dieux ne causent pas
Aus humains les tourments, le dueil, & le trespas,
Dont tu es seul autheur, l'immortelle Ambroisie
Dedans le Ciel les Dieux purement rassasie,
Mais du sang des humains cruel tu te repais,
Les Dieux sont doux & bons, tu ne hays que la paix,
Tu n'aimes que la mort, la guerre, & la furie,
Tu es, comme ie croy, fils de quelque Furie.
 Pourquoy m'es tu venu de tes traits entamer?
Pourquoy me laisses tu sans repos consumer?
Pourquoy ne permets tu qu'Amarante, mon ame,
Brusle ainsi comme moy dans l'amoureuse flame?
Pourquoy ne brises tu le rocher de son cœur?
Las! elle est rigoureuse, & toy plein de rigueur.
 Qui ne seroit contrainct d'auoir recours aus charmes,
Puis que les cris trenchants, les souspirs, & les larmes,
Marques des grand's douleurs dont ie suis abatu,
N'ont eu (ô quel malheur) puissance ny vertu
D'amolir le dur cœur d'Amarante inhumaine,
Ny de faire cesser ta fureur & ma peine:
Les marbres endurcis, les rocs, les diamants
Sont plus tendres que toy, les plus loyaus Amants
Sont les plus tourmentez, ils ont mille tristesses,
Ils viuent en langueur, rudes sont leurs maistresses
Et iamais tu ne mets à leur playe appareil,
VESPER en ma faueur rends plus ardant ton œil.
 Tout le Ciel est couuert d'estoiles flamboyantes,
Les ombres à flots noirs des cauernes beantes
S'esleuent dedans l'air, il est temps d'esprouuer
Mon charme, à celle fin que ie puisse trouuer

## AEROMANTIE.

Remede au long tourment qui mon ame martire:
Ce lieu secret est propre à ce que ie desire.
   Au plus creus de ce val, des Faunes le manoir,
I'ay dressé cest autel basty d'Ebene noir,
Entouré de Pauots, de fruicts de Mandragore,
Du ionc Ethiopic, ensemble d'Helebore:
I'ay par neuf fois laué tout mon corps dedans l'eau
De ce fleuue prochain, de ce trenchant cousteau
I'ay ce Coq esgorgé ennemy du silence:
Le voyla sur l'Autel, le feu prend accroissance,
L'encens fume desia. Nuit aus cheueus noircis
Qui de ton voile espars largement obscurcis
Les cieus, l'air, l'eau, la terre, attirant des lieus sombres
L'horreur, les songes vains, les brouillars, & les ombres,
Et dans ton char bruni traines le dous repos,
Le sommeil enchanteur qui coule dans nos os,
L'oysiueté, l'oubly, & la morne paresse
Pour appaiser nos maus, ô paisible Deesse
Des Dieus la plus ainee, à qui les Cieus voustez
Pour escorte ont donné mille feus argentez
Qui raionnent dessus tes courtines humides,
Or' que les champs sont cois, dous les marbres liquides,
Que tous les animaus dorment paisiblement,
Noire Nuit sois propice à mon enchantement:
Mets fin à la douleur qui me rend miserable,
Ce charme i'entrepren soubs ton aile esfroiable
Pour iouyr d'Amarante, & amortir mon dueil:
VESPER honneur du Ciel ne retire ton œil.
   La Sorciere Ericthon, l'effroy de Thessalie
Les iours passez m'aprit vne obscure Magie,
Pour sçauoir ce que doit vn Amant deuenir,
Et le bien & le mal qui luy doit aduenir,

Ie me veus hazader d'en faire experience,
Je cognoistray quelle est sa force & sa puissance,
Et verray si l'Amour & Amarante aussi
Me veulent laisser vivre en peine & en souci,
Agité de fureurs, de morts continuelles,
D'ennuis, de desespoirs, de gesnes eternelles,
Et s'ils ont faict dessein de nourrir la rigueur
Au lieu de la pitié tousiours dedans leur cœur.

   Par plusieurs fois i'ay veu ceste vieille sorciere
Arrester devant moy le cours d'une riuiere,
Tirer du Ciel la Lune, & legere par l'air
Les cheueux desnouez comme vn oyseau voler:
Prendre formes de Loups, de Pantheres sauuages,
De Tigres, de Lions, se cachant aus boccages:
Cent fois ie luy ay veu des monuments ombreus
Les ames apeller, des enfers tenebreus
Les manes attirer, exciter le tonnerre,
Faire pleuuoir du feu, i'ay veu mesme la terre
S'abaisser soubs ses pieds, crouler les monts bossus,
Se fendre les rochers, & les antres moussus
Rendre de tristes vois soubs son charmant murmure,
En plein iour elle a fait venir la Nuit obscure,
Et mesme a retardé de Phœbus le reueil:
VESPER honneur du Ciel ne retire ton œil.

   Dans ce bissac de cuir sont mes drogues cachees,
J'ay dans ce pannier creus mis les herbes trenchees
Sous le Croissant luisant d'une serpe d'airain,
Disant des mots dessus quand l'air estoit serain:
Il me faut preparer maintenant mon affaire,
Aydé de la faueur de la Nuit salutaire.

   Mais que feray-ie icy, tout le feu s'est esteint?
Mon Dieu! que i'ay l'esprit d'un grand regret atteint,

## AEROMANTIE.

Hé? que dis-ie insensé? n'ay-ie plus de memoire?
N'ay-ie aporté, ou bien ie me le fais accroire,
Un fuzil quant & moy? il me faut regarder
Au fonds de ce bissac, sans plus long temps tarder,
(Aussi bien sur l'autel amortie est la braise):
Ouy certes, le voi-cy mon Dieu! que ie suis aise,
Ie veus au gauche poing prendre vn de ces caillous,
Et dans le droict l'acier, les frayant coups sur coups
D'vn choc continuel, afin que sur la mesche
Bluetante par l'air tombe mainte flammesche.
Sus, la mesche a pris feu, il me faut allumer
L'alumette souffreuse, apres en enflammer
Ce bois de Sandal rouge, & d'Ache & de Iusquiame
L'air d'autour perfumer, voila dedans la flame
De l'Encens, du Saffran, & des mornes Pauots,
Il ne reste plus rien qu'à proferer ces mots:

 Ie iette dans ce feu, ô ma belle Amarante,
Ta froideur, ta rigueur, & ma peine cuisante
Pour les faire brusler comme ces herbes cy.
Ce feu meurt peu à peu, puisse-ie voir ainsi
Tous mes trauaus mourir, sans partir de la place
Ie verray si ton cœur est ceint de froide glace.
Car les Demons de l'air, à qui i'ay mon recours,
Que ie veus inuoquer pour me donner secours,
Me feront voir en l'air vne nue argentee
Soubs les rais de la Lune à mon ayde enchantee
Du costé d'Orient, si tu dois alenter
Quelque iour mes tourments: Si tu dois augmenter
Ta rigueur & mon mal, (mais ie ne le puis croire)
Du costé d'Occident vne nue orde & noire
Tout soudain ie verray, signe que ma douleur
Croistra de plus en plus ainsi que ta rigueur.

# AEROMANTIE.

Mais, las! ie suis trop long, le temps leger s'escoule,
La nuit brune le suit, la claire Lune roule
Son char dedans les Cieux au deffaut du Soleil,
VESPER honneur du Ciel ne retire ton œil.

Demons qui demeurez dans l'humide nuage,
Qui tenez le milieu iustement en partage
De la Terre & du Ciel, Posies Aeriens
Ie vous coniure tous par les flots Stygiens
Du bourbeux Acheron & par l'onde Auernale,
Par le Chaos, l'Erebe, & la Nuit infernale,
Par le Tartare obscur, par Cerbere, & Pluton,
Proserpine, Megere & sa sœur Alecton:
Ie vous coniure icy, cohorte vagabonde,
Par les grands Dieux du Ciel, de la Terre, & de l'Onde,
Saturne, Iupiter, Iunon, Mars, & Venus,
Apollon, & Vulcan, Pan, Ceres, & Bacchus,
Neptune, & Ocean, Thetis, & Galathee,
Triton, Palemon, Glauque, Inon, & Pasithee,
Ie vous coniure tous par le nom reueré
D'Hecate au triple front en mes vers adoré:
Ie vous inuoque encor, ô troupe pallissante
Par Amour, par ses traicts, par les yeus d'Amarante,
Par ma fidelité, par mon aspre douleur,
De me faire certain de mon heur, ou mal-heur,
Accourez tous icy, soyez moy tous propices,
Pour vous seuls chers esprits, ie fais ces sacrifices,
Faictes moy vistement dans l'air appercevoir
Ou le nuage blanc, ou le nuage noir.

Ie sens des vents soufler à trauers ces fueillages,
Ie sens trembler ce val, ces monts, & ces riuages,
Il semble que les vents doiuent rompre ce bois,
I'entens bruire dans l'air des pepiantes vois.

## AEROMANTIE.

Le cœur par tout me bat, le poil d'horreur me dresse,
Ma vois pantoisement dans mon gosier se presse,
Et se perd peu à peu, le sang me glace tout,
Tout le corps me fremit, & à peine debout
Me puis-ie soustenir, tant ma force est debile,
Mais il faut prendre cœur, mon ame est trop facile
A s'estonner de peur: Demons est-ce pas vous?
Ouy certes ie vous sens, soyez benins & dous,
Faictes cesser ces vents, soyez moy fauorables,
Je vous appelle icy pour m'estre secourables,
Et appaiser mon mal qui n'a point de pareil,
VESPER honneur du Ciel ne retire ton œil.

 Je voy venir de loing vne nuë ombrageuse
De la part du Ponant, Dieu! qu'elle est tenebreuse
La voila qui s'arreste, elle ne s'en va point,
Amarante a iuré de m'hair de tout point.
Ah! rigoureux Amour fils d'vne Ourse cruelle,
Ah! trop froide Amarante, aussi fiere que belle,
Me peus tu voir languir, las! sans me secourir?
Helas! peus tu bien viure en me voyant mourir?
Est-ce ainsi que l'on paye vne amitié non feinte?
Vne flamme d'Amour qui ne peut estre esteinte?
O Dieus, ô Cieus, ô Dieus, prenez de moy pitié,
Faut il que pour aymer d'vne vraye amitié
Je sois du tout hay? fut il iamais au monde
Plus malheureus Amant? ouure Terre profonde
Ton sein pour m'engloutir, afin qu'en mesme temps
Finissent mes langueurs, & mes caduques ans,
C'est trop souffrir, ie veus que ma mort soit prochaine,
AMOVR est inhumain, & madame inhumaine.

 Vous Dieus qui seiournez au plus creus de ce val,
Et maintenant en rond compassez vostre bal,

Vous Nymphes de ces prez, de ces fontaines viues,
Qui dansez gaiement dessus ces molles riues,
Bestes, poissons, oyseaus, & vous rocs d'alentour,
Las! vous estes tesmoins de mon ardante amour.
Maintesfois, ô vous Dieus, me voyant solitaire,
Pasle & defiguré, tout prest à me deffaire,
A m'estouffer dans l'eau, à me precipiter,
Vous m'auez secouru, vous veniez lamenter
Mes longues passions d'vne vois gemissante,
En louant mon amour, & blasmant Amarante.
Plusieursfois vous auez reconduit mes trouppeaus
Au toict de peur des loups, pendant qu'à ces rameaus,
A ces champs, à ces bois ie racontois ma peine,
AMOVR est inhumain, & madame inhumaine.
  Ie n'eusse pas pensé que soubs vne beauté
Amour deust receler si grande cruauté,
Mais Cupidon qui n'est que ruse & que cautelle
Se masque des beautez: ceste Amarante belle
Auoit les cheueus blonds où les Ieus voletoient,
Dessus son front poli les Graces habitoient,
Amour dedans ses yeus tressaillants de lumiere
Faisoit son beau seiour, la lampe iournaliere
Quictant le flot marin pour luire au Ciel vousté
Comme ses yeus n'a tant de flamme & de clarté:
Son teinct faisoit vergongne & aus lis & aus roses,
De vif Cinabre estoient ses leures demy-closes,
De neige son beau col, & son sein blanchissant
S'enfloit d'vn mont iumeau par le bout rougissant:
Elle estoit à la voir douce autant que parfaicte,
Les Dieus pour me punir ie pense l'auoient faicte,
Car dés que ie la vis, i'en deuins tout espris,
Tout mon cœur s'enflamma, mes sens furent surpris.

## AEROMANTIE.

Amour depuis le temps que mon ame fut prise
M'a tousiours faict captif, & elle est en franchise,
Elle a l'estomac froid, le mien est enflammé,
Miserable celuy qui ayme & n'est aymé,
Malheureus qui se fie en vne beauté vaine.
AMOVR est inhumain, & madame inhumaine.
   Mon charme a eu vertu, ie ne vois plus icy
Du costé d'Occident le nuage espaissy,
En Orient ie voy venir vn blanc nuage,
Voy-le-là qui s'arreste, ô quel heureus presage,
Cela demonstre bien qu'Amarante a le cœur
Remply du feu d'Amour ensemble de douceur.
O pitoiable Amour, en qui le bien repose
Des amants affligez, si i'ay dit quelque chose
Qui te puisse offencer, vueille moy pardonner,
En fureur i'ay parlé, en douceur vien donner
Relasche à mes trauaus, vien chasser mon angoisse,
Amortir mes douleurs, moderer ma tristesse,
Et esteindre ma flamme: Amour seul tu le peus,
Si tu blesses quelqu'vn, tu guaris quand tu veus,
Tu portes quant & toy le mal & le remede:
Vien chasser loing de moy l'ennuy qui me possede,
Tu donnes pour vn mal cent plaisirs douceureus,
L'AIMEE est bien-heureuse, & l'aymé bien-heureus.
   Amarante mon tout, mon desir, & ma vie,
Amarante aus beaus yeus dont mon ame est rauie,
Soleil diuin, seul Roy de mes affections,
Amarante qu'Amour & les perfections,
Les graces, les plaisirs, les ieus, les mignardises,
Les desirs, les faueurs, & les douces franchises,
La foy, l'espoir, l'ardeur suiuent de tous costez,
Seul but de mes pensers, clair miroir des beautez,

# AEROMANTIE.

Seul objet de mes yeux, lumiere de mon ame
Puis qu'Amour dans ton cœur loge sa viue flame,
Qu'il fait d'vn seul esprit nos deus corps respirer,
Et nous lace d'vn neud qu'on ne peut separer,
Je iure vos beautez, ornement de ce monde,
Et vous promets encor par vostre tresse blonde,
D'estre de vos beautez à iamais amoureus,
L'AIMEE est bien-heureuse & l'aymé bien-heureus.

  Je te rends grace ô Nuit, Deesse du silence,
Et à vous chers Demons qui ceste Aeromance
Auez conduite à fin, desormais mes esprits
Ne seront plus de doubte & de crainte surpris,
Par vous i'ay veu le cœur d'Amarante la belle,
Autant que i'ay de foy autant elle est fidelle,
Amour d'vn mesme traict nos deus cœurs a blessez,
Et nous a pour iamais fermement enlassez.

  Mais le Ciel s'esclarcit, voicy, voicy l'Aurore
Qui vient, & de ses feus tout l'Orient colore,
Appellant le Soleil, elle emperle les fleurs,
Les arbres, & les champs de l'humeur de ses pleurs:
L'Astre porte-lumiere à la tresse dorée
A retiré son char de la plaine azurée,
Je crains que les Bergers ne me trouuent icy,
Je mets fin à mon charme & à mon dueil aussi.
Forests, Monts, Prez, & Rocs, & toy Val solitaire,
De tout ce que i'ay faict fidele secretaire,
Chantez tousiours ce vers dans ces champs plantureus,
L'AIMEE est bien-heureuse & l'aymé bien-heureus.

# STANCES.

Dieu si tu as enuie
Que ie consume ma vie
Soubs tes rigoureuses lois,
Esteins, consume, & appaise
Mon feu, mon dueil, mon malaise,
Et viens escouter ma vois.

 Thyrene est trop froidureuse,
Prens de ma flamme amoureuse
Et luy embrase le cœur,
Afin que par sympathie
Elle ait esgale partie
En mon excessiue ardeur.

 Ainsi tousiours tes quadrelles,
Et tes torches immortelles
Ayent force, & tout pouuoir
Dessus la trouppe diuine,
Ainsi ta dextre mutine
Puisse les cœurs deceuoir.

## STANCES.

Vand Thyrene vint au monde,
Le feu, l'air, la terre, & l'onde,
Admirerent sa beauté,
Pour la rendre plus diuine
Sur sa leure coraline
Tu plias ton arc vouté.

Dans sa bouche mielleuse
Tu mis l'odeur precieuse
Que les Dieus vont respirant,
Tu semas deus rangs de perles
Qui paroissent claire-belles
Pres son coral souspirant.

De tes flesches inhumaines,
Meres des trauaus & peines,
Tu viens cruel surmonter
Les animaus de la terre,
Tu fais mesme aus Dieus la guerre,
Mais elle te peut donter.

# STANCES.

Ssis sur le bord de l'onde
Qui sautele vagabonde
En ces prez delicieus,
Cupidon Roy de mon ame
Armé de traicts & de flame
Vint s'opposer à mes yeus.

   Mon ame fut tost attainte
De doute, de peur, de crainte,
Voyant ce Dieu qui ostoit
Vne sagette aceree
Hors de sa tresse doree
Puis à son arc la mettoit.

   Craignant trop son inconstance,
Sa cruauté sa vengeance,
Je m'efforcé de courir,
Lors il me tira sa flesche
Qui fit à mon cœur la bresche
Que seule tu peus guerir.

# PESCHERIES.

# ECLOGVE I.

## CLAVDIN, ORPHIN,
### PESCHEVRS.

Rphin allons à bord, c'est
trop long temps pescher,
Çà, retirons nos rets, allons
soubs ce rocher,
Seur rempart du riuage, où
la mer furieuse
Reuomist les fureurs de son
onde escumeuse
Quand Eure & Aquilon la viennent irriter,
Et furieus la font iusques au Ciel monter.
  Ores que les Zephirs de leurs douces haleines
Souspirans doucement à reprises soudaines
Froncent en cent replis le grand front de la mer,
Et que les vents mutins ne la font escumer,
Approchons du riuage, & à rames couplees
Fendons le marbre mol des campagnes salees.
  Mets tes engins ensemble, & tout ton attirail,
Tes nasses, tes veruains, tes rets, & ton tramail,
Ta basche & tes harnois, nous les irons estendre
Moites sur le grauois, ie suis lassé de prendre
Si long temps du poisson, allons nous en plier
Nos filets & au bord nos nasselles lier.

## Eclogve II.

### Orphin.

Allons mon cher Claudin or' que la Mer profonde
Soubs les mignards Zephirs fait reposer son onde,
Tousiours tranquille & douce elle ne sera pas,
Ses flots le plus souuent menacent du trespas,
Elle est fiere, inhumaine aus prieres humaines.
Sus, ramons viuement, hachons ces molles plaines,
N'attendons pas icy que l'orage impiteus
S'esleue sur ces eaus, & que ces champs moiteus
Dessoubs l'horreur des vents flots sur flots se renuersēt,
Et blanchissants d'escume entr'eus se boule-versent.

Il est temps de partir, car ie voy dedans l'air
Du senestre costé les Mouetes voler
Et crier cy autour: tost gaignons le riuage,
Ces prophetes oyseaus annoncent le naufrage,
Dressé les yeus au Ciel, voy dedans l'air serain
D'vn vol gauche voler ces Canards, pour certain
Deuant qu'il soit long temps vne tempeste horrible
Rendra l'air nebuleus, & ceste onde terrible.

### Claudin.

Ramons, ie suis tout prest, hastons nous vistement,
Sage qui du futur preuoit l'euenement;
Attachons à ce roc aus costes sablonnieres
Creuassé tout autour de fosses poissonnieres
Nos deus petits vaisseaus, estendons nos harnois
Cependant qu'il fait beau sur ce menu grauois
Pour les faire seicher, puis nous irons à l'ombre,
Et prendrons la fraischeur de ceste roche sombre.

Vien donc mon cher Orphin, tost, tost, despeche toy,
Me voicy à couuert, vien t'en aupres de moy,
Laissons, laissons à part l'orage & les tempestes,
Les vagues & les vents qui menacent nos testes.

# EGLOGVE I.

Rien ne se fait icy sans le vouloir des Dieux
Les mortels sont regis du Destin & des Cieux,
Nul ne peut resister à leur haute puissance,
Les Dieux gouuernent tout par sage prouidence:
L'homme contre le Ciel ne doit point murmurer,
Ny se douloir, se plaindre, & se desesperer,
Si Dieu le veut, qui peut s'opposer à l'encontre?
Tout change, quelque-fois la Mer fiere se monstre,
L'air est gros de brouillards, les flots tumultueus
S'enflent soubs les gosiers des vents impetueus.
La bonace apres suit qui calme la marine,
R'apriuoise les flots, rabat l'ire mutine
Des vents, alors on voit les dous-souflants Zephirs
Friser les flots dormants à l'air de leurs souspirs.
Soit qu'il face beau temps, ou qu'ireus soit Neptune,
Il ne faut s'attrister, muable est la Fortune.

### Orphin.

Ie sçay bien mon Claudin que tout cest Vniuers
Est gouuerné des Dieux, & que les corps diuers
Qui s'offrent à nos yeux composez du meslange
De tous les Elemens sont tous subiects au change.
Or' nous tremblons de froid, or' nous brulons d'ardeur,
Or' la Lune est cornue, ores pleine en rondeur,
La Mer douce, ores fiere, & mesme nostre vie
De mille changements à tout' heure est suiuie.
Nous naissons bien petits, & puis grands nous viuons,
Or' plaisir, or' douleur croissant nous esprouuons.
Tout change à tout moment, mais la vertu des flames
Dont Amour nous embrase & les sens & les ames
Changeant nos cœurs en feu, monstre elle pas comment
Tout ce que clost le Ciel souffre le changement?
Nos pensers, nos desirs faits oyseaus font paroistre

e iij

# ECLOGVE I.

Que tout change icy bas, croist & se voit decroistre.
Amour, s'il t'en souuient, pensant nous faire heureus
De deus Nymphes de Mer nous rendit amoureus,
Elles nous ont aymé, nous les auons aymees,
Mais, helas! ie ne sçay s'elles sont enflammees
D'Amour ainsi que nous, & si pour nous encor
Amour leur point le cœur de sa sagette d'or,
Car ainsi que la Mer est muable & mouuante
Ie crain qu'elles ne soient de nature inconstante.

### Claudin.

C'est tout vn, il nous faut en leur faueur chanter.
Leurs flammes par nos chants se pourront augmenter.

### Orphin.

Commence vne chanson, mon Claudin pour la tienne,
I'en diray te suiuant vn autre pour la mienne.

### Claudin.

Amour Roy de nos cœurs, qui tiens tout soubs tes lois
Escoute maintenant les accents de ma vois,
Approche de ces bords, ô Nymphe Panopee,
Que i'adore tes yeus qui m'ont l'ame frapee.

### Orphin.

Venus fille des flots & Royne des plaisirs
Vien ouir en ce lieu mes amoureus souspirs,
Doris, tire des eaus ta cheuelure belle,
Que i'admire ton poil, dont Amour m'encordelle.

### Claudin.

L'Astre qui tous les soirs se plonge dans ces eaus
Va prendre la clarté de tes Astres iumeaus
Pour embellir les Cieus, Amour n'a autre flame
Que celle de tes yeus dont il brusle mon ame.

### Orphin.

Venus quand elle va dedans le Ciel vousté

*Pour boire le Nectar emprunte ta beauté,*
*Amour prend de ton poil, & mon ame blessee*
*En est de plus en plus par luy-mesme enlassee.*

### Claudin.

*Amour sans tes beaus yeus n'auroit plus de pouuoir,*
*Tout aussi tost qu'il veut quelque ame deceuoir*
*Il luy monstre tes yeus les dous feus de ma vie,*
*Et l'ame qui les voit en est soudain rauie.*

### Orphin.

*Amour sans ton poil blond nulle force n'auroit,*
*Et triompher des cœurs iamais il ne pourroit,*
*Pour en prendre quelqu'vn il leur fait voir ta tresse,*
*Les cœurs vont l'adorer, lors il les lie & presse.*

### Claudin.

*Autant qu'on voit la nuit de flambeaus dans les Cieus,*
*Autant qu'on trouue en Mer de tresors precieus,*
*Autant qu'on voit de sable aus riues infertiles,*
*Autant tes yeus ardants ont de flammes subtiles.*

### Orphin.

*Autant qu'on voit en Mer de monstres, de poissons,*
*Autant que i'ay de rets, de lignes, d'hameçons,*
*Autant qu'au gay Printemps la terre a de fleuretes,*
*Autant dans tes cheueus tu caches d'amouretes.*

### Claudin.

*Ie deuins amoureus en regardant ton œil,*
*Mon ame fut surprise adorant ce Soleil,*
*Comme on prend le poisson par le fer & l'amorce,*
*Tout ainsi ie fus pris par ton œil qui tout force.*

### Orphin.

*Ie deuins amoureus regardant tes cheueus*
*Ondez, frisez, crespez, serrez en mille nœuds,*
*Comme on prend le poisson aus rets & à la nasse,*

### Eclogve I.

Ainsi mon cœur fut pris dans ton poil qui m'enlasse.
#### Claudin.
Ie me suis fait pescheur seulement pour t'aymer,
Pour toy i'ayme mes rets, ma nasselle, & la Mer,
Le poisson n'ayme tant l'onde comme ie t'ayme,
Ainsi que ta beauté mon amour est extreme.
#### Orphin.
Ie me suis fait pescheur tant seulement pour toy,
I'ayme les eaus, la pesche, alors que ie te voy,
L'huistre hostesse des rocs n'ayme tant la rosee
Que i'ayme ta beauté sur toute autre prisee.
#### Claudin.
Nymphes & vous grands Dieus qui ces eaus habitez,
Vous trouppeaus escaillez ces propos escoutez,
Zephirs portez ce vers sur le dos de vostre aile,
Plus que nul autre amant ie suis ferme & fidele.
#### Orphin.
Vous sainctes Deitez qui logez dans ces flots,
Triton, Palemon, Glauque, oyez ces derniers mots,
Vents, rochers, & poissons, dites par tout' vostre onde,
Qu'vn plus loyal amant que moy ne vit au Monde.

Ainsi ces deus Pescheurs chanterent leurs amours,
Iusqu'à tant que la Lune en parfaisant son cours
Vint raionner aus Cieus, & que soubs sa lumiere
On vit enfler le dos de l'onde mariniere.

# ECLOGVE II.

## CHROMIS ET DORYLAS,
### PESCHEVRS.

Vi fait de tes deus yeus vne source feconde?
Qui te fait lamenter sur le bord de ceste onde?
Qui te fait plaindre ainsi, crier, & souspirer?
Qui te fait tes cheueus & tes habits tirer,
Dy moy, cher Dorylas! dy moy qui rend ta vie
Ainsi plaine d'ennuis? dy le, ie te suplie,
Tu me feras plaisir de m'en rendre certain.
Ie suis bien esbahi de te voir si soudain
Reduit a ce malheur, & comme la Fortune
T'a retourné le dos, iamais dessus Neptune
Ie n'ay cogneu Pescheur comme toy si heureus:
Et maintenant ie voy que le Sort rigoureus
Rend tes iours ennuieus, ton ame deplorable,
Ton esprit desolé, ton estat miserable,
Et me fait attrister, pour ne sçauoir comment
Tu as en peu de temps fait vn tel changement.
  Au lieu de sanglotter, & de faire des plaintes,
De baigner tout ton corps de tes larmes non feintes,
De remplir l'air de cris, maintenant tu deurois
Or' que l'air est serain & les flots dous & cois,
Et la mer calmement en son lit estendue,

# ECLOGVE II.

Les vents tous adoucis faire quelque tendue
Entre ces grands rochers tu deurois amorcer
Tes hameçons crochus, ou bien des rets lacer,
Et faire de la tresse, equiper ton cordage,
Calfeutrer ta barquette aupres de ce riuage,
Inuenter mille engins, trouuer mille façons
En tout temps de pescher & prendre des poissons.
A cela tu deurois auoir l'ame addonnee,
Et non pas lamenter & passer la iournee
En plaintes, en souspirs, en larmes, en sanglots:
Ces rochers d'alentour, ce riuage, & ces flots
Sont sourds à tes clameurs. Conte moy la naissance
De ton dueil, car ie veus en auoir cognoissance.
Tu sçais bien Dorylas que des nos ieunes ans
Nous nous sommes aymez, aymons nous estans grands,
Et pour continuer l'amitié commencee,
Conte moy la douleur qui t'a l'ame offencee.

### Dorylas.

Chromis cher compagnon approche toy d'icy,
Tu sçauras qui me fait viure en vn tel soucy,
Viure, que dis-ie, las! mais mourir ie puis dire,
Car languissant ie meurs plus s'accroist mon martire,
Prends en main l'auiron, fends le crystal de l'eau
Et vien à ce riuage attacher ton bateau.
A l'Isle où bien souuent soulions pescher ensemble,
Dont le dos applani à vn grand mont s'assemble
Qui d'vn costé fait borne aus ondeuses fureurs,
Et des vents orageus dedaigne les horreurs,
De l'autre ouuertement regarde sur la plaine
De l'Isle au milieu verte, aus bords blanche d'arene,
Où nous faisions secher nos harnois estendus,
Et lassez reposions nos membres morfondus:

L'autre iour estant seul ie m'en allé descendre
A celle fin de voir ce que i'auoy peu prendre
En ma pesche, & à bord mon bateau i'attaché.
Que i'eu de peine, helas! que ie fus empesché,
Il me falut tout seul retirer hors de l'onde
A tour de bras mes rets, bien qu'en la Mer profonde
Ils fussent loing iettez, quand dessus le grauois
Suant de tous costez i'eu tiré mon harnois,
J'amassé le poisson qui sautoit sur le sable,
Et le mis dans ma barque: Ah! pesche miserable,
Las! il m'eust mieus valu de n'auoir point esté
Pescher que de me voir surpris & enresté
Dans les rets de l'Amour: ah! prise malheureuse.
Estant prest de venir, dessus l'onde escumeuse
La Nymphe Galathee à mes yeus apparut
Blanche comme le laict, Amour qui me ferut
Se cachoit dans ses yeus estincelants de flame,
Et me tira son traict au profond de mon ame.
Elle tout aussi tost se cacha dans la Mer,
A l'heure ie senti tout mon cœur s'enflammer,
Fors que d'elle, de tout ie perdi cognoissance,
De ma pesche de moy mourut la souuenance:
Depuis pressé d'ennuy, sans treue, ny repos,
Lamentant & pleurant à la merci des flots,
De ma Nymphe, & d'Amour, du Sort, & de Fortune
I'ay erré iusqu'icy sur les champs de Neptune.

### Chromis.

Cesse de souspirer & de verser des pleurs,
Chasse bien loing de toy le dueil & les douleurs,
Ne rends ton cœur dolent, ny ton ame attristee,
Tu es heureus d'aymer la belle Galathee,
L'amant ne se doit plaindre, il doit bien esperer.

# Eclogve II.

Qui pleure & se tourmente est digne d'endurer.
Amour le plus souuent donne mille trauerses,
Mille ennuis, mille maus, mille peines diuerses,
Pour sonder les Amants, les esprouuer, & voir
Celuy qui doit de luy ses graces receuoir.
La Nymphe Galathee est gratieuse & belle,
Elle ne sera point en ton endroit cruelle,
Si tu veus qu'elle t'ayme, il la faut courtiser,
L'appeller, la chercher, & les beautez priser
De son chef, de ses yeus, de sa grace diuine,
Et quand d'vn dur rocher elle auroit la poitrine,
Et de glace le cœur, soudain elle seroit
Amoureuse de toy, & tousiours t'aymeroit.
Amour m'a fait sentir autrefois sa pointure,
Les Nymphes m'ont aymé, ie cognois leur nature:
Chantons ie te suplie, il nous faut resiouir,
Ta Nymphe te viendra parauenture ouir.

### Dorylas.

Mon Chromis de chanter il ne me prend enuie,
Ores tout me deplaist, ie hay ma propre vie,
Ie hay les eaus, la pesche, & la terre, & les Cieus,
Si i'ayme, seulement ce sont les deus beaus yeus
De ma Nymphe gentille, & son teint, & sa bouche,
Son col, ses mains, son sein où la Grace se couche
Entre deus monts mouuants qui vont arrondissants
Leur neige en deus sommets par les bouts rougissants,
Amour en mon esprit rien ne me represente
Que la rare beauté de ma Nymphe excellente,
Tout ce que ie puis voir ne me fait que fascher,
Le iour m'est vne nuit, quand ie me vay coucher
Ie trouue dans mon lict des ronces espineuses,
Des chardons herissez de pointes outrageuses.

Quand ie suis sur la mer ie voy les Aquilons
Rider le front des eaus en escumeus sillons,
Ie n'entens à l'entour de ces riues muetes
Que les iargons douteus des criardes Mouetes,
Bref rien ne me peut plaire, & tout ce que ie voy
Redouble mon tourment, ma peine, & mon esmoy.

### Chromis.

Ton dueil ne sert de rien que de croistre ta flame,
Il faut que pour aymer d'ennuis soit libre l'ame:
Sus, chantons Dorylas, ne sois plus souspirant,
Pourrois tu bien iouir de ta Nymphe en pleurant,
Les plaisirs, les soulas, les baisers, les delices,
Le ris, les passetemps, les amours, les blandices
Sont ennemis des pleurs, des plaintes, des regrets,
Des langueurs, des souspirs & des ennuis secrets,
Du dueil, du desconfort, principaus aduersaires
D'Amour, & des Amants, & des Ieus salutaires.
Contemple vn peu du Ciel le corps serain & beau,
Esclarci des rayons de l'vnique flambeau,
L'air est paisible & dous, voy ceste plaine humide
Qui semble vn luisant marbre, ou vn verre liquide
Tout esmaillé d'azur, voy ce creus element
En accoisant ses flots se friser calmement
Sous l'haleine du vent, & son onde esbranlée
De l'aisle des Zephirs pli sur pli crespelée
S'eslever doucement. Chantons mon Dorylas,
Ce temps tousiours si beau ne se monstrera pas,
Chante donc le premier, ce beau temps t'y inuite
Tout rit au Ciel, en Terre, & dessus Amphitrite.

### Dorylas.

Tertres, vallons, forests, fontaines, prez, & monts
Voisins de ceste mer, eaus, roches, & sablons,

## Eclogve II.

Dieus de ces flots marins, Deesses Nercides
Qui dans les creus herbus de vos caueaus humides
Faites vostre seiour, humaines escoutez
Ma chanson, sortez hors de vos palais voustez,
Monstrez nous vos yeus verds & vos tresses orines,
Et à sein descouuert sur ces ondes marines.
Glissez mignardement, & venez escouter,
Vous approchant de moy, ce que ie veus chanter.

### Chromis.

Neptune Roy des eaus, Phorque, Ocean, Neree,
Toy Pasteur des troupeaus de la Mer azuree
Variable Protee, & vous Glauque, & Triton,
Vous Nymphes de ces lieus Thetis, Doris, Inon,
Quittez l'humide fond de vos grotes moussues,
Vous poissons escaillez, vents & vagues bossues,
Oyez ce que ie veus chanter presentement.
Autresfois qu'en ces lieus i'ay chanté mon tourment,
Vous Nymphes & vous Dieus pres de ces riues moles
Vous auez maintesfois escouté mes paroles.

### Dorylas.

Ie benis mille fois & mille fois le iour,
Que ie fus fait captif de ma Nymphe & d'Amour.

### Chromis.

Heureus aussi le iour & heureuse la flame
Que ma Nymphe & l'Amour verserent en mon ame.

### Dorylas.

I'ignorois que c'estoit auparauant d'aymer,
Mais ie l'ay bien appris me sentant enflammer.

### Chromis.

Ie ne sçauois que peut vne beauté diuine,
Or ie sçay que sur tout puissante elle domine.

### Dorylas.
Bien-heureus qui d'Amour a le cœur enflammé
Et malheureus celuy qui n'a iamais aymé.
### Chromis.
Heureus qui est lié d'vne amoureuse estreinte,
Malheureus qui du feu d'Amour n'a l'ame atteinte.
### Dorylas.
Qui n'ayme est insensible, & porte au lieu de cœur
Vn rocher tout couuert de glace & de rigueur.
### Chromis.
Celuy qui n'ayme point est plus que miserable,
A vn dur Diamant son cœur est tout semblable.
### Dorylas.
Seulement pour ma Nymphe on entend les souspirs
A l'entour de ces bords des gratieus Zephirs.
### Chromis.
Seulement pour ma Nymphe on oit sur ces riuages
Nuit & iour des oyseaus les douceréus ramages.
### Dorylas.
Phœbus est amoureus de ma Nymphe aus beaus yeus
Il voudroit pour les voir n'aller iamais aus Cieus.
### Chromis.
Neptune est si raui des beautez de la mienne
Que n'estoit qu'il a femme, elle seroit la sienne.
### Dorylas.
Ie garde pour ma Nymphe vn colier de coral
Car ie l'ayme sur tout, bien qu'elle ayme mon mal.
### Chromis.
Je garde pour la mienne vne fine amethiste,
Bien quelle n'ait soucy de me voir ainsi triste.

# ECLOGVE II.
### Dorylas.
Tant qu'Amour s'armera de carquois & de traicts,
I'aymeray ses beaus yeus, sa grace, & ses attraits.
### Chromis.
Tant qu'Amour portera son brandon redoutable,
I'aymeray sa beauté sans estre variable.

57

# SONNETS.

### I.

E ne veus plus auoir de bre-
bis ny de boucs,
Ie veus estre pescheur, ie
laisse ma houlette,
Ma panetiere aussi, ma
fleute, & ma muzette,
Adieu Pan & Syluains qui
me sauuiez des loups.
Nymphes, Dieus de la Mer or' ie me range à vous,
Sauuez moy s'il vous plaist, gardez que ma barquette
N'enfonce soubs les flots, cependant que i'appreste
Mes lignes & mes rets à ce mestier si dous.
Ie suis las de loger dessoubs vn toict champestre,
Ie suis las de mener tout le long du iour paistre
Mes trouppeaus dans les prez, & dessus les couppeaus
Des monts plus esleuez, or' aus bois, aus campaignes,
Ie quite desormais prez, bois, plaines, montagnes,
Pour habiter ces rocs, & pescher dans ces eaus.

## SONNETS.

### II.

J'ayme biẽ ce beau iour, mais i'ayme encores mieus
La nuit où ie senty la piqueure poignante
De l'Amour transformé en Viue trop viuante,
Mais ce coup me fut dous venant du Roy des Dieus.

La Lune pour reuoir son ami gratieus
A sa coche legere en argent rayonnante
Atteloit ses moreaus, de course diligente
En haste elle couroit dans la plaine des Cieus.

Soubs sa clarté s'enfloit la campagne salee,
Du bandeau de la nuit la terre estoit voilee,
Lors qu'ayant mon vaisseau pres d'vn escueil rangé

Je pesché du poisson, & le mis dans ma barque,
Mais Amour qui son corps en Viue auoit changé,
Me picqua iusqu'au vif, i'en porte encor la marque.

### III.

Vne fois ie iettay mes filets dedans l'eau,
Le bois estoit dessus & le plomb dessoubs l'onde,
A grands coups d'auiron ie menois mon bateau,
Hachant le large sein de la plaine profonde.

Apres auoir bien loing estendu le cordeau
Où pendent mes filets & fait l'enceinte ronde,
Peu à peu vers le bord i'approche mon vaisseau,
Là i'aperceu l'Amour soubs qui tremble le monde.

Ce Dieu s'estoit caché soubs vn rocher caué
Des vagues de la mer incessament laué,
Des qu'il me vit tirer mon harnois sur l'arene,

Il dit tout haut, Pescheur tu surprends le poisson
Par ruse, or' aus filets, or' au traistre hameçon,
Mais ton cœur sera pris par les beautez d'Irene.

## IIII.

Je n'ayme rien si ce n'est mon Irene,
Tout autre obiect ne peut plaire à mon œil,
Son œil plus beau que n'est beau le Soleil
Lors qu'il me luist seul soulage ma peine.

Son poil me plaist, i'ayme sa douce haleine,
Et ses baisers, i'ayme son teint vermeil,
Son col, sa bouche, & son sein nompareil,
Son port, sa grace, & beauté sur-humaine.

Le premier iour qu'Amour me la fit voir,
Tout aussi tost elle eut sur moy pouuoir,
Et fut maitresse alors de ma franchise.

Il m'en souuient, elle cueilloit des fleurs
Dessus ce bord, quand mon ame fut prise
De sa beauté Royne de tous les cœurs.

## V.

Heureuses eaus qui courant dans la Mer
Baisez le pied de ces riues hantees,
Je voudrois bien, belles eaus argentees,
Qu'Amour m'eust fait en onde transformer.

Malgré les vents qui font l'onde escumer,
Les durs escueils, les vagues agitees
De l'Ocean, dans ses grotes voustees
J'irois voir l'œil qui me fait consumer.

En me glissant soubs son marbre liquide
J'irois trouuer ma belle Nereide,
Qui faict la sourde & rit de mon tourment.

Mais cependant qu'à desirer ie pense
Un gros Saulmon dedans mon ret s'eslance,
Il faut à bord le tirer vistement.

## SONNETS.
### VI.

Si tost que tu verras tout le Ciel se brunir,
Et du plus hault des môts l'ôbre aus champs se respädre
Lors qu'un chacun s'en va dedans le lict s'estendre
Cloris vien t'en icy ta promesse tenir.

Vien ma belle Cloris là où tu vois s'vnir
Ces rochers & ceste onde, en cest endroit va tendre
Chromis le bon vieillard ses rets, nous irons prendre
La nuit tout son poisson, ne faille de venir.

Si tu me viens trouuer, ô mon ame plus chere,
Pourueu qu'on ne le die à ta ialouze mere,
Ie t'empliray le sein d'un poisson ferme & gros,

Que ie garde soigneus, si l'heur m'est fauorable,
Et que la mer ireuse adoucisse ses flots,
Tu en auras tousiours s'il te semble agreable.

### VII.

Nymphes qui habitez soubs ce crystal liquide,
Et le sein descouuert, les cheueux desnouëz,
Or' les bras racourcis, or' estendus nouëz
Dans ce fleuue, & plongez dessoubs sa vouste humide.

Cloanthe, Egon, Batille, ô bande Nereide,
Pescheurs ieunes & beaus sur tous autres louez
Ces roses, & ces lis à vous seules vouez
Vous offrent les mettans dans ceste Conque vuide.

Or' que pour renfreschir leurs corps ils vont nager
Dans ces flots crystalins, gardez les de danger,
Et toy fleuue courbé dans ta plaine ondoyante,

Les herbes, les roseaus va soudain arracher,
Fay que rien ne les puisse en nageant empescher,
Ainsi par dessus l'Hebre & le Gange on te vante.

## VIII.

Puis qu'Amour & le Ciel contre moy coniurez
Font croiſtre à tout moment ta rigueur & ma peine,
Ie veus noyer mon corps dans ces flots azurez,
O fiere Panopee, à moy ſeul inhumaine.
Du plus profond des eaus i'ay les Dieus attirez
Au bruit de mes clameurs, au bord de ceſte arene
S'amaſſent les poiſſons à mes mots ſouſpirez
Seule tu fais la ſourde & rends ma plainte vaine.
O vous Dieus de la Mer & vous Nymphes auſſi,
Soyez, ſoiez teſmoins qu'il n'y eut onc icy
Vn plus fidele Amant, i'en iure par voſtre onde.
Adieu lignes & rets, adieu fraiſle vaiſſeau,
L'Ocean à ce coup ſera mon ſeul tombeau,
Ainſi dit Dorylas plongeant ſoubs l'eau profonde.

## IX.

Que ne puis-ie auſſi bien auoir en ma puiſſance
Ma Nymphe, comme i'ay ce poiſſon en mes mains,
Las! s'il eſtoit ainſi, l'heur de tous les humains
N'eſgaleroit mon heur ny ma reſiouiſſance.
Que ne puis-ie auſſi bien de douce violence
Tirer ma Nymphe à moy, comme aus rets & aus haims
I'attire les poiſſons peu cauteleus & fins,
Que ie ſerois heureus d'en auoir iouiſſance.
Bien que froide elle ſoit, ie veus perſeuerer
Touſiours en mon amour, & touſiours eſperer,
Peut eſtre que l'Amour eſchauffera ſon ame.
Il n'y a rien ſi froid qu'il ne puiſſe enflammer,
Il n'y a rien ſi dur qu'il ne puiſſe entamer,
Iuſques au fond des eaus il fait ſentir ſa flame.

## X.

Philandre se mirant dans le crystal des ondes,
Sur le bord de la mer se complaignoit ainsi:
Vous Dieus des flots marins & vous Nymphes aussi
Sortez pour m'escouter de vos roches profondes:
Tritõ, Glauque, Ocean, Nymphes aus tresses blõdes,
Thetis, Doris, Inon dessus ce bord icy
Lamentez auec moy ma peine & mon soucy,
Assemblez vous, ô Dieus, ô Nymphes vagabondes.
Orageus Aquilon, cesse aussi de souffler
Dessus ces champs moiteus, cesse de les enfler,
Venez icy voler Zephirs & de vos ailes
Frisez l'azur des eaus, Glauque, Ocean, Triton,
Lyse passe en beauté Thetis, Doris, Inon,
Mais plus cruelle elle est que ces vagues cruelles.

## XI.

Ces Perles, ce Coral ie te donne, ô Nerine,
Reçoy les ie te prie auec cest Ambre gris,
Ces fleurs & ces perfums, pren ceste Cornaline,
Ceste fine Emeraude & ces quatre Rubis.
Ces dons que ie te fais viennent de la Marine,
Je voudrois en auoir d'autres de plus grand pris,
Ie les presenterois à ta beauté diuine
Et t'offrirois mon cœur si tu ne l'auois pris.
S'il te plaist de venir en ma basse barquette
Nous irons dessus l'eau, pour voir s'il n'y a rien
Dedans mon ret tendu & ma nasse longuette,
J'ay vn Rouget tout vif que ie veus qui soit tien,
J'ay mille autres poissons, vien & viuons ensemble,
Faisons qu'vne amour mesme à iamais nous assemble

## XII.

Or' que les feus du Ciel nous montrent leur lumiere,
Et que douteusement la Lune au ciel reluist,
Que les vents sont couchez, que la mer est sans bruit,
Viens icy, Galathee, & ne sois plus si fiere.

Les Tons, les Marsouins soubs l'onde mariniere
Dorment paisiblement, mais le feu qui me cuist
Et me brusle les os, ne permet que la nuit
Le sommeil gratieus me touche la paupiere.

Sors de la fosse humide où tu fais ton seiour,
Vien moderer ma flamme & croistre mon amour,
Sur ce bord areneus, si tu m'es fauorable

Ie diray que Venus n'esgale ta beauté,
Si tu fais autrement d'vne vois veritable
l'annonceray par tout ta dure cruauté.

## XIII.

Algues verdes, Rochers, riuage, onde escumeuse,
Vous peuples escaillez, vous mariniers oyseaus,
Vous Nereides sœurs, & vous Dieus de ces eaus,
Et vous Zephirs oyez ma complainte amoureuse.

Las! ie meurs peu à peu, mon ame langoureuse
Souffre mille douleurs, mille regrets bourreaus
Me tenaillent sans fin, mille tourments nouueaus
Rendent mon esprit morne & ma vie angoisseuse.

Mon sang bouillonne tout, en mille endroits mon cœur
Est trauersé des traits d'Amour Dieu de rigueur.
Encor' ie trouuerois ma passion plaisante

Si la Nymphe que i'ayme auoit pitié de moy:
Mais plus i'ay de constance, & d'amour, & de foy,
Helas! plus elle est sourde à ma plainte dolente.

## SONNETS.
### XIIII.

Sur le midy bruſlant, reuenans de peſcher,
Tout ſuant & laſſé, aupres du mol riuage
Ie me fus repoſer à l'ombre d'vn rocher
Qui faiſoit borne aus flots, & deſdaignoit leur rage.
　Vn peu plus loing Chromis alla mettre ſeicher
Ses rets ſur le grauois, puis ſoubs vn roc ſauuage
Pour euiter le chaud tout gay s'alla cacher,
Et ſe mit à chanter ceſt amoureus langage:
　Nymphes qui frequentez ces riuages herbus,
Allez dire à Triton que les yeus de Nerine
Sont plus beaus mille fois que celuy de Phœbus,
　Afin qu'incontinent par toute la marine
Auec ſon grand cornet il chante leur beauté,
Ainſi dit ſe Peſcheur deſſous ce roc vouſté.

### XV.

O Lune ſi ton cours n'oſte de ta penſee
Ton cher Endimion que tu as tant aymé,
En ſa faueur ne rends le Ciel tant alumé,
Il eſt trop eſclarcy de ta flamme eſlancee.
　Vien Nuit aus noirs cheueus, de ta robbe poiſſee
Obſcurcis tout le Ciel de lumiere enflammé,
Cache les feus ardants dont il eſt parſemé,
Fay que ton aile ſoit ſur la terre abaiſſee.
　Ie veus ſans eſtre veu aller ſecrettement
Voir ma Nymphe aus beaus yeus, mõ dous cõtentemẽt,
Qui me donnera plus que le Ciel de lumiere,
　Belle Lune & toy Nuit vueillez donc m'eſcouter
Si toutes deus voulez exaucer ma priere
En voſtre honneur touſiours vous m'entẽdrez chanter.

### XVI.

SONNETS.

### XVI.

Soleil qui tout baigné tires de la Marine
Ton char estincelant pour courir dans les Cieus,
Je te supplie entends ma priere benine,
Va replonger dans l'eau ton flambeau radieus.

Ta nouuelle clarté le Ciel trop illumine,
Retire toy de grace, aussi bien les beaus yeus
D'Inon mon cher souci de leur clarté diuine
N'esclarcissent que trop ces solitaires lieus.

Quoy! me veux-tu priuer du bien que ie possede?
Or que ie tiens J non d'où tout mon heur procede,
Laisse nous plus long temps iouir de nos plaisirs.

Si tu caches dans l'eau ta cheuelure blonde
Je t'aymeray tousiours plus que chose du Monde,
Ainsi dit Lycidas presents les dous Zephirs.

### XVII.

Inon la belle Nymphe a le poil ondelé
Qui se crespe & se frize ainsi que soubs l'haleine
D'un Zephire adouci ceste liquide plaine
Nous monstre en se calmant son azur crespelé.

Son front est tout uni, là l'archerot ailé
Pend sa trousse & son arc, son sourcil est d'Ebene
Qui sur deus clairs Soleils de clarté souueraine
Vouste son demirond de poil entremeslé.

Venus dessus sa leure a mis ses viues roses,
Thetis dedans sa bouche a ses perles encloses,
Elle passe en beauté les Nymphes de la Mer.

Le Ris, les Jeus mignards volent à l'entour d'elle,
Amour loge en ses yeus, puis donc qu'elle est si belle
Dites, ne suis-ie pas trop heureus de l'aymer?

## SONNETS.
### XVIII.

Aegon ayant sa barque au riuage arrestee,
Pleurant & souspirant l'aigreur de ses douleurs,
Desireus de sçauoir le cours de ses malheurs,
A son ayde inuoqua le Dieu marin Protee.

Protee incontinent sur la riue hantee
S'eslança d'vn plein sault au bruit de ses clameurs,
Ce pescheur estanchant le ruisseau de ses pleurs
Le lia, lors ce Dieu vit sa force dontee.

Voyant qu'estroitement il estoit garrotté
Ne pouuant eschapper d'vn, ny d'autre costé,
Ainsi dit à Aegon sans changer de figure,

Ta belle Galathee & l'Amour ton vainqueur
Appaiseront ton mal, pource donc ne perds cœur,
Heureus qui pour grand bien vn petit mal endure.

### XIX.

Ie ne pouuois encor à l'auiron tirer,
A peine dedans l'eau mon bras auoit la force
De plonger l'hameçon & de le retirer,
Quand ie vy ton bel œil plein d'amoureuse amorce.

Estant plus esbloui que las de l'admirer
Ie fus marquer ce iour dessus la tendre escorce
De ces arbres voisins où tu m'ois souspirer,
Tesmoins en sont ces Dieus Neptun, Triton & Phorce.

Ie puisse donc mourir si mon cœur ne trembla,
Et si par tout mon corps mon sang ne se troubla,
Lors que l'Amour te fit à mes yeus apparoistre,

Ie ne sçauois encor que c'estoit que l'Amour,
Ie viuois ieune & libre, en repos nuict & iour,
Mais depuis mes douleurs me l'ont bien fait cognoistre.

## XX.

Iamais de l'Orient ne vint un plus beau iour,
Le Ciel ne fut iamais si rempli de lumiere,
Plus dous & gracieus iamais ne fut Amour
Que lors que m'apparut ma Nymphe mariniere.
  Les Graces, les Amours l'adoroient tour à tour,
Elle estoit dans la Conque à Venus escumiere,
Les Zephirs doucelets voletoient à l'entour,
Les Nymphes fendant l'eau la suiuoient par derriere.
  Lors ie dy, tant que l'eau le poisson nourrira,
Tousiours, tousiours Mopsus Melicerte aimera.
Ie n'eu si tost parlé que les Nymphes ensemble
  Dirēt, ô Nymphe heureuse, ô Pescheur bien-heureus,
Toy belle extrememẽt, luy parfait amoureus,
Amour à tout iamais vos ieunes cueurs assemble.

## XXI.

Ores que dans ces eaus i'ay fait vne tendue,
Ie veus dessus ce bord, ô ma Nymphe aus beaus yeus,
Chanter en ton honneur, afin que dans ces lieus
Ta gloire soit par moi viuement espandue,
  Que de tout ce qui vit soit ma vois entendue.
Il n'i a rien si beau soubs le grand tour des Cieus
Que le poil, & la bouche, & le sein gratieus
De ma Nymphe l'obiect de mon ame esperdue.
  Tout mon plus grand plaisir c'est de pouuoir chanter
Ses diuines beautez pour mon mal enchanter.
Mais ie vois vn pescheur qui là bas se despesche
  De tirer mes filets & prendre mon poisson,
Il me faut mettre fin à ma douce chanson,
Car ie pourrois bien perdre & ma vois & ma pesche.

f ij

## SONNETS.
### XXII.

Amour, que dis-ie Amour? plustost Lion sauuage
Plus cruel & felon que ceus qui sont aus bois,
Las! pourquoy contre moy redoubles tu ta rage,
N'est-ce assez que ie sois captif dessoubs tes lois?
 En me perçant le cœur tu ris de mon dommage,
Tu es sourd aus accents de ma dolente vois,
Ta cruauté te fait nommer Dieu de carnage,
L'on ne t'appelle plus Amour comme autrefois.
 Puis qu'Amour faict le sourd, vous belles Nereides
Ayez pitié de moy, quittez vos rocs humides,
Et faites que ie trouue en mon mal reconfort.
 Plus ie vy tristement, plus renaist mon angoisse,
L'on dit que l'homme meurt d'vne extreme tristesse,
Las! s'il estoit ainsi ie fusse desia mort.

### XXIII.

Côme on voit quand les vents renforcent leur haleine
La Mer rider son front en escumeus sillons,
Et les enormes flots batus des tourbillons
S'esleuer iusqu'aus feus de la celeste plaine.
 Ainsi lors que ie suis absent de mon Irene
Mille ennuis en mon cueur dardent leurs esguillons,
Soubs mes souspirs esmeus s'esleue à gros bouillons
La mer de mes douleurs où mon ame forcene.
 Mais apres que les vents se sont tous accoisez,
Et que les flos bossus sont tous appriuoisez,
La Mer dort, & Phœbus monstre sa claire flame,
 Quand ie voy mõ Irene au loing vont mes malheurs,
Mes souspirs cessent tous, la Mer de mes douleurs
Repose calmement, lors s'estouyst mon ame.

## XXIIII.

L'hyuer est bien à craindre, aussi est bien l'orage,
Les gresles, & le vent, le feu, le foudre ardant
Quand Iupiter fasché à val le va dardant
Pour estonner nos cœurs & nostre fier courage.

La mer est bien à craindre alors que soubs la rage
Des vents impetueus elle va desbordant
Son ire, & qu'au nocher qui tremble en se perdant
La mort elle presente & le triste naufrage.

Le tremblement de terre est bien à craindre aussi
Qui maintesfois engouffre en son ventre noircy
Maint bois, mainte riuiere, & maint rocher encore,

Et fait mainte cité bien souuent abismer,
Mais ie crain plus encor que celle que i'adore
Faussant sa foy ne vueille vn autre amant aymer.

## XXV.

Or que la Mer repose en son lit endormie,
Et que nul vent ne fait ses ondes esleuer,
Vien ma chere Doris, vien ma douce ennemie
T'assoir dessus ce bord que l'onde va lauer.

Delaisse donc la Mer vien t'en ma douce vie
Sur ce riuage herbu, ie te sens arriuer,
Vien t'assoir mollement sur ceste herbe fleurie,
Là les plaisirs d'Amour nous pourrons esprouuer.

Baisse vn peu tes beaus yeus, regarde à fleur de l'onde
Ce poisson vif qui nage, & sur l'arene blonde
Amoureus vient fraier, voy d'vn autre costé

Ces oyseaus qui du bec, de la queue, & de l'aile
Fretillards font l'amour, ô diuine beauté
Esteignons ainsi qu'eus nostre flamme immortelle.

f iij

## XXVI.

A la mercy des vents, des flots, & de l'orage
Je vogue sur la Mer de peine & de douleur,
J'ay pour Pilote Amour, pour Phanal le malheur,
Pour compagnons les pleurs, les regrets, & la rage.
Les vents des espoirs vains m'eloignent du rivage,
L'Amour me vend aus vents, & soubs belle couleur
De me prester son aide, il s'aide de la leur
Pour me rompre mon mas, mon voile & mon cordage.
Helas! puis que tu vois que ce pilote au lieu
De me guider, m'abisme, & qu'il n'a foy de Dieu,
De pilote, ny d'homme, exauce ma requeste,
O Nymphe vange moy, lance luy de tes yeus
Vn trait aigu, meurtrier, cruel, & furieus:
Lors surmonterons nous Amour & la tempeste.

## XXVII.

O toy qui peus sauuer de tes Astres iumeaus
La miserable Nef de ma dolente vie,
Vien me seruir icy, toy que i'ay tant seruie,
De nouuelle conduite en ces escueils nouueaus.
Comment aborderay-ie en me tirant des eaus,
A la fœlicité dont mon ame est rauie?
Ce sera bien en vain que ie l'auray suyuie,
Se ie ne suy le clair de tes luisans flambeaus.
Vent Seigneur de la Mer, Vent maistre des orages,
Vent Roy de la tourmente, & pere des naufrages,
Pourquoy trenches-tu tant icy du furieus?
Si son bel œil me luist tu ne me peus que faire,
Si son œil ne me luist tu ne me nuis de guere,
Pour me perdre il ne faut que me cacher ses yeus.

## XXVIII.

Iamais pescheur ne fut comme moy miserable,
Suis-ie pas miserable, helas! d'estre amoureus?
Si ma Nymphe m'aimoit ie serois trop heureus,
Mais elle n'ayme rien que ma peine durable.

Las! plus ie l'ayme & plus elle est impitoyable,
Plus mon cœur brusle & plus le sien est froidureus,
Plus ie souffre de mal, plus ie suis langoureus,
Et plus elle se monstre, ô Dieus! inexorable.

Les poissons de ces eaus sont plus heureus que moy,
Dessoubs l'azur des flots ils viuent francs d'esmoy,
Lors qu'ils sont amoureus pour esteindre leur flame

Ils frayent à leur gré, moy pauure infortuné
Plus i'ay de feu, d'Amour & de desir en l'ame,
Helas! tant plus, ie suis de peine enuironné.

## XXIX.

Ie t'appelle ô Triton sur ceste riue mole,
Trenche roidement l'onde & te presente à moy,
Ne mets point à mespris s'il te plaist ma parole,
Haste toy de nager, vien tost aproche toy.

Or' que l'onde est tranquille & que nul vent ne vole
Garde de faire bruit, te voila, ie te voy,
Ton corps baigné reluist soubs la clarté du Pole,
Vien Triton secourable & guaris mon esmoy.

Si tu veus aller prendre en sa roche moussue
Ma Nymphe, & l'amener sur ceste riue herbue,
Icy ie te feray un Autel tous les ans

De roses entouré, de lis, de violettes,
Et mettant dans le feu la myrrhe auec l'encens,
Vn hymne chanteray sur ces riues secrettes.

## XXX.

Que sera-ce de vous, ô fleurs delicieuses,
Qui peigniez à mes chants vos chefs de cent couleurs?
Fust quãd l'Aube au matin vous baignoit de ses pleurs,
Ou quand Phœbus plongeoit aus ondes escumeuses.

Las! que deuiendrez vous, ô riues sablonneuses,
Qui souliez escouter ma plainte & mes langueurs?
Desertes vous serez sans iamais porter fleurs,
Tesmoignant à iamais mes peines douloureuses.

La fleur de mon espoir que i'arrosois souuent
De mes pleurs, est tombee, ainsi qu'on voit souuent
Les fleuretes tomber par l'effort d'vn orage.

La Nymphe que i'aymois l'a fait choir contre bas
Du vent de sa rigueur, & cruelle & volage
M'a quité pour aymer vn qui ne me vaut pas.

## XXXI.

Amour sera plustost lassé de m'offenser
Que ie sois las d'aymer, ie serois sans liesse
Si i'estois sans amour, & tousiours la tristesse
Viendroit troubler mon ame & mes sens insensez.

Dequoy me peut seruir tant de filets lasser,
Faire tant de cordage, & nouer tant de tresse,
Pescher tant de poisson par ruse & par finesse,
Tout me lasse & l'Amour ne me peut point lasser.

Ie ne veus plus auoir de rets ny de nasselle,
Ie n'ayme que ces eaus, car ma Nymphe inmortelle
Y plonge sa blancheur & y fait son seiour.

Ie quitte pour l'aymer mes harnois & la pesche,
Amoureus maintenant à rien ie ne m'empesche
Sinon à voir ses yeus où se loge l'Amour.

## XXXII.

Ores que nous auons retiré nos harnois
Et pesché du poisson, arrestons nos barquetes,
Compagnons deuisons comme Amour soubs ses lois
Nous traitte, & discourons de nos amours secretes.

Or' plaisir, or' douleur vous sentez quelquefois,
Vos ames sous son ioug tousiours ne sont sugetes,
Mais, las! ie sens tousiours les traits de son carquois,
Et si i'ayme le mal que me font ses sagetes.

Tant que le clair Phœbus enflammera les Cieus,
Tant qu'Amour amoureus logera dans les yeus
De la Nymphe que i'ayme, honnore, adore, & prise,

Tant que le Ciel vousté aura de mouuement,
Tant que mon ieune cueur aura de sentiment,
I'aymeray sa beauté Royne de ma franchise.

# DESCRIPTION
## D'VNE FONTAINE.

IE ne veus pas descrire, ô chere Muse,
Dedans ces vers la beauté d'Arethuse,
Comme elle fut baigner son corps vn iour
Au fleuue Alphee espoint de son amour,
Qui la suiuit d'vne telle vistesse,
Que si Iunon, ceste grande Deesse,
N'eust en fontaine eschangé le beau corps
De ceste Nymphe, il l'eust rauie alors.
 Ie ne veus pas chanter l'eau de Pyrene,
De Castalie, ou celle d'Hippocrene:
Mais bien ie veus descrire le cristal
D'vne fontaine ornement d'vn beau val.
 Las de tromper les troupes escaillees
Et de fouler les riues esmaillees,
Pour receuoir plaisirs en d'autres lieus,
Ie descendis en vn val gratieus
Par cas fortuit sans cognoistre la voye,
Qui me guidoit seul pour auoir la ioye,
Le dous plaisir, le cher contentement
Que ie receu de voir obscurement
Dans vn vallon vne claire fontaine,
Dont l'argent pur alloit baigner la plaine,
Qui au dessous de ce lieu s'estendoit.
Ce qui plaisante à mes yeus la rendoit,
C'est le rocher à la gueule profonde

Couuert de fleurs d'où couloit sa belle onde,
Que les Zephirs de leurs tuyaus venteus
Alloient poussants dans ce lieu raboteus.
 Il n'y a point de limon ny d'ordure
Dedans ceste eau claire, argentine, & pure,
Elle n'est point cognue des trouppeaus,
Ny des pasteurs, ny mesmes des oyseaus.
Des arbres grands n'y tombent les fueillages,
Les Faunes dieus, les Satyres sauuages,
Et les Syluains n'en osent approcher,
Car à Diane appartient ce rocher,
Diane sœur de Phœbus & deesse
De chasteté, & vierge chasseresse
Qui sur le flanc l'arc porte & le carquois,
Et va chassant dedans ces sombres bois.
 Tout à l'entour de ceste onde sacree,
Dont la beauté les deitez recree,
Deus aulnes sont, deus saules, deus peupliers
D'ordre plantez, les pasles oliuiers
Sont tout aupres, les œillets, & les roses,
Le nard, les lis ont leurs beautez escloses,
Autour du roc, le serpolet, le thin,
Embasment l'air, le touffu romarin,
Le bleu glayeul, le trefle, la melisse,
La Camomille & le fleurant Narcisse,
La fleur d'Aiax & du mignard Adon,
L'Iris, la mente, & le tendre cresson,
Le blanc cytise, & la saincte veruaine,
Le pouliot, l'armoise & marjolaine,
Le verd Laurier, le Myrte de Cypris,
Pres ce rocher leur belle place ont pris.
 Les bois fueillus aus testes verdoiantes,

f vj

Couurent du val les collines pendantes,
Ses claires eaus à flots entrecassez,
Murmurant vont sur ces champs tapissez
De mille fleurs rouler leurs froides ondes,
Le cher tresor des Nymphes vagabondes,
Qui font seiour en ce val obscurcy.
   Là tout aupres de ce roc endurcy
Echo piteuse a choisy sa demeure,
Et semble encor que Narcisse elle pleure:
Car dés qu'on a dit vn mot seulement,
On oit soudain le mesme tristement
Bruire par l'air comme ayant l'ame attainte
De quelque dueil dont elle fait sa plainte.
   Estant couché dans ce val le sommeil
Charmant mes sens vouloit siller mon œil,
Mais i'apperceu la Deesse immortelle,
Et son troupeau qui estoit autour d'elle,
Lors tout soudain ie quitté ce vallon,
Car ie craignois que la sœur d'Apollon,
En me voyant pres de son sainct repaire,
Comme Acteon me trouuast temeraire,
Pour ne fascher ceste race des Dieus,
Pour repescher i'abandonné ces lieus.

# HYDROMANTIE.

Le pescheur Iolas voulut sçauoir vn iour
Par charmes si Phyllis luy portoit de l'amour,
Contemplant le crystal des eaus nettes & pures
Il vit de sa bergere & de luy les figures,
L'autre suiuoit la sienne, & puis tout à l'instant
La venoit embrasser soubs le flot tremblotant
D'vn ruisseau fontenier, augure veritable
Qu'ils viuroient bienheureus, soubs le ioug delectable
D'vne parfaicte amour, augure bien-heureus
Qu'amoureuse elle estoit comme luy amoureus,
Qu'elle ardoit comme luy en l'amoureuse flame,
Qu'elle le faisoit Roy des pensers de son ame,
Qu'elle mouroit pour luy, & qu'en mille plaisirs
Ensemble ils donteroient leur peine & leurs desirs.
  Vn iour du mois d'Auril que l'Aube saffranee
Auoit de son Thiton la couche abandonnee,
Que les feus de la nuit, le songe, & le sommeil
S'estoient desia cachez au leuer du Soleil,
Que la fraiche rosee emperloit les fleuretes,
Que l'air s'esclarcissoit, & que les ondeletes
Bruiantes s'accordoient aus iargons des oiseaus

## HIDROMANTIE.

Qui saluoient le iour de mille chants nouueaus,
L'amoureus Iolas ayant l'ame rauie
Des beautez de Phyllis, le souſtien de sa vie,
Abandonnoit les eaus, la pesche mesprisoit,
Haiſſoit sa naſcelle, & plus ne s'amusoit
A façonner des rets, mais d'vne amour extreme
Pour sa Nymphete aymer vouloit mal à soy-mesme.
Il n'adoroit rien qu'elle, esloigné de ses yeus
Il pensoit estre atteint d'vn hyuer ocieus.
Elle estoit sa pensee, elle estoit sa lumiere,
Et tenoit dans ses yeus son ame prisonniere.
Seul il viuoit content, heureus & amoureus,
Seul il estoit content, amoureus & heureus,
Douce estoit sa langueur, & plus douce la flame
Du bel œil de sa Nymphe Astre clair de son ame.
   Rien au monde il n'aymoit que sa chere Phyllis,
Dont le teint faisoit honte aus Roses, & aus Lis,
Ses cheueus crespelus s'esparpilloient par ondes
Deſſus son col neigeus çà & là vagabondes,
Que les mignards Zephirs, les Amours, & les Ieus,
Frizoient, encordeloient en mille & mille neuds:
Les deus bords souspirans de sa vermeille bouche,
Digne que seulement vn Iupiter y touche,
Effaçoient le coral, Venus au lieu de dents
Auoit placé deus rangs de perles au dedans
De sa bouche embasmée, Amour chargé de fleſches
Dont au cueur des amans il faict si douces breſches,
Logeoit dedans ses yeus, quand il manquoit de traits
Pour bleſſer les humains, il s'aidoit des attraits,
Des propos, & du chant, & des celestes flames
Des beaus yeus de Phyllis dont il dontoit les Ames

Les Graces se cachoient dans son sein blanchissant,
Et bref toutes beautez elle alloit surpassant.
　Or ce pescheur n'ayant encores asseurance
De l'amour de Phyllis, perdoit toute esperance
De iouir des plaisirs & des contentements
Qui temperent l'ardeur & l'ennuy des amans:
Il vivoit incertain, & son ame douteuse
De plus en plus ardoit d'vne flamme amoureuse:
En fin il resolut par charmes d'esprouuer
S'il pourroit quelque amour en sa Nymphe trouuer.
Que sert, ce disoit-il, d'abandonner sa vie
Au gré d'vne beauté, d'auoir l'ame asseruie,
D'aymer seul, & d'auoir tout le cueur enflammé;
Ie veus sçauoir au vray si ie suis bien aymé.
　Si tost qu'il vit au Ciel la lampe iournaliere
Sur la Terre, & les eaus respandre sa lumiere,
Et que le Chef doré du Soleil radieus
Ardant illuminoit la vousture des Cieus,
Que l'air estoit serain, & que le dous Zephire
Par les humides fleurs doucement alloit bruire,
Il entre dans vn pré qu'vn argentin ruisseau
Roulant à plis tortus baignoit de sa claire eau.
Et dit: Or' que Phœbus suit de la mer profonde
RVISSEAV cesse ton cours, & fais claire ton onde.
　O Toy Pere du iour, Roy des feus etherez
Qui enflamment la nuit les cercles azurez
De l'Olympe estoileus, ô toy dont l'influence
En son estre parfaict maintient toute substance,
Toutes choses produit, toy qui faisant ton cours
Animes l'Vniuers, preste moy ton secours,
Donne moy ta clarté plaisante & aggreable:

# HIDROMANTIE.

O divin Apollon aus charmes favorable,
Aime-sucs, aime-chants, ayme-Lyre, ayme-vers,
Clair ornement des Cieus, bel œil de l'Univers,
Donne-bien, donne-honneur, donne-ame, donne-vie.
Si de saincte fureur tu m'as l'ame ravie.
Donne force à mon charme, illumine ces lieus
Cependant que ie vay laver trois fois mes yeus
De ceste eau qui s'enfuit par ces prez vagabonde,
RVISSEAV cesse ton cours, & fais claire ton onde.

 Amour ie ne veus point ta nature blasmer,
Amour ie ne veus point contre toy m'animer
Comme font ces amants indiscrets, qui mesprisent
Ton arc & ton brandon, & temeraires disent
Que tu es seul autheur de leurs tristes douleurs,
Et ne cognoissent pas que ce sont les mal-heurs,
Le destin, & le sort, les Parques inhumaines
Qui trament aus humains & leurs biës & leurs peines:
Et mesmes bien souvent leurs indiscretions
Et leurs desirs ardants causent leurs passions,
Leurs sens & leurs esprits poussez de violance
Donnent facilement à leur mal accroissance,
Car l'amant aveugle qui se laisse emporter
Au vol de ses desirs, & ne peut supporter
Vn si rapide effort, sent son ame troublee
De travaus, de douleurs, dont elle est accablee.

 Ces coulpables amants insensez, furieus,
Blasment ton feu, tes traits, la Nature, & les Cieus,
T'appellent rigoureus, & detestent tes flames
Lors qu'ils sont iustement mesprisez de leurs dames.
Ceus là sont bien cruels qui t'appellent cruel,
Ils n'ont iamais gousté du plaisir mutuel

Que tu fais sauourer à ceus qui te reuerent,
Qui redoublent tes traits, qui humbles obtemperent
A tes commandemens & obseruent tes lois
Comme ie fais. Amour, assez tu le cognois :
Pour toy ie trouue dous mon amoureus martire,
Dous ton feu, pour lequel doucement ie souspire,
Je me sens bien-heureus que tu sois mon vainqueur,
Vien m'ayder maintenant que ie veus voir le cœur
De Phyllis qui n'a point en beauté de seconde,
RVISSEAV cesse ton cours, & fais claire ton onde.

Ce Ruisseau sablonneus desia s'est arresté,
Le Soleil sur ces prez enuoye sa clarté,
L'air est dous & tranquile, & le molet Zephire
Craignant de troubler l'eau loing de ces lieus souspire.
Les Dieus ont faict cesser pour mieus ouyr ma vois
Les chantres emplumez qui animent ces bois,
Tout est paisible & coy, il faut en ce silence
Que d'vn esprit deuot mes Charmes ie commence.

J'ay par trois fois laué mes yeus de la pure eau,
Que traine par ces fleurs ce crystalin ruisseau,
Voila l'autel dressé cerné de mariolaine,
Le myrrhe, l'encens masle, & la sainête veruaine
Bruslent desia dessus. O Deesse Cypris,
Douce mere du Dieu qui a mes sens surpris,
Toy qui a pris naissance aus ondes escumeuses,
Toy le plaisir & l'heur des ames amoureuses,
Deesse des amours, des graces, des beautez,
Du ris, des ieus mignards, des douces voluptez,
Qui renouuelles tout ce que le ciel enserre,
La nature, le feu, l'air, les eaus, & la terre
Qui fais que rien ne croist, ne s'engendre & produist

En ce monde sans toy, dés que ton astre luist
Soudain tous animaus bruslent d'amour ardante,
Afin de reparer leur race perissante.
Tu peuples l'Vniuers, d'autant que ton amour
La nature entretient, rien ne se voit au iour
Que tu n'ayes creé, les orages te fuient,
Les vents & les brouillards, par toy les ondes bruient,
La campagne florist, la mer calme se rend,
Le pré rit, la forest ses verds cheueus reprend.
Laisse Amatonthe, Eryce, & Cythere, ô Deesse,
Ie t'inuoque ô Cypris, cest autel ie te dresse,
Vien chasser mes ennuis, mon dueil, & ma langueur,
Vien moderer le feu qui m'embraze le cœur,
Ainsi dessous tes lois soit subiect ce grand Monde,
DEMEVRE ainsi Ruisseau, & fais claire ton onde.

Dorylas redoute par ses arts en tous lieus,
Qui peut quand il luy plaist des Astres radieus
La carriere arrester, & qui grossit de nues,
De fouldres, & d'esclairs, & de gresles menues
L'air quand il est serain, & qui faict contremont
Les torrens escumeus & les fleuues qui vont
A flots bossus baigner les pleines moissonneuses,
Retourner au profond de leurs sources pierreuses,
M'apprit vn secret charme il y a quelques iours
Pour sçauoir si l'on doit estre heureus en amours
Ou du tout malheureus, i'en veus la preuue faire,
Car ie veus descouurir si ma douce aduersaire
A le cœur plein de glace, & plein d'inimitié,
Ou s'il est chaud d'amour, & rempli de pitié:
C'est ores qu'il en faut faire l'experience,

Ie verray si mes vers auront quelque puissance.
　Sur cest autel couuert d'vne toile de lin
I'ay mis dans ces vaisseaus, du miel, du laict, du vin.
Voila le feu ardant, les drogues enflammees
Couurent obscurement l'autel de leurs fumees,
Et se perdent par l'air, pour mon charme acheuer
Il me faut la vertu de mes vers esprouuer.
Ie sçauray maintenant quelle sera ma vie,
Ma fortune, & mon sort, ô ma douce ennemie
Si tu me dois aymer, soudain ce clair ruisseau
Monstrera ta figure au profond de son eau
Qui pressera la mienne, & si cruelle & dure
Tu me dois mespriser, ie verray ma figure
(Signe de mon malheur) helas! tant seulement,
Mais les bons Dieus auront pitié de mon tourment.
A mes propos ie voy mouuoir l'arene blonde,
DEMEVRE ainsi Ruisseau, & fais claire ton onde.
　Nymphes qui seiournez soubs les flots tremblotans
Des torrens, des ruisseaus, des fleuues, des estans,
Qui sautelez la nuit sur l'esmail des fleurettes,
Et bondissez en rond au bruit des ondelettes,
Qui tapissez ces bords de mille & mille fleurs
Differentes de nom, de beautez, de couleurs,
Fauorisez mon charme, & dans ces ondes pures
Faictes moy s'il vous plaist paroistre les figures
De Phyllis & de moy, Nymphes demonstrez moy
Par ceste eau si Phyllis chassera mon esmoy,
Amortira ma flamme, & ma peine profonde,
DEMEVRE ainsi Ruisseau, & fais claire ton onde.
　Comme on voit clairement le fonds de ce ruisseau

Qui par le vueil des Dieux arreste sa belle eau,
O Phyllis tout ainsi puisses-tu voir la flame
Que tes beaus yeus ardants ont versée en mon Ame,
Que mon vers puisse aussi ta pensée arrester,
Et la tournant à moy ton esprit enchanter.
 Comme l'on void les bords de ceste onde emperlee
Enrichis de fleurons, que la froide gelee
Au plus fort de l'Hyuer ne flestrit nullement,
Ainsi puisse ton cueur prendre pour ornement
Les fleurettes d'Amour, les desirs, la constance,
Qui guident les amants droict à la iouïssance,
La foy, l'amour, l'espoir, la douceur, la pitié,
Qui ne craignent iamais l'hyuer d'inimitié,
Les glaçons de la crainte, & l'orage d'enuie,
La mort, les traits, les feux compagnons de la vie
Des amants simulez qui trahissent l'Amour,
Trop indignes de voir la lumiere du iour.
Et moy, chere Phyllis, immortelle, & diuine,
D'une immuable foy i'armeray ma poitrine,
D'esperance mon ame, & mes sens de rigueur,
Et tant plus que l'Amour m'embrasera le cœur
Plus ma foy sera grande, & le temps qui tout change,
Brise, atterre, corrompt, destruit, deuore, & mange
Les corps de l'Uniuers, ne la pourra changer,
Ny à d'autre qu'à toy mon amitié ranger.
 Mais, helas! i'aperçoy dans ceste eau ma figure,
Las! ie n'en voy point d'autre, ah! quel sinistre augure,
Par là ie cognois bien que ie suis malheureus,
Et que sans estre aymé ie suis seul amoureus.
Helas! sans estre aymé pourray-ie viure au monde?
Que te sert, ô Ruisseau, de ne rouler ton onde?

Que seruent les autels qu'en ces lieus i'ay dreſſez?
Que seruent mes propos aus Nymphes adreſſez?
Dequoy me ſeruez vous, ô mes vers miſerables,
Puis que les Deitez ne me ſont fauorables?
Puis que Phyllis ne m'aymẽ, Amour fais moy perir:
SEVL ie voy ma figure, il me faut seul mourir.

 Qui euſt iamais penſé voyant Phyllis ſi belle
Qu'elle euſt deu ſe monſtrer enuers moy ſi cruelle,
Ie ne l'euſſe pas creu, car regardant ſes yeus
Qui ſont vergõgne aus feus qui luiſent dans les Cieus,
Amour pour me tromper m'y faiſoit voir eſcrite
Vne eternelle paix qui trainoit à ſa ſuitte
Le repos, le bon-heur, les graces, les deſirs,
Les ieus, les paſſetemps, les amoureus plaiſirs:
Mais ſi toſt que ce Dieu iniuſte & deteſtable
M'eut entamé le cueur de ſon trait redoutable,
La flotte des ſoucis, des plaintes, des douleurs,
Conduit auecque ſoy les regrets, les mal-heurs,
La rage, les fureurs, le dueil, & la triſteſſe
Au profond de mon ame, & ma raiſon maiſtreſſe
Au parauant des ſens, ſe laiſſa maiſtriſer
A ſes fiers ennemis, & n'eut le cueur d'oſer
Leurs efforts repouſſer leur faiſant reſiſtance,
Depuis ce iour tous maus ont prins dans moy naiſſance,
Ie n'ay depuis ceſſé de plaindre & ſouſpirer,
De gemir, de ſouffrir, de craindre, & deſirer.
Ah! malheureus le iour que le Ciel me fit naiſtre,
Ah! malheureus le iour que l'Amour fut mon maiſtre,
Et qu'il vint de ſes traicts mon pauure cueur ferir,
SEVL ie voy ma figure, il me faut ſeul mourir.

 Ie commençoy d'entrer en l'Auril de mon aage,

## HIDROMANTIE.

*J'estois libre & gaillard, franc d'amoureus cordage,
Je viuois bien heureus exent de tous trauaus,
Je hantois les pescheurs, la nuit au bord des eaus
Je m'en allois danser auec les Nereides
Et les Dieus gardiens de ces plaines humides,
Qui se resiouissoient de me voir sauteler
En leur bal, & comme eus l'herbe molle fouler:
Mais si tost qu'à l'Amour mon ame fut subiecte,
Je quitté mes filets, mes rets, & ma barquette,
Je deuins insensé, aueugle, & furieus,
Solitaire, & resueur, ie n'ayme que les yeus,
Le teint, le sein de laict, la cheuelure blonde
De ma belle Phyllis, seul ornement du Monde,
Je fis serment dés lors en mon cœur de l'aymer:
Autre qu'elle aussi bien ne m'eust peu enflammer.
Depuis Amour cruel pour toute recompense
M'a faict de mille maus sentir la violence,
Et me faut endurer sans espoir de guerir,
SEVL ie vois ma figure, il me faut seul mourir.

Mais, helas! qui me fait plein d'ire & de colere
Mesdire ainsi d'Amour? c'est ma douleur amere:
Amour ie cognois bien que tu donnes secours
Aus amans affligez, à toy i'ay mon recours,
Vien donc me deliurer du grand mal qui m'oppresse,
Eschauffe l'estomac de Phyllis, qui ne cesse
De mespriser tes lois, c'est à elle, ô vainqueur
Des hommes & des Dieus, qu'il faut brusler le cœur,
Luy faire voir quelle est ta puissance diuine,
Et fondre le glaçon qui gele sa poictrine.

Mais bons Dieus! i'apperçoy dedans ce cristal pur
Deus figures ensemble, ô de mon bien futur
L'asseuré tesmoignage, ô Charme veritable,*

O sainctes Deitez, ô Ruisseau favorable,
Ne me trompe-ie point, non, tousiours ie les voy,
Amour donc a rangé Phyllis dessoubs sa loy,
He! que ie suis heureus, puis que Phyllis la belle
M'ayme, & sent dans son cœur vne flamme nouuelle,
Puis qu'Amour à iamais veut bien-heurer mes iours,
RVISSEAV mō charme est faite, recōmence tō cōurs.

 O toy qui tiens mon ame en tes yeus prisonniere,
Toy qui es de mon cueur la fidele geoliere,
Toy mon diuin Soleil, dont la seule clarté
Donne iour à mes yeux couuerts d'obscurité,
Seul but de mes desirs, Astre de ma pensee,
Deesse des beautez que mon ame insensee
Adore esperdument, seul miracle des Cieus,
Mon tout, mon bien, mon cœur, mō repos, & mō mieus,
O vie de ma vie, & ame de mon ame,
Esprit de mon esprit, ô ma plus douce flame,
En presence des Dieus de ces champs ie promets
Et deuant Cupidon de t'aymer à iamais,
De n'adorer que toy, & de passer ma vie
Dessous tes douces lois doucement asseruie.
J'en iure par ton poil, i'en iure par ton œil,
Par ta grace, & ton ris, par ton sein nompareil,
Par ta gorge de laict, par ta bouche vermeille,
Par ta beauté, qui est du monde la merueille,
Par ma fidelité, par nos fermes amours,
RVISSEAV mō charme est fait, recōmence tō cours.

 Mais ie voy le Soleil, le Roy de la lumiere,
Qui fait place à la Nuit qui le suit par derriere,
Il va plonger son char dans le sein escumeus
Du grand Pere Ocean, ses coursiers tout fumeus
Chauds & lassez d'auoir finy leur course ronde,

# HIDROMANTIE.

Vont refreschir leurs corps dedans la mer profonde:
Ie voy, ie voy desia tout le Ciel se brunir,
Et le iour peu à peu pour le repos finir,
Ie veus comme il finist que mon charme finisse,
Et saluer la Nuit aus vrais amants propice
De ce vers, seur tesmoing de nos viues amours,
RVISSEAV mon charme est faict, recommence ton
     cours.

Oeuures

# OEVVRES
## CHRESTIENNES.

# OEVVRES CHRESTIENNES.

### SONNET I.

ALLONS chercher les eaus
ô mon ame alteree
Tu languis trop de soif, las!
i'ay pitié de toy,
Quittons ce noir seiour où
tu vis en esmoy,
Des vices, des pechez sans
cesse martiree.

Dieu seul te peut donner de ceste eau desiree,
Mais auant que d'en boire il faut auoir la foy,
Dieu seul te peut sauuer te retirant à soy
Des liens du peché où tu es enserree.

Si tu veux de ceste eau te voir desalterer
Priant Dieu fermement il la faut desirer,
si tu veux viure en paix & n'auoir plus de guerre

Auec tant d'ennemis esleue toy là haut,
Pour estre bien-heureuse, ô mon ame il te faut
Changer la terre au Ciel, non le Ciel à la terre.

A ij

## II.

Fuiez bien loing, fuiez trompeuses vanitez,
Qui m'auez apasté d'vne vaine esperance,
Ie ne veux plus en vous mettre mon asseurance,
Fuiez honneurs, tresors, faueurs & dignitez:
Fuiez bien loing, fuiez charmeuses voluptez,
Qui trompez les humains dessoubs feinte apparence,
I'ay pour vous resister la foy, la continence,
Fuiez desirs, plaisirs, amours, fresles beautez,
Chauds & ardants desirs, tirans de nostre vie,
Vous plaisirs qui tenez nostre vie asseruie
Soubs vos attraits pipeurs deceuant nos esprits:
Amours qui consumez tous nos cœurs de vos flames,
Beautez qui enchantez & nos sens & nos ames,
Heureus celuy qui n'est iamais de vous espris.

## III.

Si en ieus, en plaisirs i'ay ma vie amusee,
Si mille vanitez ont seduit mes esprits,
Si dans ses lacqs trompeurs le vice m'a surpris,
Ie ne veus plus du monde estre fable & risee.
Puis que d'vn feu diuin mon ame est embrasee
Ie veus pour aymer Dieu mettre tout à mespris,
Ie veus de sa beauté que mon cœur soit espris,
Et ne priser plus rien que son amour prisee.
Seigneur pour demontrer que i'ay suiui ta loy
Ie veux grauer ton los, mon amour, & ma foy,
Ie prendray de ton chef vne pointe d'espine
Pour faire mon burin, & de ton monument
La pierre où i'escriray ta louange diuine,
Ta grace donnera à mon œuure ornemens.

## IIII.

Ie suis bien malheureus d'estre en captiuité
Dans Babylone, enclos d'vne prison obscure,
Portant aus mains les fers, aus pieds la chosne dure,
En l'ame le tourment dont ie suis tourmenté.

Mon Dieu que de douleurs i'ay l'esprit agité,
Ie ne puis suporter la peine que i'endure,
Las! regarde en pitié ta pauure creature
Seigneur, & s'il te plaist la mets en liberté.

Ie suis chargé d'erreur, d'offence, & de malice,
Ie suis aueugle au bien & clair-voyant au vice,
Mes souspirs & mes pleurs font mon mal irriter:

Seigneur, à mes langueurs quelque remede ordonne,
Et me faits esloigner les murs de Babylonne
Pour dans Hierusalem bienheureus habiter.

## V.

Comme l'herbe fauchee on me voit desseicher,
Comme vn flambeau ie vi du gain de mon dommage:
Mais quoy ie ne vi pas, las! ie meurs, car mon aage
Fuit plus viste qu'vn trait ne part au descocher.

Veux tu contre vne paille, ô Seigneur, te fascher:
Helas! ie ne suis rien qu'vne ombre & qu'vn nuage,
Que le songe d'vn songe, & qu'vn leger plumage,
Que sert de ta fureur tant de traits delascher?

Ie suis pauure pecheur, tu és Dieu de clemence,
Ie sçay que ie deuroy, tant grande est mon offence,
Souffrir vn plus grand mal, ie l'ay bien merité:

Mais quand ie vai pesant ta clemence & mon vi.
Helas! ie trouue trop rigoureus ton suplice
Si ie peche, Seigneur, c'est par infirmité.

A iij

## SONNETS
### VI.

Sathan, la chair, la mort, le vieil peché, le Monde
Noirs de mortel venin, forcenans de fureur,
Comblent mon cœur, mes sens & mon ame d'horreur
Et me font vne guerre à nulle autre seconde.

Mon ame en dueil, en peine, & en tristesse abonde,
Sathan paist mon esprit du poison de l'erreur,
Sa chair de ses plaisirs, & m'aportant terreur
La pasle mort me monstre vne tombe profonde.

Le peché se presente effroyable & hideus,
Quand ie regarde au Ciel le monde clost mes yeus,
Seigneur fay qu'en ton nom ces ennemis ie donte.

Permets que de leurs mains mon corps soit arraché
Et me donne secours afin que ie surmonte
Sathan, la chair, la mort, le monde & le peché.

### VII.

Si infirme & mortel, imparfait & fragile
Ie me conduits moy-mesme au gouffre des douleurs,
Si le cruel destin ourdit tous mes malheurs,
Seigneur par toy sera son effort inutile.

Si le Ciel va tramant à mon ame debile
Tant d'ennuis, de regrets & de fortes langueurs,
Si ma nature aussi redouble leurs rigueurs,
Las! tu me peus ayder, Seigneur, il t'est facile.

Du gouffre des douleurs tu me peus esloigner,
Guide moy donc mon Dieu, & me viens enseigner
La voye où doit marcher ton humble creature.

Pour chasser mes langueurs fay dessus moy pleuuoir
Ta grace & ta faueur, Seigneur tu as pouuoir
Sur le destin, le Ciel, sur moy, sur ma nature.

## VIII.

Malheureus seruiteur i'ay courroucé mon maistre,
Desobeissant fils i'ay mon pere fasché,
Je suis mon ennemy, i'ay forfait, i'ay peché,
A mon maistre, à mon pere, & à moy ie suis traistre.

Ie n'oserey, mon Dieu, deuant toy comparoistre,
I'ay le cœur plein de vice & l'ame de peché,
Dans les rets de Sathan i'ay l'esprit ataché,
I'ay honte de me voir & ne me veux cognoistre.

Maistre bon, Pere dous, vien mon cœur nettoier,
Vien mon iniquité dedans ton sang noier,
Mon esprit & mes sens & mon cœur renouuelle,

A ton serf, à ton fils sois pitoyable & dous,
Respands sur luy ta grace apaisant ton courrous,
Heureus celuy qui vit en ta grace immortelle.

## IX.

Quand de tous mes erreurs ie pren la cognoissance
Ie voudrois estre aueugle, afin de ne point voir
Mon vice & mes forfaits, ou ie voudrois auoir
Le corps tout couuert d'yeus pour pleurer mon offence.

Quand à mes actions & puis à toy, ie pense
Voyant que i'ay manqué, Seigneur, à mon deuoir
Ie souspire & gemi, lors ie voudrois pouuoir
De tout fors que de toy perdre la souuenance.

Quand de tous mes pechez me vient le souuenir
Ie voudrois vn rocher à l'instant deuenir,
Tant vn triste regret mon cœur perce & entame

Pour t'auoir ô grand Dieu mille fois offensé,
Pecheur i'ay tout mon aage en peché depensé
Mais, las! d'auoir peché se repent or mon ame.

A iiij.

## SONNETS

### X.

Comme le laboureur pour rendre plus fertile
Son champ, va les chardons & la ronce arracher,
L'iuraye & les halliers, afin de n'empefcher
Son champ de raporter vne moiffon vtile.
 Arrache de mon cœur toute iniquité vile
Et les falles pechez qui s'y viennent cacher,
Qui croiffent peu à peu, & me font deffeicher,
Me laiffant fans humeur ainfi qu'vn champ fterile.
 Seigneur viens y planter la foy, l'efpoir, l'amour,
Et de l'eau de ta grace arroufe nuit & iour
Mon cueur, à celle fin qu'il leur donne accroiffance.
 Si le chardon poignant du vice & du peché
Y vient naiftre, qu'il foit par ton fils arraché,
Et que ton fainct Efprit de fes dons l'enfemence.

### XI.

Si Sathan enchanteur n'euft iamais enchanté
La femme, & elle apres l'homme par trop muable,
Iamais deffus nos corps la mort inexorable
N'euft eu ainfi qu'elle a force & authorité.
 Nous eftions tous creez pour l'immortalité,
Mais dés que le peché rendit Adam coulpable,
Il fut rendu mortel, nud, pauure, & miferable,
Et par luy nous portons l'habit d'iniquité.
 Mais ie fuis las d'auoir cefte robbe craffeufe
Si long temps deffus moy, elle eft orde & fangeufe,
Ie me fafche, ô mon Dieu, de l'auoir tant fur moy.
 Ainfi que le ferpent fa robbe renouuelle,
Ofte ce vieil Adam, ceft habit de cautelle,
Et me couure, ô Seigneur, d'efperance & de foy.

## SPIRITVELS.
### XII.

Quand ie pense au progrez de ma vie ennuieuse
Et comment i'ay vescu, ie perds tout sentiment,
Ie sens par tout mon corps vn soudain tremblement,
Le cœur sans fin me bat, i'ay l'ame douloureuse.

Ie voudroy que ma mere infirme & langoureuse
M'eust ietté mort du corps en son enfantement,
Quand ie vien à penser au iour du iugement,
Iournee aux bons heureuse, aux meschants rigoureuse.

Pecheur ie n'ose pas au Ciel mes yeux leuer,
Car ie voy contre moy mon vice s'esleuer,
I'ay horreur de moy-mesme, & fremis tout de crainte.

O toy qui dois vn iour descendre des haults Cieus
Pour iuger l'Vniuers, rends mon offence esteinte,
Et me sauue du feu comme les trois Hebrieus.

### XIII.

C'est ores qu'il te faut, ma resonnante Lyre,
Du Monarque diuin la louange entonner,
Et faire qu'à tes sons l'air puisse resonner
Ses faits, son los, sa gloire, & sa louange dire.

Rechangeons nos accords, il faut hautement bruire
Maintenant que ie veus sur tes nerfs fredonner,
Laissons ces tons communs où ie soulois sonner,
Prenons vn autre ieu, rien plus ie ne desire.

Toy qui tournes les Cieus & regis l'Vniuers,
Qui fais naistre & maintiens les animaus diuers
De l'air, & de la terre, & de l'onde liquide,

Conduits ma vois, mon pouce, & mon entendement,
Inspire moy ta grace afin que sainctement
I'imite les accords du Harpeur Iesseide.

A

SONNETS
## XIIII.

Quand Empereur des Cieux en qui iustice abonde,
Force, amour & bonté, supresme entendement,
Eternel, increé, qui d'vn mot seulement
As formé le grand corps de la machine ronde.

Pour parfaire le corps merueilleus de ce monde
Tu as de rien creé l'vn & l'autre element,
Et en as fait les feus du vouté firmament,
Les animaux de l'air, de la terre, & de l'onde.

Apres auoir paré le ciel de clairs flambeaus
Peuplé l'eau de poissons, & remply l'air d'oyseaus,
Et de bestes couuert la terre labourable.

Tu creas l'homme ayant pour luy le monde fait,
O Dieu fay qu'admirant ce chef d'œuure parfait,
I'admire à tout iamais ta puissance admirable.

## XV.

Verbe sainct, fils vnique inuoqué dans mes vers,
A ton pere pareil, grand, incomprehensible,
Engendré, non creé, substance indiuisible,
Aigneau sacré par qui nous sont les Cieux ouuers.

Toy qui as enduré mille tourments diuers,
Et qui pour nous tirer hors de l'enfer horrible
Dieu fait homme, as vestu vn corps fraisle & passible
Affin que nos pechez fussent de luy couuers.

Si pour nous demonstrer ta faueur secourable,
Ta pitié, ta bonté, ton secours fauorable,
Nous voyant tous captifs de Sathan & de mort,

Tu as voulu mourant nous redonner la vie,
Sois moy tousiours propice, & quand ie seray mort
Fay qu'au Ciel par toy seul mon ame soit rauie.

## XVI.

Esprit sainct & diuin, au Pere, au Fils pareil,
En majesté, en gloire, en vertu, en puissance,
Trois fois grand, trois fois iuste, eternelle substance,
Seul Esprit des Esprits, de nos ames Soleil.

De ta flamme illumine & mon ame & mon œil,
Mes sens, mon cœur, mon corps, ma corruptible essence,
Des rayons de l'amour, de foy, de sapience,
Chasse la nuit d'erreur & le mortel sommeil.

Comme le clair Soleil les petits feus efface,
Efface auec le feu de ta celeste grace
Mes vices, mes delicts, mes pechez allumez :

Qui font que les voyant ie veus mal à moy mesme,
Fay que tousiours aus rais de ta flamme supresme
Mon ame soit ardante & mes sens enflammez.

## XVII.

Ie vogue des long temps sur la mer des erreurs
Triste & pasle nocher accompagné de vices,
La chair, la volupté, les ieus & les blandices
Poussent ma nef aux rocs des plaisirs & douleurs.

Maintenant que ie voy les prochaines horreurs,
Les terrestres amours, les pechez, les delices,
Qui veulent m'engouffrer dans leurs creus precipices,
Ie te prens pour mon Phare entre tant de malheurs,

O Royne des hauts Cieux chaste & saincte pucelle
Qui ious du repos de la vie eternelle
Mere de Iesus Christ (diuin reparateur

Du mortel genre humain) escoute ma priere,
Tire de ceste mer mon ame prisonniere
Et la conduis au port de Christ mon redempteur.

A vj

## XVIII.

Ie n'ay plus de vigueur, ie suis las de combatre
Ce cruel ennemi qui me va deschirant,
Qui me veut desmembrer, & poussant, & tirant
Veut mon debile corps dessous ses pieds abatre.
 Quand ie suis en ses mains, las! i'ay beau me debatre
A fin d'en eschapper, c'est lors qu'en me serrant
Il redouble sa rage, & en me deuorant
Les nerfs, le sang, le cœur, asprement me vient batre.
 Seigneur ie te suplie, appaise ses debats,
Ses assaults, ses rigueurs, ses fureurs, ses combats,
Que le Diable me liure, enerue sa puissance:
 Et pour luy resister, s'il te plaist, donne moy
La force de Sanson, & d'Abraham la foy,
Ou de Dauid la Harpe, ou de Iob la constance.

## XIX.

En tous endroits s'espand du grãd Dieu la puissance,
Il penetre par tout, aux enfers Stygieus,
En la terre, & en l'onde, en l'air, au feu, aus Cieus,
En toutes parts s'estend son immortelle essence.
 Bien qu'il soit en tous lieus quãd il veut en presence,
Si est ce qu'il n'est veu des hommes vicieus,
Et quand mesme ils voudroient le voir deuãt leurs yeus,
Aueuglez de l'erreur, ils n'en ont cognoissance.
 Ceus le voient qui ont la foy dedans le cœur,
La charité dans l'ame, en l'esprit son honneur,
Ainsi l'ont veu, cogneu propice & secourable
 Sainct Paul & sainct Laurens, & sainct Antoi-
ne aussi
En prison, sur le gril, au desert obscurci,
Et l'aymant & cherchant l'ont trouué fauorable.

## XX.

C'est ores que l'on doit accuser son offence,
Et qu'il faut ses erreurs & ses crimes pleurer,
Couurir son corps de cendre, & plaindre, & souspirer,
Ieuner, se confesser, & faire penitence.

En ce temps nous deuons auoir tous repentance
De nos pechez commis, & seuls nous retirer
Au desert des deserts, & là nous esgarer
Pour mieus nous retrouuer en la diuine essence.

Fuions, mes yeus, le monde & le vice nuisant,
Fuions Sathan qui va nos ames conduisant
Au chemin qui, tortu, de Dieu nous defallie,

Resolus il nous faut le droict sentier tenir,
Et prendre Dieu pour guide, afin de paruenir
Dessus le mont Oreb ainsi que fit Helie.

## XXI.

Le cœur tout desolé, l'ame en dueil, l'œil en pleurs,
Bas à tes pieds ie vien accuser mon offence,
Ne me rejette point de deuant ta presence,
Reçoy mes longs souspirs, tesmoings de mes douleurs.

Indigent de ta grace, & trop chargé d'erreurs
I'implore ta faueur, ô grand Dieu de clemence.
Excuse ma nature, & dessus moy n'eslance
Pour me punir les traicts de tes iustes fureurs.

Ie t'ay seul offencé, à toy seul ie m'adresse,
Et en me repentant mes pechez ie confesse,
Fay qu'ils n'aient pouuoir d'esmouuoir ton courrous.

Pren garde à ta bonté, non à mon iniustice,
De l'eau de ta pitié purge & laue mon vice,
Si coulpable ie suis sois pitoyable & dous.

## XXII.

Bien-heureus saincts, sainctes flammes des Cieus
Dont auiourd'huy la feste on solemnise,
Trouppeau sacré qui auez l'ame esprise
De la beauté du Soleil pretieus,

De ce Soleil qui penetre en tous lieus
Dont la lumiere au fidele est promise,
Lumiere saincte où ma liesse est mise
Qui peut chasser la nuit des pechez vieus.

Priez pour moy ô vous bande immortelle
Pour retirer mon ame criminelle
Des creus enfers, faites croistre ma foy,

Dieu pur & net n'ayme que l'ame pure
Et la mienne est toute pleine d'ordure,
Pour la purger priez doncques pour moy.

## XXIII.

Esleue toy mon ame, adore ton Soleil,
Ton Soleil eternel qui seul a la puissance
De changer de tous corps la nature & l'essence,
D'en former d'autres corps selon son libre vueil.

Maintenant il luy plaist en ce sainct appareil
De descendre du Ciel pour lauer ton offence
Et pour te substanter d'vne pure substance
Il se donne à toy mesme, ô don à nul pareil.

Ce vin realement en son sang propre il change,
Et ce pain en sa chair, boy donc mon ame & mange:
Ce boire & ce manger nourrit parfaictement,

C'est du corps de l'Esprit, le Nectar, l'Ambroisie,
Seigneur de ces douceurs mon ame rassasie
Et me faits par ton corps viure eternellement.

## XXIIII.

Tout ce qui est compris sous le corps de la Lune
Ne demeure iamais en vn estat pareil,
Aussi tost que le iour cache son teint vermeil
Nous voyons tout soudain s'approcher la nuit brune.

Ore les vents mutins vont irriter Neptune,
Or' la mer calme dort d'vn paisible sommeil,
L'ombre suit la lumiere, & le plaisir le dueil,
Tout croist, tout naist, tout meurt selon la loy commune.

Rien ne demeure icy ferme, stable & constant,
Tout s'altere & corrompt, tout change en vn instant,
L'acier, l'airain, le fer, le marbre, & le Porphire

Cedent en fin au temps qui va tout consumant,
Fol donc qui les tresors du Monde ayme & desire.
C'est en Dieu seul qu'il faut mettre contentement.

# STANCES.

Ie suis lassé du monde & de ses faus plaisirs,
Ie veus noier dans moy mes bouillonnants
  desirs,
Qui me font desirer ce que Sathan desire,
Ie veus mettre en oubli leurs ieus, leurs vanitez,
Et descharger le fais de mes iniquitez
Pour appaiser mon Dieu & mon cruel martire.

Adieu donc Monde adieu de nos cœurs enchanteur,
Adieu Sathan adieu traistre & maudit autheur
Du noir peché qui rend tous les humains coulpables,
Adieu plaisirs trop vains qui m'auez abusé,
Adieu charmes, appasts dont le Diable rusé
Deçoit subtilement nos ames deceuables.

Aislé d'amour, de foy, ie veus voler aus Cieus,
Pour contempler là haut mon Soleil gracieus,
Mon Dieu, mon Roy, mon tout, mon bien, mon esperance,
Ie suis de sa beauté tellement amoureus
Que si ie ne le voy ie seray malheureus,
Malheureus est celuy qui ne voit sa presence.

Toy qui conduits du Ciel les mouuemens diuers,
Qui fais naistre les corps qui peuplent l'Vniuers,
Toy le port asseuré de toute ame fidelle,
Cancelle mes pechez, fay que, parfait amant,
Bienheureus ie te voie au ciel parfaittement,
Heureus celuy qui voit ton Essence eternelle.

# PARAPHRASES
## SVR LES SEPT
## Pseaumes peni-
## tentiels.

PREMIERE PARAPHRASE SVR
Domine ne in furore, &c.

Seigneur ne me reprens en ta iuste fureur,
Trop coulpable ie suis, trop grande est mon
 erreur,
Ne me corrige point ny chastie en ton ire,
Las! prens de moy pitié, ô pere tout puissant
Guari moy, car ie suis malade & languissant,
Mes os sont estonnez, à peine ie souspire.

Mes yeux sont aueuglez, mon corps perd sentiment,
Mon esprit est troublé d'vn grand estonnement,
Mes sens sont incensez, mon ame est desolee,
Seigneur iusques à quand poursuiure me veux tu?
Ma vigueur s'amortit, mon cœur est abbatu,
La raison me defaut, ma force est exhalee.

Change, change en douceur ton courrous rigoureus,
Ta fureur en pitié, voy mon mal douloureus,
Destourne s'il te plaist ton ire qui t'enflame,
Ie suis ta creature, autre sinon que toy
Ie n'adore en mon ame, apaise mon esmoy,

## PARAPHRASES.

Sauue moy par ta grace & deliure mon ame.

 Bien que de vice noir mon cœur soit entaché,
Bien que mon ame soit couuerte de peché,
Ne me punis pourtant, efface mon offence,
Tire moy loing des morts, i'ay trop de maus soufferts:
Qui dira ta louange au profond des enfers?
Le pouldreux monument n'a de toy cognoissance.

 I'ay beaucoup enduré en mon gemissement,
Le dueil, l'ennuy, les pleurs annoncent mon tourment,
Mes sanglots redoublez manifestent mes peines,
Le desespoir me vient à toute heure outrager,
La nuit ie fay mon lit dans mes larmes nager
Car mes deus yeus se sont eschangez en fontaines.

 La fureur sur mon œil a son grand voile mis,
Ie suis deuenu vieil entre mes ennemis,
Fuiez bien loing, fuiez vous ames vicieuses
Qui nagez iour & nuit aus flots d'iniquité,
Le grand maistre des Cieus plein de benignité
A mes cris entendus & mes plaintes piteuses.

 Le Seigneur a receu mes regrets, mes souspirs,
Mes lamentations, mes larmes, mes desirs,
Il a du Ciel ouy ma deuote priere,
Ores ie vy sans peur, ie ne crain maintenant
Les assaults de Sathan, puis que le Haut-tonnant
Ma plaintiue oraison ne met point en arriere.

 Ores mes ennemis honteux se trouueront,
Confus, troublez, faschez ils s'en retourneront,
N'emportant auec eux rien que vergongne & honte,
Ils fuiront maintenant que i'ay de Dieu secours,
Voila que c'est d'auoir à luy seul son recours:
Sathan, la mort, le monde & les humains il donte.

# SECONDE PARA-
# PHRASE SVR
### Beati quorum, &c.

Ien-heureus ceus ausquels les fautes sont
    remises
   Et les pechez couuerts, ils sont pleins de
    franchises
Et viuent en repos loing de captiuité:
Heureus l'homme à qui Dieu n'impute point le vice
Et qui a l'esprit franc de fraude & de malice,
Il est Roy de soy-mesme & de sa liberté.

  Pendant que i'ay vescu en vn muet silence
I'ay de mille douleurs senti la violence,
Ie n'ay fait que gemir, que plaindre & souspirer,
Que respandre des pleurs, des sanglots & des plaintes,
Mes nerfs sont corrompus, mes forces sont esteintes,
Et mes os sont pourris à force de pleurer.

  Pour autant que ta main sur moy s'est deschargee
Me pressant iour & nuit, mon humeur s'est changee
Et s'est faite semblable aus bouillantes ardeurs
Dont l'Esté rous & chaud nostre terre creuasse,
Pour estancher ma soif & boire l'eau de grace
Ie me suis confessé de toutes mes erreurs.

  Dedans moy ie disoy, ie veux pleurant ma faute
Mes pechez accuser à la Majesté haute,
Qui bienheure les bons & punit les peruers,

## PARAPHRASES.

Et tu as,ô Seigneur, par ta misericorde
De mon ame & ma chair apaisé la discorde,
Et m'as aussi purgé de mes pechez divers.
 Pource quiconque soit qui desire de vivre
Bien-heureus, à iamais de tous travaus delivre,
Qu'il t'invoque & te prie en vn temps oportun,
Le deluge des eaus aus reprouuez contraire
N'aprochera de luy, & ta main salutaire
Loing de luy chassera tout malheur importun.
 A toy seul ie m'attends, tu es mon seul refuge,
Mõ Dieu, mon Roy, mon tout, mon aduocat, mon iuge,
Tu ne m'as en mon dueil iamais abandonné,
Tu es mon seul espoir, mon bien & ma liesse:
Las! delivre moy donc du tourment qui m'oppresse
Et de ceux dont ie suis sans cesse enuironné.
 Que tout hõme au grand Dieu desormais se cõsole,
Qu'à ceste heure tout homme entende ma parole,
Ie veux à vn chacun donner enseignement
Et luy monstrer quelle est la bien-heureuse voie
Où l'on doit cheminer auec plaisir & ioye,
Mon œil le guidera en tous lieus droitement.
 O mortels escoutez mes propos remarquables,
Ne soiez au cheual ny au mulet semblables
Qui n'ont point de raison, ausquels il faut serrer
La bouche auec le mors, le mors auec la resne,
Et la resne arrester d'vne pesante chesne,
De peur qu'aucun ne vienne à vous se retirer.
 Les meschants sentiront maintes dures trauerses,
Maintes tentations, maintes peines diuerses,
Et, tristes, gemiront soubs le fais des douleurs:
Mais celuy qui en Dieu fonde son esperance
De la misericorde aura douce assistance,

Et sa felicité dontera tous malheurs.
 Vous humains qui vivez amateurs de iustice,
Qui fuiez les pechez, & detestez le vice
Qui auez le cœur droit, ayez liesse en Dieu:
Tous esiouïssez vous, vivez en allegresse,
Consolez vous en luy, chassez loing la tristesse,
Et l'adorez tousiours & priez en tout lieu.

# TROISIESME PA-
# RAPHRASE SVR

### Domine ne in furore, &c.

E me corrige point en ton aspre courrous
O Seigneur tout voyãt, pere bening de tous,
Et ne me reprends point, s'il te plaist, en ton
 ire:
Assez les traits mortels de ta chaude fureur
Sont dedans moy fichez, & m'entament le cœur,
Me veux tu faire viure en eternel martire?
 Ta main dessus mon corps est cheute roidement,
Ma chair n'a rien d'entier, cruel est mon tourment,
Car i'ay trop indigné ton immortelle essence,
En mon ame, en mon cœur, en mes nerfs, en mes os
Ie n'ay point de santé, de paix, ny de repos,
Pour l'apprehension que i'ay de mon offence.
 Mes fautes, mes erreurs, & mes iniquitez,
Mon vice, & mes pechez sur mon chef sont montez,

## PARAPHRASES.

Et comme vn lourd fardeau courbent ma teste en terre,
Les vlceres diuers de mon corps sont pourris
A cause de ma faulte, ô Dieu rens les guaris
Et chasse loing Sathan qui me liure la guerre.

Ie suis pressé d'ennuis, las! ie suis affligé,
Ie suis humilié, i'ay de iour voyagé,
Et cheminé par tout en dueil & en tristesse:
Mes reins sont pleins d'ordure & pleins d'infections,
Mes tendres yeus de pleurs, mon cœur de passions,
D'infirmité ma chair, & mon ame d'angoisse.

Ie suis par trop atteint de mortelle langueur,
I'esprouue trop, helas! de tous maus la rigueur,
Pour les cris de mon cœur tristement ie lamente:
O Seigneur souuerain mon desir est en toy
Aye pitié mon Dieu, aye pitié de moy,
Tu cognois mon souspir & ma peine cuisante.

Mon cœur est tout troublé, ma force m'a quité,
Mes yeus obscurs n'ont plus maintenant de clarté,
Ie suis demeuré seul infirme & miserable,
Mes amis loing de moy se sont tous retirez,
Mes compagnons aussi se sont tous separez,
Et sont allez arriere en me voyant coulpable.

Ceux là qui ont desir de me faire mourir
Ont tendu tous leurs lacqs pour me faire perir,
Et traistres & malings s'efforcent de me nuire:
Ceux qui me veulent mal parlent iniquement
Et pensent dans leurs cœurs quelque nouueau tourmēt
Et quelque fraude aussi a fin de me destruire.

I'ay mes deus yeus sillez d'vn humide sommeil,
Ie n'entens nullement, au sourd ie suis pareil,
Et semblable au muët qui n'ouure point la bouche,
Aueugle, sourd, muët, pour voir, ouyr, parler,

En toy i'ay mon espoir, entends moy t'appeller,
Seigneur à mes clameurs ton oreille ne bouche.

A part moy ie disoy, ie veus prier mon Dieu,
L'honnorer, le seruir, l'inuoquer en tout lieu,
Afin que si mon pied sur la terre chancelle
Ils ne se mocquent point de mon fortuit mal-heur,
Car mon cœur est ouuert au dueil, à la douleur,
Et mon affliction tousiours se renouuelle.

Ie diray mon erreur & mon vice caché,
Car ie suis en esmoy pour mon secret peché,
Aussi mes ennemis viuent & se renforcent,
Ceux qui sont mes haineus sans subiect & à tort,
Croissent de iour en iour me pourchassant ma mort,
Et de me terrasser à toute heure s'efforcent.

Ceux qui m'ont pour le bien le seul mal redonné
Pource que ie m'estois au seul bien adonné,
Cherchent occasion de me porter nuisance,
Ne me delaisse point ô mon Dieu mon Sauueur
Haste toy de m'ayder, preste moy ta faueur
Tu és mon seul salut, en toy i'ay ma fiance.

# QVATRIESME PA-
# RAPHRASE SVR

### Miserere mei Deus, &c.

AYe de moy pitié, ô Seigneur debonnaire,
Selon ta grand' clemence & bonté ordi-
naire,
Voy l'estat où ie suis, voy mes afflictions,
Mon dueil, mes pleurs, mes cris, mes tourments, & mes
plaintes.
Mets ma faute en oubly, rend mes douleurs esteintes
Selon ta grand' douceur & tes compassions.

Ie n'ay rien dedans moy que fraude & que malice,
I'ay le cœur gros d'orgueil, & l'ame d'iniustice,
Maintenant laue moy de mes iniquitez:
Purge moy du peché dont mon ame est coulpable,
Ie cognoy mon erreur, mon vice dommageable
Se presente à mes yeux, & suit de tous costez.

Seigneur contre toy seul & deuant ta presence
I'ay peché, i'ay mal fait, i'en ay la cognoissance,
I'ay voulu ta grandeur & ta gloire obscurcir
Par mes salles forfaits, mais ta saincte parole
Et ta iustice aussi luisent comme le Pole,
Seigneur de leurs clartez vien mon ame esclaircir.

Las! i'ay pris ma naissance au lict de la paresse
Et de l'iniquité, ma mere pecheresse

*En peché*

En peché m'a conceu, voila que c'est de moy:
Mais tu aymes bon Dieu le cœur & l'ame pure,
Et tu m'as,ô Sauueur de toute creature,
Enseigné sapience, & demonstré ta loy.

 Purge mes sens, mon corps, & mon cœur, & mõ ame
D'hyssope, à celle fin que mon esprit s'enflame,
Se voiant pur & net au feu de ton amour,
Laue moy, ie seray plus blanc que n'est l'iuoire,
Et la neige, & le laict:ô Roy de toute gloire
Ie croistray comme un lys en blancheur chasque iour.

 Fay moy ouir, Seigneur, de ioieuses nouuelles,
Mes os qui sont brisez autour de mes mouelles
Se resiouiront tous & reprendront vigueur:
De mes pechez commis tire arriere la face,
Et mes iniquitez pareillement efface,
Cree en moy, s'il te plaist, un net & simple cœur.

 Renouuelle mes sens, & mon corps, & ma vie,
De ton esprit diuin mon esprit viuifie,
Ne vueille me ietter arriere de tes yeus,
Ne m'oste ton esprit de grace & de sagesse,
Rends moy de ton salut, s'il te plaist, la liesse,
Que l'Esprit principal me soustienne en tous lieus.

 I'enseigneray ta voie aus transgresseurs iniques
Tous ils conuertiront leurs ames impudiques:
Des peines de la mort mon Dieu retire moy,
O Dieu de mon salut sois moy dous & propice,
Lors ma langue haultement chantera ta iustice,
Ta gloire, ta bonté, tes œuures, & ta loy.

 Createur des humains, des hauts cieus, & des Anges
Ouure ma leure, & lors ie diray tes louanges,
De sacrifice ô Dieu tu ne veus point auoir:
Ie t'eusse sur l'autel mainte beste immolee,

B

### PARAPHRASES.

Mais tu ne prends plaisir à l'offerte brulee,
D'holocauste Seigneur tu ne veus receuoir.
   Le sacrifice seul qui t'est plus agreable
C'est l'esprit desolé,ô Seigneur pitoiable
Tu ne mespriseras mon cœur humilié,
Fay bien à ta Sion par ta douce clemence,
Et à Hierusalem par ta beneuolence,
Afin que son mur soit bien tost edifié.
   Le sacrifice sainct de ta iustice saincte,
L'oblation, l'offrande, & la iuste complainte
Lors tu accepteras, ô Seigneur immortel,
Tu ne mepriseras l'oraison du fidelle,
Tu purgeras son cœur de tout vice & cautelle,
Alors on t'offrira des veaus dessus l'Autel.

# CINQVIESME PA-
# RAPHRASE SVR

### Domine exaudi orationem &c.

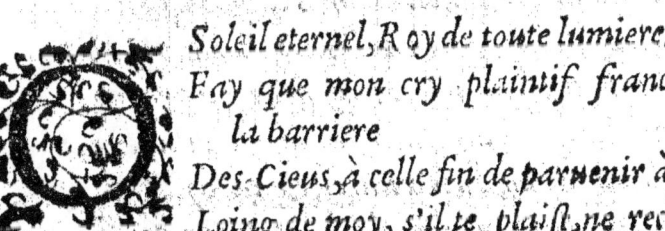

Soleil eternel, Roy de toute lumiere,
Fay que mon cry plaintif franchisse la barriere
Des Cieus, à celle fin de paruenir à toy:
Loing de moy, s'il te plaist, ne recule ta face,
Lors que i'imploreray ta faueur & ta grace
Desbouche ton oreille, & soudain ayde moy.

Mes iours sont deffaillis ainsi que la fumee,
Et mes os ont bruslé comme paille allumee,
Mon corps a eu maint coup cruel & meurtrissant,
Mon cœur est deuenu tel que l'herbe flestrie,
Car i'auois oublié (malheureus qui s'oublie)
De manger le seul pain qui m'alloit nourrissant.

Mes os se sont collez sur ma chair infectee
Aus longs gemissements de mon ame attristee
Qui remplit l'air de cris, de plaintes, & de pleurs,
Au Pelican qui fait au desert son repaire,
Au Hibou de la nuit le chantre mortuaire,
Ie suis semblable, & suis different de douleurs.

Je n'ay point reposé, car ma douleur trop forte
M'a fait tousiours veiller, cruelle ouurant la porte
Aus peines, aus regrets, aus langueurs nuit & iour,
Aus grieues passions, & au dueil lamentable:
Morne & pensif ie suis au passereau semblable
Qui solitaire au toict fait son triste seiour.

Mes ennemis m'ont fait iournellement iniure,
Ceus là qui me louoient d'vne traistre nature
Ont iuré contre moy, m'ont tout mal souhaité,
J'ay mangé pour le pain la cendre à mon dommage,
Des larmes de mes yeus i'ay meslé mon breuuage,
Car tu m'as esleué, puis bien loing reietté.

Mes iours sont declinez comme l'ombre legere,
Ie suis sec comme foin, mais ô celeste pere
Tu es exent de change & de corruption,
Tu es seul Eternel, eternelle est ta gloire,
De toy tousiours sera viuante la memoire
De generation en generation.

Te leuant tu feras, Seigneur, misericorde
A ta Sion, vray Dieu de pais & de concorde
B ÿ

## PARAPHRASES.

Il est temps maintenant de la favoriser,
Tes seruants se sont pleus à ces pierres pouldreuses,
Et ont eu grand' pitié des ruines piteuses
Qui la font des meschans meschamment mespriser.

   Toutes les nations qui habitent la terre
De ton nom auront crainte, ô Prince du tonnerre:
Les Roys redouteront ta gloire & ton pouvoir,
Quand le Seigneur aura sa Sion rebastie
L'ame qui iuste en luy se sera conuertie
Triomphant en sa gloire alors le pourra voir.

   Quand il aura ouy des humbles la priere,
Et n'aura mesprisé leur oraison entiere,
Cela sera escrit pour les siecles suiuants:
Les peuples qui naistront chanteront ses louanges,
Car il a regardé du Ciel où sont ses Anges
En terre a fin d'ouir les cris de ses seruants.

   A fin d'entendre aussi du captif miserable
Les clameurs, les souspirs, la plainte pitoiable,
Et pour deslier ceus qui sont à mort iugez,
A fin que dans Sion son nom diuin ils chantent,
Et dans Hierusalem son sacré los ils vantent,
Quand les peuples & Roys à Dieu seront rangez.

   Bien que le Seigneur ait ma force dissipee,
Mes iours diminuez & mon ame frappee,
Ie dy foible & tremblant, Createur tout-puissant
Ne tranche point ma vie en l'Auril de mon aage,
Laisse moy paruenir iusqu'au dernier passage,
Tes ans durent tousiours, moy ie suis perissant.

   Tu as formé les feus de la voute etheree,
Le feu, l'air, & la terre, & la mer azuree,
Les Cieus d'Astres planchez sont œuures de tes mains:
Ils periront vn iour, telle est ton ordonnance,

Mais toy viuant verras tomber en decadence
Cieus, astres, elements, animaus, & humains.

Tu es seul permanent, tu n'es subiect au change,
Mais tous les corps qui sont composez du meslange
Des Elements, ainsi que le drap vieilliront,
Pareils au vestement en vile pourriture
Ils seront tous reduits, c'est la loy de nature
Et la tienne, Seigneur, que tous corps periront.

Tu es tousiours pareil & semblable à toy mesme.
Tes ans reprendront fin, ton essence supresme
N'a ny milieu, ny bout, ny nul commencement,
Les enfans bienheureus de tes seruants fidelles
Habiteront au Ciel en ioies eternelles,
Et viuront auec toy tous eternellement.

# SISIESME PARA-
## PHRASE SVR
### De profundis, &c.

Ie t'ay des lieus profonds ma parole adres-
sée,
Seigneur fay que par toy ma vois soit
exaucee,
Reçoi mes longs souspirs, reçoy mes tiedes pleurs,
Qu'à ma priere soit ton oreille ententiue,
Escoute les clameurs de mon ame craintiue
Et entends mes regrets, tesmoings de mes douleurs.

Las! Seigneur, si tu veus prendre garde aus malices
Aus fautes, aus erreurs, aus pechez & aus vices,
Helas! qui est celuy qui pourra subsister?
L'homme est fraisle pecheur, sa nature est mortelle,
Il se conduit luy-mesme à la gesne eternelle,
Il ne peut sans ton ayde à Sathan resister.

   Helas! tu es propice aus ames affligees,
Tu guaris leur vlcere, & les rends soulagees,
Car tu mets prontement à leur plaie appareil,
A cause de ta loy i'ay attendu ta grace,
Afin que de son eau mes pechez elle efface,
Et qu'elle laue aussi l'ordure de mon œil.

   Mon ame en ta parole a eu ferme asseurance,
Mon cœur en toy, grand Dieu, a mis son esperance,
Helas! à qui pourroi-ie à d'autre me ranger,
Sinon à toy mon Dieu qui n'es iamais muable,
Tout ce qui est au monde est du tout perissable,
Mais ton estre parfaict n'est subiect à changer.

   Depuis que l'Aube fraische ameine la iournee
Iusqu'à la sombre nuict d'estoiles couronnee
Qui repare les Cieus de nouuelles clartez,
Qu'Israel en son Dieu seul espere, & s'attende
A sa misericorde & redemption grande,
Il le deliurera de ses iniquitez.

   Dieu qui est iuste, & bon, & rempli de clemence,
Prend la priere à gré, lors que la repentance
Nous fait tous nos pechez amerement pleurer,
Dieu pardonne à celuy qui deteste son vice:
Gloire soit donc à Dieu le Soleil de iustice,
Au Fils, au sainct Esprit qu'il faut tous adorer.

# SEPTIESME PARAPHRASE SVR

Domine exaudi orationem meam, &c.

Seigneur iuste & bō, clement & pitoiable,
Escoute ma priere, & me sois fauorable,
Ouure l'oreille, entends ma suplication,
Efface, s'il te plaist, mon erreur & mō vice,
Exauce moy selon ta bonté, ta iustice,
Ta grand'misericorde, & ta compassion.

Ie suis pecheur, helas! dés ma triste naissance
I'ay peché contre toy, vse moy de clemence,
Et n'entre auec ton serf en aucun iugement:
Car nul viuant qui soit venant deuant ta face
Ne sera trouué iuste, helas! fay moy donc grace,
Et n'eslance sur moy ton courrous vehement.

Las! de mon ennemy mon ame est poursuiuie,
Il a mesme abaissé iusqu'en terre ma vie,
Cōme vn mort il m'a mis aus lieux noirs pleins d'horeur:
Mon esprit est comblé de chagrin, de tristesse,
D'amertume mon cœur, & mon ame d'angoisse,
Ie suis troublé dans moy de crainte & de douleur.

Le temps qui est passé i'ay reduit en memoire,
I'ay medité tes faits pour cognoistre ta gloire,
I'ay desployé mes mains par deuers toy, Seigneur,
Mon ame est apres toy comme vne terre aride
Qui desire l'humeur d'vne source liquide,

B iiij

## PARAPHRASES.

Arrouze la, mon Dieu, de l'eau de ta faueur.
  Responds moy vistement, mon esprit imbecile
Est du tout defailli, las! ma force est debile:
Ne retire, Seigneur, ta face loing de moy,
Ou ie ressembleray à ceus là qui descendent
Aus antres tenebreus, & soubs la nuit se rendent,
Ie ne pourray rien voir si ie suis loing de toy.

  Desque le clair Soleil quittant l'Inde perleuse
Monstrera dans les Cieus sa tresse lumineuse
Fay moy, Seigneur, ouir ta grand' benignité,
Ie n'espere qu'en toy, monstre moy donc la voie
Où ie doy cheminer, car i'ay fondé ma ioie
Et mon affection en ta diuinité.

  I'ay esleué vers toy mon ame & ma pensee,
Fay que mon ame, helas! ne soit point offencee
De tous mes ennemis, Seigneur, vien moy sauuer,
Tu es mon seur refuge, ô pere salutaire
Monstre moy comme il faut ta volonté parfaire,
Tu es mon Dieu, mon tout, vueille moy conseruer.

  Fay que ton sainct Esprit me conduise & me meine
Tousiours au droit chemin exent de toute peine,
Tout-puissant ie seray par toy viuifié
Pour l'amour de ton nom en ta iustice saincte,
Lors mon iniquité sera du tout esteinte,
Et mon corps de ton feu sera purifié.

  De tribulation tu tireras mon ame
Et mon cœur de tourment, ô Dieu que ie reclame,
De tous mes ennemis tu seras destructeur,
Tu ruineras ceus qui sans cesse m'assaillent
Et de fureur ardants iour & nuict me trauaillent,
Car ie suis & seray ton humble seruiteur.

### FIN.

# PRIERE EN FORME DE CONFESSION.

 Seras tu, mon ame, esleuer l'œil aus Cieus
Pour voir du vrai Soleil les raïōs gracieus,
Pourras tu suporter l'esclair de sa lumiere,
Oseras tu, mon ame, addresser ta priere
A ton pere Eternel que tu as offencé?
Ne crains tu que du Ciel le tonnerre eslancé
Te vienne fouldroier punissant ton offence?
Ne crains tu point son ire, & sa iuste vengeance.
    Tu as laissé ton Dieu pour suiure les plaisirs
De ce monde enchanteur, ardante de desirs
Tu as suiui par tout la volupté trompeuse,
Et choisi pour le port vne mer orageuse,
Et le vray pour le faus, l'absinthe pour le miel,
La guerre pour la pais, la terre pour le ciel,
Et l'ombre pour le corps, le dueil pour la liesse,
Pour le vray bien le mal pour le repos l'angoisse,
Pour le froument l'iuraie, & pour le iour la nuict,
L'espine pour la rose, & la fleur pour le fruict,
Pour la brebis le loup, la fange pour l'eau claire,
Et pour Hierusalem Babylone aduersaire.
    Las! que penses tu faire, à quoy t'amuses tu?
Tu prends au lieu du droit le chemin plus tortu,
Es tu si temeraire, es tu si effrontee
De t'adresser à Dieu, de tout vice infectee.

## ORAISON.

Quoy! oserois tu bien leuer au Ciel ton œil?
Te voudrois tu monstrer deuant ce clair Soleil,
Ce Soleil de bonté, de douceur, de iustice,
Toy noire de peché, de fraude, & de malice,
Couuerte du limon des salles voluptez,
Et grosse du venin de mille vanitez?
De tout bien ennemie, à tout mal adonnee,
Du monde, de la chair, du Diable empoisonnee.
Quitte, quitte l'Egypte, & ses mortels destours,
Romps tes fers, tes liens, implore le secours,
La grace, & la faueur de ton pere celeste,
Chasse loing le peché qui cruel te moleste,
Reuomis le poison qu'il t'a fait auualler.

C'est or' qu'il faut ton pere à ton ayde appeller,
Deschire le bandeau qui couure ta paupiere
Et t'empesche de voir du Soleil la lumiere,
Brusle presentement au feu de charité
Ton vestement couuert de fauce iniquité,
Et prends deuotement l'habit de repentance,
Et ton erreur confesse accusant ton offence.
Fay rouler de tes yeus, mon ame, deus ruisseaus
Pour noier tes pechez au profond de leurs eaus,
Gemy, souspire, & crie, & t'appellant coulpable
Toute en larmes fondante à ton Dieu pitoiable
Adresse tes souspirs, tes plaintes, & tes pleurs,
Et ces propos criants pardon de tes erreurs.

O Pere souuerain, Dieu de pais, de concorde,
De bonté, de iustice, & de misericorde,
Seul Roy des Elements & grand maistre des Cieus
Qui te faits appeller bening & gracieus,
Las! si tu as pitié de ta fille affligee
Qui dans les flots de mort est à demy plongee.

# ORAISON.

Escoute ses sanglots, ses longs gemissements,
Courriers de ses douleurs, tesmoings de ses tourments.
Voy ses yeus eschangez en coulantes fonteines
Qui croissent tant plus croist la rigueur de ses peines,
Entends le triste accent de sa plaintiue vois
Qui confesse t'auoir offencé mille fois,
Prends garde à son tourment, non à son demerite,
Voy comme elle est dolente, & comme elle est contrite,
Las! pour auoir failly mille fois deuant toy,
Ne la punis selon la rigueur de ta loy,
Change en douceur ton ire, en pitié ta colere,
Seigneur tu l'as creeé, aussi tu es son Pere,
Adoucis ta fureur, sois à ta fille dous,
Et desteins le flambeau de ton iuste courrous.

Retire la de l'onde où Sathan l'a poussee,
Apaise ses douleurs dont elle est oppressee,
Reçoy ses chauds souspirs iusqu'au Ciel enuoiez,
Dans le sang de ton fils rends ses pechez noiez,
Du voile de pitié couure son iniustice,
Au iour du iugement sois luy dous & propice
Autant que tu seras aus autres rigoureus,
Et la mets dans les Cieus auec les bienheureus.

Fay luy boire, Seigneur, l'eau de ta saincte grace,
Tous ses erreurs oublie & ses pechez efface,
Embrase la mon Dieu du feu de ton amour,
Fay que ton sainct Esprit la guide nuit & iour,
Luy seruant de Soleil aus destroits de ce monde,
De pilote au nauire, & de nauire en l'onde,
Toy de Pole serain, & Iesus Christ de port,
Port où l'on ne sent point les rigueurs de la mort,
Mais un repos certain, une ioye eternelle
Y bienheure à iamais l'ame de tout fidelle.

# PARAPHRASE
## SVR
### Cœli enarrant gloriam Dei, &c.

Ous les cercles roulants des lumieres des
  Cieus
Annoncent à toute heure & monstrent à
  nos yeus
Du grand Dieu la grandeur, la gloire, & la puissance,
De tous costez le corps du vouté firmament
Les œuures de ses mains rechante hautement
Qui portent sur leur front de l'Ouurier l'excellence.
 Le iour à l'autre iour recite à haute vois
Le pouuoir, la vertu de ce grand Roy des Roys,
La nuit à l'autre nuit fait aussi le semblable,
Chacun entend leur vois bruire par l'Uniuers,
Leur parole s'espand en mille lieus diuers
Au ciel, en l'air, aus coins de la terre habitable.
 Au corps net, pur, & clair du flambeau nompareil
Qui ciel, air, terre, & mer esclarcit de son œil
Il a mis & posé son pauillon celeste,
Lors que ce beau Soleil vient luire dessus nous
D'or fin resplandissant, il ressemble vn espous
Qui sortant de sa chambre au iour se manifeste.
 Ainsi comme vn Geant du labeur indonté,
Ioyeus de ses trauaus, ce Soleil est monté
Dedans son coche ardant tout chargé de lumiere,

Dans le Globe azuré en pente il fait son cours,
De l'vn à l'autre bout il va semant les iours,
Et fait sentir à tous sa chaleur coustumiere.
  Entiere pure & vraye est la loy du Seigneur,
Elle conuertit l'ame, elle nourrit le cœur,
Purge les sens, & donne à l'Esprit nourriture,
Le tesmoignage aussi du grand Dieu souuerain
Est fidelle, asseuré, infaillible & certain,
Et donne sapience à toute creature.
  Les iustices de Dieu sainctes & droictes sont,
De resiouir les cœurs la puissance elles ont,
Ses commandemens purs tous les yeus illuminent,
En sa doctrine n'est aucune faussetè,
Ses iugemens sont pleins de toute verité,
Ils viennent de iustice, & en elle terminent.
  Plus que l'or desirable on les doit desirer,
A tous autres metaus on les doit preferer,
Ils sont plus precieus que pierres precieuses,
Rien de semblable n'est sous la voute du ciel,
Ils passent en douceur toute douceur de miel
Et les rays encirez des abeilles soigneuses.
  Seigneur, ton seruiteur les garde & les ensuit,
Par eus sage il se fait, par eus il est instruict,
De ceus qui en ont soing grande est la recompense,
Sans eus qui est celuy qui cognoist ses pechez?
Purge moy, s'il te plaist, de ceus qui sont cachez,
Et de tous autres rends nette ma conscience.
  Quand du fardeau d'erreur ie seray soulagé,
Quand de tous mes pechez ie seray deschargé,
Qu'ils n'auront plus sur moy de pouuoir & de force,
Laue de tout delict, alors ie seray fait
Plus entier & plus net, exemt de tout forfait,

## PARAPHRASES.

Ie ne craindray Sathan, sa ruse, & son amorce.
Ma bouche parlera selon ta volonté,
Sans cesse tu verras deuant ta Majesté
La meditation de mon cœur comparoistre,
O tout-puissant tu es mon Roy, mon createur,
Mon appuy, mon salut, mon Dieu, mon redemptour,
Pour ton humble seruant vueille moy recognoistre.

# OEVVRES CHRESTIENNES.

### ODE I.

'Est ores qu'il te faut, Lyre melodieuse,
Faire haut retentir ta vois harmonieuse
Au bransler de mes doigts.
Ça donc que ie t'accorde, afin que bien-son-
nante
Je puisse marier ta corde tremblotante
Aus accents de ma vois.

Ie veus pinçant tes nerfs, ô Lyre chanteresse,
Chanter de Dieu puissant la bonté, la sagesse,
La force, & la grandeur,
Les esprits infernaus à ta douce harmonie
S'enfuiront vistement forcenants de manie,
De rage & de fureur.

Ça ton ventre creusé que sainctement i'entonne
Des vers en son honneur, ça donc que ie fredonne,
Et que mon chant par l'air
Sur l'aisle des Zephirs soit porté iusqu'au Pole,
Afin que ce grand Dieu entende ma parole
Iusques à luy voler.

## II.

Tout me poursuit, tout ce qui est en terre
    S'oppose contre moy,
Qui m'aydera contre si forte guerre?
    O Dieu ce sera toy.
Tu es puissant, à ta force inuincible
    Nul ne peut resister,
Fay donc Seigneur que ceste guerre horrible
    Ne puisse persister.
Comme l'on voit quand la mer est ireuse
    Le nocher vagabond
Heurter le Ciel, puis l'horreur furieuse
    Des vents le mettre en fond.
Ainsi les sens, la chair, & la nature
    Agitent ma raison,
Dieu souuerain sauue ta creature,
    Entends mon oraison.
Ie ne craindray tout ce qui est en terre
    Si i'ay secours de toy,
Qui me voudroit, ô mon Dieu, faire guerre
    Si tu combats pour moy?

## III.

De ce val effroyant
Au Soleil flamboyant
Roy de toute lumiere.
Ie leue mes deus yeus,
Bien qu'vn voile ocieus
Me presse la paupiere.
    Ie suis remply d'effroy,
D'horreur, de peur, d'esmoy,

La trouppe abominable
Des vices indontez
M'assault de tous costez
Pour me rendre coulpable.

 Triste, pasle, estonné
Ie suis enuironné
Des erreurs charmeresses.
La Volupté me suit,
Le Diable me seduit
Par subtiles finesses.

 Las! donne moy secours,
A toy i'ay mon recours
O Iesus debonnaire,
Anime moy le cœur,
Fay que ie sois vainqueur
D'vn si fier aduersaire.

## IIII.

 Ma peine à toute heure s'augmente,
Mon ame est triste & languissante,
Mon repos n'a point de repos,
Mon plaisir se change en tristesse,
Mon contentement en angoisse,
En pleurs mes yeus, en feu mes os.

 Ah! que ie souffre & que i'endure,
Ah! Dieu, que ma douleur est dure,
Helas? i'ay le corps tout froissé,
Rien d'entier sur moy ne demeure,
Ie vy trop, il faut que ie meure,
Ie suis de viure tout lassé.

 Mais plus i'ay de mourir enuie

Je sens renouueller ma vie,
Ma maladie, & ma langueur:
Et tant plus s'afoiblit ma force,
Tant plus mon tourment se renforce,
Et cruel accroist sa rigueur.

 Toy iuste vengeur d'vne offence
Qui donnes aus bons recompense
Et punis tous les vicieus,
Pardonne mes pechez, ô sire,
Apaise mon mal & mon ire,
Et me conduits dedans les Cieus.

### V.

 C'est trop se plaire en cés lieus,
Mon ame regarde aus Cieus
Où repose ta liesse,
Mon ame, mon cher souci,
Ne sommeille plus ici,
Mais au Ciel ta veüe adresse.

 Pendant que l'oysiueté
Nous flate, l'iniquité
Et les pechez detestables
Viennent pour nous enchanter,
Et subtilement tenter
De leurs attraits deceuables.

 Ne crains tu point l'ennemy
Qui n'est iamais endormy,
Mais qui rempli de cautelle
Nous tend ses rets en tous lieus,
Et ses gluaus vicieus,
Et son amorce mortelle?

Sus donc laisse ces lieux bas,
Où tu as mille combas,
Mille ennuis, & mille peines,
Avec Sathan seducteur,
Espere en ton createur
Qui rendra ses forces vaines.

## VI.

Toy qui dethrosnes les Rois,
Et qui tiens dessous tes lois
Du monde le grand Empire,
O seul Roy du Firmament
Je te supplie humblement
D'ouir les sons de ma Lyre.

Tant que i'auray de vigueur
Au corps, & d'esprit au cœur,
O Dieu de misericorde
Ma vois ton los chantera,
Ma Lyre tousiours dira
Ta grandeur dessus sa corde.

Que sert les humains vanter,
Et leurs gestes raconter,
Empennant leur renommee:
Puis que la noire Atropos
Froisse leur vie & leurs os?
Tout cela n'est que fumee.

Mais toy exent de mourir,
Qui ne peus iamais perir,
Tu es tousiours immuable:
Ie veus doncques en tous lieux
Chanter, ô maistre des Cieus,
Ton nom sainct & redoutable.

## VII.

Tout cela qui prend naissance
Est subiect au cours du temps,
Et par la longueur des ans
Se voit prendre deffaillance.

Il n'y a rien icy bas
Qui soit ferme & immuable,
L'on n'y voit rien de durable,
Tout est subiect au trespas.

Vn corps meurt & l'autre reste
Que l'on voit soudain mourir,
Tout doit quelque iour perir,
Mesme la vouste celeste.

Dieu qui seul a façonné
Le corps de ceste machine,
Par sa puissance diuine
Rendra ce corps ruiné.

Nostre œil ne peut rien cognoistre
Qui n'ait eu commencement,
Et qu'vn soudain changement
Ne le face disparoistre.

Mais nostre ame on ne peut voir,
Aussi elle est immortelle,
Et contre la mort cruelle
Elle aura tousiours pouuoir.

## VIII.

Que feray-ie,ô moy miserable,
Faut il qu'vne nuit effroiable
S'oppose tousiours à mes yeus?
Faut-il que dessus ma paupiere

Ne s'espande plus la lumiere
Du grand flambeau qui luit aus Cieus?
 Faut il que mon ame accablee
Sous mille tourments soit troublee
De desespoir & de douleur?
Faut il que de peur & de crainte
Tousiours elle se sente ateinte,
Abandonnee à tout malheur.
 Faut il tousiours que la tristesse,
Les tristes langueurs & l'angoisse
Facent demeure dans mon cœur?
Helas! ie commence à cognoistre
Que ma peine que ie sens croistre
Ne vient que pour estre pecheur.
 O Seigneur pere de Iustice
Ie merite vn plus grand suplice
Puis que i'ay peché grandement,
Mais ie m'asseure en ta clemence
Plus grande que n'est mon offence,
Donne moy donc allegement.

## IX.

Ores que l'Aube vermeille
 Nous reueille,
Chassant le somme otieus,
Et que le Soleil enflamme
 De sa flamme
La mer, la terre, & les cieus.
Ie fay deuant ta lumiere
 Ma priere

O Dieu Soleil de ma foy,
Qui tiens en tes mains encloses
 Toutes choses
Subiectes dessoubs ta loy.
Pardonne,ô Dieu de clemence,
 Mon offence,
Ne me mets entre les morts,
Tire moy du precipice
 Où le vice
Veut faire abismer mon corps.
Ores que l'œil de ce monde
 Fait la ronde
Au Ciel pour donner le iour,
Esclairant nostre Hemisphere:
 Brule,ô Pere,
Mon ame en ton sainct amour.

## X.

Or' que la nuit noire & sombre
 Couure d'ombre
L'Horizon de toutes parts,
Et que la Lune argentine
 Illumine
Ce beau rond par tout espars.
Or' que l'humeur sommeilleuse,
 Paresseuse,
Vient siller nos tendres yeus,
Ie veus dire ô Roy des Anges,
 Tes louanges
Et les enuoyer aus Cieus.
Le feu, l'air, la terre, & l'onde

Ce grand Monde,
Les corps diuers, les humains,
Et le Ciel qui large embrasse
　Ceste masse,
Ce sont œuures de tes mains.
Cependant que la nuit brune,
　Opportune,
Vient appaiser nos tourments,
Sois, ô Dieu, ma sauuegarde,
　Et me garde
De fascheux euenements.

## XI.

　Ie ne me puis lasser
De celebrer ta gloire,
Et tousiours d'embrasser
Mon Luth d'iuoire.
　Ie n'ay point de plaisir
Sinon quand ie te chante,
Sans cesse mon desir
Croist & augmente.
　Si Sathan me pourſuit
Et tasche à me seduire,
Incontinant il fuit
Oyant ma Lyre.
　Si i'ay quelque tourment
Qui martire mon ame,
Il meurt quand humblement
Ie te reclame.
　Les Elements, les Cieux
Ton nom sacré benissent,

Les enfers odieus
Sous luy fremissent.
 Seigneur fay qu'à mes chants
L'Vniuers s'esiouisse,
Et me sois en tous temps
Dous & propice.

## XII.

Que ie suis aise de sonner
De ma Lyre & de fredonner
Sur ses nerfs d'vne ateinte douce,
Mariant ma vois à mon pouce.
Mon Dieu! que de plaisants accords
On oit sortir du petit corps
De ceste Lyre harmonieuse,
Doucereuse & melodieuse:
Il n'y a rien dessous les cieus
Qui me semble si gratieus,
Non pour ce que souuent i'en sonne,
Et dessus sa corde fredonne.
Aussi bien ie n'y entens rien,
Ie ne la puis pinceter bien,
Sinon lors que ma vois s'accorde
A mignarder sa douce corde,
Pour chanter le grand Roy des Rois
Qui tient tout sous ses sainctes Lois.
C'est luy qui seul ouure l'oreille
Pour ouyr chanter la merueille
De ce tout œuure de ses mains,
O toy Createur des humains
Las! fay que ma Lyre d'Iuoire
Ne sçache que chanter sa gloire.

### FIN.

# STANCES.

Uelle sera la vois qui dira tes merueilles?
Quel Luth resonnera tes œuures nompareilles?
Qui pourra ta grandeur & tes hauts faits chanter?
O Seigneur qui pourra celebrer tes louanges?
Helas! s'il n'apartient tant seulement qu'aus Anges,
L'homme pecheur si haut pourra il attenter?

Celuy que de Pasteur tu fis sacré Prophete
Fut premier de ton nom le chantre, & le Poete
De tes faits merueilleus, au dous chant de sa vois
N'a il pas marié la corde tremblotante
De sa Harpe, & chanté que sous ta main puissante
Tu tiens l'enfer, le ciel, les peuples, & les Rois.

Ie veus suiuant ses pas, sur les nerfs de ma Lyre,
Sainctement inspiré, fredonner haut, & dire
Ta bonté, ta iustice, ô Roy de l'Vniuers,
Bien que mes sens soient lourds, bien que ma vois soit casse,
Et mon pouce engourdy, ma Lyre foible & basse
Si veus ie ton los dire en mille tons diuers.

Mais quoy, serois-ie bien si fol & temeraire
De louer mon Sauueur, mon Seigneur debonnaire,
Estant comme ie suis de tous vices souillé,
Tout noirci de peché, d'erreur, & d'iniustice?
Seigneur laue dans l'eau de ta grace mon vice,

C

## STANCES.

Fay que de tous pechez mon cœur soit despouillé.

Inspire moy, mon Dieu, ton amour dedans l'ame,
Du feu de ton Esprit tout mon esprit enflame,
Engraue dans mon cœur ton honneur & ta loy.
Donne à mes sens vigueur, monte mon Luth d'iuoire,
Guide ma main, ma vois, pour entonner ta gloire,
Et tout brouillard d'erreur escarte loing de moy.

Je ne veus plus chanter d'vne vois inutile
Vne beauté mortelle, vne richesse vile,
Ores ie hay le monde & ses fraisles plaisirs,
Puisque de ton amour tu m'as l'ame rauie
Seigneur ie te consacre à tout iamais ma vie,
Mõ cœur, mes vers, mõ Luth, mes vœus, & mes desirs.

Arriere donc amour, tiran de nos pensees,
Qui rends de ton poison nos ames offencees,
Et troubles nos esprits de rage & de fureur,
Qui mets ton soufre vif & ton feu dans nos veines,
Et nous faits heritiers de soucis & de peines,
Ie veus te delaissant delaisser mon erreur.

Arriere chants, propos, ieus, amours, & delices,
Plaisirs, atraits, regards, amorces de tous vices,
Qui nous faites aimer des terrestres beautez,
Et nous bandez les yeus du voile d'ignorance,
Vous m'aurez beau flater d'vne vaine apparence,
Adieu, ie veus sortir des flots des voluptez.

Arriere vains honneurs, dignitez, & richesses,
Qui comblez les humains d'eternelles tristesses,
Leur faisant traistrement aualer la poison
D'orgueil, d'ambition, d'auarice & d'enuie,
Ie ne veus plus soufrir qu'aus despends de ma vie
Vous teniez de vos fers captiue ma raison.

Arriere loing de moy tout vice detestable,

## STANCES.

Arriere tout peché hideus & effroiable,
Ie veus purger mon cœur au feu de charité,
Afin que pur & net d'une vois nette & pure
Ie chante sur mon Luth le pere de nature,
En qui mon bien repose & ma felicité.

Ie veus, ie veus tousiours que mon dous Luth resonne,
Ie veus, ie veus tousiours que mon poulce fredonne
Le pouuoir, la grandeur du Seigneur eternel,
Puisque son sainct Esprit maintenant mon cœur touche
Je veus tousiours auoir en l'esprit, en la bouche
Son nom, ses faits, sa gloire, & son los immortel.

C'est luy qui a posé au plus bas lieu la terre,
C'est luy qui son grand corps des flots salez enserre,
C'est luy qui a mis l'air sur la terre & les eaus,
Et pardessus ses trois mis la flamme subtile,
Et encores plus haut ceste voute mobile,
Où luisent iour & nuit tant de luisants flambeaus.

C'est luy qui fait tomber la pluie & la rosee,
Qui fait que de ruisseaus la terre est arrosee,
Et qui fait tous les ans son corps renouueller,
Qui fait cent mille fleurs emailler dans les plaines,
Reuerdir les forests, sourçoier les fontaines,
Jaunir les blonds espics & les fleuues rouler.

Les metaus il fait naistre au centre de la terre,
Et fait que de ses reins pour nous elle deserre
Mille & mille tresors riches & fructueus,
Il fait mille animaus errer sur les montaignes,
Aus bois, & aus vallons, aus prez & aus campaignes,
En l'air, & sous l'argent des fleuues tortueus.

C'est luy qui a cree de rien toutes les choses
Que dans le large corps du Ciel l'on voit encloses,
Apres qu'il eut formé l'azur du Firmament,

C ij

## STANCES.

Et aus quatre Elements par ordre donné place,
Les peuplants d'animaus, il fit l'humaine race,
Et sur tout luy donna force & commandement.

 Mais l'homme peu apres eniuré des delices
Et des plaisirs du monde, aus flots profonds des vices
Se plongea doucement, & charmé des appasts
De mille voluptez dont Sathan ensorcelle
Les ames & les cœurs par subtile cautelle,
Coulpable deuant Dieu, se vit serf du trespas.

 Dés que sa liberté par Sathan fut rauie
Et que son ame fut sous ses lois asseruie,
Il fut tout aussi tost aueuglé de l'erreur,
Il oublia son Dieu, ses bienfaits, sa largesse:
Les soucis, les ennuis, les trauaus, la tristesse
Maistriserent alors & son ame & son cœur.

 Son corps changea soudain de beauté, de figure,
En mortelle il changea l'immortelle nature,
Son sang fut corrompu, ses os furent froissez,
Ses sens furent troublez, sa chair fut infectee,
La vigueur de son corps du tout debilitee,
Tout refroidi son cœur, & ses membres cassez.

 Contre luy s'esleuoyent ses pechez & son vice,
Il viuoit pour sa faute & pour son iniustice
En regrets, à tout' heure esprouuant les tourments,
L'outrage, & les rigueurs des peines rigoureuses
Qu'endurent aus Enfers les ames malheureuses
De leurs iniquitez les iustes chastiments.

 Cependant Dieu benin, dous, iuste & pacifique,
Qui vit l'homme pecheur, trop ingrat & inique,
Esclaue de la mort par son propre peché,
Eut pitié de le voir reduit sous la puissance
Du Diable seducteur qui plain de violance

## STANCES.

Captif le detenoit dans ses mains attaché.

Pour deliurer d'enfer son ame criminelle,
Et retirer son corps de la gesne eternelle,
Et des maus que Sathan luy auoient apprestez,
Des Globes etherez il fit son fils descendre,
Et au corps d'vne vierge il luy fit vn corps prendre
Afin que nous fussions par ce corps rachetez.

O douceur, ô bonté, ô grace inestimable,
O grand' misericorde, ô pitié fauorable
De Dieu bon & clement, helas! qui a permis
(Et toutefois ingrats de ce bien-fait nous sommes)
Las! que son propre fils fust tourmenté des hommes,
Et que pour nous sauuer il fut en la crois mis.

Apres que Iesus Christ impassible & passible
Homme-Dieu eut monstré sa puissance inuincible
Par miracles diuers, les Iuifs malicieus
Luy faisans mille torts, à mort le condamnerent,
Et sur la crois ses bras & ses deus mains clouerent,
Empourprant son sainct corps de son sang pretieus.

Si tost qu'il eust rendu le souspir de sa vie,
Et que son ame fut par son pere rauie,
Estant mort pour de mort tous les mortels sauuer,
Vn infidelle Iuif de sa lance meurtriere
Luy perça le costé, soudain vne riuiere
De sang & d'eau sortit pour nos pechez lauer.

O sang trois fois sacré, ô liqueur pretieuse,
O remede diuin, ô medecine heureuse
Qui nous as preserué du Sathanique effort,
O Pere secourable, ô Fils sauueur du monde
Tu nous as retiré de la fosse profonde,
Et demi-morts nous as donné vie en ta mort.

Tu as donté Sathan & ses forces peu fortes,

C iij

## STANCES.

Tu as brisé d'enfer les effroiables portes,
Tu as de la mort pasle esté le seul vainqueur,
Nous auions offensé par noz pechez ton pere,
Mais afin d'amortir l'ardeur de sa colere,
Tu as pour nous soufert de la mort la rigueur.

O charité parfaicte, ô faueur salutaire,
O clemence diuine, ô seigneur debonnaire,
Diuin reparateur qui as le Ciel quitté
Pour icy bas vn corps de chair humaine prendre,
O secret que mes sens ne peuuent bien comprendre,
Que toy grand Dieu sois mort & puis ressuscité.

Seigneur chasse l'erreur qui obscurcit mon ame,
Embrase moy l'esprit de ta diuine flame,
Engraue dans mon cœur tes œuures & ta loy,
Efface mes pechez, car ie sens que ma faulte,
Et mes iniquitez, de ta majesté haulte
M'ostent la cognoissance, & m'esloignent de toy.

Que mon offence soit dedans ton sang esteinte,
Que tousiours soit dans moy ta passion empreinte,
Tes miracles, ta mort, ta resurrection,
Seigneur fay que par foi ta grandeur ie cognoisse,
Tes œuures, & tes faicts, fay que ma foy s'accroisse
Plus descroistra mon vice & mon affliction.

Las! quand ie considere, ô diuine clemence,
Ta pitié, ta bonté, tes ennuis, ta soufrance,
Et que tu as voulu pour nous sauuer, mourir,
Ie pleure, ie gemi, ie souspire, & lamente,
De t'auoir offencé mon ame est languissante,
Sçachant bien que tu es mort pour la secourir.

Quand ie vien à penser à ta mort douloureuse,
Mon cœur tremble d'effroy, mon ame est langoureuse,
Mes sens tous esperdus, & mon sang tout gelé,

## STANCES.

Tes pieds, ton flanc, tes mains, & ta teste diuine,
Percez cruellement iettoient l'humeur sanguine
Qui nourrit l'esprit, l'ame, & le cœur desolé.
   Le Soleil te voiant du repli d'vn nuage
Cacha l'or de son chef, l'air fut rempli d'orage,
De vents, d'esclairs, de pluie, & de fouldres bruians
Les diuers animaus, les rochers, les fontaines
Ont pleuré ceste mort, auec les monts, les plaines,
Les antres, les forests, & les fleuues fuians.
   O mort, heureuse mort, qui nous donne la vie
Que Sathan nous auoit par noz pechez rauie,
O mort, mais plustost vie, ô vie, & non pas mort,
La race humaine estoit à la mort condamnée,
Mais la vie, ô Seigneur, tu nous as redonnée
Par ta mort, qui de mort a surmonté l'effort.
   C'est ton Pere benin, qui a voulu permettre
Que tu sois mort pour nous, afin de nous remettre
Ainsi qu'auparauant en nostre liberté
Tu nous as tous sauuez au fort de la tourmente
Des flots, où nostre nef s'en alloit perissante,
Et nous as mis au port en toute seureté.
   Comme quand tu voulus abismer ce grand Monde,
La mer couurit alors la terre de son onde,
Et noia tous les corps du large Ciel enclos,
Reserué ceus de l'arche, & Noel, & sa race,
Ainsi tu nous as mis au haure de ta grace,
Et nous as garantis de la fureur des flots.
   Ton amour est la mer que ma nef d'esperance
Scillonne nuit & iour auecques asseurance,
Sans crainte de l'orage & des vents rigoureus,
Tu es le clair flambeau qui guide mon nauire,
Ton Esprit est le vent qui doucement souspire

C iiij

## STANCES.

Dans mõ voile, & me pousse au port des bien-heureus.
 Seigneur fay que tousiours ie suiue ceste route,
Fay que l'air soit tranquille, & serene la voute
De ton haut Firmament, chasse le noir peché,
Les brouillards de l'erreur, & l'orage du vice,
Fay voir à descouuert le Ciel de ta iustice,
Et l'astre de ta grace, où mon œil est fiché.
 Tu es le seul confort de toute ame affligee
D'ennuy, de dueil, de mal, tu la rends soulagee,
Tu es la guarison du pauure languissant,
Tu es le bien & l'heur, le plaisir, la liesse
De celuy là qui vit en peine & en tristesse,
Pren donc de moy pitié, ô Seigneur tout puissant.
 Qu'heureus est mille fois l'homme qui te reuere,
Qui t'adore en son cœur, qui de toy de ton pere
Cognoist les riches dons, la grace & la faueur.
Toy qui nous as tiré hors de la seruitude
Ne permets que ie sois taché d'ingratitude,
Que ie meure plustost que la nourrir au cœur.
 Toy qui regis le Ciel, l'air, la mer, & la terre,
Pere benin de tous, darde moy ton tonnerre,
Reduits ma chair en pouldre, & me froisse les os,
Lors que de tes bienfaits ie perdray la memoire:
Fay que tousiours ie chante, ô Roy de toute gloire,
T'adorant à iamais, tes œuures & ton los.

# QVATRAINS.

Vand ie dresse mes yeus au pourpris e-
theré,
Tantost dessus les eaus, tantost dessus la
terre,
Quand ie voy tant de corps que le haut ciel enserre,
I'aduoue vn createur en mon ame adoré.

   Dieu comme vn cercle rond n'a nul commencement,
Milieu, n'extremité, il tient toutes les choses
Qu'il a faites de rien dedans ses mains encloses,
Et regit l'Vniuers d'vn parfait reiglement.

   C'est luy qui a formé les estoiles luisantes,
Et en voute courbé le bel azur des cieus,
En sis iours il a fait ce monde spatieus,
Dites, ne sont ce pas des œuures excellentes?

   Toute force flechist sous sa force indontable,
Tout tremble sous son nom que l'on doibt redouter,
L'Vniuers fremit tout lors qu'il fait esclater
Dedans l'air son tonnerre & son foudre effroiable.

   De terrestre limon nostre corps il a fait,
Mais afin d'animer sa mortelle figure,
Et qu'on peut l'appeller chef-d'œuure de nature
Il l'a doué d'vne ame & d'vn esprit parfait.

   Tous nos corps sont mortels, & tous ceus qui ont vie
De la Parque & du temps doiuent sentir l'effort,
Mais nostre ame diuine en surmontant la mort
Doit immortelle au Ciel sauourer l'Ambrosie.

C

## STANCES.

As! seray-ie tousiours privé de la lumiere?
Croupirai-ie tousiours dedans ceste fondriere,
Triste, pasle, & tremblant, au pouuoir des malheurs?
Dois ie viure mourant en trauail, en angoisse?
Dois-ie viuant mourir en peine & en tristesse?
Viue mort, morte vie, apaisez mes douleurs.

Helas! ce n'est à vous à qui ie me doi plaindre,
Vous rallumez mon feu plustost que de l'estaindre,
Sourdes plus ie me plain, plus ie sens vostre effort,
L'vne me fait mourir alors que ie veus viure,
L'autre me fait reuiure alors que ie veus suiure
La mort, pour de viuant deuenir bien tost mort.

O mort source d'ennui, tousiours dans moy viuante,
O vie ameine-dueil tousiours dans moy mourante,
Quand ie m'adresse à vous ie suis bien malheureus,
Ie cerche de l'eau froide au feu qui me consume,
Et douceur au Lion qui tout le sang me hume,
Et repos au tourment qui me rend langoureus.

Helas! si ie me meurs, soudain ie repren vie,
Las! si ie vi, ma vie est de la mort suiuie,
Ie ne meurs qu'à demi, ie ne vy qu'à moitié:
Comme le Phœnix mort seul renaist de sa cendre,
Ie meurs, & de douleurs la vie on me voit prendre,
Qui aura de ma vie & de ma mort pitié?
Qui me retirera de ceste fosse sombre

Pleine d'horreur, d'effroy, de puanteur, & d'ombre,
Où Sathan me retient captif dessoubs sa Loy?
Qui rompra le bandeau que sur les yeus ie porte?
Qui guerira mon mal, & ouurira la porte
A us ennuis de mon cœur pour fuir loing de moy?

 Helas! ce sera toy, ô Soleil de mon ame,
Tu viendras esclarcir ce lieu noir de ta flame,
Et me retireras hors de captiuité,
Tu ouuriras mes yeus afin qu'heureus ie voie
Le iour tant desiré, tu changeras en ioie
Ma trop longue douleur, & ma nuit en clarté.

 Esteins ma mort, ma vie, & dans moy renouuelle
Vne vie, ô mon Dieu, par ta grace immortelle,
Tu as dessus la vie & sur la mort pouuoir,
Rends mon corps tout nouueau, & mon ame reueille
Qui dans le lict du vice à toute heure sommeille,
Et, s'oubliant soy-mesme, oublie son deuoir.

 Ie voy, ie voy desia la lumiere diuine,
Qui chassant l'ombre espais ceste fosse illumine,
Ie me sens peu à peu de ma prison tirer,
Tous mes tourments sont morts, ma peine est appaisee,
La mer de mes douleurs est du tout accoisee,
Sortons, il ne faut plus en ce lieu demeurer.

 Sus donc, resueille toy mon ame paresseuse,
Veus tu tousiours dormir sur la plume otieuse,
Arrache le bandeau qui te sille les yeus,
Oste l'humeur gluant qui serre ta paupiere,
Sors de ce gouffre obscur, vien reuoir la lumiere,
Y a t'il rien si beau que la clarté des Cieus?

 Veus tu boire tousiours au fleuue d'oubliance?
Veus tu de ton vray bien perdre la souuenance?
Veus tu tousiours choisir pour le clair iour la nuit

C vj

## STANCES.

Veus tu suiure tousiours le chemin d'iniustice
Aiant l'erreur pour guide, & pour flambeau le vice?
Fuis le mal qui te suit, suis le bien qui te fuit.

A quoy t'amuses tu, que songes tu chetiue?
Ne crains tu point que Dieu de sa grace te priue
En te voyant dormir sur le lict du peché,
Au gouffre plus profond des voluptez mondaines?
Ne crains tu point d'enfer les tourments & les peines?
Dieu voit tes actions, rien ne luy est caché.

Sus sus donc, leue toy, ne sois plus endormie,
Du sommeil & du lict sois ores ennemie,
Pleure tous tes pechez, esleue au Ciel ton œil,
Fuy le monde, la chair, le Diable, & la paresse,
Repens toy de ta faute, & ta priere adresse
A Dieu, qui mettra seul à ta plaie appareil.

Adresse tes souspirs à sa Majesté haute,
Au pur sang de son Fils il lauera ta faute,
Des chesnes de Sathan il te peut arracher,
Seul il te guerira, bien que tu sois lepreuse,
Si tu es sourde, aueugle, & muette, & boiteuse,
Ouir il te fera, voir, parler, & marcher.

Si à tout vice & mal tu t'es abandonnee,
Si tu es du venin du monde empoisonnee,
Si tu as mieux aymé le chemin de l'erreur
Que celuy qui conduit à la vie eternelle
Retourne au bon sentier, sois à ton Dieu fidelle.
Pour apaiser son ire & sa iuste fureur.

Si tu veus sur le Diable emporter la victoire
Il faut perdre du tout du monde la memoire,
Et fouler à tes pieds ses plaisirs & tresors,
Prenant le coutelas de la foy qui tout taille,
Lors ne crains que Sathan te liure la bataille,

## STANCES.

Car Dieu repoussera sa rage & ses efforts.
 Quitte les voluptez, & le monde deteste,
Espere au grand moteur de la voute celeste:
Au monde il n'y a rien de ferme & d'asseuré,
Nulle chose iamais constante n'y demeure,
Tous les corps qu'il contient se changent d'heure en heure,
A l'estat de la mer le monde est comparé.
 Les Astres & le Ciel, l'air, la mer, & la terre,
Tout ce qui naist, qui croist, qui nage, vole, & erre
Dans l'eau, par l'air, sur terre, est au change subiect:
Au monde il n'y a rien de constante durée,
L'esperance de l'homme est donc mal asseurée
S'il n'espere en Dieu seul, son bien & son obiect.
 Dieu seul est immuable, immortel, impassible,
Infini, tout puissant, grand, incomprehensible,
Il a crée de rien les Elements, les Cieus,
Toy mon ame de luy tu preus ton origine,
Mets doncques ton espoir en sa bonté diuine,
Et l'aime, & le reuere, & l'adore en tous lieux.
 C'est en Dieu seul qu'il faut mettre son asseurance,
C'est en Dieu seul qu'il faut fonder son esperance,
Il ne change iamais, & si fait tout changer,
Il est constant, & rend toute chose inconstante,
Il est puissant, & rend toute chose impuissante,
C'est à luy qu'un Chrestien doit son ame ranger.
 Tout prend de ce grand Dieu sa nature & son estre,
Ce Soleil tout-voiant fait toutes choses naistre,
Il n'a point de milieu, de principe, & de bout:
C'est luy qui a tiré les semences encloses,
Au cahos dont il a composé toutes choses,
Il est tout, il fait tout, il crée & maintient tout.

# LAMENTATION
## SVR LE CORPS DE
noſtre Seigneur Ieſus
Chriſt.

Mortels inconſtans ſi iamais vers les Cieus
Vous auez par merueille hauſſé vos tendres
  yeus,
Penſant à ce grand Dieu, qui d'vne main
puiſſante
Retient les flots profonds de la plaine ondoiante
Dans leurs bornes enclos, & donte leur fureur,
Et des vents orageus appriuoiſe l'horreur.
Qui tient deſſous ſes lois le feu, l'air, & la terre,
Les Cieus, & les Enfers, la mort, la pais, la guerre,
La famine, la peſte, & dont le bras ardant
De flammes & d'eſclairs va le foudre dardant,
A qui tout fait honneur & rend obeiſſance,
Tant grande eſt ſa vertu, tant grande eſt ſa puiſſance.
    Si le Soleil ſortant hors de la porte d'or
De rayons couronné, & ſi la nuit encor'
Ardante de flambeaus, ſi la belle lumiere
Aus rais d'argent qui fait mouuoir l'eau mariniere:
Si tous les Elements, ſi toutes les ſaiſons,
Leurs treſors differents, leurs fleurs, & leurs boutons,
Leurs odeurs, leurs eſpics, leurs liqueurs, leurs fruictages
Autre-fois vous ont fait eſleuer vos courages

A contempler un Dieu qui seul de rien a fait
L'emerueillable corps de ce monde parfait,
Tournez icy vos yeus, ô mortels miserables,
Que vos cueurs soient dolents, vos ames pitoiables,
Et vos sens attristez, pleurez mortels pleurez,
Remplissez l'air de cris, pleurez & souspirez,
Voiez de ce grand Dieu le fils sainct & vnique
Conceu du Sainct Esprit, né de vierge pudique,
Crucifié des Iuifs, & par eus mis à mort,
Pleurez ce dous Iesus, qui endura l'effort
De mille passions, rachetant nostre vie
Que Sathan nous auoit cruellement rauie,
Pleurez donc, ô mortels, ses trauaus endurez,
Et sa mort qui de mort nous a tous retirez,
Tant seulement pour nous son essence supresme
A souffert & pati par sa bonté extresme.
 Comme l'on voit un Lis par l'orage froissé
Auoir le chef terni iusqu'en terre abaissé,
Ou comme on voit le teint d'vne rose fleurie
Se flestrir & gaster si tost qu'elle est cueillie,
Ainsi nostre Saueur à la crois attaché,
Tout pasle, & tout plombé, pend pour nostre peché.
Voiez humains, voyez la couronne d'espine
Qui luy perce le chef, d'où sort l'humeur pourprine
Qui luy baigne sa chair, voyez ses pieds percez,
Ses mains, & son costé, & ses cheueus froissez.
 Pleure infirme nature, & toy ô monde pleure,
Pleurez Cieus, pleurez vents, pleurez tous à ceste heure
Et toy cœur pleure aussi si tu n'es vn rocher,
Que de toy la pitié vienne donc s'approcher.
Il est mort seulement pour nous donner la vie,
De cent douleurs sa vie a esté poursuiuie,

## STANCES.

Il a quitté le Ciel pour nous y faire aller,
Luy Soleil de iustice a voulu deualler
Aus enfers tenebreus, où sa lumiere belle
Esclaira iusqu'au fond de l'abisme eternelle,
Il a souffert du mal pour nous donner du bien,
Pour nostre liberté il rompit le lien
Dont Sathan nous tenoit, il prit nostre nature,
Helas! tant il ayma l'humaine creature,
Et pour nous retirer hors de captiuité,
Il endura la mort pour nostre liberté.
 Ses mains qui ont tiré du Cahos effroiable
Tous les quatre Elements, qui ont la terre stable
Sur les eaus appuiee, ont souffert du tourment,
Ses pieds qui cheminoient dessus le Firmament
Sont clouez à la crois, ô plaies pretieuses,
O sang trois fois sacré, des ames bien-heureuses
Le celeste Nectar, remede souuerain
Contre tous les assaults du Prince souterrain
Qui nous poursuit tousiours, à armes inuincibles,
Dont il ouurit l'Enfer & ses portes horribles,
La terreur de Sathan, ô corps guide asseuré
Pour nous faire monter au pourpris etheré,
Où l'ame bienheureuse à toute heure contemple
Face à face son Dieu dans ce suberbe temple.

## CANTIQVE I.

Hantez auecques moy la puissance diuine
Vous tous les corps diuers de la ronde machine,
Vous flammes qui luisez dedans le Firmament,
Poissons, bestes, oyseaus, prez, monts, forests, & plaines,
Rochers, antres, vallons, fleuues, mers, & fontaines,
Le nom de l'Eternel chantez tous hautement.

Que tous ayent des yeus, des vois & des oreilles,
Pour voir, chanter, ouir les faits & les merueilles,
Le pouuoir, la grandeur du Seigneur eternel,
Que ce grand Vniuers puisse son los redire,
Et qu'au chant de ma vois, & au son de ma Lyre
Tout s'esiouisse en Dieu mon sauueur immortel.

Vous mon esprit louez du tout-puissant la gloire,
Et de ses faits parfaits celebrez la memoire,
Vous mes sens, vous mon corps, vous mon ame, & mon cœur,
Vous mon Luth, vous ma langue entonnez ses louäges,
Afin que son sainct nom iusqu'aus pays estranges
Sur l'haleine des vents soit porté de roideur.

N'est-ce pas toy qui es pere sans auoir pere,
Qui es par toy, dãs toy, qui comprends la grand'Sphere,
Qui le feu l'air, & l'onde, & la terre comprend,
Tu n'as point de milieu, de fin, ny de naissance,
Tu regis tout ce Tout, car ta triple-vne essence
Tout fait, tout meut, tout cree, & toute en tout s'estend.

## CANTIQVE.

O Roy de l'Vniuers qui toute chose ordonnes,
En t'adorant tout seul i'adore trois personnes,
Ton fils est engendré de toute eternité
De ta propre substance, & de vous deus procede
Vostre Esprit, des esprits affligez le remede,
Vous trois estes vn Dieu vne triple-vnité.

 Comprenant tout, tu es tout incomprehensible,
Tu es premier, dernier, incree, impassible,
Toy mesme te contiens, tu n'es à nul pareil,
Tout vient de toy, & n'as besoin de nulle chose,
Tous biens coulent de toy, tout en toy se repose,
Terre, mer, air, & feu, Cieus, & Lune, & Soleil.

 O saincte Trinité qu'en mon ame i'honore,
Pere, Fils, sainct Esprit, qu'vniquement i'adore
De cœur, d'affection, en pure & viue foy,
Aydez moy, s'il vous plaist, & me soiez propice,
Preseruez moy du mal, chassez de moy tout vice,
Et l'eau de vostre grace espandez dessus moy.

 Quand la mort de son dard me viedra faire guerre,
Mets dans le ciel mon ame, & mon corps dans la terre.
Le Ciel est le seiour de tous les bienheureus
Qui viuent en repos & en ioie eternelle,
Contemplants la beauté de ta face immortelle,
Heureus qui la peut voir & en est amoureus.

## CANTIQVE II.

Vand ie te veus louer, ô Seigneur, ie resemble
A celuy qui des mers tous les sablons assemble,
Et à celuy qui veut conter les feus des Cieus,
Les tresors du Printems, & les fruicts de l'Automne,
Les moissons que l'Esté en ses chaleurs nous donne,
Et les corps differents du monde spatieus.

   Tu peus tout, tu fais tout, ta puissance est diuine,
Inspire moy ta grace, & mes sens illumine,
Fay que mon esprit soit à ton esprit vni,
Fay moy tes hauts secrets & tes œuures entendre,
Car autrement sans toy ie ne les puis comprendre,
Le fini ne comprend ce qui est infini.

   N'est ce pas toy qui as formé la voute ronde,
Et en sis iours basti de rien le corps du monde?
N'est ce pas toy qui as donné loix à la mer
De n'outrepasser point son antique limite?
Ne conserues tu pas des saisons l'entresuite?
N'est ce pas toy qui peus l'Vniuers enflammer.

   N'as tu pas creé l'homme à ta sainte semblance,
Luy donnant ame, esprit, raison, intelligence,
Et la parole aussi afin de discourir?
N'as tu pas fait pour luy Elements, Cieus, planetes,
Animaus, plantes, fruits, eaus, bois, grains, & fleuretes,
Et tout cela qu'on voit nager, voler, courir?

   N'es tu pas dous, benin, plein de misericorde?

## CANTIQVE.

N'es tu pas Dieu de pais, d'amour, & de concorde?
Ne bien heures tu pas ceus qui suiuent ta loy?
N'es tu pas rigoureus à ceus qui te mesprisent,
Qui pour le droit sentier le tortueus elisent,
Qui sont chargez de vice, & trop legers de foy?

 Tu ne demandes point des hommes la ruine,
Tu n'es rien que douceur, par ta bonté diuine
Las! tu les aduertis de ton prochain courrous,
N'as tu pas commandé à Aaron, à Moise,
D'aduertir Pharaon de ta iuste entreprise,
Mais il durcit son cueur, te cognoissant si dous.

 Alors pour demonstrer ta vengeance cruelle
Et punir Pharaon & l'Egypte rebelle,
Toutes les eaus du fleuue en sang tu fis changer,
Tout leur poisson mourut, l'onde deuint puante,
Le peuple fut alors pressé de soif ardante,
Dans le sang l'on voioit tout le pais nager.

 Derechef pour monstrer ta force imperieuse,
Tu couuris le pais d'Egypte malheureuse
De grenouilles, de pous, qui sautoient & couroient
Aus maisons & aus licts, tu enuoias la peste
Pour rendre encores plus ton ire manifeste,
Alors en mille endrots les animaus mouroient.

 Pour encore punir ceste race infernale,
Dure comme un rocher, tu enuoias la gale
Sur les bestes, aussi sur les magiciens,
Tu fis mesme gronder dans le ciel ton tonnerre,
Et fis tomber à bonds la gresle sur la terre,
Pour destruire les fruicts des champs Egyptiens.

 Quand tu eus recognu leur nature peruerse,
Les voulant oppresser d'autre façon diuerse,
Sauterelles tu fis à grand nombre assembler,

# CANTIQVE.

Pour ronger & manger les tresors de leurs plaines,
Tu fis descendre en bas des montaignes hautaines
Les ombres de la nuict, afin de les troubler.

Tu fis mourir de nuit les premiers naiz d'Egypte,
Et sortir à l'instant la race Israelite,
Tu volois deuant eus en colomne de feu
Sous l'obscur, & le iour en colomne de nue,
Les guidant seulement en la terre incognue
Où Moyse ils suiuoient de ta grace pourueu.

Mais Pharaon fasché d'auoir donné licence
De sortir à ton peuple, alors en ordonnance
Arrengea ses soldats, & vint sur luy courir:
Toy qui es en tout temps à tes seruants propice,
Et contraire à ceus là qui n'aiment que le vice,
Aussi tost Israel tu voulus secourir.

Estant aupres du bord de l'abisme profonde,
En deus esgales pars tu diuisas son onde,
Et fis passer Moyse & son ost au milieu,
Marchans tous à pied sec dessus la blonde arene,
Pharaon qui mugit, crie, enrage, & forcene
Le suiuit asprement courant le mesme lieu.

Si tost qu'il fut entré dedans la mesme voie
Auecques son armee, aussi tost la mer coie
Ses ondes assembla, les faisant escumer,
Ils furent submergez par les vagues bruiantes
On voioit des corps morts les charongnes puantes
Que les vents repoussoient aus riues de la mer.

A Israel, Seigneur, tu monstras ta clemence,
A Pharaon ton ire & ta iuste vengeance,
Tu es aus bons tresbon, aus meschants rigoureus,
Heureus celuy qui vit en ton amour & crainte,
Qui n'a point le cueur dur, l'ame d'erreur atteinte,
Et qui t'adorant craint ton courrous dangereus.

## STANCES.

Qui m'adresserai-ie, helas! que dois ie faire
Puis qu'à tout ce qu'on voit le change est
 ordinaire.
Tout est plein d'incōstāce et suiet au trespas,
Helas! où dois ie donc loger mon esperance?
O Dieu c'est en toy seul, toy la mesme constance
Tu ne changes iamais, mais tout change icy bas.

Il n'i a rien au Ciel, en l'air, en terre, en l'onde
Constant & asseuré, tout ce qui est au monde
S'altere, se corrompt, & change à tout moment
De corps, de qualité, de forme & de substance,
Les Cieus, les Elements sont remplis d'inconstance,
Rien n'est doncques au monde exent du changement.

Les clairs astres des Cieus tousiours vōt & reuiēnent,
Jamais en vn endroit fermes ils ne se tiennent,
Ils ont leurs mouuements & leurs sentiers diuers,
Ils font diuersement dans le Ciel leur carriere:
L'vn va tost, l'autre tard, & portants la lumiere
Tournoient inconstans dans ce grand Vniuers.

Les Elements aussi à toute heure se changent,
A leur estre parfait iamais ils ne se rangent,
Le feu grossit en air, l'air se reduit en eau,
L'eau s'espessit en terre, & la terre se change
En eau qui deuient air, l'air feu par son meslange
S'accordant au discord d'vn changement nouueau.

Le temps pere des iours, des mois, & des annees,
Et des saisons, ne voit ses courses terminees,

## STANCES.

Touſiours il recommence à la fin de ſon cours,
Il n'a point de repos, la grand' Sphere mobile
L'entraine auecques ſoy, & d'vne courſe agile
Il change, changeant tout, de place tous les iours.

 Les ans, les mois, les iours, & les heures gliſſantes
Naiſſent du changement, les ſaiſons inconſtantes
Diuerſes en raports roulent inconſtamment:
Le Printems ſuit l'Eſté, & l'Eſté chaud l'Automne,
L'Automne ſuit l'Hyuer qui de froideur friſſonne,
L'on voit bien comme tout eſt plein de changement.

 Nos corps ne ſont ils pas d'eſſence corruptible?
Auſſi toſt qu'ils ſont nais en ce monde viſible
On les voit croiſtre, & puis en vn inſtant mourir:
Les humeurs dont ils ſont compoſez ſont muables,
Les humeurs ſont des corps les fondements peu ſtables,
S'ils periſſent ſoudain on voit les corps perir.

 Ce ſera donc en toy que i'auray ma fiance,
En toy ſeul, ô mon Dieu, i'auray mon aſſeurance,
Ie quitte tout a fin d'auoir recours à toy,
Tu as fait le grand corps de ce monde muable,
Mais tu demeure ſeul permanent, ferme, & ſtable,
Puis qu'à toy ie m'adreſſe ô Seigneur reçoi moy.

 C'eſt toy qui as formé la lampe iournaliere
Qui le monde eſclarcit de ſa belle lumiere,
Et fait naiſtre icy bas de ſa viue chaleur
Fleurs, herbes, fruits et grains, metaus, liqueurs et plâtes,
Tout ce qui vit en terre & aus mers ondoiantes,
Et conſerue & maintient toute choſe en vigueur.

 C'eſt toy qui as creé l'Eſtoile lumineuſe
Qui gouuerne les flots de la mer eſcumeuſe
Les enfle, les abaiſſe en parfaiſant ſon tour,
Qui enflamme du Ciel la grand' Sphere etheree

## STANCES.

Pendant la nuit alors que la tresse dorée
Du Soleil flamboiant donne autre part le iour.
  C'est toy qui dans l'azur de la voute estendue
Qui contient dedans soy, sans estre contenue,
Que de toy seulement l'air, la terre, & la mer
As mis tant de flambeaus, tant d'ardantes estoiles
Que l'on voit scintiller sur les nocturnes voiles
Et l'obscur de la nuit de leurs rais enflammer.

  Tout tremble soubs ta vois, des cauernes profondes
Tu fais sortir les vents à courses vagabondes
Qui vont souflants razer & la terre & les eaus,
Les uns vont sur la mer vomir un noir orage,
Les autres vont sur terre & forcenants de rage
Déracinent les rocs & froissent les rameaus.

  C'est toy qui fais mouuoir aus dous Zephirs les aisles,
Et verser leurs souspirs dessus les fleurs nouuelles,
Emaillant où ils vont de diuerses couleurs
Le giron de la terre, alors on voit la prée
De fleurons odorants richement diaprée,
Dont ses Zephirs par l'air vont porter les odeurs.

  Tu conduis les saisons de ta dextre puissante,
Tu fais mouuoir du ciel la voute tournoiante
Sans peine & sans trauail, le tonnerre esclatant
L'oracle & les esclairs messagers de ton ire,
Les enfers, les demons sont dessoubs ton empire,
Et ce grand Vniuers va ton nom redoutant.

  O Seigneur tout-puissant tes œuures nompareilles
Estonnent mon esprit, ce sont hautes merueilles
Qui surpassent en tout l'humain entendement,
Esclarci moy les yeus afin de les cognoistre,
Pardonne mon offence & fai sans cesse croistre,
Mon desir & ma foy pour les voir vrayement.

# SONGE SPIRI-
# TVEL.

'Estoit au point du iour, quand l'Aurore
  vermeille
Colore l'Orient & le Soleil reueille
Pour guider dãs les Cieux son chariot doré,
Quittant l'Inde fertile & le flot azuré,
Que le Sommeil tenant ma paupiere sillee
Du ius de ses pauots encor' toute mouillee,
Le songe bien aymé, plaisant, & gratieux
Me fit voir vn Esprit qui descendoit des Cieux.
 Ce messager diuin auoit la face ardante,
Vne robbe d'azur en replis ondoiante
Couuroit sa blanche chair, des ailes il portoit
A la couleur d'argent qu'à reprise il battoit.
Comme du haut de l'air le Cygne on voit descendre
Pour plonger sa blancheur dans les eaus de Meandre,
Ce celeste courrier ainsi d'vn roide cours
Plana du ciel en terre & me fit ce discours.
 Toy qui vas consumant ta miserable vie
En ce monde muable, ayant l'ame asseruie
Soubs mille affections, soubs mille vanitez,
Dont les cœurs des humains sont sans treue agitez,
Change, change tes mœurs, esleue à Dieu ton ame,
Ton esprit, & tes sens, c'est luy qui de sa flame
Te peut purger le cœur, inspirant dedans toy

D

Sa grace & son Esprit pour animer ta foy.
Tout ainsi que l'on met l'or dedans la fournaise
Afin de l'affiner dessus l'ardante braise,
En oster le terrestre, & le rendre meilleur,
Ainsi le sainct Esprit purge par son ardeur
De vos cœurs vicieus tout vice & toute ordure,
Et dessus eus apres respand sa flamme pure,
Les raions de sa grace, & la saincte clarté
Qui sainctement prouient de la trine Unité.

Que l'homme soit prisé pour ses sciences vaines,
Pour biens, & pour honneurs, & richesses mondaines,
Qu'il sçache maintenir les roiaumes puissants,
Donter les ennemis, & rendre obeissants
Les peuples estrangers, en les faisants seruiles
De libres qu'ils estoient, qu'il gouuerne les villes,
Qu'il soit estimé beau, sain, fort, & genereus,
Que l'on graue en l'airain tous ses faits valeureus,
Et que par tout de luy vole la renommee,
Tout cela n'est que vent, que poussiere, & fumee,
S'il n'a dedans le cœur la crainte du grand Dieu,
S'il ne l'adore & prie & honnore en tout lieu:
Dieu de tout est l'autheur, les sciences il donne,
Les biens, les dignitez, il ensceptre & couronne,
Il abaisse, appourit & desthrosne les Rois,
Tout tremble, tout fremit à sa puissante vois.
Les Anges, & les Cieus, le feu, l'air, l'eau profonde,
La terre, les enfers, & tous les corps du Monde.
Dieu sçait tout, Dieu voit tout, rien ne luy est caché
Il lit dedans vos cœurs, il voit vostre peché,
Vostre vice noirci, vos passions diuerses,
Vos pensers, vos desirs, vos actions peruerses.

Miserable pecheur desille donc tes yeux,

## SPIRITVEL.

Purge tes sens infects & ton cœur vicieux,
Laue ton salle esprit dans l'eau de penitence,
Arme de foy ton cœur, de crainte, & d'esperance,
Delaisse maintenant le roc d'iniquité
Où Sathan mal-heureus te retient garotté,
Et ainsi qu'vn Vaultour cruel se va repaistre
De ton poulmon naissant, faisant ton mal renaistre,
Dresse ton cœur à Dieu, & le prie humblement
Qu'il luy plaise à tes maus donner allegement.

 Comme vn nouueau Phœnix renouuelle ta vie,
Et la rends soubs les lois de ton Dieu asseruie,
Que Dieu soit ton Soleil, ton vnique flambeau,
Ton Astre bienheureus, & toy sois son oyseau:
Et comme le Phœnix meurt pour apres reuiure,
Pour recouurer la vie il te fault la mort suiure:
Si tost que cest oyseau qui n'a point de pareil
Se sent caduque & vieil, il s'oppose au clair œil
Seul ornement des Cieus qui met son corps en cendre,
Pour mourant nouuelle ame & nouueau corps reprêdre:
Ainsi pauure pecheur, de tous vices taché,
D'iniquité chargé, & vieil de tout peché,
Tu dois mourir en Dieu, luy offrant corps & ame,
Pour les renouueller de sa diuine flame.

 Heureus ceus là qui sont du grand Dieu amoureus,
Ils iouiront vn iour d'vn repos bien-heureus,
Mais malheureus ceus là qui sont gros d'iniustice,
Ils auront pour loyer vne eternel suplice.
Dieu qui n'est rien qu'amour, que iustice, & bonté
Hait l'homme qui meschant du vice est surmonté,
Au contraire il benit l'esprit & l'ame pure
De ceus qui de le craindre & le prier ont cure.
Voila pourquoy tu dois à luy seul t'adresser,

D ij

## SONGE

Et pour l'aymer du tout toutes choses laisser,
Sans cesse l'inuoquer, car pour auoir sa grace
Deuotes oraisons il veut que l'on luy face,
Chante ses faits, sa gloire en mille chants diuers
Et fais haut retentir son nom par l'Vniuers.
 Tu serois bien ingrat, inique, & detestable
De n'aymer, de louer ton Dieu, qui redoutable
A tout fait & creé pour toy tant seulement,
Il a rempli pour toy de feus le Firmament,
Il a pour toy basti ceste ronde machine,
Pour toy l'ardant Soleil son grand corps illumine:
 Pour toy les Astres font dedans le ciel leurs cours,
Leurs mouuements diuers, leurs tours & leurs retours,
Pour toy la Lune on voit or' pleine, ores cornue,
La mer suiuant son cours s'enfle & se diminue,
La mer nourrit pour toy les poissons dans ses eaus,
Pour toy volent en l'air les peinturez oiseaus.
 Pour toy produit la terre especes differentes
D'animaus, de metaus, de fleurs, de fruicts, de plantes,
Elle s'abaisse en plaine, & se rehausse en mont,
Pour toy les clers ruisseaus & les fleuues s'en vont
Serpentant leurs destours trainer leurs froides ondes
Sur la terre, arrousans les semences fecondes
De tout cela qui croist dessus son large corps:
Elle enfante pour toy mille & mille tresors,
Elle couure son dos de forests ombrageuses,
Elle enrichit les prez de fleurs delicieuses,
Et les fleurs de couleurs, & les arbres de fruicts
Qui sont par la chaleur du chaud Soleil recuits,
Les herbes de verdure, & de moissons les plaines,
Les cotaus de raisins, les roches de fontaines.
 Pour toy le dous Printems suit l'Esté chaleureus,

L'Automne riche en fruits suit l'Hiuer froidureus,
Pour toy Dieu tout puissant a fait la mer, la terre,
Le feu, l'air, & le ciel qui tous ces corps enferre,
Recognois donc ton Dieu, ton pere, ton seigneur,
Ton Roy, ton createur, & luy rends tout honneur,
Esleue donc à luy sans cesse ta pensée,
Et que ton ame soit tousiours au ciel dressée :
De tout ce que iay dit ne perds le souuenir,
Si tu veus bien-heureus iusqu'au Ciel paruenir.

 Ainsi dit cest Esprit, & de vistesse isnelle
S'eslarça dedans l'air volant à tire d'aile
Droit au ciel, aussy tost ie desillé mes yeus,
Le Soleil commençoit à raionner aus Cieus,
S'esloignant peu à peu de la riue profonde
Où il plonge le soir sa cheuelure blonde,
Son coche flamboiant, & ses cheuaus lassez
D'auoir du ciel vouté les cercles trauersez.
Lors ioieus & content ie senti dans mon ame
Croistre diuinement vne immortelle flame,
Ie fy mon oraison au Roy du Firmament
Ainsi comme il s'ensuit : Ie te prie humblement,
O grand Dieu, d'enuoyer sur moy ta saincte grace,
D'illuminer mes sens, & s'il te plaist efface
Mes forfaits & mon vice, & graue dans mon cœur
Ta gloire, ton amour, ta crainte, & ton honneur.

10th

n/a a/n

www.ingramcontent.com/pod-product-compliance
Lightning Source LLC
Chambersburg PA
CBHW071624230426
43669CB00012B/2069